# Lebensmittelverarbeitung im Haushalt



aid infodienst
Ernährung, Landwirtschaft, Verbraucherschutz e.V.

**Autoren**
Prof. Dr. Jörg Andreä, Hochschule für Angewandte Wissenschaften, Hamburg
Dr. Elvira Baier, Institut für Haushaltstechnik und Ökotrophologie, Kranzberg
Dr. Margit Bölts, Deutsche Gesellschaft für Ernährung e.V., Bonn
Prof. Dr. Antal Bognár, Stuttgart
Dr. Torsten Dickau, Nestle Professional Service Center, Frankfurt/Main
Cecile Godineau, Nasino (Savona), Italien
Dr. Jasmin Geppert, Rheinische Friedrich-Wilhelms-Universität, Bonn
Dipl. oec. troph. Pierre-Oliver Gillmann, FRIMA S.A., Wittenheim-France
Dipl. oec. troph. Ute Gomm, aid infodienst e.V., Bonn
Dipl. Oecotroph. Michael Kindermann, Bayer Gastronomie GmbH, Leverkusen
Prof. Dr. oec. troph. Astrid Klingshirn, Hochschule Albstadt-Sigmaringen, Sigmaringen
Prof. Dr. Elisabeth Leicht-Eckardt, Fachhochschule Osnabrück, Osnabrück
Prof. Dr. Wolfhart Lichtenberg, Hochschule für Angewandte Wissenschaften, Hamburg
Prof. Dr. Gerd Naumann, Leibniz-Universität Hannover, Hannover
Prof. Dr. Dr. Dr. habil. Alexander Prange, Hochschule Niederrhein, Mönchengladbach und Universität Witten/Herdecke, Witten
Dr. oec. troph. Heide Preuße, Justus-Liebig-Universität Gießen, Gießen
Dipl. Oecotroph. Heike Rapp, aid infodienst e.V., Bonn
Dr. Michaela Schlich, Institut für Management, Universität Koblenz-Landau, Koblenz
Prof. Dr. Rainer Stamminger, Rheinische Friedrich-Wilhelms-Universität, Bonn
Prof. Dr. habil. Bernhard Tauscher, Hirschberg
Prof. Dr. Günter Wentzlaff, Hochschule Niederrhein, Mönchengladbach
Dr. Heidi Wichmann-Schauer, Bundesinstitut für Risikobewertung, Berlin

# Vorwort

Private Haushalte und Familien sind die kleinsten sozialen Lebensformen in unserer Gesellschaft und bilden die Basiseinheiten des politischen, wirtschaftlichen und sozialen Handelns im Staat. Von ihnen wird erwartet, ihren Alltag zu managen und haushälterische Entscheidungen selbständig und unter Berücksichtigung von Nachhaltigkeitsaspekten zu treffen. Dabei findet die eigene Haushaltsproduktion mehr und mehr im Versorgungsverbund mit hauswirtschaftlichen Dienstleistungsanbietern oder durch Nutzung von Marktangeboten statt.

Essen und Gesundheit bilden aktuelle gesellschaftliche Themen. Aber obwohl sie Gegenstand intensiver öffentlicher Diskussion sind, wird in Haushalten tatsächlich immer weniger Zeit für diesen Bereich aufgewendet. Der Vergleich der letzten beiden Zeitbudgetstudien des statistischen Bundesamtes belegt, dass Anfang des 21. Jahrhunderts rund zehn Prozent weniger Zeit für Hausarbeit im Privathaushalt aufgewendet wurde als zehn Jahre zuvor. Der größte Zeitanteil bei der Hausarbeit, nämlich rund ein Drittel, entfiel dabei jeweils auf die Nahrungszubereitung.

Bei jungen Erwachsenen bestehen große Defizite an hauswirtschaftlicher Alltagskompetenz. Im Bereich der Nahrungszubereitung wird das Wissen über unverarbeitete Lebensmittel, deren Erzeugung und Erntesaison sowie über grundlegende Zubereitungstechniken immer seltener beherrscht. Für künftige Generationen sind die Folgen prekär: Tätigkeiten wie die Speisenproduktion können nicht im eigenen Haushalt erfolgen, weil Fertigkeiten und Kenntnisse nicht mehr vorhanden sind – die Leistungen müssen eingekauft werden, bei sinkendem Realeinkommen unter Umständen auf Kosten der Produkt- und Speisenqualität, wodurch die eigene Gesundheit beeinträchtigt werden kann.

Gesundheitserziehung, Ernährungsbildung und die praktische Vermittlung von Alltagskompetenzen sind unerlässlich, um die Eigenständigkeit und die Gesunderhaltung der Haushaltsmitglieder zu sichern. Wünschenswert ist es, dass alle Heranwachsenden grundlegende hauswirtschaftliche Kompetenzen beherrschen, um der zunehmendem Alltagsinkompetenz entgegenzuwirken. Fähigkeiten und Fertigkeiten, sich selbst eine Mahlzeit zubereiten zu können, sind Basiskompetenzen für selbstbestimmtes und selbständiges Leben. Gesellschaftspolitisch sind sie maßgeblich für die sogenannte Resilienz der Gesellschaft.

Diese Publikation bietet eine Auswahl an wissenschaftlich fundierten aktuellen Daten und Fakten zum Thema „Lebensmittelverarbeitung im Haushalt". Fach-, Lehr- und Beratungskräfte erhalten Hintergrundwissen, um auf der Basis von zeitgemäßer Technik und wissenschaftlicher Erkenntnis Alltagskompetenzen zu vermitteln. Darüber hinaus wendet sich die Veröffentlichung aber auch an interessierte Privatpersonen, Auszubildende und Studierende, an Institutionen der Haushalts- und Ernährungswissenschaft sowie an Multiplikatoren im Ernährungsgewerbe, in der Lebensmittel verarbeitenden Industrie, in der Hausgeräteindustrie und in Prüflabors.

Das vorliegende Werk knüpft an das erstmals 1968 von Frau Dr. Zacharias veröffentlichte und in der ökotrophologischen Ausbildung an Hochschulen und Fachhochschulen bewährte gleichnamige Buch an. Bis 1992 wurde die bestehende Datensammlung in Zusammenarbeit mit dem Fachausschuss Haushaltstechnik (FAHT) der Deutschen Gesellschaft für Hauswirtschaft (dgh) aktualisiert und in fünf Auflagen im Verlag Eugen Ulmer verlegt. Da kein vergleichbares Werk existiert, andererseits eine Aktualisierung unerlässlich erschien, entschied sich der FAHT der dgh, das Buch in Zusammenarbeit mit dem aid infodienst e.V. (aid) inhaltlich grundlegend zu modernisieren und unter dem alten Titel neu herauszugeben. Dank gebührt dem Verlag Eugen Ulmer für die Überlassung des Titels und Dipl.-Ing. Horst Dürr, der gemeinsam mit Dr. Rosmarie Zacharias für die letzten Ausgaben des Vorgängerwerkes verantwortlich zeichnete und auch an der Schlussredaktion der Auflage 2010 mitwirkte.

Nach fünf Jahren Praxiseinsatz war es an der Zeit, das Lehrwerk zu aktualisieren. Hinzugekommen sind Texte über Food Waste, Sensorik, Kaffeemaschinen, neuartigen Haltbarmachungsverfahren und kurze Einleitungstexte am Anfang jeden Kapitels. In den vier Kapiteln „Gar- und Wärmegeräte“, „Speisenplanung“, „Garen und Erwärmen“ und „Haltbarmachen und Lagern“ erfolgte eine Überarbeitung und Neuordnung der Inhalte. Insgesamt enthält die jetzige Neuauflage etwa ein Fünftel neu verfasste Seiten. Das Konzept des Ursprungswerks – ein Kompendium zum schnellen Nachschlagen von Daten und Fakten – wurde beibehalten. Nach wie vor ist es das Anliegen dieser Publikation, für den deutschsprachigen Raum als Informations-, Überblicks- und Nachschlagewerk zu dienen. Das Werk informiert über alles, was im Zusammenhang mit der Lebensmittelverarbeitung im Privathaushalt relevant ist – über Mengen-, Zeit- und Temperaturangaben ebenso wie über physikalische und chemische Größen oder küchentechnische Verfahren.

Die Gliederung der Themen folgt im Kern dem Prozessablauf in der Küche von der Speisenplanung bis zur Geschirrreinigung. In vielen Fällen bleibt es eine Ermessensfrage, welchem Buchkapitel die Inhalte zuzuordnen sind. Beispielsweise ist das Thema „Lebensmittelverderb“ sowohl unter dem Aspekt der Hygiene als auch im Hinblick auf die Lagerfähigkeit eines Lebensmittels zu diskutieren. Im Vergleich zum Ursprungswerk wird zusätzlich zur Küchen- und Speisenplanung auch auf Lebensmitteleigenschaften, planerische und arbeitsorganisatorische Gesichtspunkte eingegangen, Nachhaltigkeitsaspekte sind implizit angesprochen. Aufbau und Funktion von Haushaltsgeräten werden erläutert. Literaturhinweise stehen jeweils am Ende des Kapitels. Ein Fachwörterverzeichnis (englisch und französisch) ergänzt das Werk.

Die vorliegende Datensammlung erhebt keinen Anspruch auf Vollständigkeit. Verzichtet wurde unter anderem auf ausführliche ernährungsphysiologische Bewertungen, haushaltstechnische Details und das ständig im Umbruch befindliche Thema Lebensmittelkennzeichnung. Nicht darstellen ließen sich außerdem Fragen der Lebensmittelbeschaffung und monetäre Aspekte der Lebensmittelverarbeitung, da hierzu kein hinreichend aktuelles, wissenschaftlich fundiertes Datenmaterial verfügbar war.

Realisierbar wurde dieses Projekt durch die Mitarbeit der Mitglieder des Fachausschusses Haushaltstechnik der Deutschen Gesellschaft für Hauswirtschaft e.V. (dgh), dem rund 100 Experten aus Forschung, Wirtschaft und Bildung angehören. Aus diesem Kreis stammt etwa die Hälfte der Fachautoren, die ihr Wissen uneigennützig zur Verfügung stellten. Alle hier verzeichneten Autoren sind für die von ihnen behandelten Fachgebiete in Wissenschaft oder Praxis einschlägig ausgewiesen. Die redaktionelle Bearbeitung der Texte und die konzeptionelle Federführung übernahmen Prof. Dr. Wolfhart Lichtenberg (HAW Hamburg) und Dipl. oec. troph. Ute Gomm (aid infodienst, Bonn).

Autoren und Redakteure hoffen, dass die Publikation auf großes Interesse stößt und in der Lehre wie auch in der Praxis Anwendung findet. Über Rückmeldungen und Verbesserungsvorschläge freuen wir uns.

Für das Autorenteam
die Redaktion

*Ute Gomm* und *Wolfhart Lichtenberg*

# 1 Aspekte des Lebensmittelangebots

## 1.1 Lebensmittelqualität (BERNHARD TAUSCHER)

### Was ist Qualität?

Im Rahmen des Qualitätsmanagements ist Qualität definiert als „Grad, in dem ein Satz inhärenter Merkmale Anforderungen erfüllt" (DIN EN ISO 9000:2008). Der Begriff „Qualität" oder Wortverbindungen mit „-qualität" sind also immer dann gerechtfertigt, wenn es um Merkmale und Forderungen an die Werte dieser Merkmale geht. Eine umfassende und allen Aspekten gerecht werdende Spezifikation des Begriffs „Lebensmittelqualität" müsste sehr komplex, sich wandelnd und multifaktoriell sein. In diesem Abschnitt wird unter „Qualität" vor allem verstanden, dass die Erwartungen bzw. Forderungen der Konsumenten erfüllt werden und die bestmögliche Leistung zu akzeptablem Preis geboten wird.

Die Qualität eines Lebensmittels umfasst die Gesamtheit aller Wert bestimmenden Eigenschaften und Bestandteile des Produkts. Lebensmittelqualität aus gegenwärtiger Sicht kann grob unterteilt werden in die Kategorien Produktqualität und Prozessqualität. Diese können ihrerseits wiederum in Teilqualitäten aufgegliedert werden.

### Produktqualität

Produktqualität ist im Wesentlichen durch fünf Teilqualitäten zu beschreiben:

I **Gesetzlich vorgeschriebene Qualität** (Lebensmittelgesetz, nationale und EU-Verordnungen usw.)

II **Gesundheitlicher Wert** (Energiegehalt, Nährstoffgehalt, physiologisch wirksame Inhaltsstoffe, Allergene, unerwünschte Stoffe usw.)

III **Genusswert,** d. h. sensorischer Wert (Aussehen, Farbe, Geruch, Geschmack, Textur, Konsistenz)

IV **Eignungswert** oder Gebrauchswert (Verarbeitungseignung, küchentechnische Eignung von Rohstoffen und Lebensmitteln, Lagereigenschaften, diätetische Eignung)

V **Ideeller Wert,** d. h. Vitalaktivität (psychologischer, ethischer, religiöser, ökologischer Wert, Prestigewert, Fair Trade/fairer Handel)

Die **gesetzlich vorgeschriebene Qualität** leitet sich aus den geltenden Rechtsvorschriften ab, insbesondere aus den lebensmittelrechtlichen Vorschriften, nationalen und internationalen sowie EU-Verordnungen. Eine wichtige Regelung ist im Deutschen Lebensmittel-, Bedarfsgegenstände- und Futtermittelgesetzbuch (LFGB) begründet. Zweck des Gesetzes ist es,

- bei Lebens- und Futtermitteln, kosmetischen Artikeln sowie bei Bedarfsgegenständen den Schutz des Verbrauchers durch Vorbeugung gegen eine oder durch Abwehr einer Gefahr für die menschliche Gesundheit sicherzustellen,
- vor Täuschung beim Verkehr mit Lebens-, Futter- und kosmetischen Mitteln sowie mit Bedarfsgegenständen zu schützen,
- die Unterrichtung der Wirtschaftsbeteiligten und Verbraucher oder der Verwender beim Verkehr mit Lebens-, Futter- und kosmetischen Mitteln sowie mit Bedarfsgegenständen sicherzustellen.

Dazu gehören u. a. Verordnungen über Kennzeichnung, Zusatzstoffe, spezielle Angaben (z. B. die Öko-Verordnung), Rechtsvorschriften für spezielle Verbrauchergruppen (z. B. die Diätverordnung), die Verordnungen z. B. über tiefgefrorene Lebensmittel, neuartige Lebensmittel, Rückstände und Kontaminanten, Hygiene, Überwachung und Einfuhr.

Der **gesundheitliche Wert,** d. h. die ernährungsphysiologische oder auch „innere Qualität" eines Lebensmittels wird bestimmt durch Energieinhalt, Nährwert, Wertigkeit der Komponenten wie Proteinqualität, durch Schadstoffe (im gesetzlichen Rahmen), Zusatzstoffe, essentielle Inhaltsstoffe wie Vitamine, Mineralien, Spurenelemente, Antioxidantien, potentiell toxische, natürlich im Lebensmittel vorkommende Stoffe wie Phasinproteine in rohen Bohnen, die beim Erhitzen inaktiviert werden, oder Solanin in Kartoffeln, Ballaststoffe und protektive Inhaltsstoffe.

Aus zahlreichen epidemiologischen Studien geht hervor, dass ein hoher Obst- und Gemüseverzehr das Risiko für degenerative Erkrankungen wie u. a. Herz-Kreislauf- und Krebserkrankungen vermindern kann. Heute wird angenommen, dass viele im Sekundärstoffwechsel von Pflanzen gebildete Substanzen als Ursache für diese Risikominderung anzusehen sind. Wichtige derartige bioaktive Stoffe sind sekundäre Pflanzenstoffe wie Carotinoide, Flavonoide, Phenolsäuren, terpenoide Verbindungen, Glucosinolate, Protease-Inhibitoren, Phytoöstrogene, Sulfide, Ballaststoffe und Öle mit höheren Gehalten an ungesättigten Fettsäuren. Solche Bestandteile sowie die essentiellen Inhaltsstoffe der Nahrung werden mit dem Kunstwort „Nutraceutical" belegt. Die wissenschaftlichen Erkenntnisse über positive Gesundheitseffekte von natürlich vorhandenen, technisch angereicherten oder zugesetzten bioaktiven Stoffen in Lebensmitteln ermöglichen es, sogenannte „Health Claims" als neuartige Qualitätsparameter auszuloben – natürlich in geregelten Bahnen – und „Functional Food", d. h. „funktionelle Lebensmittel" zu erfinden. Diese Funktionsorientierung trägt gegenwärtig dazu bei, dass schnell wachsende Produktsegmente in der Lebensmittelindustrie entstehen.

Für den **Genusswert** sind viele sensorische Ursprünge und Eindrücke ausschlaggebend, dabei sind Präferenzen und Genuss eng miteinander gekoppelt. Der sensorische Eindruck eines Lebensmittels setzt sich aus verschiedenen Einzelkomponenten zusammen, wie in **Kap. 1.3** ausführlich erläutert. Lebensmittelpräferenzen sind für alle Komponenten einzeln sowie in Kombination zu erwarten. Der sensorische Eindruck allein bestimmt aber nicht den tatsächlichen Verzehr.

Präferenzen oder Aversionen im Lebensmittelbereich werden hauptsächlich durch Erfahrungen geprägt. Gute Erfahrungen führen dabei zu einer Lebensmittelpräferenz, während schlechte Erfahrungen eine dauerhafte Aversion zur Folge haben. Neben individuellen Erfahrungen sind es die Eltern, die eine eigenständige Lebensmittelauswahl der Kinder begrenzen und damit Vorgaben über Genießbarkeit oder Ungenießbarkeit machen, was mit der Prägung eines Qualitätsmaßstabs gleich zu setzen ist. Auch die Zubereitungsformen werden durch die Eltern überliefert. Ebenso übt aber das Ernährungsverhalten der Spielgefährten erheblichen Einfluss aus, und zwar über die Mechanismen des Beobachtungs- und Imitationslernens. Darüber hinaus beeinflussen auch genetische, soziale und – möglicherweise sehr wichtig – ökonomische Variablen wie das verfügbare Einkommen die Lebensmittelpräferenzen und damit die Lebensmittelauswahl.

Der **Eignungswert** bestimmt die technisch-physikalische Qualität des Produkts und umfasst die Verarbeitungseignung ebenso wie die küchentechnische Eignung von Rohstoffen und Lebensmitteln für Privat- und Großhaushalt, Handwerk und Industrie. Darin eingeschlossen sind auch Zeitbedarf, Ausbeute, Abfall und Convenience-Fähigkeit. Die Verarbeitungseignung setzt sich aus einer ganzen Reihe von Qualitätsfaktoren zusammen.

- Für die **tierischen** Lebensmittel Fleisch und Fisch sind dies die Struktur und der Zustand der Muskelproteine, die Art, der Zustand und die Menge der Fette, der Gehalt an Bindegewebe sowie die Verteilung und nicht zuletzt die teilweise daraus resultierenden physikalisch-chemischen Eigenschaften wie pH-Wert, Farbe, Aroma und Festigkeit. Aber auch hygienische Parameter wie der Oberflächen- und Tiefenkeimgehalt können die Verarbeitungseigenschaften beeinflussen. Bei Milch und ihren Bestandteilen interessieren außer den physikalisch-chemischen

Eigenschaften vor allem hygienische Parameter wie Keimgehalt und Rückstände bzw. Kontaminationen. Bei Eiern sind Viskosität, Emulsionsneigung, Bindekraft und Schaumbildung die limitierenden Faktoren der technischen Anwendung.
- **Pflanzliche** Lebensmittel – ausgenommen isolierte Bestandteile wie Stärke, Fette, Zucker und Proteinfraktionen – sind sehr komplexe Systeme. Hier werden die Be- und Verarbeitungsprozesse auf Grund der Kenntnis der biochemischen und physikalischen Vorgänge dem jeweiligen Produkt angepasst. Die Backeigenschaften von Mehlen werden durch Kleberproteine bestimmt, bei Kartoffeln sind die Größensortierung (einheitliche Größe erleichtert generell eine Reihe von technischen Anwendungen), der phytosanitäre Zustand der Knollen sowie insbesondere der Gehalt an reduzierenden Zuckern als Ursache für eine unerwünschte Braunfärbung während des Frittierens zu nennen. Die Lagerfähigkeit von Obst und Gemüse ist sortenabhängig und individuell zu bestimmen.

Der **ideelle Wert** als Qualitätselement ist von erheblicher Relevanz: Eine positive Qualitätsbeurteilung kann positives Empfinden vermitteln (Salutogenese), eine negative macht Erkrankungen wahrscheinlicher (Pathogenese). Daher können auch psychologische Effekte wie das Wissen um positive Produkt- und Prozessqualitäten und deren Einwirkung auf das Wohlbefinden als Qualitätskriterien herangezogen werden. Produkte aus einer nachhaltigen und umweltverträglichen Landwirtschaft mit weniger negativen Effekten können so eine höhere ideelle Lebensmittelqualität signalisieren. Bio-Lebensmittel werden gerne besonders in Krisenzeiten mit „gesund" im Sinne von „nicht die Gesundheit schädigend" assoziiert.

Die Produktqualität pflanzlicher Lebensmittel ist generell von Sortenwahl, Standort, klimatischen Bedingungen, Jahrgangseinflüssen und Bodenparametern abhängig. Auch anbauspezifische Faktoren wie Bodenbearbeitung und Düngung (im Wesentlichen bei Obst und Gemüse) können Einfluss auf die Produktqualität ausüben. Durch das Produktionsverfahren bedingte Unterschiede sind nur schwer zu identifizieren. Beispielsweise werden bei ökologischen Produkten generell niedrigere Pestizidrückstände gefunden, niedrigere Nitratgehalte, höhere Trockenmassegehalte sowie höhere Gehalte an sekundären Pflanzenstoffen. Bei tierischen Produkten sind das Fettsäuremuster und der Anteil ungesättigter Fettsäuren sowie die Proteinwertigkeit zu beachten. Neue Verfahren bei der Bearbeitung der Rohstoffe können zu einer Steigerung der Produktqualität führen.

## Prozessqualität

Die Prozessqualität wird hauptsächlich durch die Art und die Auswirkungen der Produktions- und Verarbeitungsverfahren bestimmt. Bei der Produktion und Verarbeitung sind insbesondere Aspekte der Nachhaltigkeit zu betrachten, z. B. der Verbrauch von Ressourcen wie Wasser, fossiler Energie, nicht erneuerbaren Ressourcen wie Phosphor, die Nutzung von Nebenprodukten, die Emissionen in die Umwelt, wozu auch die Überreste konsumierter Produkte (Verpackungen, Fäkalien, Nahrungsmittel- und Speisereste) zu rechnen sind. Im Folgenden sind Prozessstufen und -merkmale zusammengefasst.

**Tab. 1.1-1:** Prozessstufen und Bewertungsaspekte

| Prozessstufe | Bewertungsaspekte |
|---|---|
| Landwirtschaftliche Erzeugung | Landbau konventionell, integriert, ökologisch; Tierhaltung artgerecht, terrestrisch, Aquakultur, Fischfang-Methoden; Ressourcenverbrauch, Rest- und Abfallverwertung |
| Verarbeitung | Verarbeitungsmethoden, Verarbeitungsgrad, Energie- und Wasseraufwand bei Verarbeitung und Konservierung |
| Vermarktung und Handel | ab Hof, regional, international, global, fairer Handel, Tante-Emma-Laden, Supermarkt, Discounter, Verpackung, Ressourcenverbrauch, Abfallverwertung |
| Transport | zwischen den Prozessstufen, Kühlung, Transportmittel (LKW, Bahn, Schiff, Flugzeug), Länge der Transportwege, Energieverbrauch |
| Konsum und Verzehr | schonende, energieeffiziente Zubereitung und Lagerung, Essgewohnheiten (Familien mit Kindern, Berufstätige, Randgruppen, Diätabhängige) |
| Entsorgung | Verpackung, Reste, Fäkalien, Wasserverbrauch und Abwasser |

## Beispiele für Qualitätskriterien

Die **Art der landwirtschaftlichen Erzeugung** ist verstärkt in das Bewusstsein der Verbraucher eingedrungen. Veränderte Ernährungsgewohnheiten und Ansprüche an das Lebensmittel wie die Verfügbarkeit beeinflussen die landwirtschaftliche Produktion nachhaltig: Eine gesteigerte Produktivität der Nahrungsmittelerzeugung ist ebenso kennzeichnend wie die Biodiversität und die Ethik der Agrarproduktion. Wahrnehmbare Produktionseinflüsse auf die Umwelt sind Qualitätsmerkmale, die heute im Bewusstsein der Bevölkerung breiten Raum eingenommen haben. Ziel einer nachhaltigen Landwirtschaft muss sein, diese Einflüsse zu beherrschen, zu minimieren und den Einklang mit der Umwelt herbeizuführen.

Zur Überprüfung der Nachhaltigkeit können Ökobilanzen oder zum Beispiel der $CO_2$-Fußabdruck (Carbon Footprint) herangezogen werden. In Ökobilanzen werden Standard-DIN-Parameter wie Ressourcenverbrauch, Treibhauseffekt, Ozonabbau, Versauerung, Eutrophierung, Ökotoxizität, Humantoxizität, Sommersmog und Lärmbelastung bewertet.

Die **Verarbeitung** von landwirtschaftlichen Rohstoffen muss zu Produkten führen, die chemisch und mikrobiologisch sicher sind (gesetzliche Teilqualität), sensorisch und ernährungsphysiologisch (Genuss- und Gesundheitswert) hohe Anforderungen erfüllen und einen an den Endverbraucher angepassten Eignungswert besitzen. Die Prozessqualität bei der Verarbeitung ist aber nicht unabhängig von der Art der landwirtschaftlichen Erzeugung. Leitlinien und Leitsätze sowie Verordnungen regeln Verarbeitung und Verfahren, Transport, Kennzeichnung und Vermarktung ganzer Produktgruppen. Ressourcen wie Energie, Wasser und Abwasser werden durch den Einsatz neuer Technologien kostenoptimal eingesetzt. Diese führen auch zu einer Minimierung von Rest- und Abfallstoffen bzw. zu deren Weiterverwertung z. B. als Biogas.

Wesentliche Qualitätsmerkmale bei **Vermarktung** und **Handel** sind Verpackung, Sicherheit und sensorische Qualität. Der erste Kontakt des Kaufwilligen mit einem Lebensmittel erfolgt in der Regel durch Betrachten der Verpackung und Wahrnehmung ihrer Botschaften.

Der **Transport** kann Qualitätsmerkmale signifikant beeinflussen, wenn produktspezifische Bedingungen nicht eingehalten werden, z. B. Verpackungsart, Transportzeit, Temperatur, ununterbrochene Kühlkette, Luftzusammensetzung, Luftfeuchtigkeit, Reifungshormon Ethylen (= Ethen), mechanische Schäden durch Reibung und Stoß.

Hinsichtlich **Konsum** und **Verzehr** haben zwei 2011 und 2012 durchgeführte große Verbraucherbefragungen ergeben, dass egoistische Motive bei der Kaufentscheidung die größte Rolle spielen: Geschmack, Sicherheit, Gesundheit und soziale Akzeptanz stehen allgemein vor altruistischen Kriterien wie artgerechte Tierhaltung und faire Preise für die Erzeuger. Alles in allem beurteilten Verbraucher die Lebensmittelqualität in Deutschland 2012 als gut bis sehr gut. Der Mehrheit fällt es allerdings schwer, diese richtig einzuschätzen. Einige suchen nach Hilfestellung und Orientierung zum Beispiel über Siegel oder Marken. Bei der Mehrheit der Verbraucher herrscht gleichzeitig ein latentes Misstrauen gegenüber Lebensmittelherstellern und -kontrollen.

Die Kompetenz, Mahlzeiten zuzubereiten, ist vor allem in den jüngeren Generationen nicht mehr selbstverständlich. So gaben 2008 in der nationalen Verzehrsstudie II von den 19- bis 24-Jährigen 19 Prozent der Männer und 38 Prozent der Frauen an, schlecht bis gar nicht kochen zu können. Bei der täglichen Zubereitung der Mahlzeiten spielen Fertigprodukte (siehe **Kap. 1.2**) eine große Rolle, während am Wochenende und zu Festtagen vielfach aufwändig gekocht und dies als soziales Erlebnis gefeiert wird. Kochen und Essen sind weit mehr als die physische Zufuhr von Nährstoffen. Essen und Trinken symbolisieren und vermitteln immer auch emotionale, soziale und kulturelle Werte.

Bezüglich der **Entsorgung** sollte eine Endabfall-Vermeidungsstrategie gepflegt werden. Dazu gehört u.a. der Einsatz vielseitig verwendbarer Verpackungen (Stichworte Biokompost, Bioheizwerke) oder die Recyclierbarkeit. Lebensmittelabfälle (z.B. Putzabfälle) können durch richtiges Lagern um bis zu 30 Prozent verringert werden.

Die Prozessqualität bzw. die Prozessintensität der Futter- und Lebensmittelerzeugung ist auch in Verbindung mit der globalen Ernährungssicherung zu sehen. Bei einer Erdbevölkerung von gegenwärtig rund 6 Milliarden Menschen stehen je Einwohner etwa 2 400 $m^2$ landwirtschaftliche Nutzfläche zur Verfügung. Der Flächenbedarf für die Bereitstellung der benötigten Proteinmenge steigt mit dem Verbrauch von Lebensmitteln tierischer Herkunft, denn die Tiere müssen mit Futtergetreide und anderen pflanzlichen Futtermitteln versorgt werden. Zudem ist die Flucht der Landbevölkerung in die Städte (insbesondere in Entwicklungsländern) von einer Änderung der Ernährungsgewohnheiten begleitet.

Für gesunde Erwachsene wird seitens der Deutschen Gesellschaft für Ernährung empfohlen, vollwertig und abwechslungsreich zu essen und zu trinken. Das bedeutet, eine angemessene Menge nährstoffreicher und energiearmer Lebensmittel zu verzehren und ausreichend viel zu trinken – möglichst in Form von Wasser, verdünnten Säften oder ungesüßten Früchte- oder Kräutertees. Es sollen überwiegend pflanzliche Lebensmittel verzehrt werden, da diese eine gesundheitsfördernde Wirkung haben und eine nachhaltige Ernährungsweise und einen ressourcenschonenden Produktions-, Arbeits-, Lebens- und Konsumstil unterstützen. Dies fördert auch ökologische (Öko-Life-Style) und ökonomische Teilziele wie Lebensmittelsicherheit, stabile Märkte, internationale Solidarität, Verbraucherinteressen, Gesundheitsförderung und Ernährungsgewohnheiten. Erreichbar sind diese Ziele nur, wenn alle Beteiligten, Verbraucher, Landwirtschaft, Lebensmittelindustrie, Handwerk, Handel, Gastronomie und Verbraucher als direkt Beteiligte, sowie Gesetzgeber, Medien, Schulen und das soziale Umfeld als indirekt Beteiligte zusammenwirken. Vor diesem Nachhaltigkeitshintergrund spielt die Bewertung der Prozessqualität durch die Verbraucher gerade im Hinblick auf unterschiedliche Produktionsverfahren eine entscheidende Rolle.

## Lebensmittelqualität aus Verbrauchersicht

Welche der im Vorstehenden genannten Qualitätsaspekte stehen für den Verbraucher im Vordergrund? Dazu wurden in jüngster Zeit zwei Studien durchgeführt:

Das Institut für Demoskopie Allensbach veranlasste zum Thema „Was is(s)t Qualität“ im Jahre 2012 im Rahmen der sogenannten Nestlé-Studie 1 671 Interviews mit Verbrauchern und zusätzlich 120 Meinungsführern sowie 31 Experten aus deutschen Handelsunternehmen. Ergebnis: Insgesamt gewinnt Qualität an Relevanz. Lebensmittelqualität ist heute ein wesentlicher Baustein für Lebensqualität. Drei Viertel der Deutschen bewerteten die Qualität von Lebensmitteln als gut bis sehr gut. Beim Bevölkerungsdurchschnitt stehen nach Rangfolge der Nennungen die „Qualitätsdimensionen“ Geschmack (89 Prozent) und Sicherheit (80 Prozent) vor den ebenfalls hoch geschätzten Aspekten Gesundheit (59 Prozent) und Nachhaltigkeit (59 Prozent), z. B. artgerechte Tierhaltung.

Die Gesellschaft für Konsumforschung in Nürnberg (GfK) führte im Jahr 2011 eine Studie „Lebensmittelqualität im Verbraucherfokus“ durch (Consumer Choice 11 – Chancen für Ernährungsindustrie und Handel). Dabei wurden 30 000 haushaltsführende Personen aus dem GfK-Haushaltspanel befragt. Fazit: Die Verbraucher fordern vorrangig, dass ein Lebensmittel gut schmeckt und gesundheitlich unbedenklich ist (außerdem soll es frisch sein, appetitlich aussehen etc.). Insgesamt stehen acht mehr oder weniger egoistische Motive im Vordergrund des Verbraucherinteresses, während altruistische Aspekte wie Tierschutz, fairer Preis usw. erst ab Platz neun rangieren.

## Lebensmittelbeschaffung

Die Marktforschung zeigt, dass anteilmäßig die meisten frischen Grundnahrungsmittel bei Discountern eingekauft werden, gefolgt von Verbrauchermärkten und SB-Warenhäusern: Mehr als die Hälfte des gesamten Volumens an Käse, Frischobst und Frischgemüse wird bei Discountern erworben. Vor allem anspruchsvolle und qualitätsbewusste Verbraucher bevorzugen jedoch den Fachhandel (Fachgeschäfte oder spezielle Lebensmittelabteilungen von Supermärkten) für den Einkauf frischer Lebensmittel, vor allem bei Fleisch, Fleischwaren, Wurst, Brot, Obst und Gemüse. Von Konsumenten, die Gewicht auf regionale Herkunft legen, wird der direkte Einkauf beim Landwirt oder auf dem Wochenmarkt gewählt. Bei Eiern erfolgt der Absatz vorwiegend über Wochenmärkte und den Direktvertrieb. Der Wettbewerb im Lebensmitteleinzelhandel hat sich erheblich verschärft. Die Konsumenten reagieren mit geringeren Haushaltskäufen, dem vermehrten Kauf von Eigenmarken des Lebensmittelhandels, Substitutionen im Warenkorb und einer bewussten Wahl der Einkaufsstätte.

## 1.2 Convenience-Produkte

(MARGIT BÖLTS / TORSTEN DICKAU / HEIDE PREUSSE)

Convenience-Produkte bieten vor allem eine Verringerung des Zeitaufwands und eine Steigerung der Gelingsicherheit für die Lebensmittelzubereitung. Die Verpflegung im privaten Haushalt (synonym Ernährungsversorgung) beansprucht nach wie vor am meisten Zeit unter allen hauswirtschaftlichen Tätigkeiten – obwohl nicht zuletzt wegen des vermehrten Einsatzes von Convenience-Produkten oder einer Auslagerung in die Außer-Haus-Verpflegung eine Entlastung zu verzeichnen ist.

### Zeitaufwand für die Verpflegung

Informationen darüber, wie viel Zeit in Deutschland durchschnittlich für die Verpflegung, d. h. für Nahrungszubereitung, Geschirrreinigung, Tisch decken und abräumen etc. verwendet wird, finden sich in den Ergebnissen der Zeitbudgetuntersuchungen des Statistischen Bundesamts. Es liegen Daten für die Erhebungszeiträume 1991/1992, 2001/2002 und 2012/2013 vor.

Danach zeigt sich, dass Frauen heute deutlich weniger Zeit für die Verpflegung verwenden als vor 20 Jahren (siehe **Abb. 1.2-1**). Sie waren 1991/92 fast eineinhalb Stunden pro Tag mit Arbeiten rund um das Essenkochen beschäftigt. 2001/02 machte die Verpflegung noch 65 Minuten im täglichen Zeitbudget aus. Nach den neuesten Untersuchungen sank dieser Zeitaufwand auf 55 Minuten. Demgegenüber zeigt sich bei Männern keine wesentliche Veränderung des zeitlichen Aufwands für Verpflegung, der im gesamten Zeitraum 1991/92 bis 2012/13 annä-

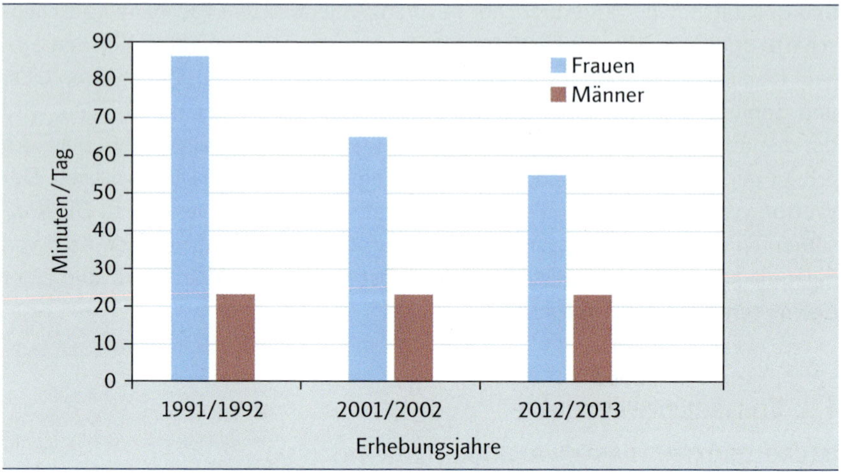


**Abb. 1.2-1:** Trend im Zeitaufwand für Verpflegung (Statistisches Bundesamt 1995 und 2015)

hernd konstant bei etwa 23 Minuten pro Tag liegt. Der verringerte Zeiteinsatz bei den Frauen wird also nicht durch Mehrarbeit der Männer ausgeglichen.

Der Rückgang des Zeitaufwands für Verpflegung von 65 Minuten auf 55 Minuten im Zeitraum 2001/02 bis 2012/13 bei den Frauen ist im Zusammenhang einer Verringerung ihrer gesamten Haushaltsarbeitszeit in diesem Zeitraum zu sehen. Der Zeitaufwand ist von etwas über 3 Stunden 50 Minuten auf knapp 3 Stunden 20 Minuten zurückgegangen. Die Frauen haben nicht nur deutlich weniger Zeit für die Verpflegung aufgewendet, sondern auch für die Wohnungsreinigung. Der Anteil der Verpflegungszeit an der Haushaltsarbeit insgesamt (ohne Betreuung und Pflege von Kindern und Senioren) beträgt bei den Frauen derzeit rund ein Viertel.

Die Gesamtzeit an Haushaltsarbeit ist auch bei den Männern von 2001/02 auf 2012/13 gesunken, und zwar von etwas über 2 Stunden 20 Minuten auf 2 Stunden 10 Minuten. Weil der absolute Zeitaufwand für die Verpflegung nahezu konstant geblieben ist, ergibt sich ein geringfügiger Anstieg des prozentualen Zeitaufwands auf rund 15 Prozent ihrer gesamten Haushaltsarbeitszeit.

Wie bereits bei den vorherigen Erhebungen festgestellt, hängt der Zeiteinsatz für die Verpflegung ebenso wie der Gesamtumfang der Haushaltsarbeit vom Erwerbsstatus insbesondere der Frauen ab. In Vollzeit erwerbstätige Frauen verwenden weniger Zeit für die Verpflegung und andere Haushaltstätigkeiten als teilzeiterwerbstätige oder nichterwerbstätige Frauen.

Der langfristig rückläufige Trend im Zeitaufwand für Verpflegung lässt sich sowohl durch verringerte Ansprüche an die Versorgung und einen vermehrten Einsatz von Convenience-Produkten bei der häuslichen Ernährungsversorgung erklären als auch durch eine Zunahme des Außer-Haus-Verzehrs. Außerdem ist zu berücksichtigen, dass die Haushalte kleiner geworden sind, also weniger Personen bekocht werden.

Darüber hinaus ist zu bedenken, dass gesellige Kochabende im Familien- oder Freundeskreis seit der ersten Zeitbudgeterhebung ebenso an Bedeutung gewonnen haben wie der Besuch von Einkaufsstätten als Teil der Freizeitgestaltung. Diese Aktivitäten sind ebenfalls in den Zeiten für Verpflegung und Einkaufen berücksichtigt. Sie können damals wie heute nicht getrennt von den Alltagsroutinen mit Arbeitscharakter nachgewiesen werden, was tiefergehende Erkenntnisse zum Strukturwandel in der Verpflegung verhindert.

Zusammenfassend kann festgehalten werden: Die Verpflegungs- und Versorgungsleistungen, die in privaten Haushalten erstellt werden und die Teil der Alltagskultur sind, haben in den letzten 20 Jahren in der Wertschätzung der Bevölkerung an Bedeutung verloren. Sie werden zum Teil anderen Zielen wie Erwerbstätigkeit oder Freizeitgestaltung untergeordnet.

## Definition des Convenience-Grades und Produktklassifizierung

Im letzten Jahrhundert gelang den Convenience-Produkten (beginnend mit Konserven und Trockenprodukten) der Durchbruch, auch wegen ihrer preisgünstigen industriellen Herstellung. Das englische Wort „Convenience“ bedeutet so viel wie Annehmlichkeit, Bequemlichkeit, Nutzen, Komfort. Heute stehen die Ziele „Vorverarbeitung zur späteren Arbeitserleichterung“ und „Erhöhung des Genusswerts“ im Vordergrund – die Verbraucher bevorzugen zunehmend verarbeitete Produkte anstelle der Rohware. Nudeln, Dosengemüse oder Tiefkühlprodukte werden heute selbstverständlich in der Küche eingesetzt, ohne dass sie mit dem Begriff „Convenience“ in Verbindung gebracht werden. „Convenience-Produkte“ sind Lebensmittel, die durch den Einsatz von menschlicher oder maschineller Arbeit vorbereitet und meist durch physikalische oder chemische Verfahren haltbar gemacht worden sind (differenzierte Darstellung der Verfahren zum Haltbarmachen siehe **Kap. 8.2**).

Die Vielzahl der erhältlichen Produkte lässt sich nach der **Art der Haltbarmachung** sowie nach der **Art der Weiterverarbeitung** einteilen. Darauf beruht die Klassifizierung in **Tab. 1.2-1**. Eine verbindliche Definition des Convenience-Grades gibt es nicht. Während die Begriffe „Grundstufe", „küchenfertig" und „garfertig" sowie die Klassen 0, 1 und 2 einheitlich verwendet werden, wird „aufbereitfertig" auch als „mischfertig" oder „aufguss- bzw. anrührfertig" (jeweils Convenience-Stufe 3) bezeichnet. Andererseits wird stellenweise „regenerierfertig" auch in „aufbereitfertig" einbezogen, so dass die Skala dann einen Convenience-Grad weniger umfasst. Schließlich wird u. U. noch zwischen „portionierfertig" und „verzehrfertig" unterschieden, was zu einer maximal siebenstufigen Skala führt. Es erscheint daher unerlässlich, die Convenience-Stufe verbal auszudrücken, um Verwirrung zu vermeiden.

**Tab. 1.2-1:** Convenience-Grade (aid 2002, Bölts und Dickau 2009)

| Convenience-Grad | Definition | Beispiele | Arbeiten zum Erreichen der nächsten Convenience-Stufe |
|---|---|---|---|
| 0 Grundstufe | unbehandelte Rohware | Tierhälften, ungewaschenes Gemüse | Waschen, Schälen, Entkernen, Entbeinen, Fleisch zerlegen |
| 1 Küchenfertig | Lebensmittel, die vor dem Garen noch küchenmäßig aufbereitet werden müssen | geputztes Gemüse, entbeintes Fleisch, geschälte Kartoffeln | Zerkleinern, Portionieren, Panieren, Würzen |
| 2 Garfertig | Produkte, die ohne weitere Vorbereitung zu garen sind | Filet, Teigwaren, TK-Gemüse, Fleisch- oder Fischstäbchen paniert | Kochen, Backen, Braten, Dämpfen, Schmoren |
| 3 Aufbereitfertig | durch Hinzufügen fertiger Speisenkomponenten verzehrfertige Produkte | Salatdressing, Kartoffelpüree, Instant-Nudeln | in Flüssigkeit anrühren, Würzen oder Nachwürzen |
| 4 Regenerierfertig | Menüs oder Komponenten, die allein durch Wärmezufuhr verzehrfertig werden | Fertiggerichte, vorgekochte Teigwaren, Nasskonserven | trockenes Aufwärmen oder Erwärmen durch Dampfkondensation |
| 5 Verzehrfertig | zum sofortigen Verzehr in kaltem oder warmem Zustand geeignet | kalte Soßen, fertige Salate, Joghurt, Backwaren, Wurst | |

Als Produktgruppen sind Trockenprodukte, Nasskonserven sowie Kühl- und Tiefkühlprodukte zu unterscheiden (**Tab. 1.2-2**).

**Tab. 1.2-2:** Gruppen von Convenience-Produkten (aid 2007, Bölts und Dickau 2009)

| | |
|---|---|
| Trockenprodukte | entstehen, indem den Lebensmitteln Wasser entzogen wird. Produkte aus diesem Bereich sind z. B. Trockensuppen, Trockensoßen und Instant-Produkte. |
| Nasskonserven | werden nach dem Abfüllen in Gläser, Dosen oder Plastikschalen durch Erhitzen konserviert. So entstehen unter anderem Vollkonserven oder Halbkonserven. |
| Gekühlte Produkte | lassen sich bei Kühlschranktemperatur mindestens bis zum angegebenen Haltbarkeitsdatum lagern. |
| Tiefkühlprodukte | (Speisenkomponenten oder vollständige Gerichte) werden durch rasches Gefrieren und Abkühlen auf mindestens minus 18 °C haltbar gemacht. |

## Verwendung von Convenience-Produkten

Die größten Vorteile von Convenience-Produkten sind die Gelingsicherheit und der verminderte Arbeitsaufwand bei der Zubereitung der Speisen. Dabei ist die Arbeitseinsparung zumeist umso größer, je höher der Convenience-Grad ist. Es wird kein oder in geringem Umfang Zubereitungs- bzw. Serviergeschirr eingesetzt, was den Reinigungsaufwand reduziert. Die Prozess- bzw. die Garzeiten sind generell verkürzt, also werden insgesamt bei der Zubereitung Zeit und Energie eingespart. Je nach Convenience-Grad ist die Herstellung von Speisen stark vereinfacht; ganze Arbeitsschritte entfallen häufig. Dies führt zu einer extremen Bevorzugung von Convenience-Erzeugnissen bei bestimmten Produktgruppen, z. B. bei Brühen oder Fertigpizzen.

Bei der Zubereitung von Convenience-Produkten sind geeignete küchentechnische Verfahren anzuwenden, die wiederum die ernährungsphysiologische und sensorische Qualität möglichst wenig beeinträchtigen sollten. Da zeitintensive Vorbereitungsarbeiten weitestgehend entfallen, ermöglichen Convenience-Produkte bei entsprechender Vorratshaltung (oder naher Einkaufmöglichkeit) zudem eine nahezu spontane Speisenwahl.

Unerlässliche Voraussetzung für den langfristigen Erfolg von Convenience-Angeboten ist eine hohe sensorische Qualität – wiederholt gekauft wird nur was schmeckt. Die Geschmacksgebung ist bei Convenience-Erzeugnissen deshalb besonders wichtig, weil mit steigender Ausrezeptierung das letztlich resultierende Küchenprodukt sensorisch immer weniger zu beeinflussen ist. Dafür ist das Gelingen der Speisen gesichert, sofern man sich an die Zubereitungsanweisungen hält. Aber auch diese lassen – je nach Art des verwendeten Produkts – noch Kreativität zu. Je nach dem Grad der Vorverarbeitung der Lebensmittel können auch eine Verminderung des Vitamingehalts sowie Geschmacks- und Farbveränderungen auftreten, die aber bei vergleichbaren Arbeitsschritten im Haushalt genauso zu beobachten sind.

Wegen der Verschiedenartigkeit der Convenience-Produkte ist jedoch selbst beim gleichen Convenience-Grad keine einheitliche ernährungsphysiologische Bewertung möglich. Je mehr thermische Verarbeitungsschritte ein Produkt erfährt, umso relevanter kann der Verlust an temperaturabhängigen Vitaminen sein.

Convenience-Produkte vereinfachen die Lagerung (vor allem bei einheitlich großen und stapelbaren Verpackungen) und verursachen weniger Vor- und Zubereitungsabfall in der Küche – die Ausbeute bei Convenience-Produkten beträgt nahezu 100 Prozent. Die Transportbelastung ist allerdings generell bei überregionalen Produkten höher als bei regionalen.

Vorteilhaft ist, dass sich die Lagerhaltung vereinfacht und Verderbsverluste seltener werden. Trockenprodukte haben außerdem keinen großen Platzbedarf. Convenience-Produkte weisen meist eine standardisierte und reproduzierbare Qualität auf. Mengenberechnungen, Kalkulation und Einkauf sind deshalb weniger aufwändig. Durch die Verkürzung der Garzeiten wird Energie bei der Zubereitung eingespart.

In der gewerblichen Küche ist durch den Einsatz von Convenience-Produkten im Allgemeinen eine erhebliche Kostensenkung zu erreichen. Im privaten Haushalt wird die Arbeitserleichterung sehr begrüßt, aber es entfällt durchweg eine betriebswirtschaftliche Bilanzierung. Die Kosten für den Wareneinsatz können bei der Verwendung von Convenience-Ware höher liegen; dennoch zeigen die Verkaufsstatistiken für Convenience-Produkte seit Jahren einen stetigen Aufwärtstrend.

Obwohl die Zubereitung von Convenience-Produkten im Prinzip mit den gleichen Verfahren wie im Haushalt erfolgt, wobei die Prozesssteuerung außerdem wesentlich präziser gelingt, kann die Qualität der Produkte sehr unterschiedlich sein. Dies ist nicht nur auf die üblichen Konservierungsmethoden zurückzuführen, deren Anwendung bei Convenience-Produkten im Allgemeinen unerlässlich ist, um eine ausreichende Haltbarkeit zu gewährleisten. Die Qualität eines Produkts wird entscheidend von den ausgewählten Zutaten und der angewendeten Gartechnik beeinflusst.

## 1.3 Sensorische Prüfungen (ELVIRA BAIER)

Die sensorische Lebensmittelprüfung durch Prüfpersonen hat sich in der zweiten Hälfte des vergangenen Jahrhunderts zu einem eigenständigen Wissenschaftsgebiet entwickelt. Die Entwicklung wurde maßgeblich durch Normungstätigkeit gefördert, die zu ständig weiterentwickelten international abgestimmten sensorischen Analysemethoden geführt hat. In diesem Abschnitt sind die Grundlagen für das Verständnis sensorischer Prüfungen zusammengestellt. Die Terminologie orientiert sich soweit wie möglich an den einschlägigen Normen.

### Anwendungsbereich

**Sensorische Prüfungen** liefern Aussagen über Lebensmittel, die mit anderen Methoden nicht zu erhalten sind. Sie werden vor allem von der Lebensmittelindustrie und der amtlichen Lebensmittelüberwachung, in neutralen Qualitäts- und Laborzentren, bei Qualitätswettbewerben des Handwerks sowie von Testinstituten (Stiftung Warentest) angewendet. Der Einsatz sensorischer Prüfungen in der Lebensmittelindustrie reicht von Forschung und Entwicklung über Marketing und Qualitätssicherung bis zur Reklamationsbearbeitung.

Im Bereich Forschung und Entwicklung dienen sensorische Prüfungen z. B. der Untersuchung des Einflusses unterschiedlicher technologischer Verfahren, der Ermittlung der Mindesthaltbarkeit (Lagerversuche) oder der Untersuchung der Eignung von Packstoffen. Ein klassisches Einsatzgebiet ist auch die **Entwicklung neuer Rezepte und Produkte**. Ausgewählte und geschulte Testpersonen charakterisieren die Beschaffenheit von Neuentwicklungen und bewerten deren Qualität, während Konsumenten ihre Akzeptanz oder Präferenz für Produkte angeben. Aus der Zusammenführung beider Daten gewinnen die Entwickler wichtige Informationen, die den Markterfolg sichern und für die strategische Planung und Optimierung des Produktportfolios unerlässlich sind.

Die Qualitätsverbesserung bereits existierender Produkte, die Kostenreduzierung unter Beibehaltung der sensorischen Qualität oder die Auswahl neuer Rohstofflieferanten sind weitere Bereiche, bei denen sich die Sensorik in der Lebensmittelindustrie etabliert hat.

Im Bereich der **Qualitätssicherung** sind sensorische Prüfungen heute selbstverständlich zur Kontrolle von Rohstoffen, Zutaten, Zwischen- und Endprodukten, zur Erfassung von Produktschwankungen, zum Produktvergleich, zur Kontrolle von Lagerstabilität und Verpackungseinflüssen sowie zur Überwachung der Einhaltung von Spezifikationen.

## Definitionen

Die sensorische Lebensmittelprüfung wird zur Abgrenzung von Instrumenteller Sensorik (siehe S. 30) auch als **Humansensorik** bezeichnet. Die Humansensorik oder sensorische Analyse ist „die Wissenschaft, die sich mit der Beurteilung der organoleptischen Merkmalseigenschaften eines Prüfmaterials mit Hilfe der Sinne beschäftigt" (DIN EN ISO 5492:2009-12, S. 7). Sensorische Prüfungen sind gekennzeichnet durch die Anwendung genormter Methoden, den Einsatz ausgewählter und geschulter Prüfpersonen und die Auslegung nach statistischen Verfahren. Sie dienen der Beschreibung und Beurteilung der sensorischen Qualität bzw. des Genusswertes von Lebensmitteln. Unter Qualität versteht man in der Sensorik in Anlehnung an die Norm ISO 9000:2014 die „Gesamtheit der Merkmale und Eigenschaften eines Prüfmaterials, eines Prozesses oder einer Dienstleistung, die zu dessen bzw. deren Eignung beitragen, festgelegte oder inbegriffene Erfordernisse zu erfüllen" (DIN EN ISO 5492:2009-12, S. 19). Wie bereits in **Kap. 1.1** erwähnt, sind also der Begriff „Qualität" oder Wortzusammensetzungen mit „-qualität" immer dann gerechtfertigt, wenn es um die Erfüllung von Forderungen geht.

Bei einer sensorischen Lebensmittelprüfung werden gewöhnlich Aussehen (hauptsächlich Farbe), Geruch, Geschmack und Textur geprüft – sofern die Prüfung nicht auf spezifische Merkmalseigenschaften fokussiert. Während der sensorischen Prüfung sammelt die Prüfperson optische Eindrücke über den Gesichtssinn, olfaktorische Eindrücke über den Geruchssinn, gustatorische Eindrücke über den Geschmackssinn, haptische Eindrücke über den Temperatursinn, den mechanischen Hautsinn, den kinästhetischen Sinn und den Schmerzsinn sowie auditive Eindrücke über den Gehörsinn. Eine Vielzahl von Rezeptoren in den Sinnesorganen Auge, Ohr, Nase, Zunge, Haut- und Mucosazellen verhelfen der Prüfperson zu den Sinneseindrücken, die an das Zentralnervensystem weitergegeben werden und sich in der Folge in entsprechenden Empfindungen äußern.

## Prüfverfahren

Die bei sensorischen Untersuchungen gewonnenen Rohdaten werden stets einer **statistischen Auswertung** unterzogen, z. B. hinsichtlich der Signifikanz von Unterschieden. Dadurch werden einerseits der Einfluss systematischer Fehler eliminiert und die Methodik abgesichert, andererseits erfolgt die Auswertung unter Einbezug der Gesamtheit aller Messergebnisse, wobei die gewonnene Information weitestgehend vollständig zur resultierenden Aussage beiträgt. In der Sensorik kommen statistische Standardverfahren zur Anwendung, deren Diskussion den hier gesteckten Rahmen aber bei weitem sprengen würde, so dass – ungeachtet der Bedeutung dieses Aspekts – auf die entsprechende Spezialliteratur verwiesen werden muss.

Nach der Zielsetzung ist grundsätzlich zwischen **objektiv-analytischen** und **subjektiv-hedonischen Prüfungen** zu unterscheiden. Bei einer objektiv-analytischen Prüfung ist der Einfluss der persönlichen Meinung minimiert. Bei subjektiv-hedonischen Prüfungen ist demgegenüber gerade die persönliche Meinung bzw. Einstellung gefragt. Analytische Prüfungen werden von ausgebildeten Prüfern durchgeführt, stellen hohe Anforderungen an diese und können nur unter der Voraussetzung wissenschaftlichen Vorgehens bei Vorbereitung, Durchführung und Auswertung zu objektiven Aussagen führen. Sie dienen beispielsweise dazu, die Unterschiede zweier Proben abzuklären. Hedonische oder Beliebtheitsprüfungen gehören zum Instrumentarium der **Marktforschung**. Die Prüfpersonen sind Konsumenten, wodurch es z. B. möglich wird, die beliebteste Aromamischung aus einer Auswahl festzustellen. Analytische und hedonische Prüfungen ergänzen einander und runden in der Kombination das Wissen über ein Produkt ab.

Nach der Problemstellung werden Prüfverfahren in Unterschiedsprüfungen und beschreibende Prüfungen gegliedert. Unterschiedsprüfungen dienen – wie der Name sagt – der Ermittlung des Unterschieds zwischen Proben. Beschreibende Prüfungen zielen dagegen darauf ab, eine möglichst genaue, wertneutrale verbale oder graphische Aufgliederung der Merkmale und Merkmalseigenschaften von Proben zu erreichen. Diese Beschreibung kann qualitativ und quantitativ sein.

Fast alle der in **Tab. 1.3-1** genannten Prüfverfahren sind sowohl für objektiv-analytische als auch für subjektiv-hedonische Prüfungen einsetzbar.

**Tab. 1.3-1:** Sensorische Prüfverfahren (Beispiele)

| Gruppe | Prüfverfahren | Kennzeichnung |
|---|---|---|
| Unterschieds-Prüfungen (Diskriminative Verfahren) | | Prüfproben verschiedener Prüfmuster werden miteinander verglichen. |
| | Paarweise Vergleichsprüfung | Prüfprobenpaare werden anhand vorgegebener Merkmale verglichen. |
| | Rangordnungsprüfung | Gleichzeitige Vorlage von mindestens drei Prüfproben in zufälliger Reihenfolge, die im Hinblick auf ein vorgegebenes Prüfkriterium in eine geordnete Reihenfolge zu bringen sind |
| | Dreiecksprüfung | Verfahren zur Untersuchung gleichzeitig dargereichter Dreierprüfproben, bei denen jeweils zwei Prüfproben demselben Prüfmuster entstammen |
| | Duo-Trio-Prüfung | Verfahren, bei dem zuerst eine Kontrollprobe und dann zwei Prüfproben gegeben werden, von denen eine Prüfprobe aus dem Prüfmuster der Kontrollprobe stammt |
| Beschreibende Prüfungen (Deskriptive Verfahren) | | Auswahl von beschreibenden Ausdrücken für die Merkmalseigenschaften einer Prüfprobe |
| | Einfach beschreibende Prüfung | Verfahren zur verbalen Charakterisierung des sensorischen Eindrucks einer oder mehrerer Prüfproben |
| | Profilprüfung | Beschreibung der Intensität der Merkmalseigenschaften einer Prüfprobe |
| | Verdünnungs-(profil)prüfung | Beschreibung der Intensität der Merkmalseigenschaften einer Prüfprobe bei stufenweiser Verdünnung |
| | Beschreibende Prüfung mit anschließender Qualitätsbeurteilung | Beschreibung der Intensität der Merkmalseigenschaften einer Prüfprobe und anschließende Bewertung |

## Normen, Gesetze, Vorschriften

In der Normung ist zwischen der nationalen, der europäischen und der internationalen Ebene zu unterscheiden. In Deutschland sind die nationalen Aktivitäten im Bereich der sensorischen Lebensmittelprüfung im „Normenausschuss Lebensmittel und landwirtschaftliche Produkte (NAL)“ im DIN gebündelt. Im Bereich der Sensorik gibt es zurzeit etwa 100 gültige nationale, europäische und internationale Normen. Eine immer größere Bedeutung kommt der Normung im Auftrag der EU zu. Die Normen sollen regelmäßig aktualisiert werden.

Genormt sind z. B.:

- Begriffe und allgemeine Grundlagen
- Sensorische Untersuchungsgeräte
- Sensorische Prüfverfahren
- Prüfräume

Die Sensorik gilt als eine amtlich anerkannte Methode zur Untersuchung von Lebensmitteln. Sie ist in einschlägigen Vorschriften gesetzlich verankert.

## Anforderungen

Qualifizierte sensorische Prüfungen sind nur möglich, wenn zahlreiche Anforderungen an Prüfpersonen, Probenvorbereitung/-darreichung, Prüftechnik und Prüfumgebung eingehalten werden. Die wichtigsten Regeln sind nachfolgend aufgeführt.

### Prüfer

Die sensorische Prüfung kann entweder durch „Prüfpersonen“ oder „ausgewählte Prüfer“ oder „Sensoriker“ erfolgen. **Prüfpersonen** sind beliebige, an der Prüfung teilnehmende Personen. Sie können Laien sein, die keinerlei bestimmte Kriterien erfüllen müssen, oder eingeführte Prüfpersonen, die schon einmal an sensorischen Prüfungen teilgenommen haben. **Ausgewählte Prüfer** werden wegen ihrer Eignung zur Durchführung einer sensorischen Prüfung gewählt. Schon bei der Vorauswahl ist eine Reihe allgemeiner, psychologischer und physiologischer Kriterien zu berücksichtigen (siehe **Tab. 1.3-2**), und bei der Schulung sind Prüfungen abzulegen, die Eignung nachweisen. **Sensoriker** sind ausgewählte Prüfer mit nachgewiesener sensorischer Empfindlichkeit und mit umfassender Schulung und Erfahrung hinsichtlich der sensorischen Prüfung, die in der Lage sind, verschiedene Prüfmaterialien widerspruchsfrei und wiederholbar sensorisch zu beurteilen.

Subjektiv-hedonische Prüfungen werden gewöhnlich mit Laien oder eingeführten Prüfpersonen durchgeführt. Für objektiv-analytische Prüfungen kommen dagegen ausschließlich ausgewählte Prüfer und Sensoriker in Frage. Mit der Norm DIN EN ISO 8586 wird ein umfangreicher Leitfaden für deren Auswahl, Schulung und Überprüfung vorgelegt.

Prüfer arbeiten innerhalb eines **Panels**, das durch den Panelleiter geführt wird. Der Panelleiter legt Anzahl und Einsatz der Prüfer fest, rekrutiert sie, wählt sie aus und unterweist sie. Er schult die ausgewählten Prüfer und Sensoriker und kontrolliert regelmäßig deren Leistungen, um sicherzustellen, dass die Kriterien, nach denen sie ursprünglich ausgewählt wurden, immer noch erfüllt sind. Die Sensoriker sind weder für die Auswahl der durchzuführenden Prüfungen noch für die Präsentation der Proben oder für die Auswertung der Ergebnisse verantwortlich. All dies obliegt dem Panelleiter, der darüber hinaus entscheidet, wie viele Informationen dem Panel zur Verfügung gestellt werden. Vom Panelleiter werden didaktische Fähigkeiten erwartet, um die Prüfer zu schulen und in die Prüfaufgabe einführen zu können.

Um in der Praxis ein Panel mit 10 Personen zusammenzustellen, wird empfohlen, 40 bis 60 Personen zu rekrutieren und daraus mindestens 20 Personen auszuwählen.

**Tab. 1.3-2:** Kriterien für Prüfpersonen (DIN EN ISO 8586:2014-05)

| Kriteriengruppe | Detailkriterien |
|---|---|
| Allgemeine Kriterien | Verfügbarkeit |
| | Geeignete Einstellung zu Lebensmitteln |
| | Kenntnisse und Eignung |
| | Kommunikationsfähigkeit |
| | Beschreibungsfähigkeit |
| Psychologische Kriterien | Interesse und Motivation |
| | Verantwortungsgefühl |
| | Konzentrationsvermögen |
| | Bewertungsfähigkeit |
| | Bereitschaft zur Zusammenarbeit |
| Physiologische Kriterien | Gesundheit |
| | Sensibilität |

Zur Vermeidung von Prüffehlern müssen die (rechtzeitig über den Termin informierten) Prüfpersonen vor einer Prüfung bestimmte Verhaltensregeln beachten (siehe DIN EN 8586).

## Prüfmaterial, Probenvorbereitung und Probendarreichung

Je nach Aufgabenstellung ist das Prüfmaterial vorzubereiten. Zu beachten und in den Prüfbericht aufzunehmen sind die Anzahl der unterschiedlichen bzw. gleichen Proben, der Zustand der Ausgangsproben (keine Veränderung, Verdünnung, Konzentration) sowie die Verwendung standardisierter Vergleichsproben. Die beim einzelnen Prüfer vorliegende Prüfmustermenge wird als Prüfprobe bezeichnet. Bei der Probennahme ist zu berücksichtigen:

- Die Stichprobe muss die Grundgesamtheit repräsentieren.
- Die Temperatur aller Proben muss gleich sein und der Verzehrtemperatur entsprechen.
- Die Proben müssen neutral und einheitlich dargereicht werden, so dass keine Rückschlüsse auf das Prüfmaterial möglich sind.
- Die Prüfproben müssen neutral gekennzeichnet sein, z. B. mit Zufallszahlen.
- Die Zeit zwischen Fertigstellung und Prüfung soll gering sein; keinesfalls darf sich die Probe während dieser Zeit verändern.

## Prüftechnik

Die Prüfperson verhält sich bei der sensorischen Prüfung nicht allein passiv empfangend, sondern tritt in gezielte Wechselwirkung mit dem Objekt (siehe **Abb. 1.3-1**). Sensorische Aktivitäten der Prüfperson wie Berühren, Zerteilen, in den Mund nehmen, Zerkauen usw. wirken gezielt auf das Prüfobjekt ein und verursachen sensorische Signale. Nach Aufnehmen und Verarbeiten dieser Signale (merken, vergleichen, einordnen) gibt die Prüfperson schließlich ihren Eindruck vom Prüfobjekt als sensorische Aussage (Prüfergebnis) wieder. Je nach Prüfaufgabe kann dies qualitativ-beschreibend oder quantitativ-bewertend (Beurteilung) geschehen.

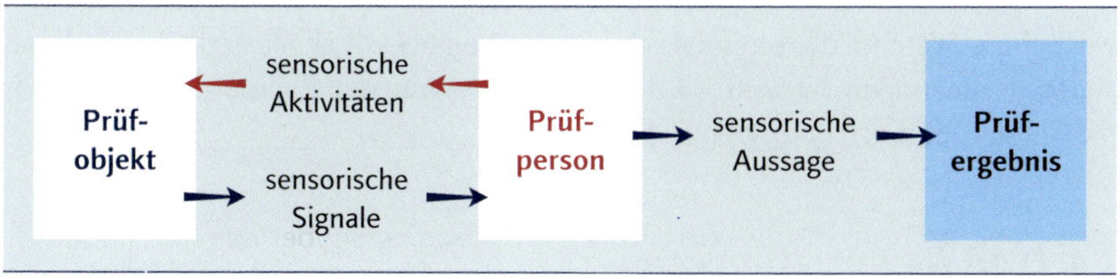


**Abb. 1.3-1:** Modell der sensorischen Prüfung (dgh 1990)

### Prüfumgebung, Prüfraum

Durch Veränderung der Prüfumgebung (z. B. über die Beleuchtung) kann der sensorische Eindruck beeinflusst werden. An eine neutrale Umgebung werden die folgenden allgemeinen Anforderungen gestellt:

- Temperatur: angenehm, regelbar
- Relative Luftfeuchte: angenehm, falls nötig regulierbar
- Lärmpegel: minimal
- Gerüche: geruchsneutral
- Farbgebung: neutral
- Beleuchtung: gleichbleibend, gleichmäßig, ohne Schattenbildung, regelbar, falls nötig spezielle Lichtquellen

### Instrumentelle Sensorik

Die vorgestellte klassische Humansensorik bleibt unerlässlich für eine Beurteilung der sensorischen Eigenschaften. Doch wegen des mit ihr verbundenen Aufwandes existiert, als Ergänzung in Teilbereichen und für Schnelltests, die **Instrumentelle Sensorik**. Dabei werden z. B. in der Qualitätssicherung – Rohwaren, Zwischen- und Endprodukte – Untersuchungen an Lebensmitteln mit künstlichen Nasen, Zungen und Augen sowie mit Geräten zur Untersuchung des Mundgefühls (Tribologie, mechanische Zungen) etc. durchgeführt, die menschliche Sinne simulieren sollen und daher auch instrumentelle Sinnessensorik genannt werden.

Damit lässt sich allerdings keinesfalls der gesamte komplexe Bereich der Sensorik auch nur annähernd befriedigend abdecken. Die Instrumentelle Sensorik ist zz. nur für die automatisierte quantitative Bewertung einzelner spezifischer Produkteigenschaften anwendbar. Eine Reihe vielversprechender Ansätze macht es aber wichtig, die künftige Entwicklung auf diesem Gebiet im Blick zu behalten. Meist werden verfügbare Systeme der physikalisch-chemischen Messtechnik an die besonderen Aufgabenstellungen der Sensorik adaptiert – es würde den Rahmen überschreiten, hier auf Einzelheiten einzugehen.

## 1.4 Food Waste (JASMIN GEPPERT)

Der Begriff „Food Waste“ (Lebensmittelabfälle) umfasst alle für den menschlichen Verzehr produzierten Nahrungsmittel, die nicht gegessen werden, da sie entweder entlang der Lebensmittelkette verloren gehen oder verschwendet werden. Diese

Lebensmittelabfälle können auf allen Stufen der Wertschöpfungskette entstehen (landwirtschaftliche Produktion, Verarbeitung, Groß- und Einzelhandel, Groß- oder Privathaushalt). Einer Studie der Universität Stuttgart zufolge wanderten 2011 rund sieben Millionen Tonnen Lebensmittel aus deutschen Haushalten in den Müll. Sie können unterteilt werden in

- **vermeidbare Abfälle**, die zum Zeitpunkt der Entsorgung entweder noch genießbar sind oder bei rechtzeitiger Verwendung genießbar gewesen wären.
- **teilweise vermeidbare Abfälle**, die eine Mischung aus vermeidbaren und unvermeidbaren Abfällen darstellen, beispielsweise Speise- oder Kantinenreste. Teilweise vermeidbare Abfälle können außerdem auf unterschiedliche Gewohnheiten von Verbrauchern zurückzuführen sein (z. B. Apfelschalen, Brotrinde).
- **nicht vermeidbare Abfälle** – im Wesentlichen nicht essbare Bestandteile wie Knochen, Eier- und Bananenschalen, aber auch Essbares wie Kartoffelschalen. Nicht vermeidbare Abfälle entstehen meist bei der Zubereitung und werden im Zusammenhang damit entsorgt.

## Zahlen und Fakten

Nach Angaben der FAO (Food and Agricultural Organization of the United Nations) gehen weltweit jährlich etwa 1,3 Milliarden Tonnen Lebensmittel verloren oder sie werden verschwendet. Das entspricht etwa einem Drittel der Lebensmittelmenge,

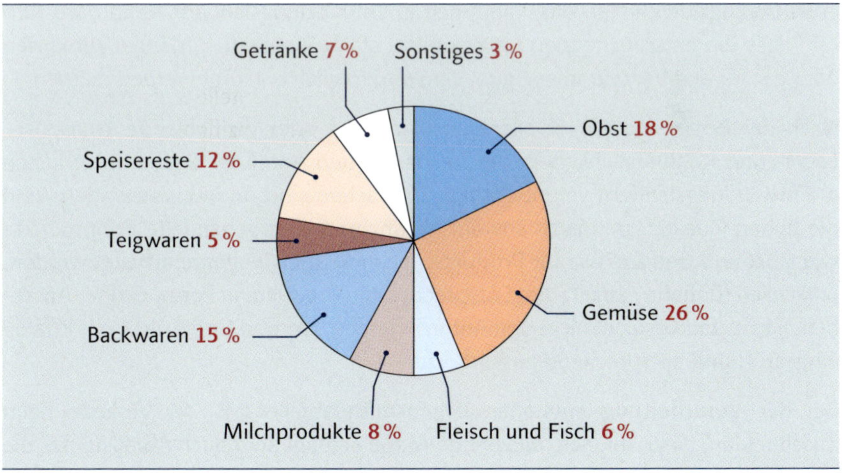


**Abb. 1.4-1:** Massenanteil der Produktgruppen am gesamten Lebensmittelabfall in Privathaushalten in Prozent (iswa 2012)

die für den menschlichen Verzehr produziert wird. Während in Entwicklungsländern Lebensmittel vor allem nach der Ernte und bei der Verarbeitung verloren gehen, entstehen Abfälle in Industrieländern vorwiegend auf der Einzelhandels- oder Verbraucherebene. Diese Abfallmengen werden in Nordamerika und Europa auf 95 bis 115 kg beziffert, in Subsahara-Afrika und Süd- bzw. Südostasien auf 6 bis 11 kg pro Kopf und Jahr.

In Deutschland werden neuesten Studien zufolge jährlich rund 11 Millionen Tonnen Lebensmittel entsorgt, wobei der größte Anteil (61 %) davon in Privathaushalten anfällt. Dies bedeutet pro Kopf 82 kg und entspricht finanziell durchschnittlich 235 €. Die Bereiche Lebensmittelindustrie und Großverbraucher verursachen jeweils 17 % der Lebensmittelabfälle, der Anteil des Handels beträgt 5 %. Fast die Hälfte der im Privathaushalt weggeworfenen Lebensmittel sind Obst und Gemüse (44 %), gefolgt von Backwaren (15 %) und zubereiteten Speisen (12 %), siehe **Abb. 1.4-1**.

## Gründe für das Wegwerfen von Lebensmitteln

Lebensmittelabfälle entstehen über die gesamte Wertschöpfungskette, beginnend bei der landwirtschaftlichen Produktion bis hin zum Verbraucher. Auf der Produktionsebene sind es vor allem Krankheiten und Schädlingsbefall, die zur Entstehung von Lebensmittelabfällen beitragen. Aber auch eine **Ernte** im unreifen Zustand, etwa bedingt durch Nahrungsknappheit in Entwicklungsländern, kann dazu führen, dass die entsprechenden Lebensmittel starke qualitative Mängel aufweisen oder gar für den Verzehr ungeeignet sind und folglich entsorgt werden müssen.

Nach der Ernte sind es vor allem unzulängliche oder gar fehlende Transport-, Lager- und Kühlmöglichkeiten, die für den hohen Anteil an Nachernteverlusten in Entwicklungsländern verantwortlich zu machen sind. In Industrieländern sind die hohen Qualitätsstandards sowohl für unverarbeitet gehandelte Rohprodukte wie Obst und Gemüse wie für Produkte, die industriell weiterverarbeitet werden, ursächlich für hohe Abfallraten. Entsprechen die Produkte in Form, Größe, Aussehen, Farbe und Gewicht nicht den Anforderungen, werden sie als nicht marktfähig eingestuft und entsprechend aussortiert.

Bei der **Verarbeitung** entstehen Lebensmittelabfälle z. B. als Verluste beim Zuschneiden, das zwar gleichbleibende Maße erzeugt aber auch Abfallstücke, die meist nicht mehr verwendet werden. In den Entwicklungsländern verursachen mangelhafte Hygiene und fehlende Kühlung oft hohe Abfallraten auf der Groß- und Einzelhandelsebene. In Industrieländern kann das Bemühen, alle Waren bis

Ladenschluss verfügbar zu halten (z. B. in Bäckereien) eine Ursache für Lebensmittelabfälle sein.

Nicht zuletzt können im **Haushalt** schlechte oder fehlende Einkaufs- und Mahlzeitenplanung sowie mangelnder Überblick über den Lebensmittelvorrat vermeidbaren Abfall verursachen. Auch falsche Lagertemperatur kann zur Qualitätsminderung oder vorzeitigem Verderb führen, so dass die betroffenen Lebensmittel entsorgt werden müssen. Wer zu große Packungen kauft oder sich nicht die Mühe macht festzustellen, ob ein Produkt noch genießbar oder bereits verdorben ist, produziert auch unnötig Abfall. 59 % der Lebensmittelabfälle im Haushalt ließen sich vermeiden – mehr als ein Fünftel hiervon gelangt sogar völlig unberührt in verschlossenen Verpackungen in die Entsorgung.

## Konsequenzen des Wegwerfens von Lebensmitteln

Der Verlust von weltweit 1,3 Milliarden Tonnen Lebensmitteln pro Jahr ist nicht nur ethisch unverantwortbar, sondern er hat weitreichende ökologische sowie natürlich wirtschaftliche Folgen und verursacht einen hohen finanziellen Schaden. Neben der Verschwendung wertvoller Ressourcen (Energie und Dünger, Ackerboden und Arbeitskraft) bei Anbau, Ernte, Verarbeitung, Verpackung, Lagerung und Transport sind vor allem die riesigen Mengen an Wasser hervorzuheben, die in die Erzeugung von Nahrungsmitteln fließen. Während die Produktion einer Brotscheibe durchschnittlich 40 Liter Wasser benötigt, sind es für ein 150 Gramm schweres Rindersteak bereits mehr als 2 000 Liter.

Bei einer deutlich niedrigeren Rate an Food Waste könnte ein großer Teil der Menschheit ohne weitere Produktivitätssteigerung mit Nahrung versorgt werden. Angesichts einer Milliarde hungernder Menschen und des rasanten weltweiten Bevölkerungswachstums scheint es aus ethischen Aspekten nicht vertretbar, Nahrungsmittel in diesem Umfang zu verschwenden. Erschwerend kommt hinzu, dass hohe Abfallraten tendenziell zur Verknappung der Nahrungsmittel und dadurch zu steigenden Preisen beitragen.

Nicht vernachlässigbar ist im Übrigen auch der Energiebetrag, der für den Abtransport der Abfälle und die Entsorgung der Verpackungsmaterialien anfällt.

## Vermeidung von Lebensmittelabfällen im Haushalt

So vielfältig die Ursachen der Entstehung von Lebensmittelabfällen sind, so vielfältig sind auch die Möglichkeiten der Vermeidung. Beispielsweise kann schon im Haushalt jeder Verbraucher einen Großteil der Lebensmittelabfälle vermeiden:

Eine überlegte **Speisen-** und **Einkaufsplanung** spart nicht nur Zeit, sondern auch Geld. Bei der Speisenplanung ist es u. a. wichtig, für die benötigten Mengen die Essgewohnheiten der Tischgäste zu berücksichtigen (siehe **Kap. 5.5**), und ein vernünftiger Einkaufszettel setzt voraus, dass Überblick über die noch vorhandenen Vorräte gegeben ist. Ein Einkaufszettel macht natürlich nur Sinn, wenn die darauf notierten Mengen beim Einkaufen auch eingehalten werden – insbesondere der Kauf von Großpackungen lohnt sich nur, wenn die großen Mengen tatsächlich benötigt werden. Auch durch Mengenrabatte lässt sich der Verbraucher gern verführen. Insbesondere sind leicht verderbliche Produkte wie Salat, Fleisch und Fisch nicht auf Vorrat, sondern nur unmittelbar vor dem Verzehr zu kaufen.

Gekühlte oder gar tiefgekühlte Waren sind erst gegen Ende des Einkaufs aus dem Verkaufsregal zu entnehmen und umgehend nach Hause zu transportieren, möglichst in einer Kühltasche oder -box, um eine Unterbrechung der Kühlkette oder ein Auftauen zu verhindern (vor allem in den warmen Sommermonaten). Zu Hause sollten als Erstes die leicht verderblichen Lebensmittel im Kühl- und Gefrierschrank (hinter dem älteren Lagerbestand) verstaut werden. Detaillierte Hinweise zu den optimalen Lagerbedingungen sind **Kap. 8.3–8.5** zu entnehmen.

Nahrungsmittel mit der kürzesten Haltbarkeit sind bevorzugt zu verbrauchen. Ein Überschreiten des **Mindesthaltbarkeitsdatums (MHD)** ist nicht damit gleichbedeutend, dass ein Produkt entsorgt werden muss. Das MHD gibt vielmehr den Zeitpunkt an, bis zu dem der Hersteller unter den angegebenen Lagerbedingungen und bei ungeöffneter Verpackung die spezifischen Eigenschaften des Produkts wie Geschmack und Geruch, Farbe, Konsistenz und Nährwert garantiert (siehe auch **Kap. 8.4**). Weist ein Lebensmittel nach Ablauf des MHD weder ein verändertes Aussehen noch einen veränderten Geruch oder Geschmack auf, ist davon auszugehen, dass es noch genusstauglich ist.

Anders verhält es sich nur bei sehr leicht verderblichen Produkten wie Hackfleisch oder Geflügel, die mit der Angabe „zu verbrauchen bis …“ gekennzeichnet sind. Diese dürfen nach Überschreiten des **Verbrauchsdatums** nicht mehr verzehrt werden, um eine Gesundheitsgefährdung auszuschließen.

Was nicht bis zum Ende der Haltbarkeit verzehrt wird, kann tiefgefroren oder auf andere Art konserviert werden, siehe **Kap. 8.2** und **8.3**. Reste von gekochten Speisen beispielsweise halten sich im Kühlschrank in dicht verschlossenen Kunststoffbehältern oder mit Frischhaltefolie bedeckt mehrere Tage; die Reste können auch für den späteren Verzehr portionsweise eingefroren werden. Alternativ besteht die Möglichkeit, übriggebliebene Speisekomponenten wie gekochte Kartoffeln bei einem neuen Gericht mit zu verwerten (siehe z. B. Anregungen und Rezepte des aid oder der Verbraucherzentrale NRW).

## Literatur zu Kapitel 1

Ahlers H., Reischl R., Wang L. 2010: Neue Technologien: Elektronisch riechen, schmecken etc. In: Busch-Stockfisch M. (Hrsg.): Praxishandbuch Sensorik in der Produktentwicklung und Qualitätssicherung. Behr's Verlag, Hamburg, Bd. 3 Kap. VII-2

aid – aid infodienst für Ernährung, Landwirtschaft, Verbraucherschutz e. V. (Hrsg.) 2012: Convenience in der Küche – schnell, bequem, gesund? Bestell-Nr. 1449, Bonn

aid – aid infodienst für Ernährung, Landwirtschaft, Verbraucherschutz e. V. (Hrsg.) 2007: Convenience-Produkte in der Gemeinschaftsverpflegung. Bestell-Nr. 3918, Bonn

aid 2014: Keine Lebensmittel in den Müll. App von aid und Verbraucherzentrale NRW. http://www.was-wir-essen.de/einkauf/keine_lebensmittel_in_den_muell_reste_app.php (ver. 23.07.2014)

Berghofer E. 2004: Technologie von Fertiggerichten. Ernährung/Nutrition 28, Nr. 6, S. 247–255

Bielig H.-J., Emschermann B. 1977: Zur Terminologie in der Gemeinschaftsverpflegung, I. Definition der Convenience-Grade. Ernährungs-Umschau 24, Nr. 8, S. 236–237

Bundesministerium für Ernährung und Landwirtschaft 2014: Zu gut für die Tonne. https://www.zugutfuerdietonne.de/ (ver. 07. 07. 2014)

Busch-Stockfisch M. (Hrsg.) 2002 ff.: Praxishandbuch Sensorik in der Produktentwicklung und Qualitätssicherung (Loseblattsammlung). Behr's Verlag, Hamburg

Butz P., Hofmann C., Tauscher B. 2005: Recent developments in non invasive techniques for fresh fruit and vegetable internal quality analysis. J. of Food Science, volume 70, pp. R131–R141

Cofresco Frischhalteprodukte Europa (Hrsg.) 2011: Save Food – Eine Initiative von Toppits. Das Wegwerfen von Lebensmitteln – Einstellungen und Verhaltensmuster. Quantitative Studie in deutschen Privathaushalten. Ergebnisse Deutschland. Cofresco Frischhalteprodukte Europa, Minden.

dgh – Deutsche Gesellschaft für Hauswirtschaft e. V. (Hrsg.), Dürr H., Zacharias R. (Red.) 1990: Haushaltsgeräte messen und prüfen. Sensorische Prüfverfahren für Koch-, Back- und Bratgeräte. Pädagogischer Verlag Burgbücherei Schneider, Baltmannsweiler, S. 106

dgh – Deutsche Gesellschaft für Hauswirtschaft e. V. (Hrsg.), Zacharias R., Dürr H. (Red.) 1992: Lebensmittelverarbeitung im Haushalt. 5. Aufl., Verlag Eugen Ulmer, Stuttgart

DIN – Deutsches Institut für Normung e. V. (Hrsg.): DIN EN ISO 5492:2009-12, Sensorische Analyse, Vokabular. Beuth Verlag, Berlin

DIN – Deutsches Institut für Normung e. V. (Hrsg.): DIN EN ISO 8586:2014-05, Sensorische Analyse, Allgemeiner Leitfaden für die Auswahl, Schulung und Überprüfung ausgewählter Prüfer und Sensoriker. Beuth Verlag, Berlin

DIN – Deutsches Institut für Normung e. V. (Hrsg.): DIN EN ISO 8589:2010-06, Sensorische Analyse, Allgemeiner Leitfaden für die Gestaltung von Prüfräumen. Beuth Verlag, Berlin

DIN – Deutsches Institut für Normung e. V. (Hrsg.): DIN 10950:2012–10, Sensorische Prüfungen, Allgemeine Grundlagen. Beuth Verlag, Berlin

Drewnowski A. 1997: Taste preferences and food intake. Annual Rev. Nutr. 17, pp. 237

European Commission (Hrsg.) 2010: Preparatory Study on Food Waste across EU 27. Final Report. http://ec.europa.eu/environment/eussd/pdf/bio_foodwaste_report.pdf (ver. 13. 07. 2014)

Göbel C., Teitscheid P., Ritter G., Blumenthal A., Friedrich S., Frick T. 2012: Verringerung von Lebensmittelabfällen - Identifikation von Ursachen und Handlungsoptionen in Nordrhein-Westfalen. Eigenverlag, Münster.

Götze S. 2002: Wie viel Bio wollen die Deutschen? Zentrale Markt- und Preisberichtsstelle ZMP, Bonn

Gorris L. G. M., Tauscher B. 1999: Quality and safety aspects of novel minimal processing technologies. In: Oliveira F. A. R., Oliveira J. C. (Eds.): Processing foods. CRC Press Boca Raton, London, New York, Washington D. C., pp. 325–339

Gustavsson J., Cederberg C., Sonesson U., van Otterdijk R., Meybeck A. 2011: Global Food Losses and Food Waste. Extent, Causes and Prevention. Food and Agriculture Organisation of the United Nations (Hrsg). http://www.fao.org/docrep/014/mb060e/mb060e.pdf (ver. 18. 07. 2014)

Hartwig G., Wendling K. 2000: Statistische Qualitätskontrolle. Praktische Anwendung in der Lebensmittelproduktion und im Labor. Behr's Verlag, Hamburg

Institut für Siedlungswasserbau, Wassergüte- und Abfallwirtschaft der Universität Stuttgart (iswa) 2012: www.zugutfuerdietonne.de/uploads/media/Studie_Lebensmittelabfaelle_Kurzfassung_02.pdf (ver. 18. 12. 2014)

Kranert M., Hafner G., Barabosz J., Schneider S., Lebersorger S., Scherhaufer H., Schuller H., Leverenz D. 2012: Ermittlung der weggeworfenen Lebensmittelmengen und Vorschläge zur Verminderung der Wegwerfrate bei Lebensmitteln in Deutschland. Kurzfassung. https://www.zugutfuerdietonne.de/uploads/media/Studie_Lebensmittelabfaelle_Kurzfassung_02.pdf (ver. 18. 12. 2014)

Matissek R., Steiner G., Fischer M. 2014: Lebensmittelanalytik. Springer-Verlag, 5. Auflage, Berlin, Heidelberg

McGee H. 1984: On food and cooking – the science and lore of the kitchen. Scribner's, New York

MRI – Max Rubner-Institut (Hrsg.): Nationale Verzehrstudie II. Ergebnisbericht Teil 1. Karlsruhe 2008 http://www.was-esse-ich.de/uploads/media/NVS_II_Abschlussbericht_Teil_1_mit_Ergaenzungsbericht.pdf (ver. 16.04.2015)

Mlodzianowski W. 2006: Geschmack kann man lernen. Innovation für Anbau, Küche und Industrie. LVT Lebensmittel Industrie 5, S. 1–9

Oltersdorf U. 2002: Zeit für's Essen – Zeit zum Essen. Gordian 102, Nr. 7–8, S. 116–120

Parfitt J., Barthel M., Macnaughton S. 2010: Food waste within food supply chains: quantification and potential for change to 2050. Philosophical Transactions of The Royal Society 365, pp. 3065-3081

Pfannhauser W. 1996: Lebensmittelqualität – was ist das? Ernährung/Nutrition 95, Nr. 1, S. 1–8

Rozin P., Vollmecke T. A. 1986: Food likes and dislikes. Annu. Rev. Nutr. 6, pp. 433–456

Schack P. S. 2001: Lebensmittelqualität und Esskultur. Ökologische und soziokulturelle Bedingungen für eine gesundheitsfördernde Ernährung. https://archiv.ulbright-alumni.de/national/events/2001-09_PowWow/extra/lmq.pdf (ver. 28.08.2015)

Schlich E. (Hrsg.) 2000: Convenience Food und Technik im privaten Haushalt. Fachausschuss Haushaltstechnik – Dokumentation der Jahrestagung 2000. Berichte aus Forschung und Praxis, Band 7, Shaker-Verlag, Aachen

Sloan E. 2002: Fast and casual: Today's foodservice trends. Food Technology 56, pp. 34–54

Spiekermann U. 1998: Was ist Lebensmittelqualität? Ein historischer Rückblick. Ernährungs-Umschau 45. S. 198–200, 203–205

Statistisches Bundesamt (Hrsg.) 2005: Die Zeitverwendung der Bevölkerung. Ergebnisse der Zeitbudgeterhebung 2001/02, Wiesbaden

Statistisches Bundesamt (Hrsg.) 2015: Zeitverwendungserhebung. Aktivitäten in Stunden und Minuten für ausgewählte Personengruppen. Wiesbaden

Steinmetz K. A., Potter J. D. 1996: Vegetables, fruit, and cancer prevention: a review. Journal of the American Dietetic Association 96, No. 10, pp. 1027–1039

Tauscher B., Brack G., Flachowsky G., Henning M., Köpke U., Meier-Ploeger A., Münzing K., Niggli U., Pabst K., Rahmann G., Willhöft C., Mayer-Miebach E. 2003: Bewertung von Lebensmitteln verschiedener Produktionsverfahren, Statusbericht 2003. Angewandte Wissenschaft, Heft 499. Schriftenreihe des Bundesministeriums für Ernährung, Landwirtschaft und Verbraucherschutz, Landwirtschaftsverlag, Münster-Hiltrup

Tröger K. 1996: Technologische Aspekte der Lebensmittelqualität – Tierische Lebensmittel. In: Steinhart H., Eulitz K. (Hrsg.): Lebensmittelqualität – Anspruch und Erfüllung. Gesellschaft Deutscher Chemiker, Frankfurt am Main, S. 131

UN Water 2014: Water for Food. http://www.unwater.org/fileadmin/user_upload/unwater_new/docs/water_for_food.pdf (ver. 01.08.2014)

van der Spiegel M., Luning P. A., Ziggers G. W., Jongen W. M. F. 2004: Evaluation of performance measurement instruments on their use for food quality systems. Critical Reviews in Food Science and Nutrition 44, volume 7–8, pp. 501–512

WRAP 2014: Love Food, Hate Waste. http://england.lovefoodhatewaste.com/ (ver. 31.07.2014)

www.bve-online.de/download/consumers-choice2011 (ver. 3. 10. 2014)

www.nestle.de/asset-library/documents/verantwortung/nestle%20studie/executive_summary_studie_2012.pdf (ver. 3. 10. 2014)

Zipfel W., Rathke K.D. 2009: Lebensmittelrecht. 157. Auflage, Beck Verlag, München

# 2 Küchengestaltung

Küchenräume dienen seit jeher sowohl der Vor-, Zu- und Nachbereitung von Lebensmitteln (Produktionsfunktion) als auch dem Verzehr (Konsumfunktion) und der Kommunikation der Bewohner. Im Zeitalter der Industrialisierung Anfang des 20. Jahrhunderts und des Zuzugs vieler Menschen in die Städte war Wohnraum knapp, und es wurde oft so eng, dass Küchen „multifunktional" als Treffpunkt, Wärmestelle, Schlafraum und Trockenplatz für Wäsche in einer oft überbelegten Wohnung herhalten mussten. Heute bilden Wohn- und Küchenbereich oft eine ineinander übergehende Wohneinheit. Aufgrund vielfältiger Einkaufsmöglichkeiten und veränderter Konsumgewohnheiten wird ein hohes Maß an Convenience-Produkten verwendet und vielfach außer Haus gegessen. Die Küche als Zubereitungszentrum wird zunehmend weniger intensiv genutzt. Dennoch investieren die Deutschen im Vergleich zu den übrigen Europäern am meisten Geld in ihre Küchenausstattung.

Zwischen den Weltkriegen galt die **Frankfurter Küche** von 1927 mit etwa 6,5 $m^2$ Grundfläche als perfekte Lösung. Ziel war es, mit möglichst geringem Kraft- und Zeitaufwand ergonomisch die hauswirtschaftlichen Arbeiten zu verrichten. Nach dem Zweiten Weltkrieg bis zum Ende des Jahrtausends wurde die **Einbauküche** zum Standard mit wandbündigen Geräten und Arbeitsflächen, ausgerichtet auf *eine* Person ohne Gesprächspartner, die die Küchenarbeit verrichtet.

Inzwischen gilt dies zumindest für Mehrpersonenhaushalte als überholt. Der Trend geht heute zur **Wohnküche** bzw. zu **offenen Küchenformen**, in denen partnerschaftlich und kommunikativ Mahlzeiten für Bewohner und Gäste zu- oder aufbereitet werden. Eine zweckvolle Küchenplanung (siehe **Kap. 2.1**) ist für die oft kleinen Räume oder Nischen nach wie vor sinnvoll und wird häufig maßgeblich mit bestimmt durch Vorgaben für die bauseitige Ausstattung (siehe **Kap. 2.2**). Zur Gestaltung der Küche gehören ferner Überlegungen zur erforderlichen Grundausstattung mit Arbeitsmitteln (siehe **Kap. 2.3**).

## 2.1 Küchenplanung (ELISABETH LEICHT-ECKARDT)

### Nutzung der Küche

Die Küchennutzung in einem Haushalt unterliegt vielen individuellen Einflüssen (z. B. Alter, gesellschaftliche Stellung, Lebens- und Ernährungsstil, Haushaltsgröße, außerhäusliche Tätigkeit, hauswirtschaftliche Kompetenz). Die Nahrungszubereitung in den Privathaushalten hat sich in den letzten Jahren stark gewandelt, wesentlich bedingt durch den Einsatz von Fertigprodukten und die zunehmende Außer-Haus-Verpflegung. Trotzdem bleibt die Küche meist das Zentrum des Haushalts.

Ob eine Küche sinnvoll genutzt werden kann, ist weniger eine Frage ihrer Größe als der bedarfsgerechten Gestaltung. Die individuelle Küchenplanung sollte durch die Funktionen der Küche in der Wohnung und das Leben der Nutzer bestimmt sein. Wird nur gelegentlich gekocht, wird vorwiegend garfertige Tiefkühlkost verwendet oder wird viel Platz für Lagerung und Vorbereitung benötigt?

Küchenplanung beginnt im Idealfall mit der **Gebäudeplanung**, um die Lage der Küche als beispielsweise zentraler Raum im Haushalt, ihre Größe und die Proportionen festzulegen. Entsprechend der Küchenlage und den Nutzungsanforderungen müssen Anschlüsse für Strom, Gas, Wasser und Abwasser vorgesehen werden. Eine Software zur Küchenplanung bietet oft nur anbieterorientierte Daten und kann u. U. die Details des Raumes nicht erfassen. Klar formulierte Forderungen an die spätere Nutzung sind die Voraussetzung dafür, dass bei der Planung in Zusammenarbeit mit einem Küchenstudio die eigenen Bedürfnisse berücksichtigt werden. Häufig erwarten die künftigen Nutzer heute bereits einen Fernseher- und Internetanschluss auch in der Küche.

Zeitgemäße **Planungsvarianten** erfordern häufig mehr Platz, als für die früheren reinen Arbeitsküchen in Altbauten (speziell der Nachkriegszeit) vorhanden ist. Durch Einbeziehen einer Speisekammer oder eines Abstellraums, eines Ersatzraumes (z. B. eines nicht mehr benötigten Kinderzimmers) oder das Hinzunehmen eines benachbarten Raums kann dennoch häufig Raum für eine Ess-, Wohn- oder Inselküche geschaffen werden. Dadurch bedingte bauliche Änderungen sind bei Mieträumen im Vorfeld mit dem Vermieter abzuklären.

## Arbeitszentren

Die in der Küche erforderlichen Bereiche für Vor-, Zu- und Nachbereiten (einschließlich Reinigen) werden unterschiedlich benannt, z. B. Vorrats- oder Vorbereitungszentrum, Koch- oder Zubereitungszentrum und Reinigungs- oder Spülzentrum. Diese Zentren sind so anzuordnen, dass sich ein reibungsloser Arbeitsablauf ergibt, ausgehend von der üblichen Abfolge der Arbeitsvorgänge, also beginnend mit dem Bevorraten und Lagern über das Zubereiten, das Spülen und Entsorgen bis hin zum Aufbewahren. Bei Rechtshändern ist es sinnvoll, die Arbeitszentren von links nach rechts anzuordnen, für Linkshänder umgekehrt.

Beispielsweise kann in folgender Anordnung geplant werden:

- **Vorbereiten:** Kühl- und Gefrierschrank, Abstellfläche
- **Zubereiten:** Arbeitsfläche, Herd bzw. Kochstellen, Abstellfläche
- **Nachbereiten:** Spülbecken/Spülmaschine oder Doppelbeckenspüle, Abstellfläche

Aus der Sicht der Arbeitsgemeinschaft Moderne Küche (AMK) benötigt eine Küche im Privathaushalt eine Arbeits- und Stellflächenlänge von 7 Metern. Für die Vor- und Zubereitung (Arbeiten im Stehen oder Sitzen) sollte eine durchgängige Arbeitsfläche von mindestens 100 cm × 60 cm zur Verfügung stehen, wobei die Höhe der Arbeits- und Abstellflächen, an denen im Stehen gearbeitet wird, von der Körpergröße der Nutzer abhängt. Die Höhe sollte den vorwiegend in der Küche tätigen Person(en) angepasst sein. Richtwerte lassen sich z. B. mit Hilfe des AMK-Ergonomieplaners ermitteln. Kochstellen sind aus ergonomischen Gründen gegebenenfalls tiefer anzuordnen.

Als Tischhöhe für Arbeiten im Sitzen sind 70 cm bis 85 cm optimal. Für Sitzarbeiten empfehlen sich höhenverstellbare Stühle, die den Sicherheitsanforderungen entsprechen müssen: kippsicher, mit Arretierrollen, mit neigbarer Rückenlehne, möglichst abwaschbar. Zusätzlich zu den Arbeitsflächen werden Abstellflächen benötigt, z. B. neben den Kochstellen und neben dem Kühlschrank. Weiterer Platzbedarf besteht für die Lagerung von Arbeits- und Lebensmitteln (Reinigungsmittel separat!), für Geschirr und für Geräte. Die speziellen Erfordernisse des Reinigungsbereichs werden in **Kap. 9** behandelt.

## Arbeitswege

Im Interesse kurzer Wege bei der Küchenarbeit wurde schon in den 50er Jahren eine Dreiecksanordnung der Arbeitszentren als optimal herausgestellt (sogenanntes Arbeitsdreieck), hauswirtschaftliche Kompetenz der in der Küche tätigen Person vorausgesetzt. Die Reihung der Arbeitsbereiche Vorratshaltung und Vorbereiten (Schränke und Kühlgeräte, Arbeitsflächen), Kochen (Herd und Abstellflächen) sowie Nachbereiten (Spülbecken, Spülmaschine, Abstellfläche) im Uhrzeigersinn stellt die beste Lösung für Rechtshänder dar. Der Essplatz sollte dabei nicht im Weg sein.

Bei jeder Planung ist zu prüfen, ob die optimale Anordnung für den Nutzer auch die sinnvollste ist. Denn solange sich Koch oder Köchin wohl fühlen, fallen ein paar Schritte und Minuten mehr pro Tag nicht ins Gewicht – bei einer sitzenden Erwerbstätigkeit kann Bewegung in der Küche ein guter Ausgleich sein.

## Küchentypen: Von der Kochnische bis zur Wohnküche

Unter einer **Single-Küche** wird häufig eine besonders kleine Küche verstanden. Dies trifft aber nicht generell zu, da die Küchengröße weniger von der Lebensform oder der Haushaltsgröße abhängt, sondern davon, wie häufig und wofür die Küche genutzt wird.

**Rollbare auf- und auseinanderklappbare Schränke** gehören zu den kompaktesten Küchentypen, sind aber keine Küche im eigentlichen Sinn. Für wenig Anspruchsvolle bieten diese Schrankkoffer mit ein bis zwei Herdplatten und einer Minispüle alles, was zur Zubereitung einer kleinen Mahlzeit vonnöten ist, ähnlich wie sogenannte **Pantryküchen** – eine 80 cm bis 140 cm breite Kombination von Unterbauschrank mit Kühlschrank und zwei Kochstellen. In einer **Schrankküche** sind zusätzlich z. B. Mikrowellengerät, Kaffeemaschine, Mini-Backofen oder Regal integriert.

Die **Kochnische** ist die traditionelle Form der Kleinküche. Meist wird die Größe durch die Breite und Tiefe einer Wandnische vorgegeben, häufig kommen vorgefertigte Elemente zum Einsatz (Küchenblock), bei denen keine eigene Arbeitsfläche vorhanden ist. Der aktuelle Trend geht zu transportablen, erweiterbaren und ausbaufähigen Modulen, die sich frei im Raum aufstellen lassen. Vom Aussehen her sind solche Küchenmöbel von der Wohn- oder Arbeitszimmereinrichtung häufig nicht mehr zu unterscheiden, so dass sie multifunktional einsetzbar und damit vor allem für junge Haushalte geeignet sind.

Die **Arbeitsküche** ist ein separater Raum, in dem bei sinnvoller Lage, Größe und Proportion des Raumes sowie geeigneter technischer Ausstattung alle Arbeiten im ergonomisch richtigen Ablauf und sachgerecht abgewickelt werden können – alle nötigen Geräte und Utensilien sind in Griffweite. Die Köchin oder der Koch ist allerdings vom sozialen Geschehen im Haushalt isoliert. Häufig wird auch in einer Arbeitsküche ein kleiner, oft mobiler oder provisorischer Essplatz für ein oder zwei Personen eingerichtet, z. B. mit Klapptisch und Stehsitzen, und für kurze Mahlzeiten (etwa das Frühstück an Wochentagen) genutzt.

Die **Essküche** bietet durch die Integration eines Tisches mit Stühlen oder Eckbank in der Küche die Möglichkeit, den Raum nicht nur zur Produktion von Speisen, sondern auch als Zentrum für Kommunikation und Familienleben zu nutzen. Dies wird heute von vielen Haushalten angestrebt.

Die **Wohnküche** besteht aus einem großzügigen, im Idealfall zentral gelegenen Raum innerhalb der Wohnung oder des Hauses. Platzsparender und deshalb häufig anzutreffen ist die sogenannte **offene Küche,** die Küche, Ess- und Wohnzimmer in sich vereint. Häufig wird eine optische Trennung des Küchenbereichs vom Ess- und Wohnbereich durch einen Tresen vorgenommen. Allerdings müssen Küchengeräusche und -gerüche in Kauf genommen werden, und für eine gute Belüftung ist besondere Sorge zu tragen (siehe **Kap. 2.2**).

## Küchenformen

Die Form der Küchenzeile ergibt sich meist als Kompromiss aus den eigenen Vorstellungen und dem Grundriss der Küche. Zu unterscheiden sind ein- und zweizeilige sowie L-, U- und G-Küchen.

Bei der **einzeiligen Küche** sind Möbel und Geräte in einer Reihe angeordnet. Sie umfasst zumeist nur die Arbeitszentren Spülen, Nahrungsmittelzubereitung (Herd) sowie einen Kühlschrank, evtl. mit Gefrierfach oder eine Kühl-Gefrier-Kombination. Die einzeilige Küche bietet sich als Platz sparende Lösung für kleine Räume mit einer Grundfläche von mindestens 4,5 Quadratmetern an, für Wohnküchen ist sie nur bei einer Raumlänge von mindestens 3 Metern sinnvoll. Eventuell muss an anderer Stelle weiterer Stauraum für Küchenutensilien eingeplant werden.

Bei der **zweizeiligen** Küche stehen zwei durchgehende Einheiten einander gegenüber. Geeignet sind hierfür insbesondere nahezu quadratische Räume, wenn Fenster und Tür diametral liegen und zwischen den Zeilen genügend Bewegungsfreiheit bleibt. Die Breite der Küche sollte für zweizeilige (auch für L-, U- und G-Küchen) mindestens 2,40 Meter, die Länge wieder mindestens 3 Meter betragen, damit beidseitig Geräte und Möbel mit der Normtiefe von 60 cm Platz finden sowie be- und entladen werden können. Dann können auch zwei Personen gleichzeitig in der Küche tätig sein. Heute werden meist Herd und Spüle nicht mehr an derselben Front, sondern gegenüberliegend platziert; die Integration eines Essplatzes in dieser Küchenform ist schwierig.

Eine **L-förmige Küche** ist besonders geeignet für Wohnküchen – in einem ausreichend großen Raum kann bei einer L-förmigen Küche fast immer ein Tisch aufgestellt werden, ohne die Arbeitsabläufe zu stören. Planerisch gut zu überlegen ist, wie die Ecke sinnvoll genutzt werden kann.

In einer **U-förmigen Küche** stehen Möbel und Geräte an drei Wänden, so dass sich sehr viel Stell-, Arbeits- und Lagerfläche ergibt. Dieser Küchentyp eignet sich für kleine wie für große Räume. Dringend zu empfehlen ist die Verwendung geeigneter Eckelemente. Eine beliebte Variante ist eine **Küchentheke**, bei der ein Schenkel des U mit einer erhöhten Platte versehen wird, so dass daran auf Barhockern gegessen und getrunken werden kann.

Eine Variante stellt die **G-förmige Küche** dar, bei der ein in den Raum ragender Winkel die Wege zwischen den an den Wänden aufgebauten Küchenmöbeln und -geräten verkürzt (meist als Ess- oder Imbissplatz genutzt).

Bei der **Inselküche** wird eine Kochinsel zentral in der (hinreichend großen) Küche platziert, so dass der Blick beim Kochen nicht zwangsläufig auf die Wand gerichtet ist. Diese Anordnung ergibt vor allem kurze Wege zu den anderen Arbeitsbereichen und erlaubt das Kochen durch mehrere Personen (Förderung der Geselligkeit). Die Insellösung ist jedoch nur in mindestens 20 m² großen Räumen sinnvoll.

Aufgrund der gestiegenen Zahl an Elektrokleingeräten in Küchen ist bei der Küchenplanung besonders auf ausreichend Abstellflächen und Steckdosen mit zusätzlicher Absicherung zu achten.

## Barrierefreie Küche

Mit zunehmenden Alter und den damit häufig verbundenen Beeinträchtigungen wird eine barrierefreie Gestaltung der Küche besonders wichtig. Barrierefreiheit bedeutet einfache, komfortable und sichere Bedienbarkeit sowie eine Nutzbarkeit ohne Hindernisse. Ziel ist es, Menschen mit Einschränkungen möglichst lange eine selbstständige Lebensführung zu ermöglichen. Mit Schlagworten wie „Universal Design“ oder „Design for All“ werden Geräte angeboten, die allen Generationen

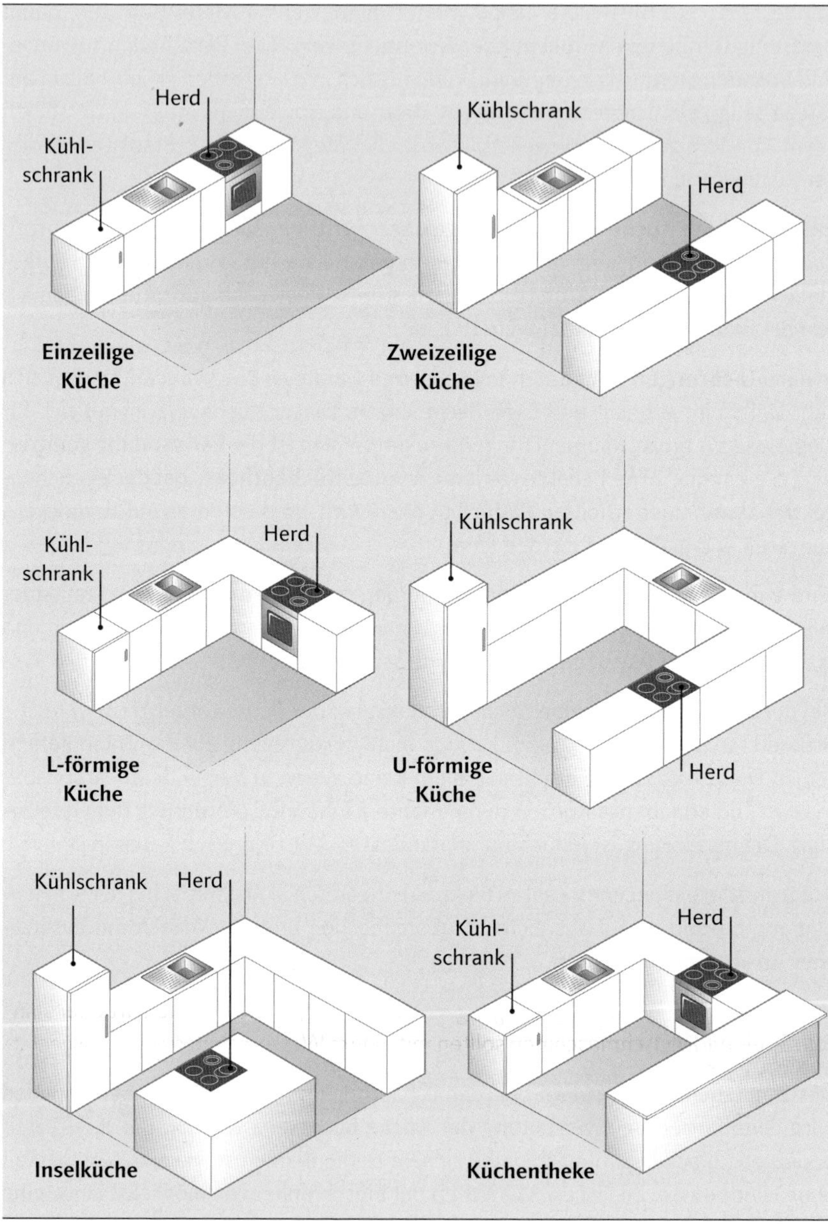


**Abb. 2.1-1:** Küchenformen (Lichtenberg 2015)

eine einfache Handhabung ermöglichen sollen. Bei der barrierefreien Planung sind ganz besonders eine sinnvolle Anordnung der Funktionsbereiche, die Optimierung der Arbeitshöhe und die Möglichkeit zum Arbeiten im Sitzen zu berücksichtigen; außerdem spielen angemessene Beleuchtung sowie Sicherheitssysteme in diesem Zusammenhang eine wichtige Rolle.

## Ergonomie

Die Ergonomie verlangt eine menschengerechte Gestaltung des Arbeitssystems, abgestimmt auf die Belastbarkeit des arbeitenden Menschen. Bei längeren Arbeiten in der Küche empfiehlt sich ein häufiger Wechsel der Arbeitshaltung (Sitzarbeitsplatz vorsehen!). Um den Rücken zu schonen, sollten schwere Gegenstände in Unterschränken mit Auszugsmöglichkeit aufbewahrt werden. Empfehlenswert ist (soweit möglich) eine Anordnung der Geräte im sogenannten optimalen **Greifraum** nach **Abb. 2.1-2**. Der äußere Greifraum ist mit gestreckten Armen zu erreichen, der innere Greifraum mit angewinkelten Armen. Was häufig beim Arbeiten benutzt wird, gehört in den inneren, was weniger oft benötigt wird, in den äußeren Greifraum.

Das Ansetzen von Durchschnittsmaßen ist allerdings für die individuelle Küchenplanung meist wenig hilfreich. Ideal sind in der Höhe verstellbare Arbeitsplätze, bei denen der Abstand zwischen im Stehen waagerecht angewinkeltem Unterarm und Arbeitsplatte 15 cm beträgt, sowie in Greif- und Sichthöhe platzierte Backöfen und Auszugsschränke. Um ein Vorbeugen vermeidbar zu machen, muss die Sockelleiste unter der Küchenfront zurückversetzt sein. Häufig wird die Sockelleiste heute mit einem Schubfach als zusätzlicher Stauraum oder für das Unterbringen einer Trittleiter genutzt.

Stürze gehören zu den häufigsten **Haushaltsunfällen**. Wasser oder andere verschüttete Flüssigkeiten auf glatten Böden stellen in Küchen eine Gefahr dar. Die richtige Wahl des Bodenbelags kann solche Unfälle vermeiden helfen. Um hoch liegende Schrankbereiche sicher zugänglich zu machen, ist eine kleine Trittleiter sinnvoll. Spül- und Waschmaschinen sollten mit einem Wasserschutzsystem ausgestattet sein; zusätzlich können zur Vermeidung von Wasserschäden im Sockelbereich der Spüle Feuchtigkeitssensoren angebracht werden. Von Rauch- und Hitzemeldern kann ein Notruf auf Mobiltelefone, zu Nachbarn oder Freunden weitergeleitet werden. Zentralschalter können Strom, Gas und Frischwasser gemeinsam absperren – zu festen Zeiten betätigt oder mit dem Verschluss der Wohnungstür gekoppelt.

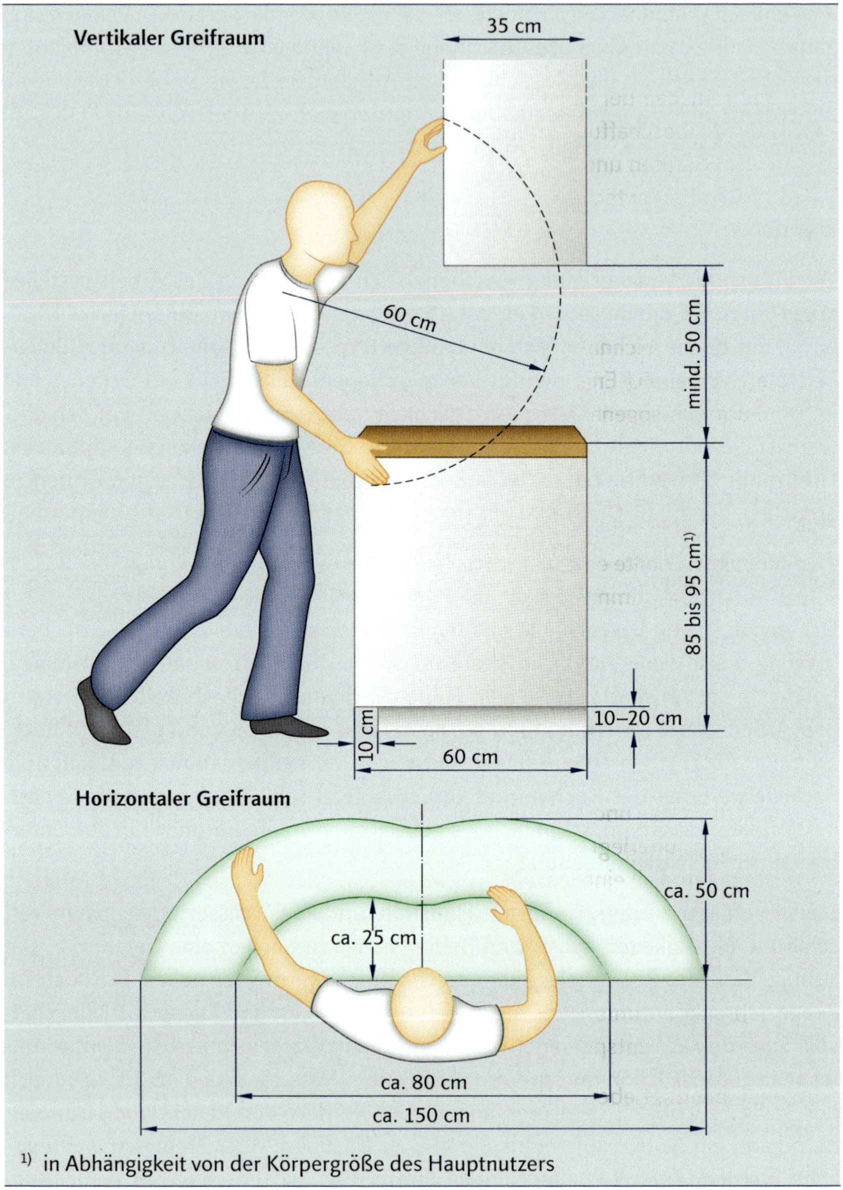


**Abb. 2.1-2:** Vertikaler Greifraum (HEA 2008) und horizontaler Greifraum (Lichtenberg 2009)

### Umweltgesichtspunkte

Auch die Aspekte der Nachhaltigkeit sollten in die Gestaltung der Küche einfließen. Beim Ausbau der Küche sind umweltschonende Materialien zu bevorzugen. Vor einer Neubeschaffung von Geräten ist der tatsächliche Bedarf im Haushalt zu prüfen. Bei Geräten und Gebrauchsgütern sollte Langlebigkeit eine angemessene Rolle für die Kaufentscheidung spielen. Energieverbrauch und Schadstoffgehalte wurden bei Hausgeräten in den letzten Jahren erheblich reduziert. Bei den angebotenen Geräten bestehen dennoch hinsichtlich der Verbrauchswerte erhebliche Unterschiede.

Die Produktkennzeichnung, die inzwischen für die meisten Haushaltsgeräte vorliegt, insbesondere das EU-Energieverbrauchskennzeichnungsetikett (siehe z. B. **Kap. 3.2**), gibt in Form des sogenannten Energie-Etiketts Aufschluss über den – meist auf die Behandlungsmenge bezogenen – Energie- und Wasserverbrauch der Geräte.

Nicht zuletzt ist bei der Küchenplanung genügend Raum für ein sinnvolles Wertstofftrenn- und ggf. Lagersystem zu berücksichtigen (siehe **Kap. 2.2**). Ziel jeder Küchenplanung sollte es sein, die bestmögliche, auf Funktionalität und individuelle Bedürfnisse abgestimmte Lösung zu finden und zu realisieren.

## 2.2 Bauseitige Ausstattung

(ELISABETH LEICHT-ECKARDT, GÜNTER WENTZLAFF)

Die **Elektro-**, **Gas-** und **Sanitärinstallation** (Wasser und Abwasser) einer Küche muss sorgfältig überlegt werden. Bei einem Neubau hat der Planer hier weitgehend freie Hand – im Fall einer Altbausanierung sind die Randbedingungen meist stark einschränkend. Der Standort des Herdes bestimmt die Position des erforderlichen Drehstrom- bzw. Gasanschlusses. Falls der Einbau eines Dampfgargerätes (ggf. mit dem Backofen kombiniert) oder eines Kaffeevollautomaten (siehe z. B. **Kap. 3.6**) vorgesehen ist, die unter Umständen einen festen Wasser- und Abwasseranschluss benötigen, ist auf entsprechende Leitungsführung zu achten.

Die Spüle benötigt ebenso wie die Geschirrspülmaschine einen Kalt- und Abwasseranschluss und möglicherweise eine Warmwasserzuleitung. Im Allgemeinen werden Spüle und Geschirrspülmaschine zusammen liegend angeordnet. Befindet sich die Spüle unter einem Fenster, muss sich dieses trotz der Armaturen noch öffnen lassen! Bei Einbau von kompakten Modularspülern, die wie Backöfen auf Höhe der Arbeitsfläche eingebaut werden, ist hierfür an eine gesonderte Wasserzu- und abfuhr zu denken. Alle sonstigen Geräte verlangen lediglich eine Wechselstromsteckdose. Davon sollte in der Küche eine ausreichende Anzahl vorhanden sein, auch für den Anschluss von Lampen. Neuerdings benötigen Kühlschränke mit Eiswürfelbereitern ebenfalls einen Kaltwasseranschluss, und die Anschlussleistung der Elektrokleingeräte in der Küche steigt stetig.

**Heizkörper** werden meist unter dem Fenster angebracht. Sind sie in einer Nische flächenbündig mit der Wand eingebaut, kann der Heizkörper mit Unterschränken verstellt werden, wobei aber Lüftungsschlitze im Sockelbereich sowie in der Arbeitsplatte vorgesehen sein müssen. Heizkörper, die von der Wand vorspringen, können unter Umständen mit Unterschränken geringer Tiefe verbaut werden. Die Ventilbedienung muss dann vorgezogen sein, und im Fall von Reparaturen oder zur Ablesung eines Verbrauchsmessers sollte der Heizkörper leicht zugänglich gemacht werden können. Für die Ventileinstellung bietet sich bei solcher Einbausituation die Verwendung eines fernsteuerbaren Ventils an, wie es heute zu jeder Grundausstattung eines Home-Electronic-Systems gehört. Eine Fußbodenheizung muss entsprechend der Raumverstellung verlegt sein; eventuell ist zusätzlich ein konventioneller Heizkörper erforderlich.

Die richtige **Beleuchtung** hat auch in der Küche eine große Bedeutung, denn dadurch werden Ermüdung, Fehleranzahl und Unfallhäufigkeit verringert, die Arbeitsleistung erhöht und die Leistungsbereitschaft sowie das Wohlbefinden gesteigert. Wenn die Küche nicht nur Arbeitsraum sein soll, sondern zum Wohnbereich gerechnet wird, muss die Beleuchtung der jeweils angestrebten Atmosphäre anzupassen sein; evtl. macht eine Akzentbeleuchtung Sinn.

**Natürliches Licht** ist optimal, aber nicht immer ausreichend verfügbar. Deshalb ist zumindest zusätzlich der Einsatz von künstlichem Licht erforderlich, speziell an einzelnen Arbeitsplätzen (Arbeitsflächen, Spüle, Herd). Dazu gehört aber immer auch eine Allgemeinbeleuchtung, um eine harmonische Helligkeitsverteilung zu erreichen und Sehprobleme zu vermeiden. Für Küchen wird eine Beleuchtungsstärke von 500 Lux empfohlen (nach DIN 5055 und den Technischen Regeln für Arbeitsstätten = ASR 7/3). Die dafür erforderliche Lampenleistung und Lichtverteilung hängen stark von der Ausstattung und Nutzung des Raumes ab. Dunkle Räume brauchen mehr Licht. Ältere Menschen benötigen generell höhere Beleuchtungsstärken. Leuchten sollten so angebracht sein, dass das Licht möglichst gleichmäßig auf die Arbeitsfläche fällt. Küchen sollten schatten- und blendfrei beleuchtet sowie ausreichend hell sein, und die Leuchten sollten Lampen einheitlicher Lichtfarbe haben. Kompaktleuchtstofflampen verbrauchen bis zu 80 Prozent weniger Strom als herkömmliche Glühlampen. Noch mehr Energie kann mit LED-Lampen eingespart werden, ihre Verbreitung hat erheblich zugenommen. Sie bieten vor allem den Vorteil des sofortigen Aufleuchtens mit voller Helligkeit. Beim Neukauf von LEDs sollte auf die Lichtfarbe geachtet werden. Häufig werden diese mit der in Deutschland wenig akzeptierten Lichtfarbe „Tageslichtweiß" angeboten.

**Küchenböden** werden stark strapaziert. Der Bodenbelag eines Küchenraumes muss Wasser abweisen und widerstandsfähig gegen andere, auch heiße, Flüssigkeiten sein. Der Belag muss das Herunterfallen von Gegenständen tolerieren, gut zu reinigen (nicht textil) und rutscharm sein. Der Belag sollte nicht zu hart und nach Möglichkeit nicht fußkalt sein. Zu beachten ist erforderlichenfalls die Eignung für Fußbodenheizung. Im Wesentlichen kommen als Materialien für den Küchenboden nichttextile Beläge wie Linoleum oder Kunststoffbeläge (ohne riskante Weichmacher) sowie Fliesen in Betracht. Auch versiegelte Holzböden kommen wieder in Mode.

Die **Wände** der Küche müssen unempfindlich gegen Hitze, Feuchtigkeit und Spritzer (z. B. Fett) gestaltet sein. Insbesondere im Bereich von Herd, Spüle und Vorbereitungszentrum sollten sie pflegeleicht und abwaschbar sein. Edelstahl, Fliesen, Glas und Granit sind hier geeignet, eventuell auch Holz, das aber an Wänden hinter den Arbeitsbereichen zum Schutz gegen Feuchtigkeit versiegelt sein sollte. Im Herdbereich ist auf feuerfeste Materialien zurückzugreifen. Am stärksten beansprucht sind in der Küche die Arbeitsflächen. Dafür kommen synthetisches Harzmaterial (Melamin), Edelstahl, Marmor und Granit, Kunststeine oder geeignete Hölzer in Frage.

Die **Abmessungen** von Küchenmöbeln und Geräten sind in Deutschland genormt. Haushaltsgroßgeräte haben vorzugsweise eine Grundfläche von 60 cm × 60 cm (Schmalgeräte 45 cm × 60 cm). Arbeitsplatten entsprechen diesen Abmessungen, so dass Einbaugeräte passgenau darunter montiert werden können. Die Höhe für Arbeitsflächen, die traditionell mindestens 85 cm beträgt, sollte je nach arbeitender Person variierbar sein. Einbauküchenmöbel und häufig auch Geräte sind deshalb meistens höhenverstellbar. Liegt das Kochfeld niedriger als die übrigen Arbeitsflächen, erleichtert dies das Arbeiten mit Pfannen und Töpfen.

## Energieträger

Als Energieträger für die Küche steht neben elektrischem Strom je nach lokaler Versorgungssituation auch Erdgas zur Verfügung. Andere Energieträger wie Holz, Kohle oder Flüssiggas werden wegen der in Deutschland geringen Bedeutung hier nicht weiter betrachtet. Auch im Privathaushalt sollte aus ökologischen Gründen möglichst Gas verwendet werden, weil es als Primärenergie bekanntlich eine deutlich geringere Umweltbelastung als elektrischer Strom verursacht (siehe auch **Kap. 10.1**). Die Nutzung regenerativer Energie im Küchenbereich ist (außer für die Warmwasserversorgung) kaum möglich. Im Rahmen der Stromversorgung sollten selbstverständlich erneuerbare Energien eingesetzt werden.

## Elektrische Installation

Aufgrund der gestiegenen Zahl an Elektrokleingeräten in Küchen ist bei der Küchenplanung besonders auf eine ausreichende Anzahl von Steckdosen und auf die richtige Anordnung der elektrischen Anschlüsse zu achten. Die Planung der Küche muss unter detaillierter Festlegung der Schrank- und Geräteaufstellung durchgeführt werden. Hierbei ist besonders die Höhe der Arbeitsflächen zu berücksichtigen, um Komplikationen bei den Steckdosen zu vermeiden. In modernen Küchen werden vielfach auch die Schrankräume selbst mit einer Stromversorgung ausgestattet, z. B. für die Aufnahme von Kleingeräten oder für eine Innenbeleuchtung. Weiterhin ist gerade im Hinblick auf eine barrierefreie Ausstattung an elektrisch

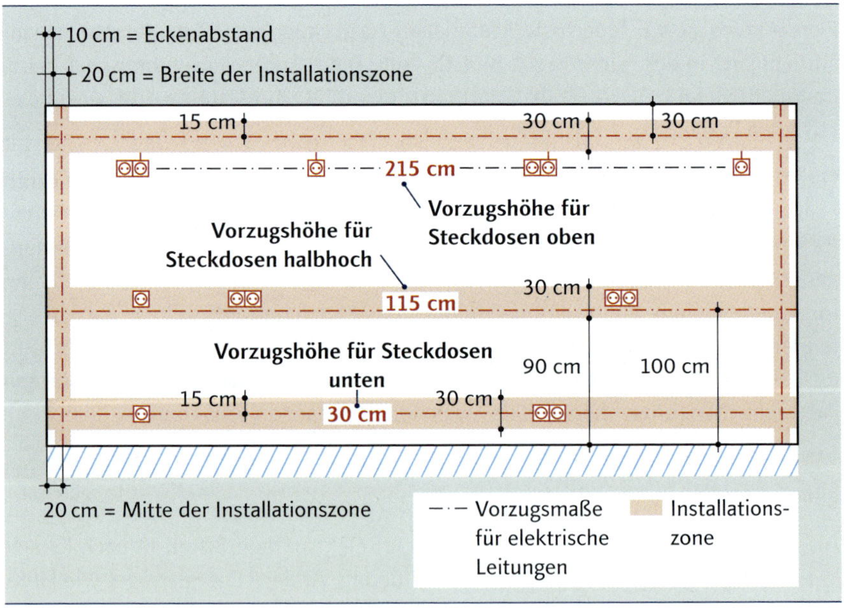


**Abb. 2.2-1:** Standard-Elektro-Installationsmaße (Lichtenberg 2009)

angetriebene Schubkastenausführungen zu denken. Eine Übersicht über die einzuhaltenden Standard-Installationsmaße zeigt **Abb. 2.2-1**.

Für Haushaltsgroßgeräte wie Herd, Geschirrspüler, Waschmaschine, aber auch für Kühl- und Gefriergeräte sind unabhängig voneinander abgesicherte Stromkreise üblich. Es ist empfehlenswert, für spätere Ausstattungsergänzungen bereits in der Bau- oder Sanierungsphase weitere eigene Stromkreise vorzusehen.

Die **Steckdosen** für die Vielzahl mobiler oder aber auch feststehender Einzelgeräte in einer Küche mit ihren immer höheren Anschlussleistungen sollten gruppenweise abgesichert sein, damit eine Sicherungsabschaltung wegen Überlast weniger wahrscheinlich wird. Die Berliner Fachgemeinschaft für effiziente Energieanwendung e.V. (HEA) hat für Wohnungen drei sogenannte „Ausstattungswerte" mit einer Sternekennzeichnung definiert. Ein Stern entspricht dabei dem Ausstattungswert 1 und umfasst die Basisanforderungen, wie sie auch in der Norm DIN 18015-2 (2004) festgelegt sind. Der höchste Ausstattungswert wird mit 3 Sternen gekennzeichnet. Bei einer 80 m² großen Wohnung z. B. sind als Basisausstattung fünf separate Stromkreise vorgesehen, im 3-Sterne-Fall sieben Stromkreise. Für die Küche sind im erstgenannten Fall fünf Steckdosen und in der gehobenen Ausstattung zwölf Steckdosen eingeplant.

Die Kombination von Kochfeld und Backofen als Herd wird heute häufig nicht mehr praktiziert. Bei der getrennten Anordnung von Kochfeld und Backofen – wobei der Backofen dann bevorzugt in Sichthöhe eingebaut wird – ist ein zusätzlicher elektrischer Anschluss erforderlich. Darüber hinaus werden oft weitere Einbaugeräte mit dem Backofen kombiniert, zum Beispiel ein Wärmeschrank zum Vorwärmen von Tellern, ein Dampfgarer oder eine Espressomaschine, um Arbeitsflächen freizuhalten. In letzter Zeit werden zur Erleichterung bei der Beschickung bzw. Entnahme kompakte Geschirrspüler in Sichthöhe montiert. Auch diese Geräte erfordern dann am Einbauort einen zusätzlichen Anschluss, da eine Parallelversorgung mit dem Backofen den zulässigen Anschlusswert überschreiten kann. Die Anschlussleistungen der wichtigsten Geräte sind in den **Kap. 3.1** bis **3.8** aufgeführt.

Werden der Herd oder die Kochstelle in Form einer Kochinsel in den Mittelpunkt des Raumes gerückt, ist eine Verlegung der Anschlussleitungen im Fußboden erforderlich. Bei dieser Küchenform muss der elektrische Anschluss für eine Dunstabzugshaube an der Decke angebracht werden.

Auch für die dezentrale elektrische Warmwasserbereitung ist ein ausreichender elektrischer Anschluss einzuplanen – im einfachsten Fall ein separat abgesicherter Wechselstromanschluss für einen Unter- oder Übertischspeicher an der Spüle. Ein

Durchlauferhitzer (mit höherer Leistung) benötigt einen Drehstromanschluss mit entsprechend größerem Leitungsquerschnitt. Je 2 kW Heizleistung erhält man bei 37 °C Warmwassertemperatur etwa einen Wasserstrom von 1 l/min.

## Gasinstallation

Der Anschluss von Gasherden ist problemlos über spezielle Gassteckdosen möglich, die in Auf- und Unterputzausführung verfügbar sind. Die Unterputzausführungen sind auch in Kombination mit einer Elektrosteckdose erhältlich, da viele Gasherde z. B. für die Zündeinrichtung oder die Backraumbeleuchtung einen Elektroanschluss erfordern. In die Steckdose integriert ist eine thermische Abschalteinrichtung, die bei Brandeinwirkung die Unterstützung und Ausbreitung des Feuers und u. U. eine Explosion verhindert.

Beim Einsatz von Gasherden ist besonders auf eine ausreichende Belüftung der Küche zu achten. Die Abgase sollten nach außen geleitet werden, entweder über einen Abluftkamin oder heute in der Regel über Ablufthauben. Wichtig ist dabei, dass durch entsprechende Öffnungen in der Tür auch ein problemloses Nachströmen der Luft sicher gestellt ist (siehe „Raumlufttechnische Maßnahmen").

## Wasserinstallation

Fast zwei Drittel aller Küchenarbeiten werden (unabhängig vom Vorhandensein einer Geschirrspülmaschine) am Spülen-Arbeitsplatz erledigt – dies zeigt eindrücklich die Bedeutung der Wasserversorgung in der Küche. Früher beschränkte sich die Sanitärinstallation auf einen Kalt- und einen Abwasseranschluss an der Spüle. Heute ist zusätzlich mindestens ein **Warmwasseranschluss** an der Spüle selbstverständlich, u. U. aber auch noch eine eigene Leitung zur Geschirrspülmaschine und ggf. eine Anschlussmöglichkeit für weitere Wasser führende Geräte (Einbau-Dampfgarer, Einbau-Kaffeemaschine usw.).

Die Geschirrspülmaschine wird meist in der Nähe der Spüle aufgestellt und dort frisch- und abwasserseitig angeschlossen. Wird die Geschirrspülmaschine aus ergonomischen Gründen auf einen Sockel gesetzt, ist dies bei der Leitungsverlegung zu berücksichtigen. Eine Weiterentwicklung stellen besonders kompakte Geschirrspüler dar, die in Sichthöhe in Schränken eingebaut werden können.

Wenn ausnahmsweise eine Waschmaschine (gegebenenfalls auch ein elektrischer Wäschetrockner) in der Küche unterzubringen ist, müssen entsprechende Anschlüsse vorgesehen werden. Auch für den Wäschetrockner ist ein Abwasserablauf zweckmäßig, denn bei Wahl des (technisch überlegenen) Kondensationstrockners kann das anfallende Kondensat dann statt in einen regelmäßig zu leerenden Behälter sofort ins Kanalnetz geleitet werden.

Das Garen von Lebensmitteln mit Dampf erfreut sich zunehmender Beliebtheit (siehe **Kap. 3.3**). Für den Einbau von Dampfgargeräten ist meistens sowohl eine Frischwasser- als auch eine Abwasserleitung erforderlich. Die Verbindung erfolgt über Schlauchkupplungen. Da solche Geräte vielfach vom Spülzentrum entfernt und höher als die Arbeitsflächen eingebaut werden, sind die speziellen sanitärseitigen Anforderungen zu beachten.

Wenn die Warmwasserbereitung zum Beispiel durch eine Solaranlage erfolgt, sollte sie auch die Küche versorgen. Dann sind neben der Kaltwasserleitung zusätzliche Warmwasserleitungen zum Geschirrspüler und gegebenenfalls zur Waschmaschine (am besten mit getrenntem Warm- und Kaltwasseranschluss) zu führen, denn bei diesen Geräten wird der Hauptanteil der Energie für die Erwärmung des Wassers benötigt. Der erhöhte Installationsaufwand wird mittelfristig über die Stromkosteneinsparung kompensiert.

## Raumlufttechnische Maßnahmen

Die Forderungen an die Raumluftqualität in Küchen haben zugenommen – die bei der Nahrungszubereitung unvermeidlichen Gerüche und der beim Garen entstehende Wrasen sollen abgeführt werden. Nahezu zwei Drittel aller Küchen verfügen deshalb heute über **Dunstabzugshauben**. Ablufthauben und Umlufthauben arbeiten nach unterschiedlichem Prinzip. Einfache Ablufthauben sind bei Passivhäusern nicht möglich, hier werden diese mit Wärmerückgewinnungssystemen kombiniert.

Bei jeder Dunstabzugshaube werden die in der angesaugten Luft enthaltenen Fettpartikel über einen Filter abgeschieden. Dadurch lassen sich günstigere hygienische Verhältnisse in den Luftkanälen erreichen, da sich dort kaum noch Fett absetzt. Die Fettfilter der Dunstabzugshaube – heute durchweg aus Edelstahl – sollten alle paar Wochen (in der Spülmaschine) gereinigt werden.

- Bei **Ablufthauben** wird die gefilterte Luft über einen Abluftkamin oder einen Abluft-Zuluft-Mauerkasten in der Außenwand abgeführt. Bauseitig ist darauf zu achten, dass über ausreichend große Zuluftöffnungen genügend Luft nachströmen kann.
- Ist eine derartige Lösung aus baulichen Gründen nicht möglich, kommt nur eine **Umlufthaube** in Betracht. Meist können Ablufthauben auch auf Umluftbetrieb

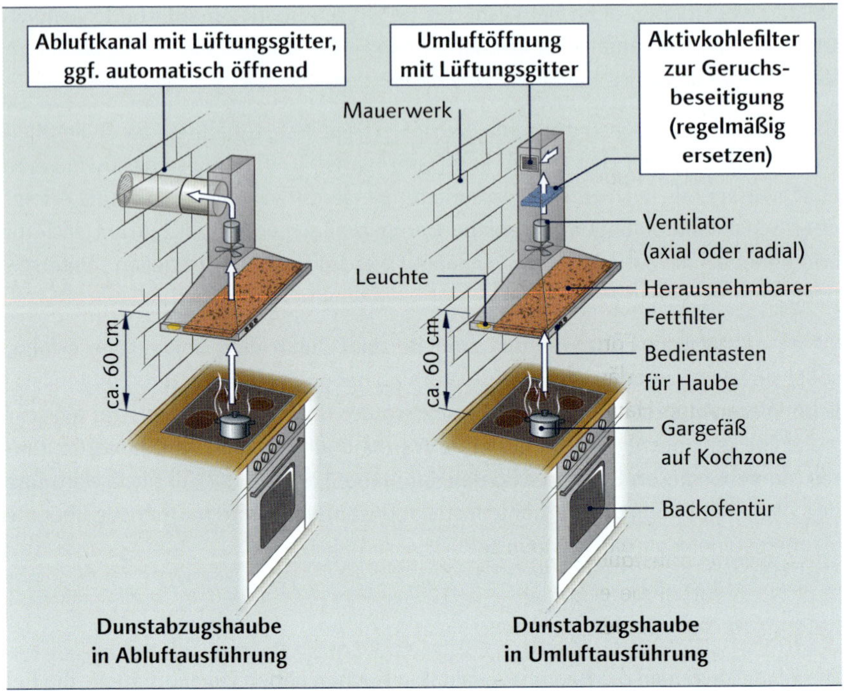


**Abb. 2.2-2:** Funktionsweise von Dunstabzugshauben (Wentzlaff 2009)

umgestellt werden. Bei einer Umlufthaube ist außer dem Fettfilter zusätzlich ein Aktivkohlefilter eingebaut, der die Geruchsmoleküle weitestgehend absorbiert. Allerdings ist die Aufnahmekapazität der vergleichsweise teuren Aktivkohlematten begrenzt, so dass sie regelmäßig (etwa vierteljährlich) erneuert werden müssen. Auch deshalb sind Ablufthauben nach Möglichkeit zu bevorzugen. Bei einer Umlufthaube wird die gereinigte Luft der Küche dann unmittelbar wieder zugeführt.

In **Abb. 2.2-2** sind Geräte für die Montage in speziellen Oberschränken dargestellt. Gerade bei den Bauformen hat sich in den letzten Jahren eine große Vielfalt entwickelt. Neben Einbaugeräten (ggf. in Flachschirmausführung) werden Dekorhauben als Kamin- oder Inselhauben und Teleskophauben mit höhenverstellbarem Aufnahmeschirm angeboten. Seltener sind die Direktlüftung (Ansaugkanal direkt am Gargerät) und die Kochmuldenentlüftung (Absaugung durch einen Kanal auf Kochfeldhöhe nach unten).

Hauptkriterium bei der Geräteauswahl sollte eine möglichst hohe Luftleistung in Verbindung mit einer möglichst geringen Geräuschbelästigung sein. Weiterhin sind die einfache Austauschbarkeit der Filterelemente und das problemlose Reinigen der Luftwege wichtig. Unbedingt ist vor dem Kauf einer Dunstabzugshaube der nötige **Luftförderstrom** für die Küche individuell zu berechnen (Richtwert: zwanzigfacher Austausch des Luftvolumens der Küche pro Stunde. Beispiel: bei 15 $m^3$ Raumvolumen also 300 $m^3/h$). Die stündliche Fördermenge von Ablufthauben wird generell „freiblasend" angegeben, d. h. ohne Berücksichtigung der Strömungswiderstände infolge geringen Leitungsquerschnitts, Oberflächenbeschaffenheit, Bögen und Krümmungen sowie Länge der Abluftleitung; diese Widerstände beeinträchtigen die tatsächliche Förderleistung! Eine sorgfältige strömungstechnische Berechnung ist deshalb unerlässlich. Wo es technisch möglich ist, bietet der Einsatz einer sogenannten Split-Haube erhebliche Vorteile: In der Küche verbleibt nur die Haube mit den Filtern, während das angeschlossene leistungsfähige Gebläse ins Freie verlagert wird. Dies kommt der Geräuschkulisse in der eigenen Küche zugute.

Konventionelle Ablufthauben bilden in Niedrigenergiehäusern im Winter eine relevante Wärmeverlustquelle. Wenn viel gekocht wird, ist es empfehlenswert, den über die Ablufthaube erfassten Luftstrom einem Wärmerückgewinnungssystem zuzuführen. Durch einen Wärmetauscher wird dabei die in der Abluft enthaltene Wärme auf die angesaugte Außenluft übertragen, so dass der Energieaufwand für deren Erwärmung auf Raumtemperatur erheblich reduziert ist.

## Wertstoffbehandlung

Mit dem Kreislaufwirtschafts- und Abfallgesetz (KrW-/AbfG) wurde in Deutschland bereits 1994 die Grundlage für eine ökologisch orientierte Siedlungsabfallwirtschaft geschaffen. Später wurden der Ausstieg aus der Deponiewirtschaft und das Ziel der vollständigen **Abfallverwertung** gesetzlich verankert. Die bisherige Abfallhierarchie sieht die Stufen Vermeidung, Verwertung und Beseitigung vor. Das europaweite Ziel für das Jahr 2020 ist dagegen, nur noch mit Vermeidung und Verwertung, also ohne Deponierung auszukommen. Durch eine konsequente Abfalltrennung (z. B. Verpackungen, Bleiglas, Batterien, Bioabfall, Altholz, Gewerbeabfälle) soll erreicht werden, dass der gesamte Abfall als Produktionsressource und damit als Wertstoff wahrgenommen wird.

Mit dem nicht unumstrittenen Dualen System war Deutschland Vorreiter in der getrennten Erfassung von Verpackungsmaterialien. Das Bewusstsein für die Wertigkeit des Abfalls wird damit unterstützt, jedoch müssen die Entsorgungsunternehmen Fehlwürfe korrigieren, d.h. die eigentlich sortenreine Fraktion muss nachträglich kostenintensiv aufbereitet werden. Die **Abfalltrennung** beginnt im Privathaushalt mit Hilfe entsprechender Sammelbehälter. Wenn Abfall im Spülenunterschrank gelagert wird, muss dieser mit mehreren Behältern ausgestattet werden, wobei auf einfache Zugänglichkeit und leichte Reinigung zu achten ist. Das Aufbewahren von Bioabfällen wird häufig wegen der Geruchsbildung und der hygienischen Risiken abgelehnt. Andererseits bekommt das Energiepotential der Bioabfälle zunehmende Bedeutung, so dass die Kommunen vielerorts eine Sammelpflicht für Endverbraucher eingeführt haben.

## Intelligente Vernetzung

Bei der **intelligenten Vernetzung** im Haushalt erfolgt eine Verknüpfung der Gebäudetechnik wie der Elektroinstallation, Sanitär-, EDV, Heizungs- und Lüftungstechnik beispielsweise mit Hausgeräten und Geräten der Unterhaltungselektronik. Die Vernetzung der Technik kann helfen, Energie einzusparen. Sind etwa Fenster und Heizungsventile vernetzt und es wird ein Fenster geöffnet, kann einprogrammiert sein, dass sich dann in diesem Raum die Heizung automatisch herunterregelt.

Per Funkverbindung lässt sich bei intelligenten Häusern fast alles bedienen. Nicht nur die Betriebszustände der Haushaltsgeräte (z. B. Backofen eingeschaltet), sondern auch Zustandsdaten (Raumtemperatur, Beleuchtungssituation, Brand und Einbruch) können an beliebige Anzeigestellen in der Wohnung oder an externe Kommunikationsgeräte, z. B. ein Handy gesendet werden. Auch die umgekehrte Datenrichtung ist möglich, d. h., der Benutzer kann über Telefon oder Handy von außerhalb die Geräte in seiner Wohnung abfragen oder den Backofen einschalten, um nach der Heimkehr das Gargut (sofern vorher eingebracht) verzehrfertig vorzufinden.

Die Datenübertragung erfolgt mittels eines **Bus-Systems**. Eine Vereinheitlichung der Schnittstellen wurde mit dem EIB-System (Europäischer Installationsbus) begonnen, das vom weltweit verwendeten KNX-System abgelöst wird. Ziel ist eine herstellerunabhängige Verknüpfung unterschiedlichster Geräte und auch die Möglichkeit, ggf. später problemlos weitere Geräte zu implementieren. Für die Datenübertragung sind heute nicht mehr separate Leitungen parallel zu den vorhandenen Netzkabeln erforderlich, sondern es werden entweder das sogenannte Powerline-Verfahren oder die drahtlose Kommunikation genutzt. Beispielsweise können nachträglich in die Zuleitungen der elektrischen Verbraucher elektronische Bauteile eingesetzt werden, die sich dann automatisch mit einer zentralen Steuerung verbinden.

Die hier kurz vorgestellten Systeme sind zwar heute technisch machbar, aber bislang kaum verbreitet. Hausgerätehersteller bieten seit längerem integrierte Bildschirmgeräte (Fernsehgerät oder PC-Flachbildschirm) z. B. für Dunstabzugshauben oder Kühl- und Gefriergeräte an, allerdings bisher mit begrenztem Markterfolg. Insgesamt stehen der Gerätevernetzung noch große Widerstände entgegen. Wesentliche Argumente sind in diesem Zusammenhang auch der hohe finanzielle Aufwand für Installation und Service, die Herstellerabhängigkeit sowie nicht zuletzt die Frage der Zuverlässigkeit solcher Systeme.

## 2.3 Grundausstattung mit Arbeitsmitteln

(UTE GOMM, ELISABETH-LEICHT-ECKARDT, MICHAELA SCHLICH)

Die Mindestforderung an die Küchenausstattung eines Haushaltes ist in erster Linie durch die Bedürfnisse der darin lebenden Personen und ihre Anzahl bestimmt. Daher lässt sich für die vielfältigen Haushaltsgrößen, -typen und -phasen keine allgemeingültige Empfehlung geben; jedoch können die wesentlichen Kriterien für die Mindestausstattung von Küchen aufgezeigt werden.

Wie in **Kap. 2.1** erläutert, sind zunächst die räumlichen Bedingungen, die technischen Möglichkeiten und ggf. spezielle Anforderungen der Haushaltsmitglieder wichtig. Außerdem sollten Aspekte der Barrierefreiheit, der Nachhaltigkeit und der Ergonomie berücksichtigt werden.

Die erforderliche Geräteausstattung hängt wesentlich von der Art der Nutzung der Küche durch die Haushaltsmitglieder ab. „Küche" kann für einen Einpersonenhaushalt in einer Einraumwohnung eine Fläche mit einer Kaffeemaschine und einem Mikrowellengerät bedeuten, aber auch eine komplette Küchenzeile mit Kühl- und Gefriergerät, Herd, Spüle, Arbeits- und Abstellflächen. In **Tab. 2.3-1** ist das erforderliche Küchenwerkzeug exemplarisch dargestellt.

Tab. 2.3-1: Grundausstattung mit Küchenwerkzeugen (Leicht-Eckardt 2009)

| Küchenwerkzeug | Haushaltsgröße | |
|---|---|---|
| | 1 Person | 4 Personen |
| **Kochlöffel, Drahtrührgeräte** | | |
| Rührlöffel | 2 | 2 |
| Schlagbesen | 1 | 1 |
| **Messer** | | |
| Brotmesser | 1 | 1 |
| Gemüsemesser | 1 | 2 |
| Kochmesser | 1 | 1 |
| Schälmesser | 1 | 2 |
| Schinkenmesser | 1 | 1 |
| **Öffner** | | |
| Dosenöffner | 1 | 1 |
| Korkenzieher | 1 | 1 |
| Kronkorkenöffner | 1 | 1 |
| Deckelöffnerzange | 1 | 1 |
| **Schäler** | | |
| Pendelschäler | 1 | 1 |
| Sparschäler | 1 | 1 |
| **Schneid- und Reibegeräte** | | |
| Mehrzweckreibe mit integriertem Hobel | 1 | 1 |

| Küchenwerkzeug | Haushaltsgröße | |
|---|---|---|
| | 1 Person | 4 Personen |
| **Schöpf- und Hebegeräte** | | |
| Fleischgabel | 1 | 1 |
| Nudellöffel | 1 | 1 |
| Pfannenwender | 1 | 1 |
| Schaumlöffel | 1 | 1 |
| Schöpfkelle | 1 | 1 |
| **Schüsseln** | | |
| Mixschüssel, 1 l | 1 | 1 |
| Rührschüssel, 3 l | 1 | 1 |
| Vorratsschüssel, 3,5 l | 1 | 2 |
| Vorratsschüssel, 5 l | 1 | 2 |
| **Seiher und Siebe** | | |
| Rundsieb | 1 | 1 |
| Standseiher | 1 | 1 |
| **Sonstiges** | | |
| robuste Haushaltsschere | 1 | 1 |
| Schneidbretter | 2 | 2 |
| Wetzstahl | 1 | 1 |

Die benötigte Ausstattung mit Koch- und Bratgeschirr (Tab. 2.3-2) richtet sich nach den im Haushalt angewendeten Garverfahren. Wird in einem Haushalt gebacken, sind unterschiedliche Backformen, Backpinsel, Messbecher, Teigroller und Teigschaber notwendig.

**Tab. 2.3-2:** Grundausstattung mit Koch- und Bratgeschirr (aid 1997, Gomm 2009)

| Geschirrart | Kapazität in Liter | Boden-Ø in cm | Haushaltsgröße | |
|---|---|---|---|---|
| | | | 1 Person | 4 Personen |
| Bratpfanne (mit Deckel) | – | 18 | 1 | 2 |
| Fleischtopf (flach) | 4,0 | 20 | 1 | 1 |
| Gemüsetopf (flach) | 3,0 | 20 | 1 | 2 |
| Kartoffeltopf (hoch) | 2,0 | 16 | 1 | 1 |
| Stieltopf | 1,5 | 16 | 1 | 2 |
| Suppentopf | 5,0 | 20–24 | 1 | 1 |
| Wasserkessel[1)] | 1,5 | 14,5 | 1 | 1 |
| Bräter, oval oder eckig | k. A. | k. A. | 1–2 | 1–2 |
| Auflaufform, rund, oval oder eckig | k. A. | k. A. | 1 | 1 |

1) nur für Gasherd k. A. = keine Angaben

Für die elektrische Warmwasserbereitung ist ein Wasserkocher aus ökologischen und wirtschaftlichen Gründen unbedingt einem Wasserkessel, der auf einer Herdkochstelle erhitzt wird, vorzuziehen. Der Gebrauch eines Wasserkessels empfiehlt sich nur für Gaskochstellen.

Zum Kurzbraten sind zwei unterschiedliche **Pfannen**typen empfehlenswert: eine Pfanne zum Anbraten nicht panierter, eiweißreicher Lebensmittel, die auf höchster oder zweithöchster Leistungsstufe zubereitet werden, und eine Pfanne mit Antihafteigenschaften zum Braten panierter bzw. stärkereicher Lebensmittel, die bei mittleren Einstellungen zubereitet werden.

Zum Braten im Backofen eignen sich außer Rost und Fettpfanne offene oder geschlossene **Bräter**, ein Tontopf, Brat- oder Aluminiumfolie. Ein Bräter sollte so bemessen sein, dass zu bratende Lebensmittel rundherum etwa 2 bis 5 cm Platz haben. Aus diesem Grund empfiehlt sich eventuell die Anschaffung eines kleineren und eines größeren Bräters. Ovale oder eckige Formen sind am vielseitigsten zu verwenden.

## Kochgeschirr

Um eine gute Wärmeleitung von der Herdkochstelle zum **Geschirrboden** sicherzustellen, muss der Boden bei konventionellen Elektrokochstellen eben aufliegen. Aufgrund der Wärmedehnung und der Temperaturdifferenz im Bodenmaterial wölbt sich der Boden bei Erwärmung nach außen. Dem wird bei Stahlemaille-Töpfen durch eine leichte Innenwölbung im kalten Zustand, bei Edelstahltöpfen durch Aufbringen von Verstärkungsschichten entgegengewirkt (Sandwich- oder **Kompensboden**, siehe **Abb. 3.1-8**). Topfboden und Kochstelle sollten den gleichen Durchmesser aufweisen, um Energieverluste (bei zu großer Platte) oder lange Ankochzeiten (bei überstehendem Topf) zu verhindern. Auch durch die Nutzung der in einer konventionellen Kochstelle gespeicherten Nachwärme lässt sich Energie einsparen.

Gutes Gargeschirr zeichnet sich durch folgende Merkmale aus:

- gesundheitlich unbedenkliches Material
- lange Lebensdauer
- praktische und sichere Handhabung
- gute Leit- und Speicherfähigkeit für Wärme
- leichte Reinigung
- Eignung zum fettarmen, wasserarmen und vitaminschonenden Garen

**Stahlemaille**-Geschirr besteht aus Stahlblech, auf das eine harte Schutzschicht aus Emaille (glasartiger Werkstoff) eingebrannt wird. Es ist auch für Induktionskochfelder geeignet. Emaillegeschirr ist kratz- und scheuerbeständig, säurefest und lässt sich leicht reinigen. Bei harten Schlägen kann Emaille jedoch abplatzen, was zum Anbrennen von Speisen und zum Entstehen von Roststellen führt. Dunkle Emaille bewirkt eine intensivere Bräunung als helle und eignet sich daher besonders für Brat- und Schmorgerichte.

Gute Töpfe und Pfannen aus **Edelstahl** (Induktionseignung siehe **Kap. 3.1**) sind nahezu unverwüstlich. Sie sind stoß-, schlag- und abriebfest, resistent gegen Temperaturwechsel, lassen sich leicht reinigen und sind spülmaschinengeeignet. Rostfrei oder korrosionsbeständig wird Stahl durch den Zusatz von Chrom und Nickel. Bei dem meist verwendeten rostfreien Edelstahl CrNi 18/10 ist der Stahl mit 18 Prozent Chrom und 10 Prozent Nickel legiert. Edelstahl ist ein vergleichsweise schlechter Wärmeleiter – daher besteht die Verstärkungsplatte des Kompensbodens aus einem gut Wärme leitenden Metall (meist Aluminium, selten Kupfer), das zwischen zwei dünne Edelstahlschichten eingebettet ist. Die untere Edelstahlschicht sollte als sogenannte Abschlusskappe am Umfang hochgezogen sein und den Rand der Verstärkung bedecken, damit dieser in der Spülmaschine nicht korrodiert.

**Gusseisengeschirr** (wie Stahlemaille-Geschirr induktionsgeeignet) ist besonders schwer, dafür sehr haltbar. Es braucht lange, um heiß zu werden, speichert jedoch die Wärme gut und gibt sie langsam und gleichmäßig an das Gargut ab. Gusseiserne Pfannen und Bräter sind daher besonders gut zum Schmoren und Braten geeignet. Gussgeschirr sollte immer von Hand gereinigt und sorgfältig abgetrocknet werden, damit es nicht rostet.

Töpfe aus **Kupfer** werden heute kaum noch verwendet. Aber auch Aluminium ist ein guter Wärmeleiter. Geschirr aus **Aluminium** ist leicht und wenig empfindlich gegen Kratzen und Scheuern. Es verbeult aber schnell und kann sich bei Gebrauch verfärben. Säure- oder salzhaltige Lebensmittel sollten in Aluminiumgeschirr ohne Oberflächenbehandlung weder gekocht noch aufbewahrt werden, da sonst größere Mengen von Aluminium in die Speisen übergehen können.

In Geschirr aus **Glas, Keramik oder Porzellan** können Speisen sowohl gegart als auch serviert werden. Diese Materialien leiten die Wärme schlecht, speichern sie jedoch gut. Nur Geschirr aus Spezialglas (z. B. Jenaer Glas) verträgt Temperatursprünge. Im Vergleich zu Metallgeschirr ist der Energieverbrauch bei Geschirren aus Glas, Keramik und Porzellan höher, und das Gargut brennt leichter an.

## Antihaftbeschichtetes Gargeschirr

Pfannen, Backformen oder anderes Koch- und Bratgeschirr werden oft mit Beschichtungen angeboten, die verhindern sollen, dass das Bratgut anhaftet, so dass mit wenig oder ganz ohne Fett gebraten werden kann. Außer **P**oly**t**etra**f**luor**e**thylen, abgekürzt als PTFE oder unter dem Markennamen Teflon bekannt, sind vor allem Keramikbeschichtungen verbreitet. Den besseren Antihafteffekt besitzen Teflonbeschichtungen, während Keramikbeschichtungen abriebfester sind. Des Weiteren erhältlich sind Oberflächenbeschichtungen aus Silikonpolyester oder Emaille. Im Dauergebrauch solcher Pfannen ist leider nicht zu vermeiden, dass mit der Zeit die Oberfläche zerkratzt und sich kleine Beschichtungspartikel ablösen, die dann mit verzehrt und unverdaut wieder ausgeschieden werden. Dies ist nicht gesundheitsschädlich. Die Gesundheitsverträglichkeit der Geschirre wird streng geprüft, ehe die Produkte in den Handel gelangen.

Hinsichtlich Wirksamkeit und Haltbarkeit der Beschichtungen wecken die Werbeaussagen der Hersteller jedoch oft unrealistische Erwartungen. Die Gebrauchseigenschaften des Geschirrs hängen wesentlich von der Beschichtungsart ab und davon, wie viele Schichten mit welchem technischen Verfahren aufgebracht wurden. Im Angebot sind Geschirre mit einer, zwei oder drei Schichten. Bei Teflon werden neuerdings teils auch abriebhemmende Karborundkörner ($Al_2O_3$) eingelagert. Die Details der Beschichtung sind für Verbraucher allerdings weder optisch erkennbar noch gibt es standardisierte Kennzeichnungsvorschriften. Käufer müssen renommierten Herstellern und den Verpackungsangaben zu den Gebrauchseigenschaften vertrauen.

Die Haltbarkeit der Beschichtungen wird durch hohe Geschirrtemperaturen beeinträchtigt. Teflon beginnt sich bei Temperaturen von mehr als circa. 230 °C zu zersetzen, Keramik bei Temperaturen von mehr als etwa 400 °C. Oberhalb von 350 °C können aus Teflon auch unbekömmliche Dämpfe austreten, die aber nicht krebserregend sind, wie dies fälschlicherweise manchmal behauptet wird.

Derartig hohe Werte sind für Bratprozesse keinesfalls erforderlich, zumal die meisten Bratfette oder -öle oftmals schon bei niedrigeren Temperaturen (vergleiche **Tab. 6.3-1**) zu rauchen beginnen. Wird aber das leere Geschirr auf höchster Schaltstufe zu lange erwärmt, können durchaus sehr hohe Temperaturen auftreten. Dies gilt insbesondere beim Einsatz der schnell aufheizenden Induktionskochstellen. Um das Überhitzen zu vermeiden, muss die Leistung rechtzeitig reduziert werden.

Alternativ kann Induktionsgeschirr (siehe auch **Kap. 3.1**) mit einem **N**on-**O**ver**h**eating-Boden (NOH) verwendet werden. Dabei ist der Boden aus einer Legierung hergestellt, deren sogenannte Curie-Temperatur unter dem für die Beschichtung kritischen Wert liegt – jeder ferromagnetische Werkstoff wird bei Erwärmung auf seine materialspezifische Curie-Temperatur reversibel unmagnetisch. Bei geeigneter Wahl der Legierung kann sich NOH-Geschirr auf einer Induktionskochstelle nicht unzulässig erhitzen.

Der **Bodendurchmesser** eines Kochgeschirrs sollte mit dem Durchmesser der Kochstelle übereinstimmen, um unnötigen Energieverbrauch bzw. eine Verlängerung der Ankochzeit zu vermeiden.

Ein **fest schließender Deckel** verhindert den Wärmeverlust durch Verdampfen und das Entweichen von Garflüssigkeit. Steckdeckel schließen in der Regel dicht und klappern nicht. Durch Glasdeckel lässt sich das Gargut energiesparend überwachen, ohne den Deckel zu öffnen. Pfannendeckel sollten hoch gewölbt sein, damit das Kondenswasser seitlich ablaufen kann und das Bratgut nicht aufweicht.

**Geeignete Griffe** sind entscheidend für die praktische und sichere Handhabung von Pfannen und Töpfen. Sie sollten ausreichend groß sein, gut in der Hand liegen und zum Schutz vor heißem Gut nicht zu dicht am Topfrand angebracht sein:

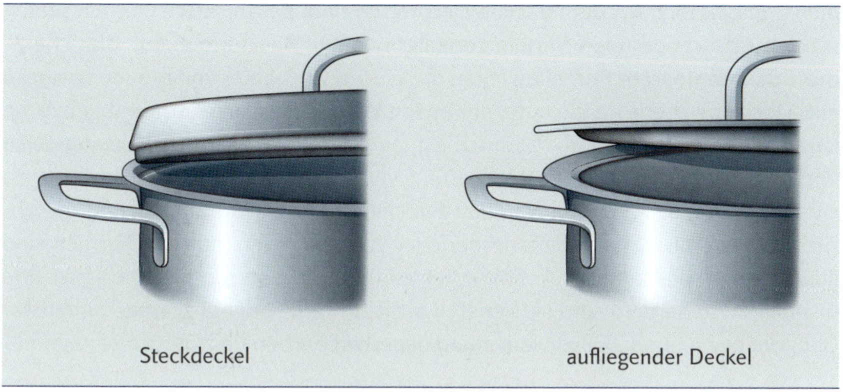


**Abb. 2.3-1:** Steckdeckel und aufliegender Deckel

Je näher die Griffe am Rand liegen, desto stabiler ist der Transport im gefüllten Zustand, je näher zur Mitte, desto leichter das Ausschütten. Die Griffe dürfen sich nur wenig erwärmen, so dass sie auch ohne Topflappen angefasst werden können. Weiterhin ist auf einen nach außen gewölbten Schüttrand zu achten, der ein sauberes Ausgießen ermöglicht.

## Backformen

Backformen sollten

- die Wärme gut leiten,
- gleichmäßig bräunen,
- sich leicht vom Gebäck lösen lassen und
- einfach zu reinigen sein.

Backformen aus **Schwarzblech** nehmen die Strahlungswärme besonders gut auf und geben sie gleichmäßig an das Backgut weiter. Sie sollten jedoch nicht mit spitzen oder kratzenden Gegenständen bearbeitet und möglichst schonend gereinigt werden, damit der eingebrannte schwarze Kunststofflack nicht beschädigt wird. **Weißblechformen** reflektieren Wärmestrahlung und sind deshalb vor allem für Gasbacköfen geeignet, bei denen die Wärmezufuhr überwiegend durch Konvektion erfolgt, ebenso wie bei Elektro-Heißluftbacköfen.

Aus **Stahlblechformen mit Antihaftbeschichtung** lassen sich Kuchen besonders leicht lösen, jedoch nur mit Fett als Trennmittel, weshalb auch beschichtete Formen grundsätzlich vor dem Backen einzufetten sind. Beschichtete Formen sollten niemals mit scheuernden Mitteln gereinigt werden. Backformen aus **Glas, Keramik** oder **ofenfestem Porzellan** leiten die Wärme schlechter und bräunen nicht so gut. Doch speichern sie die aufgenommene Wärmeenergie besser und geben sie langsam an das Backgut ab. Dadurch eignen sie sich vor allem für schwere Teige wie Brot- oder Pizzateige. Die Anschaffung von **Silikon-Backformen** lohnt sich vor allem für seltener verlangtes, speziell geformtes Gebäck wie Gugelhupf und Rehrücken. Das Gebäck lässt sich besonders gut herauslösen, und die Formen sind aufgrund des beständigen Antihafteffektes leicht zu reinigen. Nachteilig ist ihre Instabilität; außerdem sind sie generell nicht für farb- oder geschmacksintensive Gebäcke geeignet, da Silikon leicht und dauerhaft Farben und Gerüche annimmt.

## Messer und Schneidunterlagen

Der Einsatz des richtigen Arbeitsmittels ist Voraussetzung für effektives Arbeiten und Erfolg. Qualitativ hochwertige **Messer** sind für gute Arbeitsergebnisse sehr wichtig. Scharfe Messer senken den Kraftaufwand und erleichtern die Arbeit. Sie besitzen eine lange Lebensdauer, sofern sie richtig gepflegt werden.

Messer sind vor allem wegen der freien Schnittlage universelle Handwerkszeuge zum Schneiden von Scheiben, Herausschneiden von Teilen, Schnitzeln und Zerkleinern allgemein. Die Klinge besteht aus Edelstahl, neuerdings auch manchmal aus Keramik. Die Schneidenlänge bestimmt die Größe des auf einmal zu durchschneidenden Stücks, die Schneidenform das Einsatzgebiet: Gerade Schneiden sind für genaue Scheibenform, gekrümmte für komplizierte Schnitte (Tranchieren) und für zähes Schneidgut geeignet – die bogenförmige Schneide hat nur eine kurze Kontaktstrecke mit der ebenen Schneidfläche und erleichtert damit hohen lokalen Schnittdruck. Besondere Schliffarten, z. B. Hohlschliff, unterstützen die Schneidwirkung durch sägeartige Effekte.

Die Qualität hochwertiger Messer bleibt durch gute Pflege lange erhalten:

- Benutzte Messer nicht lange ungereinigt liegen lassen: Lebensmittelinhaltsstoffe wie Genusssäuren etc. können die Messerklinge angreifen.
- Gute Küchenmesser sollten nie in der Spülmaschine gereinigt werden. Spülmaschinenreiniger korrodieren hochwertige Stahlklingen und führen dazu, dass die Schneide stumpf wird. Messer nach Gebrauch mit heißem Wasser und etwas zugesetztem Handspülmittel reinigen, anschließend mit klarem Wasser abspülen; dabei Sicherheitsaspekte beachten. Messer nie im Spülwasser liegen lassen (Verletzungsgefahr). Abtrocknen mit der Klinge nach außen!

- Messer sachgemäß, hygienisch und sicher aufbewahren
- Geeignete Schneidunterlagen benutzen – Glas, Granit und andere Arbeitsflächen, die härter als Stahl sind, führen zum schnellen Abstumpfen von Messerklingen. Im Privathaushalt sind nach wie vor Holz- oder Kunststoffbretter bei ordnungsgemäßer Reinigung und Pflege sinnvoll.

Die Messergriffe sollten aus widerstandsfähigem Kunststoff bestehen und alle hygienischen Anforderungen erfüllen. Zudem sollten die Griffe ergonomisch geformt sein. Als Grundausstattung sind die Messerarten nach **Tab. 2.3-3** zu empfehlen.

**Tab. 2.3-3:** Messerarten und Verwendungszweck (Schlich 2009)

| Messerarten | Verwendungszweck | |
|---|---|---|
| Ausbeinmesser | 12–18 cm lange, schmale Klinge, zum Ausbeinen und Parieren von Fleisch |  |
| Gemüsemesser | 7–12 cm lange Klinge, zum Formen und Nachputzen von Gemüse, Früchten etc. |  |
| Buntmesser | 10 cm lange, leicht gewellte Klinge zum Verzieren von Gemüse |  |
| Schinken-/ Fleischmesser | 20–35 cm lange Klinge, vorne spitz, zum Schneiden von Fleisch- und Wurstwaren |  |
| Koch-/ Küchenmesser | 15–25 cm lange, breite Klinge, vielseitig einsetzbar zum Schneiden von Fleisch, Fisch, Gemüse etc. |  |
| Tournier-/ Schälmesser | 6 cm lange, leicht gebogene Klinge, günstig zum Formen |  |
| Brotmesser | 25 cm lange Klinge mit Wellenschliff, ermöglicht das Aufschneiden von Brot und Kuchen mit geringem Kraftaufwand und ohne Formverlust |  |

Beim Umgang mit Messern sind unbedingt die folgenden Schutzregeln zu beachten:

- Nicht zum Körper hin arbeiten
- Messergriff muss fest und sicher in der Hand liegen
- Messer nicht mit der Schneide nach oben ablegen
- Nicht nach fallenden Messern greifen
- Niemals mit Messer in der Hand herumlaufen

- Hände und Messergriff müssen trocken sein
- Lebensmittel in geeigneter Weise (z. B. mit Krallengriff) festhalten

Die richtige **Schneidunterlage** ist maßgeblich an der Qualität des Zerkleinerungsprozesses beteiligt. Bei der Auswahl sollte auf Stabilität, Oberflächenbeschaffenheit und Material geachtet werden. Generell gilt, dass die Schneidunterlage möglichst schnitt- und kratzfest sein und sich gut reinigen lassen sollte. Um ein Wegrutschen des Bretts beim Schneiden zu verhindern, kann ein feuchtes Küchentuch darunter gelegt werden. Dies erübrigt sich bei rutschfesten Brettern mit Gummifüßen oder einer meist andersfarbigen, gummierten Fläche an der Unterseite.

Je glatter und je härter ein Material ist, umso leichter lässt es sich hygienisch reinigen und umso weniger Schnittspuren entstehen. In den Schnittstellen können sich Bakterien leicht vermehren, und das Brett wird insgesamt unansehnlich. Unterlagen aus Glas oder Granit sind zwar am widerstandsfähigsten, können aber wie bereits erwähnt das Schneidwerkzeug stumpf machen.

Holz und Kunststoff als meistverwendete Materialien für Schneidunterlagen verfügen über eine weniger harte Oberfläche. Mit zunehmender Nutzungsdauer bilden sich immer mehr Rillen, in denen sich Mikroorganismen vermehren können. Stark zerkratzte Bretter aus Holz oder Kunststoff sollten daher durch neue ersetzt werden. Harthölzer wie Hainbuche, Kirsche und Ahorn oder Olive zerkratzen weniger schnell als Schneidunterlagen aus Weichholz wie Kiefer. Allerdings wird den aus dem Kieferholz freigesetzten Gerbsäuren eine antimikrobielle Wirkung nachgesagt.

Schneidunterlagen sollten direkt nach Gebrauch gründlich mit heißem Wasser gereinigt werden – Holz von Hand, Kunststoff gegebenenfalls auch in der Geschirrspülmaschine. Holz hat leider den Nachteil, dass es hydrophil ist und schlechter trocknet. Je größer die Restfeuchte, einen desto besseren Nährboden für Mikroorganismen stellt es dar. Deshalb sollten Holzunterlagen nicht in der Spülmaschine, sondern nur kurz von Hand gespült werden. Generell gilt:

- Holzunterlagen nie für das Zerkleinern von rohem Fleisch und Geflügel verwenden; sie eignen sich aber gut als Schneidunterlage für trockene Lebensmittel wie Brot.
- Kunststoffunterlagen gibt es in sehr unterschiedlichen Qualitäten. Am besten Unterlagen aus festem High Density Polyethylen und dickerem Material (ab 2,0 cm) verwenden, denn diese verformen sich nicht so leicht und sind verhältnismäßig kratzfest.

- Mehrere Schneidbretter (am besten farblich unterschieden) für die einschlägigen Lebensmittelgruppen verwenden
- Stark zerkratzte Schneidunterlagen entsorgen und gegen neue auswechseln
- Nur für Lebensmittel geeignetes Material als Schneidunterlage verwenden

**Abb. 2.3-2:** Symbol zur Kennzeichnung von lebensmittelgeeigneten Kunststoffen nach der EG-Bedarfsgegenständeverordnung (Verordnung (EG) Nr. 1935/2004)

## Literatur zu Kapitel 2


Aicher O. 1982: Die Küche zum Kochen. Das Ende einer Architekturdoktrin. Callwey-Verlag, München

aid – aid infodienst für Ernährung, Landwirtschaft, Verbraucherschutz e.V. (Hrsg.) 1997: Küchenhelfer. Bestell-Nr. 1371, Bonn

aid – aid infodienst für Ernährung, Landwirtschaft, Verbraucherschutz e.V. (Hrsg.) 1997: Wissenswertes zu Koch-, Back- und Bratgeschirr. Bestell-Nr. 1348, Bonn

aid – aid infodienst für Ernährung, Landwirtschaft, Verbraucherschutz e.V. (Hrsg.) 2014: Einfach kochen lernen – Basiswissen Küche. Bestell-Nr. 1622, Bonn

aid – aid infodienst für Ernährung, Landwirtschaft, Verbraucherschutz e.V. (Hrsg.) 2001: Haushaltsgeräte und Küchen – benutzerfreundlich und sicher für Alt und Jung. Bestell-Nr. 1422, Bonn

aid – aid infodienst für Ernährung, Landwirtschaft, Verbraucherschutz e.V. (Hrsg.) 2005: Küche und Technik. Bestell-Nr. 3825, Bonn

AMK – Arbeitsgemeinschaft „Die Moderne Küche" (Hrsg.) 1991: Leitsätze für ergonomisch geplante Einbauküchen. Mannheim

AMK – Arbeitsgemeinschaft „Die Moderne Küche" (Hrsg.) 2004: Ergonomieplaner für Einbauküchen. Mannheim

Bertling L. 2011: Erlaubt – Verboten in Gastronomie und Gemeinschaftsverpflegung. Deutscher Fachverlag, Frankfurt am Main, 12. Auflage

Bullinger H.-J., Solf J. J., Stübler E. 1984: Die arbeitsgerechte Küche. Verlag Eugen Ulmer, Stuttgart

Conran T. 1994: Küchen-Design: Planung – Einrichtung – Ausstattung. Verlag DuMont, Köln

Cramer L., Wieter G. 2000: Der private Haushalt. Schneider Verlag Hohengehren, Baltmannsweiler

dgh – Deutsche Gesellschaft für Hauswirtschaft e.V. (Hrsg.), Zacharias R., Dürr H. (Red.) 1992: Lebensmittelverarbeitung im Haushalt. 5. Aufl., Verlag Eugen Ulmer, Stuttgart

DIN – Deutsches Institut für Normung e.V. (Hrsg.) 2004: DIN 18015-2:2004-08, Elektrische Anlagen in Wohngebäuden. Teil 2: Art und Umfang der Mindestausstattung. Beuth Verlag, Berlin

Gergely S., Langbein K., Skalnik C. 1995: Kursbuch Küche. Verlag Kiepenheuer & Witsch, Köln

Grandjean E. 1973: Wohnphysiologie. Grundlagen gesunden Wohnens. Artemis Verlag, Zürich

Habeck M., Mayer H.-W. 2004: Das große Küchenhandbuch. Die Planung. 3. Auflage. Verlagsgesellschaft, Darmstadt

HEA – Fachgemeinschaft für effiziente Energieanwendung e.V. (Hrsg.): Fachwissen Dunstabzugshauben, www.hea.de/service/fachwissen/dunstabzugshauben/index.php (ver. 18.08.2015)

HEA – Fachgemeinschaft für effiziente Energieanwendung e.V. (Hrsg.): Fachwissen Planung von Küchen, www.hea.de/service/fachwissen/planung-von-kuechen/index.php (ver. 18.08.2015)

Hecker W., Herrmann J. 2009: Gastronomie Fachstufe I. Verlag Handwerk und Technik, Hamburg

Herrmann J. (Hrsg.) 2013: Die Lehrküche. Verlag Handwerk und Technik, Hamburg 5., überarbeitete und erweiterte Auflage

Langhoff A. 1997: Arbeitsgestaltung und Unfallverhütung. 3. Auflage, Verlag Handwerk und Technik, Hamburg

Lichtenberg W. 1994: Technik im Haushalt. Verlag Handwerk und Technik, Hamburg

Mandl R. 2006: Individuelle Küchen. DVA, München

Neufert E. 2012: Bauentwurfslehre. 40. überarbeitete und aktualisierte Auflage, GWV Verlag, Wiesbaden

Ökotest (Hrsg.) 1998: Lebensräume: Der große Ratgeber für ökologisches Bauen und Wohnen. Könemann-Verlag, Köln

Rat für Nachhaltige Entwicklung (Hrsg.) 2015: Der nachhaltige Warenkorb. Berlin, www.nachhaltigkeitsrat.de (ver. 14.08.2015)

Schultke H., Werner M. 2012: ABC der Elektroinstallation. 15. Auflage, VWEW Energieverlag, Frankfurt

Silbermann A. 1995: Die Küche im Wohnerlebnis der Deutschen. Leske + Buderich Verlag, Opladen

Simpfendörfer D., Klug S. 2010: Haushaltsführung als Dienstleistung. 11. Auflage, Verlag Handwerk und Technik, Hamburg

Stiftung Warentest (Hrsg.) 1999: Küchen planen und einrichten. Test-Ratgeber. Wien, Berlin

Thornieporth G. (Hrsg.) 1988: Arbeitsplatz Haushalt. Zur Theorie und Ökologie der Hausarbeit. Reimer Verlag, Berlin

Verordnung (EG) Nr. 244/2009 der Kommission vom 18. März 2009 zur Durchführung der Richtlinie 2005/32/EG des Europäischen Parlaments und des Rates im Hinblick auf die Festlegung von Anforderungen an die umweltgerechte Gestaltung von Haushaltslampen mit ungebündeltem Licht. ABl. L 76 vom 24.3.2009, S. 3–16

Verordnung (EG) Nr. 1935/2004 des Europäischen Parlaments und des Rates vom 27. Oktober 2004 über Materialien und Gegenstände, die dazu bestimmt sind, mit Lebensmitteln in Berührung zu kommen und zur Aufhebung der Richtlinien 80/590/EWG und 89/109/EWG- Anhang II. ABl. L 338 vom 13.11.2004, S. 4–17

# 3 Gar- und Wärmegeräte, Küchenmaschinen

Ein moderner Haushalt ist nicht vorstellbar ohne technische Geräte. Etwa vier Fünftel der deutschen Haushalte sind mit einem Elektroherd ausgestattet, ein Fünftel mit einem Gasherd. Kochstellen und ein Kühl- und Gefrierschrank gehören in den meisten Privathaushalten nach wie vor zur Grundausstattung. Um aus der Vielfalt des Marktangebots richtig auszuwählen, empfiehlt es sich vor einer Neuanschaffung den persönlichen Bedarf zu ermitteln. Einen Fragenkatalog dazu hat die Fachgemeinschaft für effiziente Energieanwendung e.V. Berlin (HEA) zusammengestellt:

- Warum wird das Gerät beschafft?
- Wofür wird es benötigt?
- Wo wird das Gerät aufgestellt?
- Wie groß ist der Platzbedarf?
- Welcher Anschluss ist erforderlich (Steckdose, Festanschluss)?
- Wie oft wird das Gerät eingesetzt?
- Welche Größe und Ausführung werden benötigt?
- Welches Material ist sinnvoll?
- Ist eine hinreichend stabile Geräteausführung gegeben?
- Ist eine verständliche Gebrauchsanleitung vorhanden?
- Wie ist das Gerät zu handhaben?
- Besteht eine gute Reinigungsmöglichkeit, ggf. Spülmaschinenfestigkeit?
- Sind Investitions- und Betriebskosten angemessen bezogen auf das Nutzungsverhalten?

Unter dem Aspekt „Nachhaltigkeit" müssen alle Hausgeräte so konstruiert sein, dass nach Ablauf ihrer (möglichst langen) Lebensdauer ein weitestgehendes Recycling der verwendeten Materialien erfolgen kann.

Die Dimensionierung von Kühl- und Gefriergeräten wird in **Kap. 8.6** ff. behandelt.

## 3.1 Kochfelder (WOLFHART LICHTENBERG)

Zu unterscheiden ist grundsätzlich zwischen Elektrofeldern und Kochfeldern mit Gasbrennern (siehe S. 80 f.). Während früher Elektrokochmulden aus Edelstahl oder emailliertem Stahlblech mit einer Dreier- oder Vierergruppe von Herdkochplatten verbreitet waren, sind in den heutigen Küchen vorzugsweise Glaskeramik-Kochfeldern anzutreffen, bei denen die Kochzonen durch ein Dekor markiert sind.

Als Abmessungen sind für Standard-Kochfelder 56 cm × 50 cm (Breite × Tiefe) und für Glaskeramikfelder mit Warmhaltezone 75 cm × 50 cm genormt.

## Herdkochplatten

Der schematische Aufbau einer Herdkochplatte ist in **Abb. 3.1-1** veranschaulicht. Eine Gusseisenplatte mit ebener Oberfläche trägt auf ihrer Unterseite ein Spiralrillenmuster. Darin liegen, eingebettet in keramische Isoliermasse, die Heizwendeln aus Chromnickeldraht. Die darin erzeugte Wärme wird durch Wärmeleitung auf die Gussplatte und von dieser durch Kontakt an den Geschirrboden übertragen. Die Plattenmitte ist unbeheizt und etwas vertieft. Ein sogenannter Überfallrand aus Edelstahl greift über die Plattenaussparung in der Kochmulde und verhindert das Eindringen von Nässe. Normal- und Blitzkochplatten werden sowohl mit Stufenschaltung als auch mit stufenloser Einstellbarkeit angeboten.

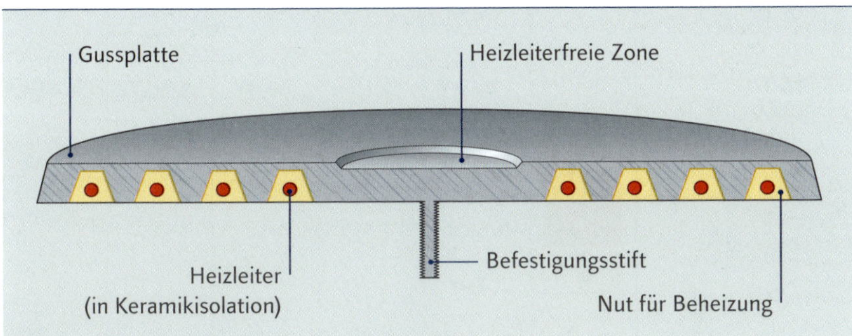


**Abb. 3.1-1:** Querschnitt durch eine Herdkochplatte
(HEA 2009, Lichtenberg 2009)

Sind bei **Stufenschaltung** sechs unterschiedliche Leistungswerte wählbar, ergibt sich zuzüglich Nullstellung eine sogenannte „Siebentaktschaltung". Der Plattenkörper enthält drei getrennte Heizleiter, die je nach Schaltstufe einzeln, parallel oder in Reihe betrieben werden (siehe **Abb. 3.1-2**). Bei Blitzkochplatten (gekennzeichnet durch einen roten Punkt in der Plattenmitte) werden kürzere Ankochzeiten erzielt, da bei ihnen die Leistung auf der höchsten Stufe um 500 W größer ist (Hochleistungsplatte mit rund 10 W/cm²) als bei Normalkochplatten mit einer flächenbezogenen Heizleistung von etwa 7 W/cm². Um eine Überhitzung im Leerlauf oder bei schlecht aufliegendem Geschirr zu vermeiden, haben Blitzkochplatten unter der Plattenmitte einen Bimetallschalter („Protektor"), der die Temperatur auf etwa 500 °C begrenzt, indem er den Heizleiter mit der höchsten Leistung abschaltet. Die Aufteilung der Heizleistung auf die drei Einzelwiderstände ist nicht genormt, so dass die in **Abb. 3.1-2** angegebenen Zahlenwerte (außer für Stufe 3) nicht generell gelten.

Schaltstufe

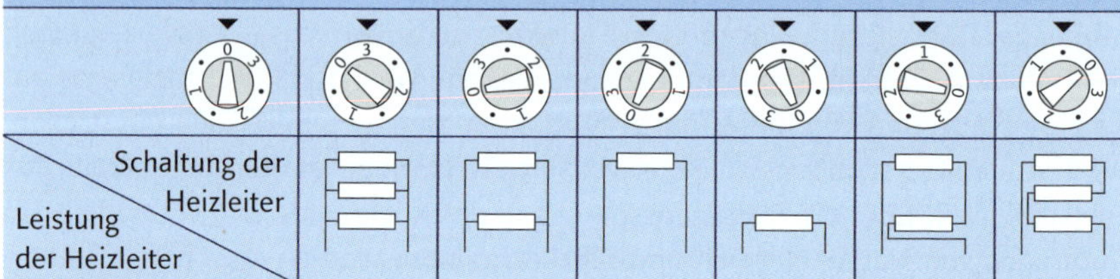

| Leistung der Heizleiter / Schaltung der Heizleiter | | | | | | |
|---|---|---|---|---|---|---|
| N 850 W<br>350 W<br>300 W | 1500 W | 1150 W | 850 W | 300 W | 220 W | 135 W |
| B 850 W[1)]<br>850 W<br>300 W | 2000 W | 1150 W | 850 W | 300 W | 220 W | 175 W |

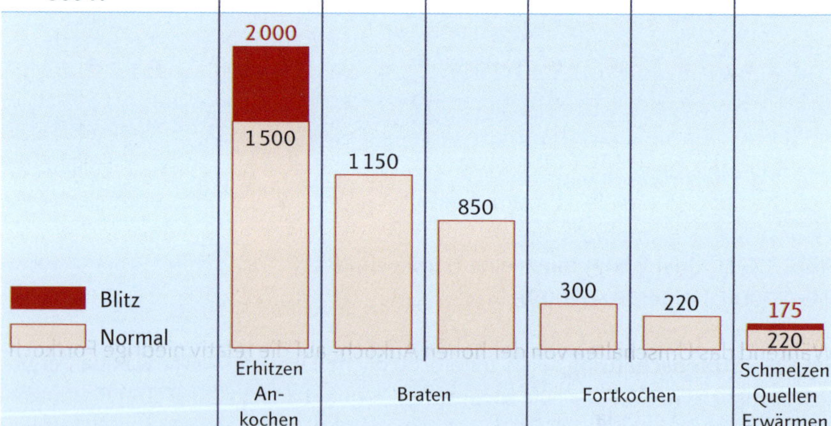


[1)] Heizleiter wird durch Überhitzungsschutz abgeschaltet

**Abb. 3.1-2:** Siebentaktschaltung (HEA 1992)

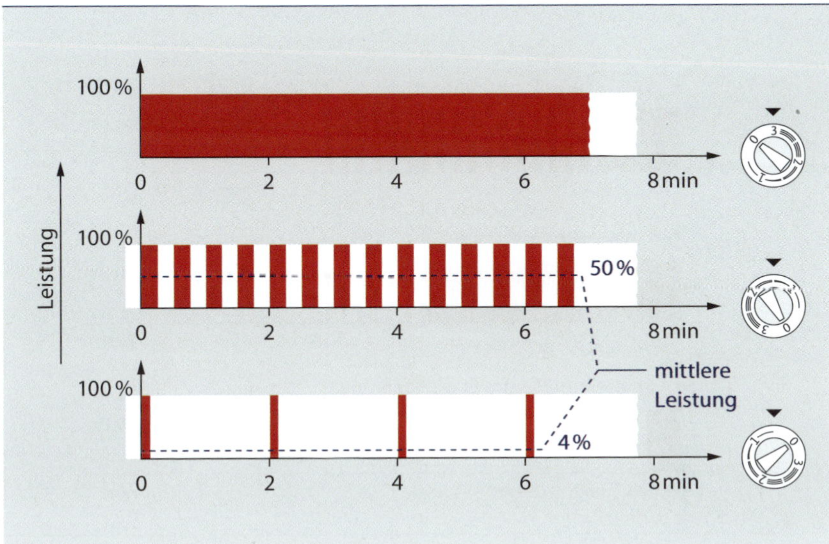


**Abb. 3.1-3:** Leistungsverlauf bei Steuerung durch Energieregler (HEA 2009)

Normal- und Blitzkochplatten mit **Energieregler** sind stufenlos einstellbar und verfügen über nur einen Heizleiter, der periodisch ein- und ausgeschaltet wird. Es handelt sich um eine stufenlose Leistungssteuerung, weshalb die gängige Bezeichnung „Energieregler" eigentlich irreführend ist. Die mittlere Heizleistung lässt sich zwischen etwa 5 und 100 Prozent der Maximalleistung stufenlos einstellen (siehe **Abb. 3.1-3**). Als Intervallschalter wird dabei ein beheizter Bimetallstreifen oder aber eine Elektronik verwendet. Die Einstellskala ist je nach Hersteller unterschiedlich mit Merkzahlen beschriftet: von 1 … 3 bis zu 1 … 15.

Während das Umschalten von der hohen Ankoch- auf die relativ niedrige Fortkochleistung bei Normal- und Blitzkochplatten von Hand erfolgen muss, geschieht dies bei **Automatikkochplatten** selbsttätig und entlastet so den Nutzer. Nach Ablauf einer von der gewählten Merkzahl abhängigen Zeit wird automatisch auf die zugehörige reduzierte Fortkochleistung umgeschaltet (siehe **Abb. 3.1-4**). Die Ankochautomatik wird im Allgemeinen durch kurzes Drehen des Einstellknebels über die höchste Merkzahl hinaus (auf Position „A") oder durch kurzes Ziehen daran aktiviert.

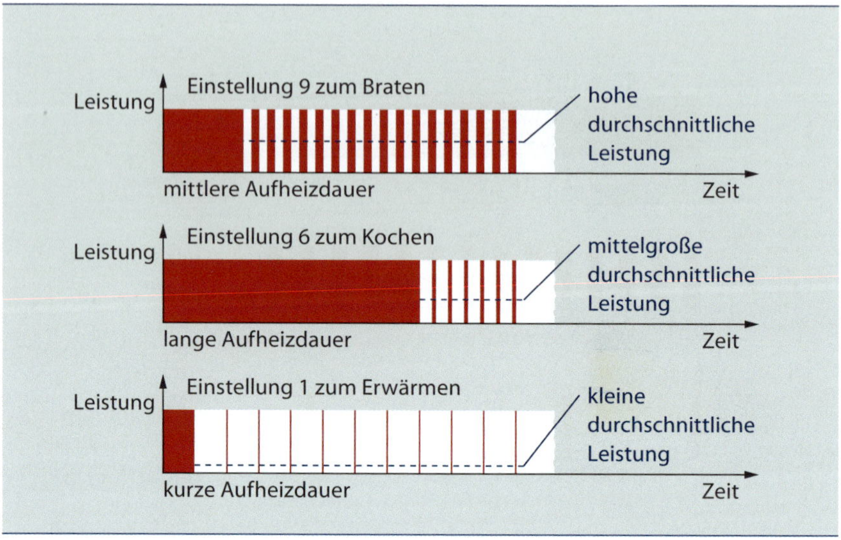


**Abb. 3.1-4:** Leistungsverlauf bei zeitgesteuerter Ankochautomatik (HEA 2009)

## Glaskeramikkochzonen

Bei Glaskeramikkochzonen liegen die Heizelemente in einem sogenannten Heizteller unter einer etwa 4 Millimeter dicken Platte aus einem speziellen Glasmaterial, das widerstandsfähig gegen mechanische Beanspruchung und Temperaturschocks ist. Das Kochfeld ist als zusätzliche Arbeits- und Abstellfläche nutzbar. Die Kochzonen sind darauf durch ein Dekor gekennzeichnet. Verunreinigungen sind im Allgemeinen einfacher zu entfernen als bei einer Kochmulde mit Herdkochplatten, die bei mangelnder Pflege leicht unansehnlich wird. Allerdings ist die Glaskeramik-Oberfläche empfindlicher gegen Kratzer und andere Beschädigungen, und übergekochte zucker- und säurehaltige Lebensmittel brennen unter Umständen so nachhaltig ein, dass sie nicht mehr zu entfernen sind. Die Beheizung der Kochzonen erfolgt (außer bei Induktionskochzonen, siehe S. 78 ff.) im Allgemeinen durch **Strahlungsheizkörper**, die darunter angebracht sind (siehe **Abb. 3.1-5**).

### Strahlungsheizkörper

In jedem der Strahlungsheizkörper ist in einer flachen Schale aus weißer Faserkeramik ein Heizleiter eingelagert (siehe **Abb. 3.1-6**), der bei etwa 1 000 °C hellrot glüht und vorwiegend Infrarotstrahlung abgibt. Diese wird von der Glaskeramikplatte

**Abb. 3.1-5:** Kochfeld mit Strahlungsheizkörpern (HEA 2014)

teils unmittelbar zum Geschirrboden durchgelassen, teils im Plattenmaterial absorbiert. Dabei heizt sich die Platte auf und gibt die Energie dann durch Wärmeleitung an den Geschirrboden weiter. Zum Schutz der Glaskeramikplatte ist zwischen Heizwendel und Platte ein Temperaturbegrenzer eingebaut, der bei Überschreiten von etwa 600 °C die Beheizung abschaltet. Ein zweiter Schaltkontakt lässt als Restwärmeanzeige eine Kontrolllampe aufleuchten, solange die Plattentemperatur höher ist als ca. 60 °C.

Einige Hersteller reduzieren die sogenannte Aufglühzeit des Heizleiters durch dessen Gestaltung als massearmes, zur Stabilisierung mit Füßchen in den Heiztellerboden eingebettetes dünnes „Heizband" auf unter 5 Sekunden. So kann der Benutzer frühzeitig erkennen, ob er wirklich die gewünschte Kochzone eingeschaltet hat. Die Kochzonen können auch als **Zweikreiszonen** gestaltet sein, wobei ein zweiter Heizkreis zuschaltbar ist – entweder ringförmig zur Vergrößerung des Durchmessers der Kochzone oder sichelförmig (ovale Kochzone für Bratgeschirr).

Kochzonen werden – wie Herdkochplatten – vorzugsweise nach dem „Energieregler"-Prinzip oder durch eine zeitgesteuerte Ankochautomatik bedient, und zwar häufig über kleine **Sensorfelder** auf der Glaskeramikplatte. Dieses Konzept ist zwar besonders reinigungsfreundlich, zieht aber in der Praxis lästige Bedienfehler nach sich, indem es häufig zur versehentlichen Auslösung ungewollter Funkti-

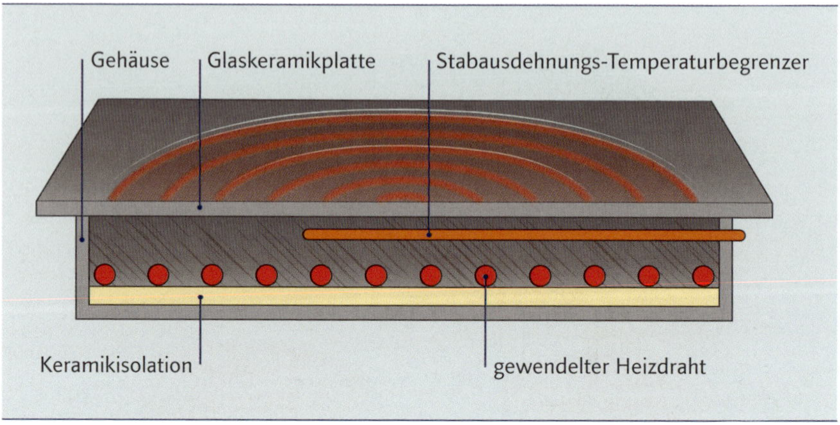


**Abb. 3.1-6:** Querschnitt durch eine Kochzone mit Strahlungsheizkörper (Lichtenberg 2009)

onen kommt. Eine Reihe sogenannter „intelligenter" Systeme für das vollautomatische Garen auf Kochzonen hat sich am Markt nicht durchsetzen können, weil sie sich im Küchenalltag nicht bewährt haben.

### Induktionskochzonen

Beim Induktionskochfeld ist der Wärmekontakt zwischen Kochstelle und Topfboden unerheblich, denn die Wärme entsteht unmittelbar im Geschirrboden. Damit werden die Probleme der Wärmeübertragung von der Wärmequelle zum Geschirr konsequent umgangen. Unter der Kochzone ist eine flache Magnetspule angeordnet, die mit Wechselstrom hoher Frequenz (über 25 Kilohertz) gespeist wird und im Geschirrboden einen in sich geschlossenen elektrischen „**Wirbelstrom**" erzeugt, der den Topf aufheizt (siehe **Abb. 3.1-7**). Die Glaskeramik wird dabei nur indirekt vom Geschirr erwärmt – der Topfinhalt kocht „auf kalter Platte", und selbst ein Luftspalt von mehreren Millimetern beeinträchtigt den Wirkungsgrad kaum.

Bei Induktionskochstellen wird die elektrische Energie unmittelbar in den Topfboden übertragen, so dass sich bei geeignetem Geschirrmaterial extrem kurze Ankochzeiten ergeben. Weil beim Abschalten keine Nachwärme aus der Kochstelle übertragen wird, lässt sich ein Überkochen zuverlässig vermeiden – wegen der fehlenden Wärmespeicherung reagiert eine Induktionskochzone ebenso schnell wie eine Gaskochstelle. Die niedrigere Kochzonentemperatur bedeutet einen Sicherheitsgewinn und verminderte Anbrenngefahr. Der **Wirkungsgrad**, d. h. der

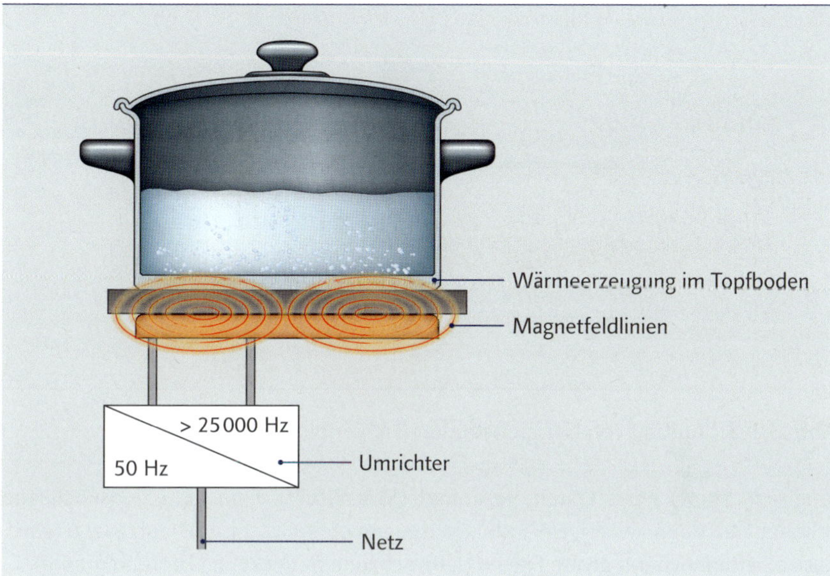


**Abb. 3.1-7** Induktionskochstelle (HEA 2009, Lichtenberg 2009)

Quotient der Nutzleistung durch die Leistungsaufnahme, beträgt bei Induktionskochzonen auch im Ankochbereich mehr als 90 Prozent, gegenüber 60 Prozent bei konventionellen Kochstellen.

Um eine ausreichende magnetische Flussdichte für die Erzeugung des Wirbelstroms zu erzielen, kann beim Induktionskochfeld nur **induktionsgeeignetes** Geschirr verwendet werden, dessen Boden sich magnetisch wie Eisen, also ferromagnetisch, verhält. Bei jeglichem Gargeschirr lässt sich diese Eigenschaft ermitteln, indem ein Magnet an den Boden gehalten wird. Bleibt er haften, ist es induktionsgeeignet. Im Handel werden sogar induktionsgeeignete Aluminiumgeschirre angeboten, bei denen die magnetischen Eigenschaften dadurch gegeben sind, dass in den Boden eine magnetisierbare Stahlplatte eingearbeitet ist.

Von herkömmlichen Gargeschirrarten ist nur emailliertes Stahlgeschirr brauchbar. Edelstahlgeschirr wird zum Einsatz auf Induktionskochstellen in Spezialausführung benötigt: Die unterste Bodenschicht darf nicht aus dem im Haushalt üblichen Chromnickelstahl bestehen, sondern nur aus nickelfreiem Chromstahl (siehe **Abb. 3.1-8**). Es genügt, wenn die magnetisierbare Unterschicht wenige Zehntel Millimeter stark ist, denn bei hoher Frequenz wird der Stromfluss in die Außenhaut

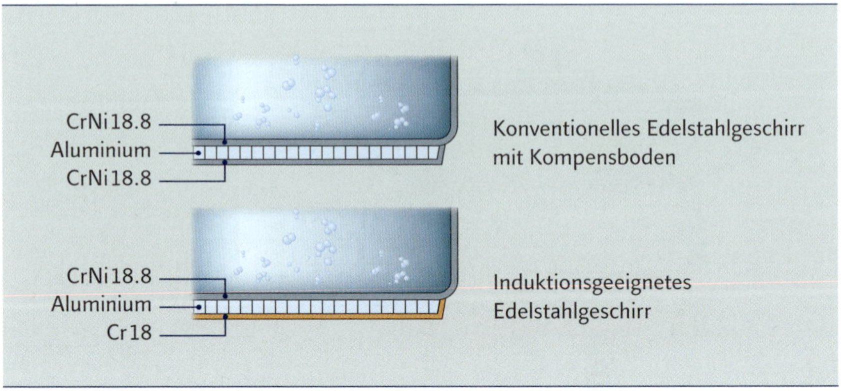


**Abb. 3.1-8:** Aufbau von Kompensböden (Lichtenberg 1992)

(englisch „skin") eines Leiters verdrängt (Skin-Effekt). Eine Induktionskochzone arbeitet nur dann, wenn ein induktionsgeeignetes Geschirr so aufgesetzt wird, dass eine hinreichend große Fläche der Kochzone bedeckt ist (Topferkennung).

## Gaskochstellen

Der Einsatz von Gas anstelle von elektrischer Energie für Wärmezwecke ist wegen des Entfallens der Umwandlungsverluste nicht nur kostengünstiger, sondern auch ökologisch sinnvoll. Heute wird fast durchweg Erdgas verwendet, das im Unterschied zum früheren Stadtgas frei von Kohlenstoffmonoxid und daher ungiftig ist. Bei der Verbrennung bildet sich im Wesentlichen Kohlenstoffdioxid, außerdem entstehen je Kubikmeter Erdgas etwa 2 Kubikmeter Wasserdampf.

Um beim **Kochstellenbrenner** eine vollständige, rußfreie Verbrennung zu erzielen, muss dem Gas bereits vor dem Austritt aus den Brennerdüsen eine große Luftmenge (Primärluft) beigemischt werden. Dazu wird der Gasstrom hinter dem Regulierventil in einer sogenannten „Injektordüse" stark beschleunigt und reißt am Düsenaustritt so viel Luft mit, dass – zusammen mit der aus der Umgebung hinzutretenden Sekundärluft – am Brennerkopf eine saubere Flamme entsteht (siehe **Abb. 3.1-9**): Ein Kubikmeter Gas erfordert für die Verbrennung etwa 10 Kubikmeter Luft. Die Umstellung der heute gebräuchlichen Allgasherde von einer Gasart auf die andere ist vom Fachmann relativ einfach durch Düsentausch und Einstellungskorrektur zu bewerkstelligen.

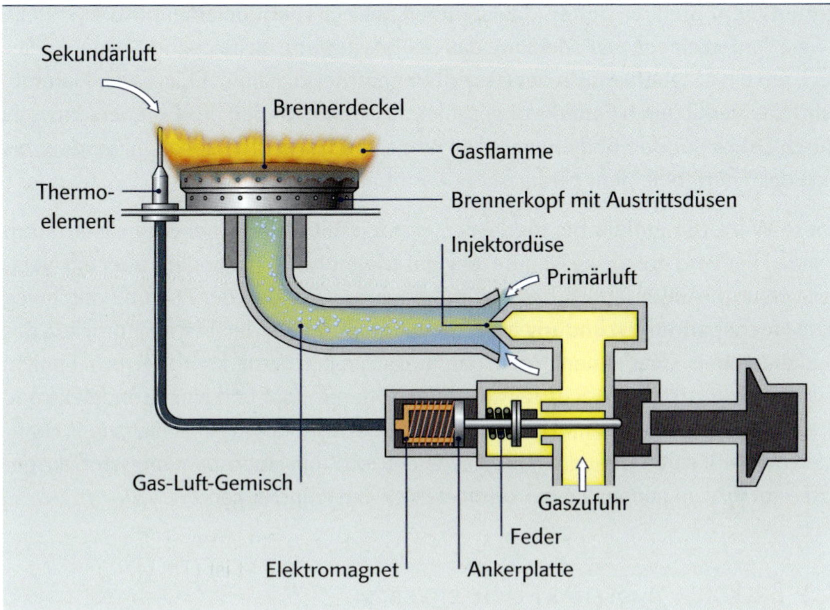


**Abb. 3.1-9:** Kochstellenbrenner mit thermoelektrischer Zündsicherung (Lichtenberg 2009)

Die Kochmulde eines Gasherds enthält meist vier Brenner mit unterschiedlicher Leistung: einen Minibrenner (auch Spar- oder Garbrenner, Leistung ca. 1 kW), zwei Normalbrenner (ca. 1,8 kW) und einen Starkbrenner (ca. 2,7 kW). Den Brennerkelch mit dem Brennerdeckel umgibt ein Rost, der als Topfträger dient. Darunter befindet sich eine Edelstahl- oder Emaillemulde zum Auffangen von übergelaufenem Gargut oder aber eine Glaskeramikplatte. Die Geschirrböden müssen nicht plan sein, denn die Wärme wird ausschließlich durch Konvektion übertragen, d. h. durch das Vorbeiströmen der heißen Flammgase. Die Flammspitzen (Temperatur über 1000 °C) sollten zur Vermeidung unnötiger Wärmeverluste nicht über den Geschirrboden hinausragen. Gaskochstellen zeichnen sich gegenüber konventionellen Elektrokochstellen durch eine sehr schnelle Anpassung der Geschirrtemperatur an eine geänderte Leistungszufuhr aus.

Um das Austreten von unverbranntem Gas zu verhindern, muss nach den in Deutschland gültigen Bestimmungen jeder Brenner mit einer **Zündsicherung** ausgestattet sein (vorzugsweise ein thermoelektrisches System, siehe **Abb. 3.1-9**). Bei gezündetem Brenner treffen die Flammen auf ein Thermoelement (Kontaktstelle zweier unterschiedlicher Metalle), das bei Erwärmung ausreichend Spannung liefert, um ein Magnetventil in der Gaszufuhr geöffnet zu halten. Erlischt die Flamme, wird das Ventil durch Federkraft geschlossen. Beim Zünden des Brenners muss es durch Druck auf den Bedienknebel so lange von Hand offengehalten werden, bis sich das Thermoelement genügend erwärmt hat.

Diese Wartezeit entfällt bei modernen Herden mit elektrischer Schnellstartautomatik. Hier wird etwa eine Minute lang das Magnetventil anfänglich über ein Netzteil versorgt. Außerdem ist heute zum bequemen Zünden der Flamme durchweg eine **Hochspannungszündung** eingebaut: Entweder werden beim Eindrücken des Bedienknebels über einen Hochspannungstransformator kontinuierlich Funken (harmlos, da stromschwach) zwischen dem Brennerkopf und einer Zündelektrode erzeugt, oder es wird beim Drücken einer Federtaste durch Aufschlag eines Hämmerchens auf einen Quarzkristall „piezoelektrisch" ein Hochspannungsstoß ausgelöst – im Prinzip genau wie bei komfortablen Gasfeuerzeugen.

## 3.2 Backöfen (WOLFHART LICHTENBERG)

### Elektrobackofen

#### Bauarten

Beim Backofen mit **Ober- und Unterhitze** wird die Wärme an den Garraum (sogenannte Muffel) im Wesentlichen durch Wärmestrahlung übertragen. Unter dem Muffelboden und an der Muffeldecke sind Widerstandsheizkörper (siehe **Abb. 3.2-1**) mit einer Gesamtheizleistung von etwa 3 Kilowatt angebracht. Im begrenzten Maße wird Wärme auch durch natürliche Konvektion (Auftriebsströmung warmer Luft) weitergegeben. Roste und Bleche werden in seitliche Einschubleisten, u. U. auch in Teleskopschienen eingesetzt oder in einen schubfachartig ausziehbaren Backwagen eingehängt.

Da das Gargut die Wärmestrahlung in weitere Schichten der Muffel abschirmt, kann bei diesem Backofentyp nur eine Ebene beschickt werden. Die Wahl der Einschubhöhe hat bestimmenden Einfluss darauf, ob die Wärme vorwiegend durch die Ober- oder die Unterhitze zugeführt wird. Dies gilt verstärkt für die Wärme absorbierenden „schwarzen" Backformen. Die Temperatur wird über einen Thermostat geregelt, der die Temperatur der Muffelwandung erfasst und Ober- und Unterhitze gemeinsam taktet; die Temperatur ist von etwa 50 °C bis 300 °C einstellbar. Bei vielen Herdmodellen sind auch Schaltstellungen für den Betrieb von Ober- oder Unterhitze allein vorgesehen. An der Decke der Muffel kann als Grill ein Rohrheizkörper angebracht sein, ggf. hinter einer transparenten Glaskeramikplatte, der mit reduzierter Leistung u. U. gleichzeitig als Oberhitze dient. Zur Backofen-Mindestausstattung gehören außerdem eine Innenleuchte und ein isolierverglastes Sichtfenster in der Tür. Die Muffel ist mit einer Mineralfasermatte wärmegedämmt.

Beim **Umluftbackofen** erfolgt die Wärmeübertragung an das Gargut im Wesentlichen durch erzwungene Konvektion: An der Rückwand der Muffel ist hinter einem Luftleitblech ein Lüfterrad angebracht, das in der Backofenmitte Luft ansaugt und sie über einen Ringheizkörper an den Seitenwänden der Muffel entlang erhitzt wieder in den Garraum drückt (siehe **Abb. 3.2-2**). Die Heißluft streicht über das Gargut und gibt dabei ihre Wärme ab. Die Regelung der Lufttemperatur in der Muffel erfolgt wie beim Standardbackofen durch Takten der Heizung, wobei der Lüfter kontinuierlich weiter läuft. Der verbesserte Wärmeübergang aufgrund der erzwungenen Konvektion (siehe **Kap. 10.2**) erlaubt gegenüber dem Backofen mit Ober- und Unterhitze die Einstellung einer um etwa 30 Grad niedrigeren Temperatur, ein Vorheizen ist überflüssig. Zudem ist beim Umluftbackofen eine Beschickung mehrerer Ebenen zulässig, denn die heiße Luft strömt zwischen den Backblechen oder Rosten hindurch. Da bei Temperaturen über 140 °C keine Geruchsübertragung stattfindet, kann der Garraum mit unterschiedlichen Speisen gleichzeitig beschickt werden. Nachteilig ist das Lüftergeräusch.

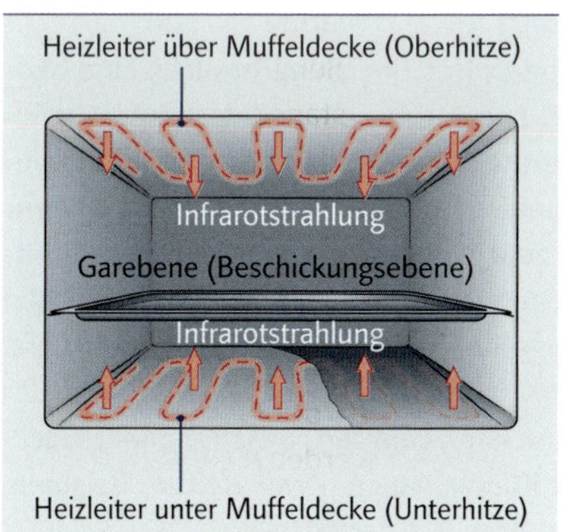


**Abb. 3.2-1:** Backofenbeheizung mit Ober- und Unterhitze (Lichtenberg 2009)

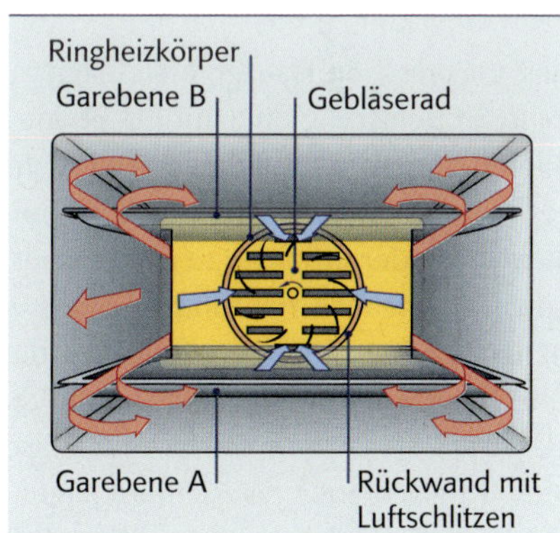


**Abb. 3.2-2:** Backofenbeheizung bei Umluftbetrieb mit Ringheizkörper (Lichtenberg 2009)

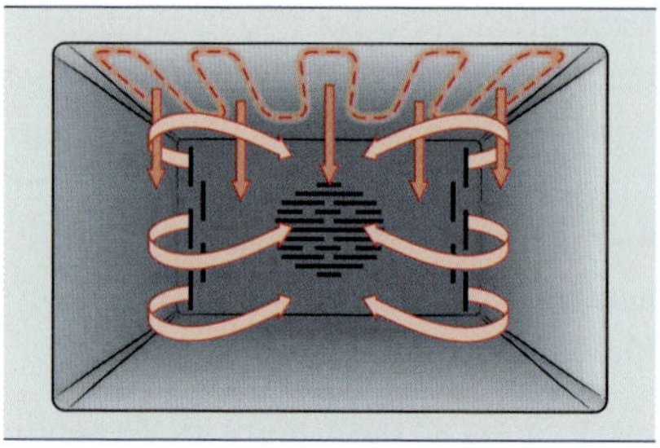

**Abb. 3.2-3:** Umluftgrillen (HEA 2009, Lichtenberg 2009)

Bei **Kombibacköfen** ist für den Umluftbetrieb häufig kein separater Ringheizkörper vorgesehen. In diesem Fall wird die Luft über die Beheizung von Muffeldecke und -boden erwärmt. Der Mehrebenenbetrieb (bei Großküchengeräten seit langem üblich) spart Zeit und Energie.

Kombibacköfen (auch Multifunktionsbacköfen genannt) sind wahlweise auf Betrieb mit Ober- und Unterhitze, Umluft und Grill sowie Kombinationen, z. B. Umluftgrillen (siehe **Abb. 3.2-3**) umschaltbar. Einen weiteren Schritt zum Universalgargerät stellen Backöfen mit integriertem Dampfgarsystem (siehe **Kap. 3.3**) dar. Die „integrierte Mikrowelle" wird in **Kap. 3.5** erläutert.

Bei Herden der gehobenen Preisklasse gehört zur Ausstattung eine Schaltuhr. Sie schaltet den Backofen (oder einzelne Kochstellen) zu vorwählbaren Zeiten ein und aus. Oft ist auch eine Bratautomatik vorgesehen, die nach Eingabe von Gewicht und Fleischart ein Temperatur-Zeit-Programm ablaufen lässt, oder es kann ein Fleischthermometer angeschlossen werden, das die Kerntemperatur des Garguts misst und die Heizung nach Erreichen des eingestellten Werts abschaltet.

### Energieetikettierung

Alle thermischen Hausgeräte stellen aufgrund ihres Energieverbrauchs eine ökologische Belastung dar. Auf EU-Ebene wird angestrebt, diese Belastung zu minimieren, indem der Stromverbrauch der Geräte reduziert wird. Um den Energieverbrauch am Markt offen zu legen und damit für die Hersteller einen Anreiz zur Steigerung der Effizienz zu geben, müssen zum Verkauf angebotene Geräte europaweit einheitlich mit einem Etikett versehen sein, dass außer gerätetypischen Behandlungsergebnissen vor allem den zugehörigen Energieverbrauch aufführt. Die Daten werden nach genormten Verfahren ermittelt. Das „Energieetikett" der EU gibt es derzeit zum Beispiel für Wäschetrockner, Lampen, Geschirrspüler, Backöfen, Kühlschränke, Waschmaschinen und Klimaanlagen. Zwei weitere Beispiele für dieses EU-Label werden in **Kap. 8.8** und **Kap. 9.2** dargestellt.

Durch Wiedergabe der Verbrauchswerte auf einer einfachen Skala von A+++ (beste Effizienz) bis G (wenig effizient) wird der Energieverbrauch als Energieeffizienzklasse durch farbige Balken veranschaulicht. Hinzu kommen andere für den Verbraucher relevante Eigenschaften. **Abb. 3.2-4** zeigt die Gestaltung des EU-Labels für Backöfen.

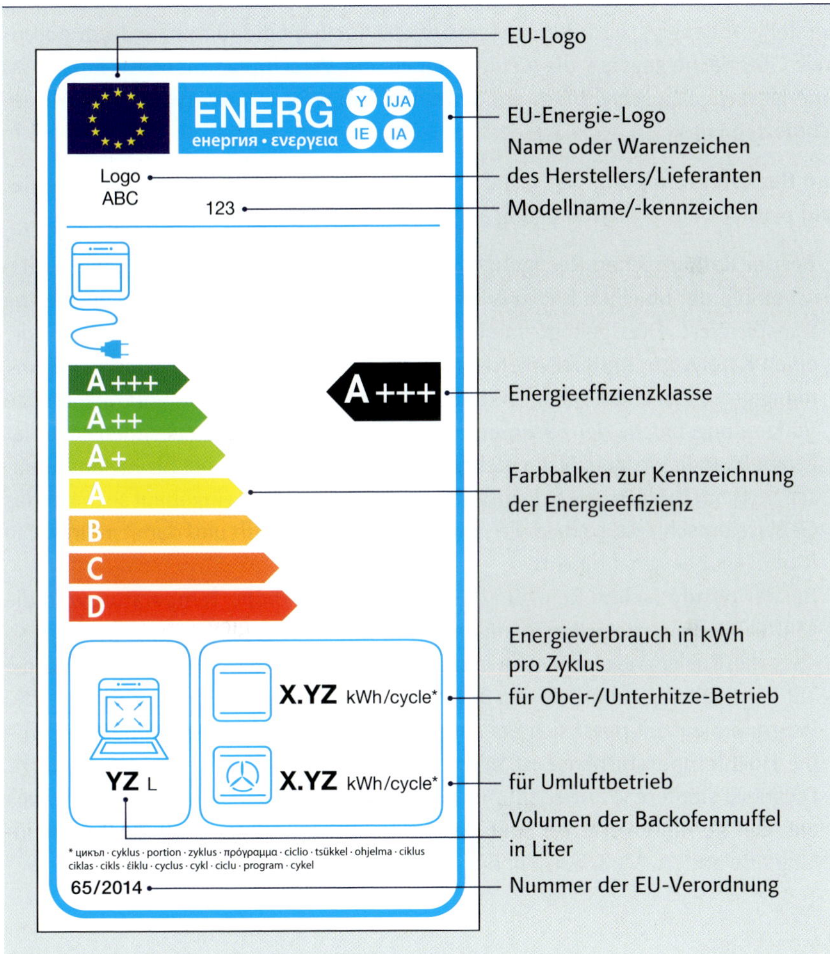


**Abb. 3.2-4:** Energieetikett für Backöfen (Europäische Kommission 2014)

## Reinigung

Jeder Backofen wird beim Betrieb vielfältig verschmutzt – durch Fettspritzer, übergelaufenen Käse vom Überbacken, durch Gemüsebelag von der Pizza oder durch Fruchtsaft und Fruchtstücke vom Obstkuchen. Der Schmutz wandelt sich bei den hohen Backofentemperaturen in schwer lösbare Verkrustungen um und brennt auf den emaillierten Backofenwänden nachhaltig ein. Bei **Glattemaille** (Bezeichnung herstellerabhängig) wird durch eine spezielle Technologie für eine extrem porenfreie Oberfläche gesorgt, die weniger anfällig für Verschmutzungen ist. Emaille ist eine glasartige Beschichtung, die bei einer Temperatur von etwa 800 °C aufgeschmolzen wird.

Die **Backofenreinigung** von Hand ist lästig, weshalb Backöfen mit katalytischer und pyrolytischer Selbstreinigung angeboten werden.

- Bei der **katalytischen** Reinigung werden die Verschmutzungen (vor allem Fett) schon bei der üblichen Backofentemperatur in gasförmige Produkte und Asche transformiert. Dies gelingt durch die Verwendung einer porösen Emaille, die einen Katalysator enthält. Allerdings verträgt die Beschichtung keine Reinigung mit aggressiven chemischen Mitteln und ist empfindlich gegen Verkratzen – die Verkleidungsbleche der Backofenmuffel dürfen nicht mit scheuernden Materialien behandelt werden. Nach mehrjährigem Gebrauch sind die Bleche auszutauschen. Beim Umluftsystem kann auch ein Ringkatalysator eingebaut sein, der das Gebläse umschließt, so dass die umgewälzte Backofenluft und damit indirekt die Muffel sauber gehalten wird.
- Bei der **pyrolytischen** Reinigung (Zersetzung durch hohe Temperatur) wird die Muffel in einem speziellen Reinigungsprogramm auf etwa 500 °C aufgeheizt, so dass die Rückstände zu Asche verschwelen. Aus Sicherheitsgründen wird die Tür des Backofens oberhalb von 300 °C automatisch gegen Öffnen gesichert. Die Programmlaufzeit passt sich bei aufwändigen Geräten der Verschmutzung an – die Hochtemperaturphase ist bei geringerer Fettverschmutzung ggf. verkürzt. Die meist stärkere Wärmedämmung wirkt sich günstig auf den Energieverbrauch aus. Das Verfahren erfordert unter anderem eine Vorrichtung zur Abluftbehandlung und andere Maßnahmen, die sich auf den Gerätepreis auswirken.

## Gasbackofen

Beim Gasbackofen konventioneller Bauart wird die Wärme vorwiegend durch die Strahlung der heißen Muffelwände übertragen, die durch einen Brenner unter der Muffel aufgeheizt wurden. Ist das Gerät so gestaltet, dass die Verbrennungsgase in die Muffel eintreten, wird von einem „offenen", andernfalls von einem „geschlossenen" Backofen gesprochen. Beim Umluft-Gasbackofen werden die heißen Verbrennungsgase von einem elektrisch betriebenen Lüfter in der Rückwand der Muffel umgewälzt, bevor sie durch einen Schacht an der Herdrückseite entweichen.

Zur Regelung der Backofentemperatur dient ein Thermostat, der den Gasstrom über ein Regulierventil bei steigender Muffeltemperatur allmählich drosselt. Die niedrigste Muffeltemperatur beträgt etwa 150 °C. Nur bei aufwändigeren Backöfen mit Brennertaktung sind auch niedrigere Muffeltemperaturen möglich. Als Grilleinrichtung werden bei Gasbacköfen im Allgemeinen elektrische statt gasbeheizter Infrarotstrahler bevorzugt. Die Energieetikettierung erstreckt sich seit 1.1.2015 auch auf Gasbacköfen.

Gasherde (mit vergleichbarem Komfort- und Sicherheitsstandard wie Elektroherde) werden heute überwiegend mit gasbetriebener Kochmulde, aber mit Elektrobackofen geliefert. Das ist auch unter ökologischen Aspekten vertretbar (siehe **Kap. 10.1**), denn im Mittel entfallen nur 20 Prozent der für den Herd eingesetzten Energie auf den Backofen. Die Betriebskosten für einen Gasherd liegen wesentlich niedriger als für einen Elektroherd. Allerdings erhöhen sich die Anschlusskosten, wenn noch keine Gasversorgung im Aufstellungsraum verfügbar ist. Die Gefährdung durch Gas wird allgemein erheblich überschätzt.

## 3.3 Dampfgarer und Dampfdruckgarer (GERD NAUMANN)

### Verdampfen und Kondensieren

Wasser liegt bei Zimmertemperatur in flüssigem Zustand vor. Unter Normaldruck geht es bei Abkühlung auf 0 °C in den festen Aggregatzustand über und verdampft bei Erwärmung auf 100 °C. Für die Verdampfung von 1 Kilogramm Wasser ist bei unverändert 100 °C die Verdampfungsenergie von 2 260 kJ (entsprechend rund 0,6 kWh) erforderlich. Dieser Energiewert (latente Wärme) ist im Dampf quasi gespeichert. Kondensiert der Dampf bei Normaldruck auf einer Oberfläche, deren Temperatur unter 100 °C liegt, wird die gleiche Energie als **Kondensationswärme** wieder freigesetzt. Auf diese Weise können – verglichen mit ausschließlicher Heißluft-Konvektion – sehr große Wärmemengen auf das Lebensmittel übertragen werden. Mit höherem Druck steigt die Verdampfungstemperatur an, z. B. bei einem Druck von 2 bar auf rund 120 °C. Diese physikalischen Eigenschaften von Wasser können beim Garen von Lebensmitteln vorteilhaft genutzt werden (siehe auch **Kap. 10.3**).

## Bauarten

Dampfgaren ist keine Erfindung aus jüngerer Zeit. Insbesondere die asiatische Küche nutzt seit Jahrhunderten diese Form der Wärmeübertragung, um z. B. Fisch und Meeresfrüchte schonend zu garen, ohne dass die Gefahr oberflächlicher Austrocknung besteht. Im einfachsten Fall wird Wasser in einem Reservoir am Boden des abgedeckten Gargefäßes zum Sieden gebracht, und der aufsteigende Dampf kommt in Kontakt mit dem Gargut. Das Gargut wird dabei zweckmäßig auf einem dampfdurchlässigen Träger platziert. Das Kondensat tropft vom Lebensmittel in das Wasserbad zurück und wird dann erneut verdampft.

Seit Jahren wird eine Reihe von Dampfgargeräten angeboten, die als **kompakte Auftischgeräte** betrieben werden können. Ein im Boden des Gerätes befindlicher Heizkörper verdampft das Wasser. Die elektrische Anschlussleistung beträgt etwa 1 000 W (je nach Modell unterschiedlich). Das Gargut befindet sich in gelochten oder ungelochten Einsätzen in einem geschlossenen, aber unter Normaldruck stehenden Raum. Je nach Art und Menge des Garguts wird eine angemessene Wassermenge eingefüllt. Der Heizkörper wird über eine Schaltuhr betrieben, so dass automatisch die richtige Garzeit eingehalten wird. Die Geräte eignen sich zum Blanchieren, Garen, Erhitzen, Aufwärmen und gegebenenfalls Warmhalten von Produkten wie Hähnchenfleisch, Fisch, Kartoffeln oder Gemüse. Gewürze können sparsam eingesetzt werden, da sich der Eigengeschmack der Lebensmittel intensiv entfaltet. Weil die maximal erreichbare Temperatur 100 °C beträgt, ist keine Bräunung möglich.

In der gewerblichen Lebensmittelproduktion und Gemeinschaftsverpflegung haben sich seit Ende der 70er Jahre sogenannte **Heißluftdämpfer** etabliert. Diese Geräte kombinieren die Wärmezufuhr durch Heißluftumwälzung mit der Wärmeübertragung durch die Kondensation von Dampf, der in den Garraum eingebracht wird. Im Garraum herrscht Normaldruck, so dass bei Dampfbetrieb die Temperatur auf maximal 100 °C begrenzt ist. Wie zuvor bereits erwähnt ist deshalb keine Bräunung möglich.

Seit Ende der 80er Jahre werden auch für den privaten Haushalt Einbau-Backöfen angeboten, in die eine Dampferzeugung integriert ist. Der Dampf kann durch Beheizen eines Wasserbads im Garraum oder auch außerhalb des Garraums erzeugt werden. Für die Wasserzufuhr verfügen einige Geräte über einen Vorratstank (und über einen weiteren Behälter zur Aufnahme des entstehenden Kondensats), andere benötigen einen fest installierten Frischwasserzulauf und einen Abwasseranschluss. Ein Gebläse verteilt den Dampf im Garraum aus Edelstahl (siehe **Abb. 3.3-1**). Empfindliches Gargut wird im umgewälzten Dampf schonend zubereitet. Ein besonderer Vorteil der Dampfkondensation ist die kontinuierliche Oberflächenbefeuchtung, die das Austrocknen der Lebensmittel wirksam verhindert. Es ist auch das Dampfgaren von Speisen in evakuierten, luftdicht verschlossenen Kochbeuteln möglich (Sous-vide).

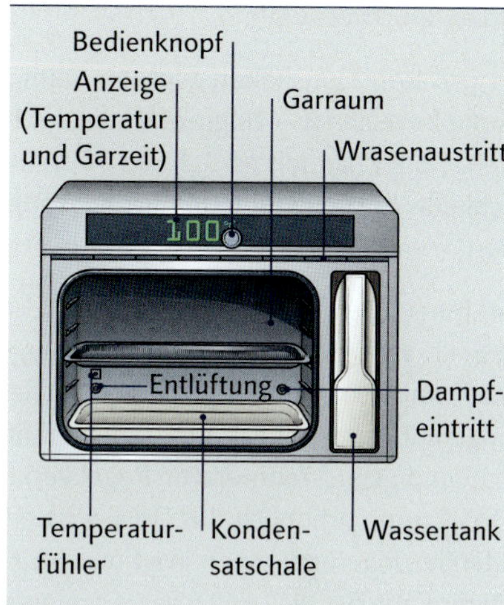


**Abb. 3.3-1:** Dampfgargerät (Naumann 2009)

## Kombigeräte

Diese Geräte kombinieren die Wärmezufuhr durch Heißluftumwälzung mit der Wärmeübertragung durch die Kondensation von Dampf, der in den Garraum eingebracht wird. Ein besonderer Vorteil der Dampfkondensation ist die kontinuierliche **Oberflächenbefeuchtung**, die das Austrocknen der Lebensmittel wirksam verhindert. Bei größeren Bratenstücken kann eine Kombination aus milder Heißluft (130 °C bis 140 °C) und Dampf dazu beitragen, dass die Garverluste im Vergleich zu konventionellen Verfahren reduziert werden. Gegen Ende des Garprozesses wird durch Umschalten auf reinen Heißluftbetrieb dafür gesorgt, dass eine knusprige, gebräunte Kruste entsteht.

In Kombigeräten lassen sich Speisen mit unterschiedlichen Garzeiten auf mehreren Ebenen zusammen garen, ohne dass Geruch und Geschmack übertragen werden. Der Dampf erhält das Innere beim Braten und Backen weich und saftig, während die Heißluft das Äußere wirksam bräunt. Kombidampfgargeräte können den herkömmlichen Backofen ersetzen. Sie sind allerdings teurer in der Anschaffung.

## Druckgarer

Dampfgarprozesse können auch bei Temperaturen über 100 °C durchgeführt werden. Dazu ist ein druckdicht verschließbarer Garraum erforderlich.

## Dampfdruckkochtöpfe

In privaten Haushalten werden Dampfdruckkochtöpfe – auch als Schnellkochtöpfe bezeichnet – eingesetzt, die auf herkömmlichen Kochstellen betrieben werden. Dabei handelt es sich um Töpfe mit Siebeinsätzen, deren Deckel druckdicht schließt. Je nach Höhe des Topfes kann in ein, zwei oder drei Ebenen gegart werden.

Im Innern des Topfes steigt der Druck etwa auf das Doppelte des Atmosphärendrucks, wodurch sich die Verdampfungstemperatur auf bis zu 120 °C erhöht (siehe auch **Kap. 10.3** und **Tab. 10.6-10**). Die Reaktionsgeschwindigkeit verdoppelt sich ungefähr durch eine Temperaturerhöhung um 10 °C. Gemäß dieser Reaktionsgeschwindigkeits-Temperatur-Regel verkürzen sich vor allem längere Garzeiten beim Druckgaren erheblich. Im Deckel ist ein Ventil eingebaut, das den Innendruck an Markierungen erkennen lässt und im Fall zu hoher Wärmezufuhr überschüssigen Dampf abbläst. Mit Hilfe des Anzeigers ist es möglich, bei empfindlichen Speisen einen geringeren Druck und damit eine niedrigere Temperatur zu wählen, um auf diese Weise schonender zu garen, dafür aber länger.

Am Boden des Topfs wird eine dem Garvorgang angemessene Wassermenge eingegeben und erhitzt. Durch den sich bildenden Dampf wird die Luft im Topf über ein **Entlüftungsventil** hinaus gedrängt, das sich schließt, sobald ein stärkerer Dampfstrom hindurchtritt. Der sich bildende Dampf kondensiert dann auf dem Gargut. Allerdings ist eine Kontrolle des Garzustandes während des Prozesses nicht möglich (Zeitbedarf für Druckabbau und erneuten Druckaufbau!), und das „Zeitfenster“ für optimales Garen ist deutlich enger als beim Garen mit 100 °C. Für wiederkehrende Prozesse und insbesondere größere Fleischportionen ist das Verfahren aber gut geeignet – es reduziert Garzeit und Energieverbrauch.

## Druckgargeräte

Nach dem Prinzip des Schnellkochtopfes arbeiten auch die Druckgarer für die Integration in Einbauküchen. Das Gargut wird – wie in der Großküche – in gelochte Schalen gegeben und in den Garraum eingebracht. Angepasst an Produkt und Menge wird die richtige Garzeit vorgewählt, so dass der eigentliche Garprozess reproduzierbar ablaufen kann. Das für die Dampferzeugung benötigte Wasser wird automatisch dem Frischwassernetz entnommen. Die Speisen garen unter Druck bei erhöhter Temperatur. Mit diesem Verfahren können auch Tiefkühlprodukte rasch und schonend aufgetaut und gegart werden. Eine weitere Einsatzmöglichkeit dieser Geräte ist das Regenerieren von vorgefertigten Speisen. In mancher Hinsicht sind Druckgarer in ihren Anwendungseigenschaften mit Mikrowellengeräten vergleichbar, wegen des Feuchtigkeitserhalts im Gargut ist die sensorische Qualität im Allgemeinen aber höher einzustufen.

## 3.4 Grillgeräte und Fritteusen (JÖRG ANDREÄ)

### Grillgeräte

Grillen ist neben Kurzzeitbraten diejenige Garmethode, bei der die Nährstoffe am besten geschont werden. Zu unterscheiden ist je nach Übertragung der Wärmeenergie auf das Gargut bei den Geräten zwischen Strahlungs- und Kontaktgrills. Zum Grillen geeignet sind vor allem ungepökelte Fleischstücke wie Steaks, Schnitzel und Koteletts sowie Geflügel, Fisch, Grillwürstchen, aber auch Gemüse, Kartoffeln und Obst. Dabei ist kein Fett erforderlich, jedoch kann das Grillgut mit Marinaden aus temperaturbeständigen Pflanzenölen bestrichen werden, um ein Austrocknen zu verhindern.

Beim **Strahlungsgrill** wird die Wärme fast ausschließlich durch Wärmestrahlung auf das Lebensmittel übertragen. Im gewerblichen Bereich eingesetzte Geräte werden wegen der charakteristischen Form des Heizelements auch als „Salamandergrill" bezeichnet. Je höher die Temperatur des Rohrheizkörpers, desto heller leuchtet dieser auf. Das Heizelement erreicht mit einer typischen Leistung von 2 bis 3 Kilowatt eine Temperatur von etwa 1 000 °C. Über einen Leistungswähler kann die Wärmeabgabe an das Grillgut stufenlos gesteuert werden. Der Grillrost kann bei Strahlungsgrills unterhalb, oberhalb oder seitlich neben der Heizeinrichtung angebracht sein. Zur gehobenen Ausstattung gehört ein Drehspieß mit einem kleinen Elektromotor.

Häufig sind Strahlungsgrills mit einer Wanne unter den Heizstäben ausgestattet, die zum Grillen mit Wasser gefüllt werden muss. Das Wasser nimmt zum einen abtropfendes Fett und Wasser auf, zum anderen hält es das Gerät kühl. Elektrogrills können grundsätzlich auch in geschlossenen Räumen eingesetzt werden. Wenn Fett direkt auf die Heizstäbe tropft und verbrennt, kommt es zur Rauchbildung, bei der auch gesundheitsschädliche **polyzyklische aromatische Kohlenwasserstoffe (PAKs)** entstehen können. Aus gesundheitlicher Sicht zu bevorzugen sind daher Geräte mit sogenannter „Indirekt"-Technik, d. h. seitlich liegenden Heizelementen, oder auch die Verwendung von Aluschalen für das Grillgut. Daneben gibt es Grillgeräte mit oben liegendem Heizelement, auch in Kombination mit Minibacköfen, die vorzugsweise zum Überbacken oder Gratinieren von Speisen dienen.

Die vom Heizelement ausgehende Wärmestrahlung wird von der Oberfläche des Grillguts absorbiert, wobei Temperaturen bis zu 180 °C erreicht werden. Fleisch bräunt dadurch rasch und bildet eine schmackhafte Kruste, bleibt dabei aber saftig und verliert nur wenig an Gewicht. Je geringer der Abstand zum Grillheizkörper ist, desto rascher wird die Oberfläche des Lebensmittels gebräunt. Allerdings ergibt sich beim Grillen eine sehr ungleichmäßige Temperaturverteilung. Durch häufiges Wenden per Hand oder durch Einsatz eines Drehspießes (z. B. bei Hähnchen-, Gyros- oder Dönergrills) kann ein gleichmäßigeres Ergebnis erreicht werden. Die übertragene Strahlungsleistung muss so gewählt werden, dass im Kern des Grillguts eine ausreichende Temperatur für das sichere Garen erreicht wird. Deshalb ist der Grillrost in der Regel höhenverstellbar. Oft gibt es neben der Grill- auch eine Warmhalteposition.

Bei **Kontaktgrills** wird das Grillgut in direkten Kontakt mit einer heißen Oberfläche gebracht. Der für das Grillen typische intensive Wärmeübergang wird durch die Speicherwärme der vorgeheizten Grillplatte unterstützt. Dafür kommen unterschiedlichste Materialien zum Einsatz: Wegen der leichteren Reinigung werden antihaftbeschichtete Aluminiumgussplatten und Glaskeramikflächen angeboten, aber auch Steinoberflächen und sogenannte Griddleplatten mit gerippter Oberfläche. Die Temperaturen sind im Bereich von etwa 50 °C (warm halten) bis 380 °C (heiß anbraten) wählbar. Wichtig ist die Ausstattung mit einer umlaufenden Auffangrinne für austretendes Fett.

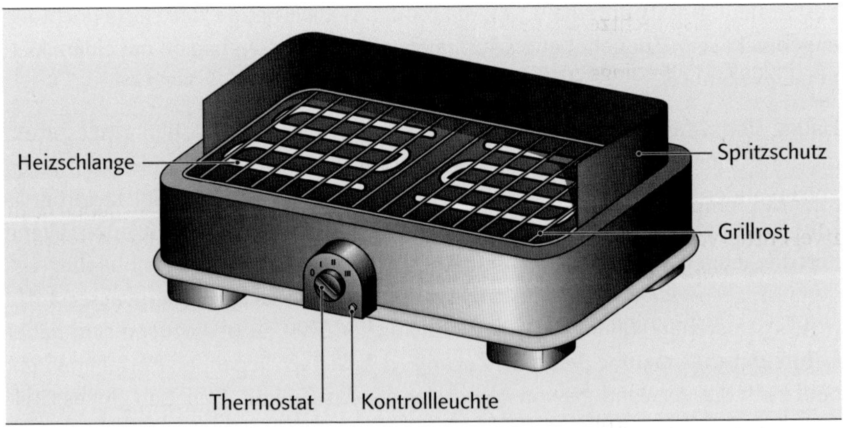


**Abb. 3.4-1** Barbecue-Tischgrill mit Grillrost (Andreä 2009)

Zur Kategorie der Kontaktgrills gehört auch der **Teppanyaki-Grill**, der eine ebene Oberfläche besitzt. Er kann zum Grillen von Gemüse, Fleisch, Fisch und Meeresfrüchten eingesetzt werden; die Temperatur ist zwischen 50 °C und 250 °C einstellbar. Neben der asiatischen Gartechnik, bei der die Speisen mit wenig Fett ohne Kochgeschirr, z. B. direkt auf einer Edelstahlplatte gegart werden, ist es vor allem die besondere Art der Gästebewirtung mit dem „heißen Tisch" im Mittelpunkt, weshalb diese Zubereitungsart weltweit beliebt ist. Wegen der relativ großen freiliegenden beheizten Fläche ist die Energieeffizienz dieses Verfahrens allerdings ungünstig.

## Frittiergeräte

Beim Frittieren wird das Lebensmittel in heißes Fett getaucht und auf diese Weise gegart und gebräunt. Insbesondere durch die gespeicherte Wärme im über 100 °C heißen Frittierbad ist die Wärmezufuhr an das Gargut effizienter als im „trockenen" Backofen oder beim Erhitzen im Wasserbad, so dass sehr kurze Garzeiten erzielt werden.

Optimal sind beim Frittieren Temperaturen zwischen 140 °C und höchsten 175 °C (z. B. 160 °C), da ab 180 °C vermehrt gesundheitsgefährdende Stoffe wie **Acrylamid** entstehen können (siehe **Kap. 7.6**) und das Frittiergut stark verkrustet, aber gleichzeitig innen roh bleibt. Acrylamid wird insbesondere beim Erhitzen von kohlenhydratreichen Lebensmitteln mit niedrigem Wassergehalt (Kartoffel- und Getreideprodukten wie Pommes frites und Gebäck) gebildet. Der Frittierprozess sollte daher beendet werden, wenn das Lebensmittel eine goldbraune Färbung erreicht hat, also rechtzeitig, bevor es verbrannt ist.

Bleibt das Fett allerdings zu kalt, führt unter anderem die dadurch verlängerte Verweildauer dazu, dass das Frittiergut viel Fett aufsaugt. Panierte Fleisch- und Fischstückchen, Pommes frites oder Fettgebäck sollten stets in kleinen Portionen frittiert werden (etwa 100 Gramm Lebensmittel auf 1 bis 1,5 Liter Öl oder Fett), da sonst die Temperatur zu stark sinkt. Pommes frites aus rohen Kartoffeln haben nach zwei Frittiervorgängen im optimalen Temperaturbereich und nach dem Abtropfen auf Küchenpapier einen Fettanteil von etwa 10 bis 13 Prozent.

Zum Frittieren eignen sich **temperaturbeständige Fette** und **Speiseöle** (siehe **Kap. 6.3**). Die Gebrauchszeit des Frittierfetts wird wesentlich durch die Art des Frittiergutes, den Zutritt von Luftsauerstoff, die Betriebstemperatur und die Nutzungshäufigkeit der Fritteuse bestimmt. Im Stand-by-Betrieb ohne Frittiergut sollte die Badtemperatur nicht höher als 130 °C gewählt werden. Das Frittierfett sollte regelmäßig in warmem Zustand gefiltert, nach dem Erkalten im Kühlschrank aufbewahrt und rechtzeitig ausgetauscht werden – im Haushalt nach acht- bis zehnmaligem Gebrauch, im Gewerbe bei Überschreiten eines gemessenen Anteils oxidierter Fettsäuren von etwa 20 Prozent. Bei manchen Haushalts-Fritteusen erfolgt die Filtration mit Hilfe eines eingebauten Ölfilters automatisch.

In der Fritteuse wird das Fett durch Heizstäbe erhitzt und auf einer wählbaren Temperatur gehalten. Das Frittiergut befindet sich in einem absenkbaren Korb. Wesentlich für die Bekömmlichkeit des Garguts ist die Begrenzung der lokalen Fetttemperatur durch niedrige Flächenbelastung des Heizelements (maximal 5 W/ $cm^2$). Sie wird dadurch erreicht, dass die Heizstäbe mit Blechflächen zur Wärmeübertragung ausgestattet werden.

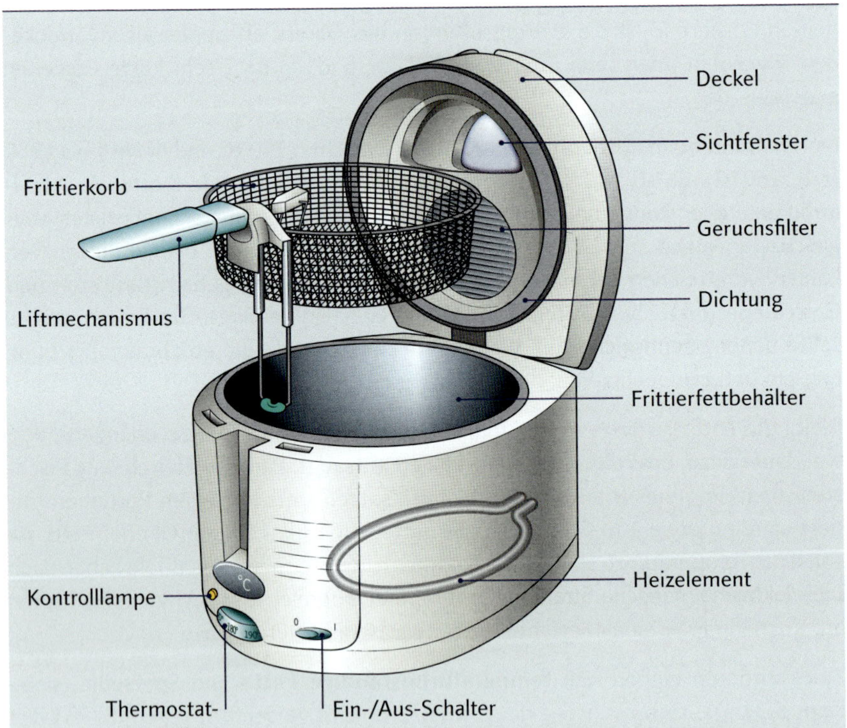


**Abb. 3.4-2:** Schematische Darstellung einer Haushalts-Fritteuse (Andreä 2009)

Bei haushaltsüblichen Geräten liegt die Heizleistung bei 2 000 W. Sie verfügen über eine Fettfüllkapazität von etwa 2 bis 3 Litern sowie einen Thermostat. Die Temperatur wird durch einen Begrenzer zuverlässig unterhalb des Rauchpunktes gehalten. Zur Vermeidung des Austretens von Gerüchen sind häufig Filter in den Deckel der Fritteuse integriert. Im Interesse der Sicherheit des Benutzers sollte am Frittierbehälter eine Wärmedämmung vorgesehen sein.

### Umluftfritteusen

Daneben sind Umluftfritteusen am Markt erhältlich. Sie ermöglichen die Zubereitung von typischen Frittiergerichten mit einer deutlich reduzierten Fettmenge, da nur die Oberfläche der Lebensmittel vor dem Frittieren damit benetzt wird (z. B. 140 ml Öl für 1 Kilogramm frische Kartoffeln). Dabei wird ein zirkulierender Heißluftstrom über das Gargut geleitet, einige Ausführungen arbeiten zusätzlich mit einer Rührvorrichtung zum Umwälzen oder einem Frittierkäfig, der gedreht wird. Typische Heizleistungen liegen bei 1 400 W, die maximale Füllmenge beträgt ca. 1 kg.

## 3.5 Mikrowellengeräte (GERD NAUMANN)

Mikrowellengeräte werden seit Anfang der 80er Jahre auf dem deutschen Markt angeboten. Für kleine Ein- und Zweipersonenhaushalte und zum Erwärmen und Garen kleiner Lebensmittelmengen (bis 500 g) und für Fertiggerichte eignen sich Mikrowellengeräte besonders gut. Rund zwei Drittel der privaten Haushalte besitzen inzwischen ein solches Gerät.

### Erwärmungsprinzip

Im Garraum wird ein intensives elektromagnetisches Wechselfeld aufgebaut, das die Dipol-Moleküle (vor allem des Wassers) in der Speise in Schwingungen bringt und auf diese Weise Wärme im Lebensmittel erzeugt (siehe **Abb. 3.5-1**).

Die elektromagnetische Strahlung umfasst einen weiten Bereich, von den Radio- und Fernsehwellen (Wellenlänge einige hundert Meter bis unter ein Meter) bis zum sichtbaren Licht (knapp ein Tausendstel Millimeter) und der Röntgenstrahlung (im Nanometer-Bereich). Für die Tiefenerwärmung von wasserhaltigen Substanzen ist eine Wellenlänge um 10 cm am besten geeignet. Frei für die Lebensmittelerwärmung ist in diesem Bereich die Frequenz 2,45 GHz, entsprechend einer Wellenlänge von 12,25 cm. Ein Maß für die Tiefenwirkung ist die (charakteristische)

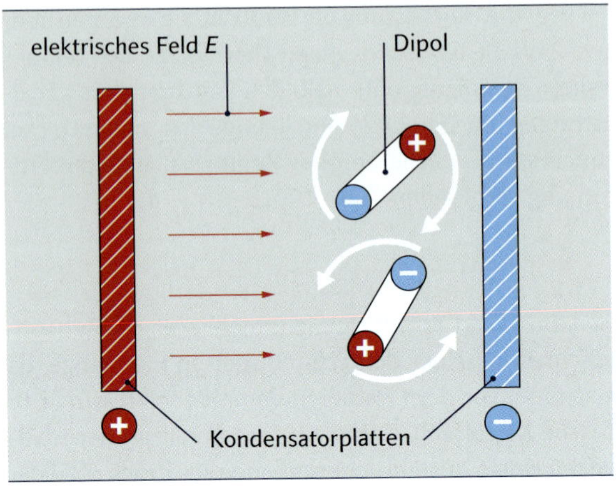


**Abb. 3.5-1:** Dipole im Mikrowellenfeld (HEA 2008c)

**Eindringtiefe**, definiert als diejenige Schichtdicke, in der die Mikrowellenfeldstärke auf 37 Prozent des ursprünglichen Wertes geschwächt wird, d.h. in der die Strahlungsenergie zum überwiegenden Teil absorbiert wird. Die Eindringtiefe beträgt in Lebensmitteln etwa 2 bis 3 cm.

Wegen der komplexen Zusammensetzung von Lebensmitteln ist das Ausmaß der Wärmeerzeugung produktabhängig und sehr unterschiedlich. Für eine intensive Energieaufnahme aus dem Mikrowellenfeld sind vor allem „polare" Moleküle geeignet, die eine asymmetrische Ladungsverteilung aufweisen, z.B. das Wasser. Auch andere Stoffe, die in Lebensmitteln enthalten sind, können Energie aus dem Mikrowellenfeld übernehmen; in den meisten Fällen ist aber der Wasseranteil für das Ausmaß der Erwärmung bestimmend. Eine Kenngröße für die Absorption von Mikrowellenenergie ist der **Erwärmungsfaktor** (siehe **Tab. 10.6-9**) – das Produkt aus der (relativen) Dielektrizitätszahl, die ein Maß für die Dipolstärke ist, und dem sogenannten Verlustfaktor, der die Wechselwirkung des schwingenden Moleküls mit der Umgebung charakterisiert.

Da einerseits das Lebensmittel im Mikrowellengerät „unmittelbar" erwärmt wird und einen Teil der Wärme an die kältere Umgebung abgibt, andererseits aber die Erwärmung mit wachsender Tiefe immer schwächer wird, stellt sich ein charakteristisches **Temperaturprofil** (siehe **Abb. 3.5-2**) ein: Im Unterschied zur konventionellen Wärmezufuhr ist das Gargut in einer etwas tiefer liegenden Schicht heißer als direkt an der Oberfläche.

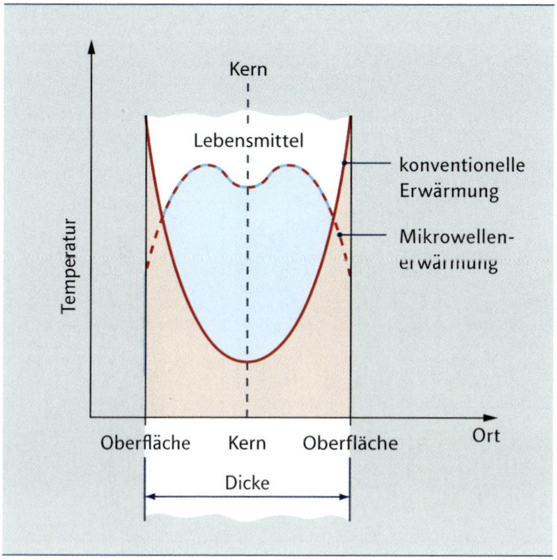


**Abb. 3.5-2:** Temperaturprofile im Lebensmittel bei konventioneller und bei Mikrowellenerwärmung (Lichtenberg 1994)

Wasserfreie elektrisch isolierende Materialien (Kunststoffe, Glas, Keramik) werden im Mikrowellenfeld nur geringfügig erwärmt. Metalle sind aufgrund ihrer Leitfähigkeit für das Feld nicht durchlässig, weshalb allseitig geschlossenes Metallgeschirr in Mikrowellengeräten nicht verwendet werden kann.

## Geräteaufbau

Quelle der Mikrowellenenergie im Gerät ist das **Magnetron** (Kunstwort), eine etwa faustgroße Mikrowellen-Senderöhre, in der Elektronen im Hochvakuum von einer Glühkatode emittiert und dann durch ein elektrisches Feld stark beschleunigt werden. Gleichzeitig werden sie durch ein Magnetfeld quer zu ihrer Bewegungsrichtung abgelenkt.

Auf ihrer gekrümmten Flugbahn übertragen sie ihre Bewegungsenergie an Resonatoren, die in der Röhre angebracht sind und im Hochfrequenztakt schwingen. Durch einen Koppelstift wird die Hochfrequenzleistung aus dem Magnetron in einen Hohlleiter (Blechkanal) übertragen und dem Garraum zugeführt. Zum Betrieb des Magnetrons ist eine Spannung von etwa 4 000 V erforderlich, die durch einen Transformator aus der Netzspannung erzeugt wird. Das Magnetfeld dieses Transformators wirkt übrigens auch auf das äußere Blechgehäuse des Geräts (siehe **Abb. 3.5-3**) und verursacht ein hörbares Brummgeräusch.

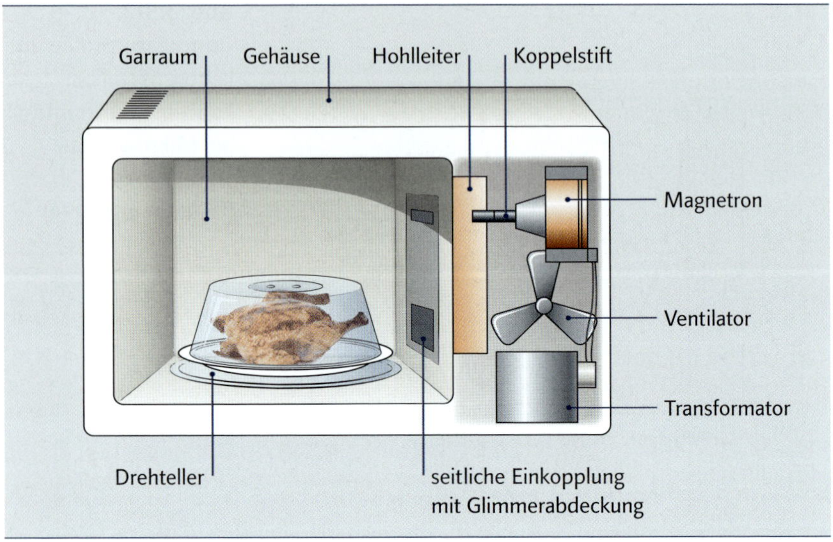


**Abb. 3.5-3:** Aufbau eines Mikrowellengeräts (HEA 2008c, Lichtenberg 2009)

Der Garraum besteht aus einer an fünf Seiten geschlossenen Metallkammer, die an der Vorderseite durch eine Tür mit Fenster und Lochblech zugänglich ist. Die Öffnungen des Blechs sind verglichen mit der Wellenlänge der Mikrowellen sehr klein, so dass auch hier keine Strahlung austreten kann. Der feine Spalt zwischen Tür und Garraum lässt aufgrund einer speziellen Türdichtungskonstruktion keine Mikrowellenenergie durch, und beim Öffnen der Tür wird das Magnetron über mehrere Sicherheitskontakte sofort ausgeschaltet.

## Homogenisierung der Erwärmung

Prinzipbedingt bilden sich im Garraum komplizierte Resonanzmuster der Mikrowellenintensität aus, die zwar durch die Gerätegeometrie und die Art der Ankoppelung vorbestimmt sind, aber durch das Einbringen der Beladung nachhaltig verändert werden. An einer Stelle mit hoher Feldstärke wird das Lebensmittel intensiver erwärmt als an einem Ort mit schwächerem Feld, der unter Umständen nur wenige Zentimeter davon entfernt liegt.

Zur Gewährleistung einer gleichmäßigeren Erwärmung wird heute (außer bei größeren Geräten mit mehreren Magnetrons für die Systemgastronomie) durchweg ein **Drehteller** verwendet: Die Relativbewegung zwischen der stationären Mikrowellen-Intensitätsverteilung und dem Lebensmittel bewirkt – außer im Drehzentrum – eine Mittelung über die Bereiche hoher und niedriger Feldstärke, so dass die Wärmezufuhr wirkungsvoll homogenisiert wird. Allerdings ist die Nutzbarkeit der Garraumfläche durch den Drehteller eingeschränkt.

## Leistungssteuerung

Bei üblichen Haushalts-Mikrowellengeräten beträgt die Wärmeleistung etwa 500 bis 1 000 Watt. Die zum Betrieb benötigte elektrische Leistung ist im Allgemeinen etwa doppelt so hoch – der Wirkungsgrad beträgt etwas mehr als 50 Prozent. Die Wärmeleistung ist einstellbar und wird in der Regel durch **Taktung**, d. h. periodisches (automatisches) Ein- und Ausschalten des Magnetrons realisiert.

Die Erwärmungseigenschaften von Lebensmitteln hängen wesentlich vom Wassergehalt und außerdem von der Temperatur ab (siehe **Abb. 3.5-4**). Unangenehm wirkt sich beim Auftauen von Lebensmitteln der große Sprung im Verlauf des Erwärmungsfaktors bei 0 °C aus: Wo sich zuerst Schmelzwasser bildet, setzt eine rapide Zunahme der Temperatur ein – der Erwärmungsfaktor nimmt beim Überschreiten des Schmelzpunkts um Zehnerpotenzen zu. Das entstehende Wasser absorbiert mehr Energie als das Eis, und die aufgetauten Lebensmittelbereiche können in relativ kurzer Zeit überhitzt werden (**hot spots**), während benachbarte Zonen noch gefroren sind (cold spots). Für das Auftauen von Lebensmitteln ist daher eine so niedrige Stufe zu wählen, dass in den durch die automatische Taktung bedingten Betriebspausen des Magnetrons Zeit zum Temperaturausgleich durch Wärmeleitung gegeben ist. Dagegen kann für das rasche Erwärmen von Flüssigkeiten kontinuierlich die maximale Leistung eingesetzt werden, während es beim Garen von Gemüse sinnvoll ist, die volle Wärmezufuhr nur zu Beginn zu wählen und dann bei reduzierter Leistung fertig zu garen.

Bei einfachen Gerätemodellen wird die Garzeit durch einen „Kurzzeitwecker" gesteuert, der bei Erreichen der vorgewählten Zeit den Gar- oder Erwärmungsprozess automatisch beendet. Bei Geräten mit digitaler Steuerung ist die Einstellung vor allem von kurzen Zeiten exakter reproduzierbar. Darüber hinaus ermöglicht die elektronische Variante weitere Komfortfunktionen, wie Warmhalten nach Garende, Kurzwahl häufig genutzter Einstellungen und Anzeige der Tageszeit.

Hinsichtlich Stromverbrauch und Zeitbedarf bieten Mikrowellengeräte bei kleiner Lebensmittelmenge eindeutige Vorteile, weil keine Kochplatten und schweren Töpfe mit aufgeheizt werden müssen. Bei größeren Lebensmittelmengen (Faustregel: über 500 Gramm) spart das Mikrowellengerät dagegen weder Zeit noch Energie.

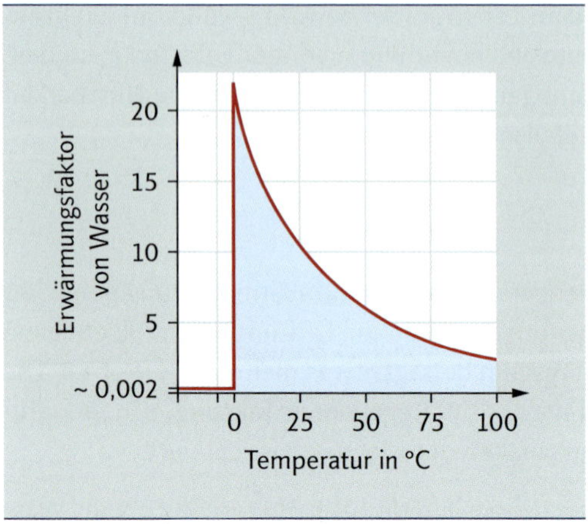


**Abb. 3.5-4:** Temperaturabhängigkeit des Erwärmungsfaktors (HEA 2008c)

## Automatikprogramme

Mikrowellengeräte mit elektronischer Steuerung können mit einer Reihe von Automatikfunktionen ausgestattet sein. Inwieweit diese Funktionen in der Praxis hilfreich sind und tatsächlich genutzt werden, wird unterschiedlich gesehen.

- Bei der **Gewichtsautomatik** wird vielfach durch Messfühler unter dem Drehteller die Lebensmittelmenge automatisch erfasst. Mit Hilfe einer in der Steuerung hinterlegten Tabelle wird – nach Eingabe der Lebensmittelart – die Gardauer bzw. die Auftauzeit selbsttätig eingestellt.
- **Feuchtigkeitssensoren** erkennen, wann beim Garen von Ankochen auf Fortkochen umgeschaltet werden kann. Ihre Funktionstüchtigkeit ist aber eingeschränkt, z. B. wenn mit abgedeckten Gefäßen gearbeitet wird. Das ist jedoch durchaus sinnvoll, um die Austrocknung zu reduzieren.
- **Kerntemperaturfühler** erfassen die erreichte Lebensmitteltemperatur und sichern hygienisch einwandfreies Arbeiten. Sie sind allerdings nur ohne rotierenden Drehteller (bei vielen Geräten abschaltbar) zu verwenden, weil der Fühler starr an der Garraumwand angeschlossen ist.

## Kombigeräte

Da die Mikrowellenerwärmung vorwiegend auf dem Vorhandensein von Wasser im Lebensmittel beruht, setzt die Verdampfungstemperatur von Wasser (100 °C bei normalem Luftdruck auf Meereshöhe) der erreichbaren Temperatur eine natürliche Grenze. Weil Mikrowellen viel tiefer ins Lebensmittel eindringen als Infrarotstrahlung, gelingt es mit Mikrowellen nicht, eine dünne Oberflächenschicht „auszutrocknen", damit sich Temperaturen entwickeln, die Bräunungsreaktionen hervorrufen. Dies ist aber für fast alle Brat- und Backprozesse unabdingbar, weil die gebildeten Röststoffe für viele sensorische Merkmale eine entscheidende Rolle spielen.

Um das zu kompensieren, wird eine große Anzahl von Kombinationsgeräten angeboten mit Einrichtungen für die konventionelle Wärmeerzeugung zusätzlich zum reinen Mikrowellenbetrieb (**Solo-Betrieb**). Einfache Geräte verfügen über einen Grillheizkörper oder ein Heißluftgebläse als Zusatzwärmequelle. Andere Ausführungen verwenden einen Halogenstrahler. Solche Zusatzausstattungen erweitern das Einsatzspektrum von Mikrowellengeräten.

Außerdem sind im oberen Preissegment Einbaubacköfen mit **integrierter** Mikrowelle erhältlich, in denen das Lebensmittel zur Garzeitverkürzung – intermittierend oder parallel – mit Mikrowellen beaufschlagt werden kann. Allerdings arbeiten diese Geräte im Mikrowellenbetrieb (weil nicht dafür optimiert) generell mit geringerem Wirkungsgrad. Nachteilig sind außerdem die relativ hohen Anschaffungskosten und die Tatsache, dass bei Nutzung des Backofens, zum Beispiel zum Braten, keine separat nutzbare Mikrowellenfunktion mehr zur Verfügung steht.

## Sicherheit

Es gibt zahlreiche Untersuchungen zur Risikobewertung von Mikrowellengeräten. Veränderungen im Lebensmittel, die nicht auf thermische Wirkungen zurückführbar sind, konnten bislang nicht reproduzierbar festgestellt werden. Die Metallwände des Garraums sind undurchlässig für Mikrowellen, und aufwändige Sicherungsmaßnahmen vor allem im Bereich der Gerätetür gewährleisten, dass auch für den Menschen keine gesundheitliche Gefährdung durch die Benutzung von Mikrowellengeräten im Haushalt besteht (siehe auch „Geräteaufbau"). Zwar ist mit empfindlichen Instrumenten noch eine geringe „Leckstrahlung" nachweisbar. Deren Intensität ist aber so weit reduziert, dass für Lebewesen keine Erwärmung nachweisbar ist. Die Relevanz anderer, sogenannter **nichtthermischer** Effekte ist sehr umstritten. Mikrowellen können nicht wie etwa die millionenfach kurzwelligere Röntgen- oder Kernstrahlung Strahlenschäden durch Ionisation erzeugen. Eine „Aktivierung" von Lebensmitteln (Entstehung strahlender Substanzen), wie in unseriösen Studien behauptet wird, ist ausgeschlossen.

## 3.6 Kaffeemaschinen (JÖRG ANDREÄ)

Bei **Filterkaffeemaschinen** (siehe **Abb. 3.6-1**) wird Wasser aus einem Vorratsbehälter in einem mit etwa 800 bis 1000 W beheizten Rohr zum Sieden gebracht. Dadurch entstehen Dampfblasen. Der Dampfdruck schließt ein Rückschlagventil im Zulaufrohr unter dem Wasserbehälter, das siedende Wasser wird nach oben in ein Steigrohr gedrückt und tropft über einen schwenkbaren Auslass in einen Papierfilter mit dem Kaffeemehl. Hier werden die Geschmacks- und Aromastoffe des Kaffees durch das heiße Wasser aufgeschlossen. Das fertige Getränk tropft in eine Kanne. Pro Tasse (125 ml) werden im Allgemeinen 6 bis 8 Gramm Kaffeepulver empfohlen. Wenn die gesamte Wassermenge verbraucht ist, steigt die Temperatur des Heizkörpers auf deutlich über 100 °C an, und der Stromkreis wird durch einen Thermoschalter unterbrochen. Zum Warmhalten wird die Beheizung, die in Wärmekontakt mit der Bodenfläche der Kanne steht, periodisch ein- und ausgeschaltet (entfällt bei Thermoskannen). Für kleinere Kaffeemengen kann bei manchen Maschinen die Durchlaufgeschwindigkeit durch manuelle Reduktion der Heizleistung angepasst werden.

Bei **Portions-Kaffeemaschinen** (Heizleistung rund 1500 W) wird während einer kurzen Aufheizzeit das Wasser auf etwas über 90 °C erhitzt und dann mit einem Druck von etwa 1 bar in rund 40 Sekunden durch ein sogenanntes **Pad** („Kissen" – siehe **Abb. 3.6-2**) oder eine **Kapsel** mit rund 7 bis 8 Gramm Kaffeepulver gedrückt. Wegen der relativ kurzen Kontaktzeit des Wassers mit dem Pulver ist der so gebrühte Kaffee arm an Reiz- und Bitterstoffen. Mit Portions-Kaffeemaschinen kann durch spezielle Brühsysteme und Schaumkammern eine ähnliche Crema wie beim Espresso erzeugt werden. Mit diesen Maschinen können einzelne Tassen Kaffee portionsgerecht schnell zubereitet werden. Kapselmaschinen sind zwar günstig in der Anschaffung, aber durch den Kauf von Originalkapseln entstehen meist hohe Folgekosten. Jedoch werden mittlerweile für fast alle Systeme kostengünstigere Alternativkapseln angeboten. Je Kapsel fällt mehr als 1 Gramm energieintensives Aluminium (bzw. Kunststoff-Aluminium-Verbundmaterial) an. Sofern die Kapseln nicht wieder zurückgegeben und recycelt werden, entsteht teuer zu entsorgender Verpackungsmüll. Pads können demgegenüber wie ungebleichte Kaffeefiltertüten in der Regel kompostiert werden. Je Pad wird nur eine geringe Menge (etwa 0,2 Gramm) biologisch abbaubares Papier eingesetzt. Inzwischen gibt es Standardvorgaben (ESE = Easy Serving Espresso) für die Pads, um Unabhängigkeit vom Hersteller beim Einkauf zu erreichen, so dass neben dem Originalmaterial auch die preisgünstigeren universell einsetzbaren Portionspackungen verwendbar sind.

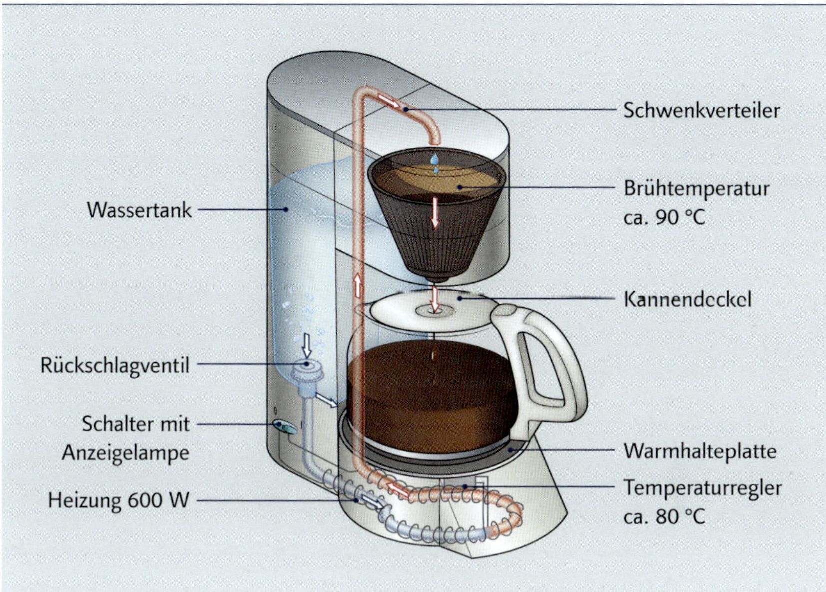


**Abb. 3.6-1:** Schema einer Filterkaffeemaschine (Andreä 2009)

Bei den insbesondere in Südeuropa verbreiteten **Siebträgermaschinen** wird Wasser auf 90 °C bis 94 °C erhitzt und durch eine Pumpe oder einen Handhebel mit einem Druck von etwa 8 bar durch einen Metallfilter (Siebträger) gepresst, der meist mit einem Bajonettverschluss gehalten wird (Patentanmeldung 1838 durch den Italiener Gaggia). Um zu verhindern, dass Kaffeepulver in der Brühkammer aufgewirbelt wird, ist dieses vor dem Brühen mit einem Kaffee- oder Espressostampfer zu verdichten. Durch die Extraktion der Aromastoffe unter Druck erhält das Getränk die für Crema charakteristische schaumige Krone. Bei Halbautomaten wird der Druck durch eine elektrische Pumpe erzeugt, die manuell ein- und ausgeschaltet wird.

Bei **Kaffeevollautomaten** für den Privathaushalt ist in der Regel ein Wassertank integriert (siehe **Abb. 3.6-3**). Das Gerät übernimmt auch das Mahlen der Kaffeebohnen, wozu meist ein Kegelmahlwerk (siehe **Kap. 3.7**) mit wählbarem Mahlgrad dient. Je dunkler die Kaffeebohnen geröstet sind, desto gröber sollten sie tendenziell gemahlen werden. In der Brüheinheit wird das Kaffeepulver mit Hilfe eines Brühkolbens zusammengepresst. Anschließend wird es zunächst durchfeuchtet und dann mit etwa 90 °C heißem Wasser unter 8 bar Druck gebrüht. Das Fassungs-

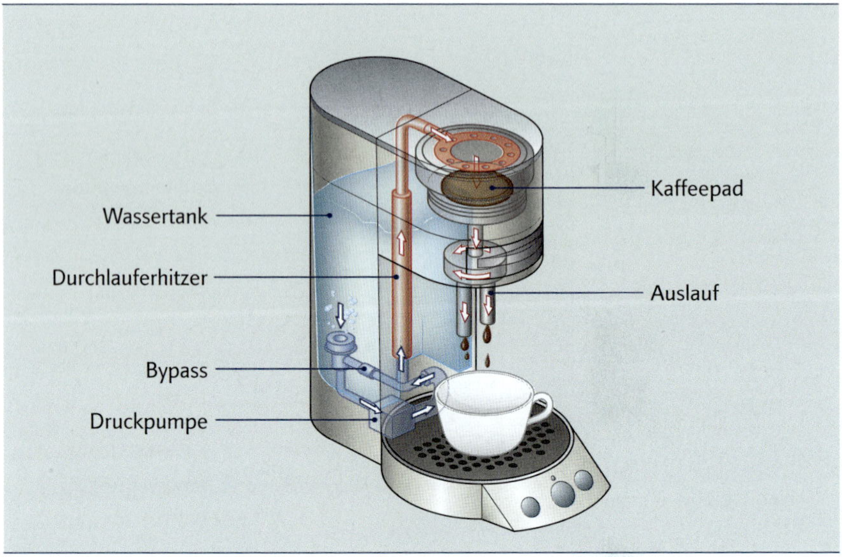


**Abb. 3.6-2:** Kaffeepadmaschine (HEA 2008 b)

vermögen der Brühkammer beträgt zwischen 5 und 16 Gramm Kaffeepulver und reicht damit für ein bis zwei Tassen. Die Crema wird in der Regel durch ein spezielles Ventil erzeugt, das den Auslauf erst nach dem Druckaufbau freigibt.

Der gesamte Vorgang ist meist elektronisch gesteuert und überwacht. Zum Beispiel wird die Wassermenge exakt gemessen und durch Abschalten der Pumpe genau dosiert. Kaffeevollautomaten sind stets vorschriftsmäßig zu reinigen und zu warten. Ist die gesamte Brüheinheit entnehmbar, kann sie unter fließendem Wasser gereinigt werden. Andernfalls müssen vom Hersteller empfohlene Reinigungstabletten eingesetzt werden, die auch vorhandenes Kaffeefett lösen. Bei einigen Geräten werden im Wassertank Wasserfilter eingesetzt. Das Wasser wird beim Durchströmen eines Granulats, das Ionentauschermaterial und Aktivkohle enthält, enthärtet und von Rückständen (auch von Chlor) befreit.

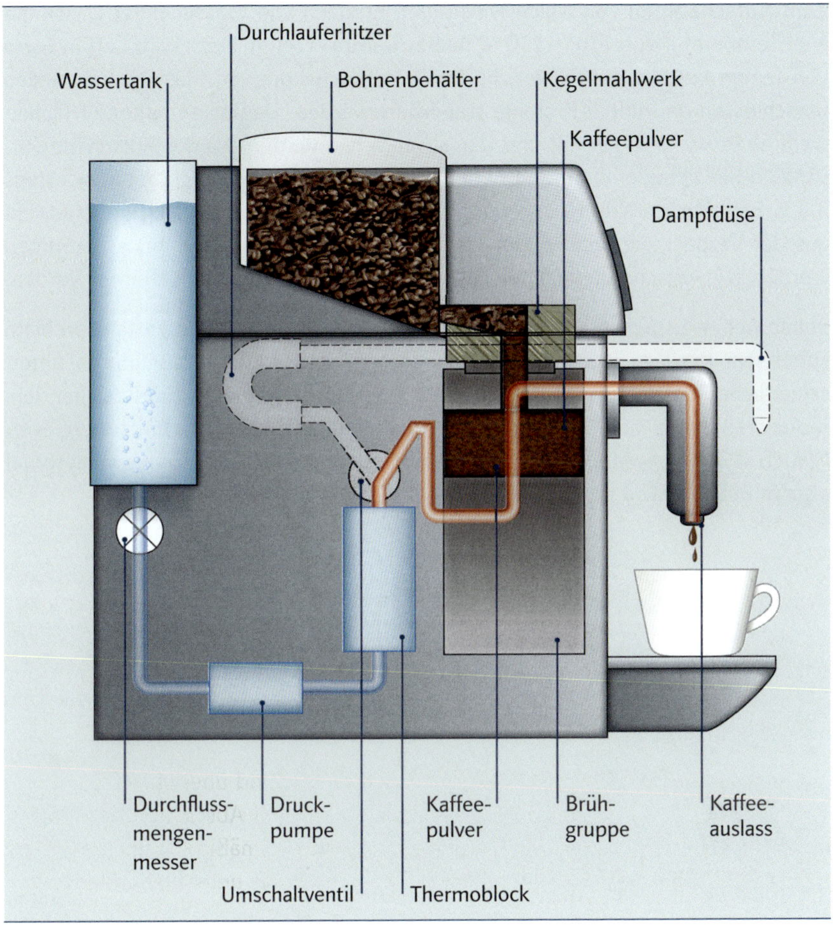


**Abb. 3.6-3:** Funktionsschema eines Kaffeevollautomaten (HEA 2008b, Lichtenberg 2009)

Zum **Aufschäumen** von Milch wird durch Erhitzen von Wasser unter Druck auf eine Temperatur von 110 °–130 °C heißer Dampf erzeugt. Dazu wird Luft in Form von feinen Luftbläschen unter die Milch gebracht, die von Flüssigkeitslamellen umschlossen und durch Proteine stabilisiert werden. Da das enthaltene Milcheiweiß ab etwa 70 °C gerinnt und der Schaum fest wird, muss der Aufschäumvorgang vorher beendet werden. Bei der Verwendung von Vollmilch mit mindestens 3,5 % Fettgehalt erhält man cremigen Schaum. Dabei kann die Milch auch direkt aus der Verpackung oder einem Thermosgefäß (bzw. Milchkühler) entnommen werden. Die Aufschäumdüse muss allerdings nach jedem Einsatz gereinigt werden.

Sollen neben Espresso Kaffeespezialitäten wie Cappuccino und Latte macchiato zubereitet werden, ist ein höhenverstellbarer Auslauf zur Anpassung an unterschiedliche Tassen- bzw. Glashöhen wichtig. Sind Energiesparmodi vorhanden, reduzieren diese bei entsprechender Einstellung den Bereitschaftsenergieverbrauch in Zeiten, während derer kein Kaffee bezogen wird, der Kaffeevollautomat aber in Betrieb ist.

## 3.7 Elektrische Küchenmaschinen (WOLFHART LICHTENBERG)

Elektrische Küchenmaschinen entlasten von lästiger Handarbeit. Die Ausführung wird durch Art und Umfang der mechanischen Bearbeitung von Lebensmitteln bestimmt. **Tab. 3.7-1** gibt einen Überblick.

**Tab. 3.7-1:** Bauarten elektrischer Küchenmaschinen (Lichtenberg 2009)

| Geräteart | | Eigenschaften und Anwendung |
|---|---|---|
| Standküchen-maschinen | Große Universalküchen-maschinen | groß, schwer, viel Platzbedarf, für max. 5 kg und Dauerbelastung, hochpreisig, Leistungsaufnahme ca. 1 kW |
| | Kleine Universalküchen-maschinen | klein, mobil, wenig Platzbedarf, für max. 2 kg und mittlere Belastung, preisgünstig, 500–800 W |
| | Kompaktküchen-maschinen | mobil, handlich, wenig Platzbedarf, für max. 1 kg und mittlere Belastung, preisgünstig, 400–600 W |
| Handküchen-maschinen | Handrührgerät | nur als mobile Ergänzung, universeller Ausbau (mit Ständer) nicht sinnvoll, 100–400 W |
| | Stabmixer | nur Mixen, ca. 100–200 W |
| Beispiele für Einzweckgeräte | Zerkleinerer, Mixer, Rühr- und Schnitzelwerk, Fleischwolf, Saftpresse, Kaffeemühle, Zentrifuge | zerkleinern, mixen, rühren, schnitzeln, wolfen, entsaften, mahlen, zentrifugieren |

### Standküchenmaschinen

Bei den klassischen, großen **Universalküchenmaschinen** (siehe **Abb. 3.7-1**) steht der Motor senkrecht auf einer Grundplatte, die dem Gerät die nötige Standfestigkeit verleiht und die Rührschüssel aufnimmt. Am Gerät sind mindestens zwei (maximal vier) Anschlussflansche verfügbar, in denen Mitnehmerkupplungen mit sehr unterschiedlichen Antriebsdrehzahlen rotieren. Der Mixerantrieb erfolgt direkt durch den schnelllaufenden Universalmotor mit 5 000 bis 15 000 $min^{-1}$ (je nach Stellung des Drehzahlwählers), der Antrieb von Rührwerkzeugen und diversen Zusatzgeräten mit etwa 200 bis 500 $min^{-1}$ über ein Untersetzungsgetriebe, das entweder im Gehäuseunterteil eingebaut ist oder als Getriebearm auf den Motor aufgesetzt wird.

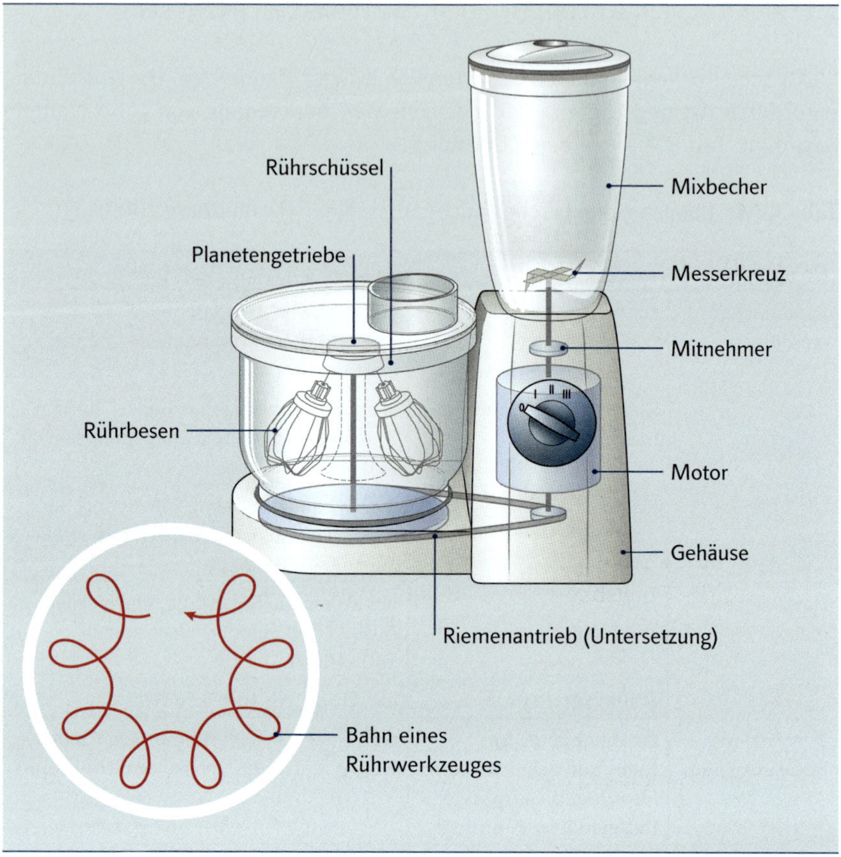


**Abb. 3.7-1:** Universalküchenmaschine (Lichtenberg 2009) und Planetenbewegung (Lichtenberg 1994)

An der am langsamsten laufenden Kupplung steht ein großes Drehmoment zur Verfügung. Die Leistungsaufnahme der Maschinen beträgt etwa 1 kW. Sie sind für Dauerbetrieb ausgelegt und meist zusätzlich durch einen elektrischen und mechanischen Überlastschutz gegen ernsthafte Beschädigung gesichert. Die Drehzahlbereiche für einschlägige Arbeitsvorgänge sind **Tab. 3.7-2** zu entnehmen. Mehrfachfunktionsgeräte sind Standküchenmaschinen mit einem elektrisch beheizten Lebensmittelbehälter.

**Tab. 3.7-2:** Arbeitsvorgänge und Drehzahlbereiche (Lichtenberg 2009)

| Arbeitsvorgang | Drehzahlbereich |
|---|---|
| Kneten, Hacken, Saftpressen | 50 – 250 $min^{-1}$ |
| Schneiden, Schnitzeln, Reiben | 250 – 500 $min^{-1}$ |
| Rühren, Quirlen, Schlagen | 500 – 2000 $min^{-1}$ |
| Zentrifugieren, Mengen | 2000 – 10000 $min^{-1}$ |
| Mixen | 10000 – 15000 $min^{-1}$ |

Neben diesem altbewährten Gerätetyp wird eine Vielzahl handlicher und leichter gebauter Mehrzweck-**Kleinküchenmaschinen** mit unterschiedlicher Anordnung der Antriebskupplungen und einer Motorleistung von 500 W bis 800 W angeboten. Damit der Schlagbesen oder Knethaken in der Rührschüssel das gesamte Rührgut erfasst, führt er bei feststehender Schüssel meist eine „Planetenbewegung" durch das Rührgut aus. Bei anderen Bauarten bleibt das Rührwerkzeug am gleichen Ort, und die Schüssel wird in langsame Drehung versetzt, um das Rührgut in den Werkzeug-Arbeitsbereich zu bringen.

Zur Grundausstattung der Universalküchenmaschine gehören Mixeraufsatz und Rührschüssel (Fassungsvermögen je nach Maschinengröße 1,5 bis 5 Kilogramm Teig) mit Zubehör. Wichtig für die einwandfreie Funktion der Schlag- und Rührwerkzeuge auch bei kleiner Füllmenge ist eine gute Abstimmung zwischen der Gestalt und Bewegung des Werkzeugs und der Schüsselform.

Im Mixbecher wird das Lebensmittel durch ein schnell laufendes Messerkreuz zerkleinert, das außerdem durch seine Propellerwirkung die Masse intensiv durchmischt, indem es sie in der Bechermitte nach unten saugt und außen wieder hochtreibt.

### Sonderzubehör:

- Schnitzelwerke mit groben und feinen Schneid-, Schnitzel- und Reibscheiben, die relativ langsam rotieren
- Fleischwolf-Aufsätze mit den vom Handgerät her bekannten Lochscheiben und Vorsätzen: Das Zerkleinerungsgut wird von der Schneckenwelle in die Bohrungen einer Lochscheibe gepresst und gleichzeitig durch das an der Scheibe umlaufende Messer quer zerschnitten. Der Lochdurchmesser bestimmt die Größe der zerkleinerten Partikel.

- Universalzerkleinerer (Becher mit Sichelmesser)
- Mahlwerke (Kaffee- und Getreidemühlen, siehe S. 111 f.)
- Zitruspressen- und Entsafter-Aufsätze sowie eine Reihe anderer selten benötigter Zusätze

Die weniger gängigen Anbaugeräte sind unter Umständen teurer als entsprechende „Einzweckgeräte“ mit eigenem Motor, die oft auch besser zu handhaben sind.

Eine interessante Alternative zu den kleinen Universalküchenmaschinen bilden die **Kompakt-Küchenmaschinen,** die über nur eine Antriebskupplung verfügen. Als Grundausstattung wird ein zylindrischer Behälter mit rotierendem Sichelmesser geliefert (Drehzahl 500 bis 2 000 $min^{-1}$, Leistung 400–600 W). Damit gelingt nicht nur universelles Zerkleinern, sondern auch Rühren, Schlagen und Mischen kleiner Mengen recht wirkungsvoll und rasch. Meist werden noch spezielle Zubehörteile für das Sahneschlagen sowie ein Schnitzelscheiben-Aufsatz mit Verlängerungswelle zum Betrieb über dem Behälter angeboten.

## Handküchenmaschinen

Handrührgeräte und Stabmixer machen den Erwerb einer Standküchenmaschine zumeist nicht entbehrlich, sondern sind als flexible Ergänzung anzusehen. Sie lassen sich griffbereit am Arbeitsplatz aufhängen, sind in jedem beliebigen Gefäß zu verwenden und leicht zu reinigen. Um den Benutzer vom Halten des Geräts zu entlasten, wird zum Handrührgerät manchmal eine Aufständerung mit rotierender Rührschüssel angeboten, deren Antrieb unter Einschaltung einer Zwischenwelle von den Knetwendelachsen aus über einen Zahnkranz am oberen Rührschüsselrand erfolgt. Ein solcher Ausbau des Handrührgeräts ist aber nur bei gelegentlicher Benutzung und Verarbeitung geringer Mengen sinnvoll – andernfalls ist die Anschaffung einer kleinen Standküchenmaschine vorzuziehen.

## Schneidgeräte

Vor allem wegen der einstellbaren Scheibendicke ist der **Allesschneider** ein häufig genutztes Gerät für das Schneiden von Lebensmitteln aller Art. Die Drehzahl der Schneidscheibe liegt bei 60 $min^{-1}$. Neben einem gezahnten Rundmesser aus Edelstahl ist ein glattes Schinkenmesser vorteilhaft. Die Messerscheibe sollte leicht abzunehmen und zu reinigen sein, ebenso wie der Schneidetisch und der Schlitten, mit dem das Schneidgut vor das Messer geschoben wird. Wichtig sind auch ein rutschsicherer Stand des Geräts und eine zuverlässige Einschaltsicherung, die einen ungewollten Betrieb der Schneidscheibe verhindert.

Das **Elektromesser** enthält ein gegenläufiges Messerklingenpaar, so dass eine Rückwirkung der Klingenkräfte auf die haltende Hand verhindert wird. Das Elektromesser ist für Schneidgut geeignet, das leicht zerdrückt werden kann, aber sonst leistet oft ein scharfes Haushaltmesser bessere Dienste.

## Mühlen und Mahlwerke

Bei Mahlwerk-Kaffeemühlen und Getreidemühlen wird das Mahlgut im Spaltraum zwischen einem rotierenden und einem feststehenden Mahlwerkzeug sehr schonend bearbeitet. Beim **Scheibenmahlwerk** fällt das Mahlgut zwischen zwei geriffelte ebene Mahlscheiben – von denen nur eine rotiert – und wird dort durch Reibung zerkleinert. Beim **Kegelmahlwerk** wird das Mahlgut durch eine Förderschnecke zwischen einen festen Kegelring (Mahlpfanne) und einen rotierenden Mahlkegel transportiert und in deren Zahnung vermahlen. Der Abstand der Mahlwerkzeuge ist stufenlos einstellbar und bestimmt den Zerkleinerungsgrad. Das Mahlgut fällt unten aus dem Mahlwerk heraus, sobald ein definierter Zerkleinerungsgrad erreicht ist. Beide Mahlsysteme sind als Getreide- und Kaffeemühlen verbreitet. Die Mahlwerkzeuge rotieren nur langsam (mit weniger als 200 $min^{-1}$), so dass eine Erwärmung des Mahlgutes weitestgehend vermieden wird.

**Getreidemühlen** gibt es mit Stahl-, Stein- oder Keramikmahlwerk. Welches Material ernährungsphysiologisch vorzuziehen ist, bleibt auch unter Experten ein offener Streit. Steinmahlwerke sind für ölhaltige Körner wegen des Verklebens zwar

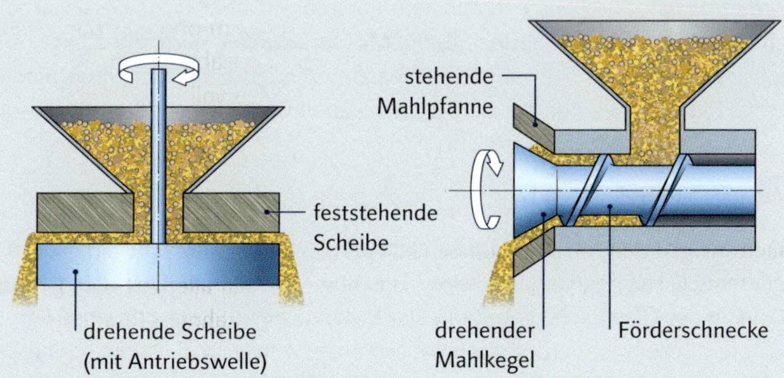


**a) Scheibenmahlwerk (Schnittbild)** **b) Kegelmahlwerk (Schnittbild)**

**Abb. 3.7-2:** Mahlwerke (Lichtenberg 2009)

ungeeignet, aber Mehl wird damit besonders flockig. Keramikmaterial ist wie Stahl universell geeignet, aber am teuersten. Getreidemühlen werden als Einzweckgeräte und – preisgünstiger – auch als Vorsatzteile für Universalküchenmaschinen angeboten. Bei der Anschaffung sind Mahlleistung, Eignung für das bevorzugte Mahlgut und vor allem Handhabungs- und Reinigungsaufwand zu beachten.

Bei Kritik an der Umweltverträglichkeit der mechanischen Küchengeräte wird ihr **Energieverbrauch** (Produkt aus Leistungsaufnahme mal Zeit) oft überschätzt, weil übersehen wird, dass die Leistungsaufnahmen gering und die Betriebszeiten (ohne Akkuladezeiten) nur kurz sind. Die mechanischen Geräte beanspruchen zusammen nur etwa ein Prozent des gesamten Stromverbrauchs im Haushalt, bei erheblicher Arbeitsentlastung. Es empfiehlt sich, das Augenmerk beim Energiesparen vorrangig auf solche Geräte zu richten, bei denen Strom für Wärme- oder Kühlzwecke eingesetzt wird – dort ist viel mehr zu gewinnen. Unabhängig davon sind aus ökologischen Gründen bei allen Küchengeräten entsorgungsfreundliche Materialien und ein weitgehendes Recycling nach Ablauf der Lebensdauer zu fordern.

## 3.8 Sonstige Kleingeräte (JÖRG ANDREÄ, WOLFHART LICHTENBERG)

Neben den hier im Einzelnen aufgeführten elektrischen Küchengeräten gibt es eine Vielzahl an weiteren mehr oder weniger nützlichen **Kleingeräten** für die mechanische und thermische Behandlung von Lebensmitteln. Dazu gehören neben **Saftpresse** und **Zentrifuge** beispielsweise **Dosenöffner**, die in geeigneter Ausführung bei Kräftemangel durchaus hilfreich sein können, oft aber nicht besser arbeiten als gute handbetriebene Geräte. Beim **Messerschärfer** wird die Klinge (ohne Wellenschliff!) in einer Führung zwischen rotierenden Schleifscheiben hindurch gezogen. Teilweise werden die Geräte auch kabellos mit Akkumulator angeboten.

### Toaster

In Haushaltsbrotröstern, kurz Toaster genannt, werden Brotscheiben durch ein rot glühendes Heizregister mit einer Leistung von ca. 1000 W aus geringem Abstand an der Oberfläche gebräunt. Der Bräunungsgrad lässt sich einstellen. Die getoasteten Scheiben werden automatisch ausgeworfen, z.T. ist auch eine Taste zum Abbrechen des Toastvorgangs vorgesehen. Eine Krümelschublade erleichtert die Reinigung des Geräts. In **Langschlitztoastern** können auch größere Brotscheiben gebräunt werden. Ein Brötchenaufsatz ermöglicht das Aufknuspern von Brötchen im aufsteigenden Wärmestrom. Beim Kauf ist darauf zu achten, dass auch kleinere Toastscheiben so hoch gehoben werden, dass sie einfach und sicher entnommen werden können.

Daneben gibt es **Sandwich-Toaster,** bei denen mit 700 bis 900 W elektrisch beheizte, antihaftbeschichtete Toastplatten durch unmittelbaren Kontakt die Wärme an das Sandwich übertragen. Wesentlich dabei sind wärmeisolierte Griffe, eine sichere, leicht zu öffnende Verriegelung sowie ein Temperaturregler mit Kontrollleuchte. In ähnlicher Bauform, aber mit etwas höherer Heizleistung (um 1 000 Watt), sind **Waffeleisen** auf dem Markt, mit denen Waffeln frisch zubereitet werden können.

**Multifunktionsgeräte** sind mit entnehmbaren Plattensets ausgestattet, die zum Zubereiten von Toast, Sandwiches, Waffeln oder auch zum Kontaktgrillen eingesetzt werden können und sich in der Spülmaschine reinigen lassen. Auf rutschfeste Gerätefüße und ein gutes Standverhalten beim Öffnen ist zu achten.

Im **Raclettegerät** können Gemüse, Fleisch, Fisch, Meeresfrüchte und auch Obst in kleinen Portionspfännchen mit Käse überbacken werden. Das über dem Gargut angeordnete und nach oben abgeschirmte Strahlungsheizelement hat eine Leistung von etwa 1 000 W. Die Pfännchen sind emailliert oder antihaftbeschichtet und mit wärmeisolierenden Griffen ausgestattet. Die Abschirmung kann auch durch eine Grillplatte geschehen, auf der Fleischstücke gegrillt oder Kartoffeln und Brot warm gehalten werden können.

Snacks können nach Geschmack süß oder sauer mit einem **Crêpe-Maker** zubereitet werden. Der flüssige Teig wird auf eine antihaftbeschichtete Platte gegossen, die elektrisch beheizt wird. Bei einigen Modellen kann das gesamte Gerät am Griff von einem Kontaktsockel genommen und die Platte „kopfüber" in eine Schüssel mit Teig eingetaucht werden. Zum Fertigbacken muss die Crêpe noch gewendet werden, was einige Übung erfordert. Über einen Thermostat wird die gewünschte Temperatur eingestellt.

**Brotbackautomaten** ermöglichen es, Brot einfach selbst zu backen. Bei Verwendung fertiger Backmischungen muss nur noch eine abgemessene Wassermenge zugegeben werden. Das Gerät übernimmt vollautomatisch die Zubereitung des Teigs mit Knethaken, das Gehenlassen und den Backprozess. Unterhalb des Teigbehälters, der gleichzeitig als Backform dient, liegt ein Ringheizkörper mit einer Leistung von 600 bis 800 W. Brotbackautomaten sind üblicherweise mit einem elektronischen Bedienfeld ausgestattet, auf dem unterschiedliche Programme für die verschiedenen Teigsorten sowie Gewichts- und Bräunungseinstellungen gewählt werden können. Wesentlich ist neben einem Sichtfenster zur Kontrolle des Zubereitungs- und Backprozesses eine gute Wärmedämmung der Außenwand.

**Minibacköfen** sind nützliche Geräte für kleine Haushalte. Bei einem Muffelvolumen von etwa 20 bis 40 Litern und reduziertem Platzbedarf verfügen sie über alle wichtigen Funktionen der normalgroßen Ausführungen. Die elektrische Anschlussleistung liegt zwischen 1 500 und 2 000 W. Ein Vorteil ist die gute Bedienbarkeit und Zugänglichkeit, da die Geräte in der Regel auf die Arbeitsplatte gestellt werden. Neben Backen und Garen mit Ober-/Unterhitze oder Umluft ist bei manchen Geräten auch Dampfgaren möglich.

Für die Zubereitung asiatischer (mittlerweile auch einheimischer) Speisen werden Elektro-**Woks** angeboten. In der flachen Pfanne kann je nach Thermostateinstellung scharf angebraten, geschmort oder warm gehalten werden. Erforderlich ist eine Leistung von mindestens 1 200 W. Eine antihaftbeschichtete abnehmbare Pfanne erleichtert das Entleeren und Reinigen.

Im **Fondue**-Gerät werden je nach Geschmackswunsch Öl, Brühe, Käse oder Schokolade in einem Topf erhitzt, um darin Gabeln mit Fleischstückchen, Weißbrot oder Früchten einzutauchen. Der Betrieb der Geräte erfolgt elektrisch oder mit Hilfe von Brennpaste. Wesentlich ist ein Spritzschutz für die heiße Flüssigkeit.

Beim **Eierkocher** wird der gewünschte Garzustand der Eier (weich, mittel, hart), also die Garzeit, durch die mittels Messbecher zugegebene Wassermenge bestimmt. Beim Aufheizvorgang bildet sich Dampf, der zunächst auf der kalten Oberfläche der Eier kondensiert und dadurch eine große Wärmemenge überträgt (rund 2,3 kJ je Gramm Wasserdampf). Wenn die Eier eine Oberflächentemperatur von 100 °C erreichen, unterbleibt die weitere Kondensation, und der Dampf entweicht durch eine Öffnung in der Haube. Nach dem vollständigen Verdampfen des Wassers übersteigt die Temperatur der Heizschale deutlich 100 °C, woraufhin ein Temperaturfühler die Heizung abschaltet und ein akustisches Signal auslöst.

Als weitere thermische Kleingeräte für diverse Anwendungsgebiete sind z. B. Joghurtbereiter, Popcorn- und Zuckerwatte-Maschinen, Schokoladenbrunnen, elektrisch beheizte Dörrautomaten, Marmeladenkocher sowie Einkoch- und Glühwein-Automaten zu nennen. Die spezialisierten Kleingeräte benötigen für ihren Betrieb im Allgemeinen weniger Energie als herkömmliche Universalgeräte wie etwa ein Backofen. Vor der Anschaffung ist zu berücksichtigen, dass die Geräte Lagerplatz im Schrank oder Stellfläche auf der Arbeitsplatte beanspruchen.

Im **Eisbereiter** wird während des Abkühlvorgangs die Eismasse kontinuierlich gerührt, um die Bildung großer wässriger Kristalle zu verhindern. Einige Geräte verfügen über eine eigene Kältemaschine, preisgünstigere werden entweder in den Tiefkühlschrank gestellt oder mit einem tiefgefrorenen Kühlelement beschickt.

**Vakuumiergeräte** ermöglichen es, Lebensmittel unter Luftabschluss in Folienbeutel einzuschweißen, indem nach dem Einbringen des Lebensmittels in den noch offenen Beutel dieser zunächst luftleer gepumpt und dann durch ein beheiztes Klemmschienenpaar luftdicht verschweißt wird.

Die Palette ist beliebig zu erweitern, bis hin zum elektrischen Korkenzieher, der allerdings im Privathaushalt durchaus entbehrlich erscheint.

**Akkumulatorgeräte** sind meist ziemlich leistungsschwach. Die Akkus belasten die Umwelt, wenn sie nicht sachgerecht entsorgt werden, und Dauerladeständer verursachen unnötigen Stromverbrauch.

Seit wenigen Jahren werden auf dem Markt für spezielle Anwendungen im Haushalt vollautomatisch arbeitende Geräte (ohne Bedienungsnotwendigkeit) als sogenannte **Haushaltsroboter** angeboten, z. B. einen ganzen Raum selbständig abfahrende Saug-Roboter. Die Entwicklungen auf diesem Gebiet sind auch für den Küchenbereich von großem Interesse.

## Literatur zu Kapitel 3

aid – aid infodienst für Ernährung, Landwirtschaft, Verbraucherschutz e.V. (Hrsg.) 2005: Küche und Technik. Bestell-Nr. 3825, Bonn

Cerbe G., Hoffmann H.-J. 2013: Einführung in die Thermodynamik. Von den Grundlagen zur technischen Anwendung. 17. Auflage, Hanser Verlag, München

Dürr H., Pöss M. 1980: Röstergebnis von Haushalts-Brotröstern – physikalische und sensorische Prüfung. Hauswirtschaft und Wissenschaft 28, Nr. 2, S. 77–82

Dürr H., Kawälde S. 1981: Einfluß des Entlüftungsgrades beim Druckdämpfen. Hauswirtschaft und Wissenschaft 29, Nr. 2, S. 89–93

EU-Kommission (Hrsg.) 2013: Delegierte Verordnung (EU) Nr. 65/2014 der Kommission vom 1. 10. 2013 zur Ergänzung der Richtlinie 2010/30/EU des Europäischen Parlaments und des Rates im Hinblick auf die Energieverbrauchskennzeichnung von Haushaltsbacköfen und -dunstabzugshauben (ABl. L29 vom 31. 1. 2014) (ver. 18. 08. 2015)

Folkerts E., Baade W. 2007: Hausgeräte-, Beleuchtungs- und Klimatechnik. 11. Auflage, Vogel Industrie Medien, Würzburg

HEA – Fachgemeinschaft für effiziente Energieanwendung 2014a (Hrsg.): Fachwissen Haushaltstechnik – Elektroherde www.hea.de/service/fachwissen/elektroherde/index.php (ver. 05.07.2015)

HEA – Fachgemeinschaft für effiziente Energieanwendung 2014b (Hrsg.): Fachwissen Haushaltstechnik – Mikrowellen www.hea.de/service/fachwissen/wmikrowellen/index.php (ver. 05.07.2015)

Hausgeräte+ (Hrsg.) 2015: Online Geräte-Beratung www.hausgeraete-plus.de/online-geraeteberatung (ver. 18.08.2015)

Kutsch T., Piorkowsky M.-B., Schätzke M. 1998: Einführung in die Haushaltswissenschaft: Haushaltsökonomie, -soziologie, -technik. Verlag Eugen Ulmer, Stuttgart

Lichtenberg W. 1992: Induktionskochfelder – Funktionsweise und Anwendungsaspekte. Hauswirtschaft und Wissenschaft 40, Nr. 2, S. 69–78

Lichtenberg W. 1994: Technik im Haushalt. Verlag Handwerk und Technik, Hamburg

Pichert H. 1995: Grundlagen der Haushalttechnik. 2. Auflage, Verlag Eugen Ulmer, Stuttgart

Pichert H. 2001: Haushalttechnik: Verfahren und Geräte. Verlag Eugen Ulmer, Stuttgart

Schweiker G. 1979: Zusammenhänge zwischen physikalischen und sensorischen Merkmalen beim Kaffeegetränk. Hauswirtschaft und Wissenschaft 27, Nr. 2, S. 67–71

Springer G. (Hrsg.) 1993: Elektrotechnik, Energieelektronik, Fachbildung. Verlag Europa Lehrmittel, Haan

Wegner G. E. 2008: Elektrische Haushaltsgeräte – Technik und Service. 3. Auflage, Verlag Hüthig und Pflaum, München, Heidelberg

Wicht K. 1981: Elektrische Hausgeräte – Technik und Anwendung. 6. Auflage, Girardet Verlag, Essen

# 4 Hygiene

Hygiene in der Küche und im Haushalt ist wichtig, damit Speisen in einwandfreier Qualität zubereitet werden können. Hygienemaßnahmen im Haushalt zielen darauf ab, Verschmutzungen zu beseitigen und gesundheitsschädliche (pathogene) beziehungsweise unerwünschte Mikroorganismen vollständig abzutöten oder auf ein für den gesunden Menschen nicht mehr gefährliches Maß zu verringern. Dabei richtet sich der Umfang der notwendigen Hygienemaßnahmen nach dem Alter und Gesundheitszustand der Personen, die in dem Haushalt verpflegt werden. Jedes Jahr werden in Deutschland mehr als 100000 Erkrankungen gemeldet, die durch Lebensmittel übertragbar sind. Angesichts der Dunkelziffer schätzen Experten, dass tatsächlich jährlich etwa zehnmal so viele Personen erkranken. Diese Zahl verdeutlicht das besondere Gewicht des komplexen Fachgebiets Hygiene. Um die Gefahren zu verdeutlichen, die von den Erregern lebensmittelbedingter Erkrankungen ausgehen, erschien im zweiten Abschnitt dieses Kapitels ein Exkurs in die Mikrobiologie gerechtfertigt.

## 4.1 Hygienebereiche (UTE GOMM, ALEXANDER PRANGE)

In Gemeinschaftsverpflegung und Gastronomie wird die Betriebshygiene in die Bereiche Personal-, Produktions- und Umfeldhygiene unterteilt. Dies ist analog auch im Privathaushalt zweckmäßig.

Die **persönliche Hygiene** betrifft vor allem die Handreinigung. Bei der Speisenzubereitung kommt es zwangsläufig zum Kontakt mit den Lebensmitteln – viele Arbeitsgänge lassen sich nur mit den Händen ausführen. Da nicht alle Speisenkomponenten nach der Verarbeitung erhitzt werden, sind sorgfältig gereinigte Hände zwingend notwendig. Außerdem sind die sogenannten Selbstverständlichkeiten der Körperhygiene zu beachten, d. h. regelmäßige Handpflege (saubere und kurze Fingernägel, Ablegen von Handschmuck), saubere Kleidung, ggf. eine Schürze, und bei Verletzungen das hygienisch einwandfreie (wasserdichte) Verbinden von Wunden. Nicht zuletzt ist zu vermeiden, dass die beim Husten oder Niesen millionenfach abgesonderten Bakterien unmittelbar auf Lebensmittel gelangen – daher beim Husten oder Niesen vom Lebensmittel abwenden und nach dem Naseputzen Hände waschen!

Für die **Produktionshygiene** kommt es vor allem auf eine einwandfreie Qualität der Rohware sowie den fachgerechten Umgang mit dem Lebensmittel an (siehe **Kap. 4.3**).

Im **Küchenumfeld** ist darauf zu achten, dass der Arbeitsplatz, die Arbeitsgeräte sowie andere Bedarfsgegenstände in hygienisch und technisch einwandfreiem Zustand sind. Abfälle sollten sofort entsorgt werden, damit sich keine Schädlinge einnisten können, und die Küche ist regelmäßig einer Grundreinigung zu unterziehen, so dass keine Schmutzecken bleiben und Mikroorganismen sowie Vorratsschädlingen die Lebensgrundlage entzogen ist.

Als Hygieneempfehlungen für den privaten Haushalt lassen sich daraus folgende Regeln ableiten:

- Regelmäßiges gründliches Händewaschen mit warmem Wasser und hautfreundlicher Seife und anschließendes Abtrocknen mit einem sauberen Handtuch, speziell bei Verschmutzungen, vor der Zubereitung von Speisen, nach jedem Toilettenbesuch, nach dem Wechseln von Windeln, nach dem Kontakt mit (Haus-) Tieren oder deren Utensilien, nach dem Niesen oder Naseputzen, nach Kontakt mit Abfällen, nach Gartenarbeit, sofort nach Umgang mit rohem Fleisch, Geflügel, Fisch und Ei, nach dem Putzen von Gemüse, nach Kontakt mit Erkrankten, nach dem Berühren von Türklinken oder Türen und vor dem Essen
- Regelmäßige Reinigung des Arbeitsumfeldes
- Regelmäßige Körperhygiene und Reinigung der Kleidung in der Waschmaschine
- Regelmäßige Reinigung des Kühlschranks
- Verwendung und Verzehr von ausschließlich einwandfreien Lebensmitteln
- Lebensmittel den spezifischen Anforderungen entsprechend richtig lagern (Kühlschrank, Gefriertruhe)
- Verwendung von sauberen Arbeitsmitteln und sauberem Geschirr
- Austausch von zerkratzten Schneidunterlagen
- Häufiger Wechsel von Spülutensilien, Wisch- und Putzlappen sowie Trockentüchern
- Regelmäßiges heißes Waschen von Reinigungstextilien in der Waschmaschine (Temperatur mindestens 60 °C)
- Verderbliche Lebensmittel ausreichend kühlen (Kühltemperatur beachten)
- Sachgerechtes Auftauen von Lebensmitteln in der Verpackung im Kühlgerät, Auftauflüssigkeit auffangen und anschließend verwerfen
- Einhaltung von Mindestgarzeiten und -temperaturen

- Warmhalten von Speisen bei mindestens 65 °C für maximal eine halbe Stunde, danach schnelles Abkühlen, Verpacken und Kühllagern der Lebensmittel bis zum Wiedererwärmen
- Kühlbedürftige Speisen nicht ungekühlt bei Raumtemperatur stehen lassen
- Lebensmittel nur kurzfristig aufbewahren, nicht überlagern
- Sofortige Entsorgung von verdorbenen Lebensmitteln, organischen Abfällen und Resten; regelmäßiges und häufiges Leeren von Abfalleimern oder Biotonnen

## 4.2 Lebensmittelbedingte Erkrankungen (HEIDI WICHMANN-SCHAUER)

Lebensmittelbedingte Erkrankungen sind Krankheiten infektiöser oder toxischer Natur, die sich tatsächlich oder wahrscheinlich auf den Verzehr von Lebensmitteln (einschließlich Wasser) zurückführen lassen. Sie haben in Europa in den vergangenen 25 Jahren an Bedeutung zugenommen, u. a. wegen des verstärkten Verzehrs roher, unbehandelter Lebensmittel sowie wegen des wachsenden Trends zum Speisenverzehr außer Haus. Darüber hinaus ist der empfängliche Bevölkerungsanteil (alte und kranke Menschen) in dieser Zeit gestiegen, während gleichzeitig die Empfindlichkeit der Erreger gegenüber Antibiotika abgenommen hat. Schließlich haben auch optimierte mikrobiologische Nachweis- und Meldesysteme zu einer verbesserten Erfassung geführt.

Lebensmittelbedingte Infektionen und Intoxikationen treten häufig auch in Privathaushalten auf. Sie zeigen als Symptome meistens Magenkrämpfe, Durchfall sowie Erbrechen und heilen vielfach von selbst aus. Für Menschen mit geschwächtem Immunsystem, z. B. Kinder unter fünf Jahren, Schwangere, Senioren oder Personen mit Vorerkrankungen, können sie im Extremfall aber auch lebensbedrohlich sein.

Nach dem 2001 in Kraft getretenen Infektionsschutzgesetz (IfSG) sind in Deutschland bestimmte Erkrankungen und labordiagnostische Nachweise von Erregern meldepflichtig. In **Tabelle 4.2-1** sind die für die Jahre 2009 bis 2014 von den deutschen Gesundheitsämtern an das Robert Koch-Institut (RKI) übermittelten Fallzahlen zu ausgewählten Erkrankungen aufgelistet, die u. a. durch Lebensmittel übertragen werden. Bei der Bewertung ist allerdings von höheren tatsächlichen Fallzahlen auszugehen, da Betroffene sich nicht regelmäßig in ärztliche Behandlung begeben und nicht immer labordiagnostische Untersuchungen durchgeführt werden.

**Tab. 4.2-1:** Anzahl der an das Robert Koch-Institut übermittelten Fallzahlen zu ausgewählten Erkrankungen 2009 bis 2014 (Wichmann-Schauer 2015) [1])

| Erkrankung | für die Jahre | | | | | |
|---|---|---|---|---|---|---|
| | 2009 | 2010 | 2011 | 2012 | 2013 | 2014 |
| Botulismus | 7 | 4 | 9 | 0 | 6 | 6 |
| *Campylobacter*-Enteritis | 62823 | 65742 | 71313 | 62926 | 63649 | 70972 |
| *E. coli*-Enteritis (sonstige darmpathogene) | 6227 | 5843 | 8296 | 7073 | 7844 | 8415 |
| EHEC-Erkrankung [2]) (außer HUS) | 836 | 918 | 4907 | 1533 | 1618 | 1650 |
| Hepatitis A | 928 | 790 | 832 | 832 | 779 | 681 |
| HUS, enteropathisch [3]) | 66 | 65 | 880 | 70 | 77 | 85 |
| Listeriose | 396 | 390 | 338 | 430 | 468 | 609 |
| Norovirus-Gastroenteritis | 111374 | 140697 | 116258 | 113335 | 89322 | 75040 |
| Salmonellose | 31412 | 25310 | 24521 | 20863 | 18985 | 16222 |
| Toxoplasmose, konnatale Infektion [4]) | 8 | 14 | 15 | 20 | 10 | 6 |
| Trichinellose | 1 | 3 | 3 | 2 | 14 | 1 |
| Yersiniose | 3731 | 3369 | 3397 | 2709 | 2590 | 2485 |

1) Quellen: Infektionsepidemiologische Jahrbücher meldepflichtiger Krankheiten für die Jahre 2009 bis 2014; Robert Koch-Institut, Berlin

2) Enterohämorrhagische *Escherichia coli*

3) HUS: Hämolytisch-urämisches Syndrom

4) angeborene Toxoplasmose (Infektion des Fetus während der Schwangerschaft)

## Bakterielle Lebensmittelinfektionen und -intoxikationen

Bakterielle Lebensmittelinfektionserreger kommen insbesondere in rohen, vom Tier stammenden Lebensmitteln vor. Der Verzehr von Speisen, die rohes Fleisch, rohe Eier, rohen Fisch oder rohe Meerestiere enthalten, ist deshalb mit einem erhöhten Infektionsrisiko verbunden. Die Erreger können aber auch von infizierten Personen oder durch Kreuzkontamination auf oder in andere Lebensmittel übertragen werden und sich unter Umständen darin vermehren. **Tabelle 4.2-2** gibt einen Überblick, in welchem Temperaturbereich und unter welchen weiteren Voraussetzungen sich die relevanten Bakterienarten in Lebensmitteln vermehren können. Manche Bakterienarten bilden während ihrer Vermehrung Toxine (Giftstoffe), die

Lebensmittelvergiftungen verursachen können und z.T. hitzestabil sind, so dass sie beim einfachen Aufkochen der Speisen oder bei der Mikrowellen-Erwärmung nicht inaktiviert werden. Bakterielle Lebensmittelinfektionen und -intoxikationen lassen sich durch einen hygienischen Umgang mit Lebensmitteln, durch ausreichende Erhitzung sowie durch sachgerechte Kühlung vermeiden.

**Tab. 4.2-2:** Vermehrung von Bakterien in Lebensmitteln (Baumgart 1999, EFSA 2005b, Wichmann-Schauer 2015)

| Erreger | Temperaturbereich °C | Temperaturoptimum °C | minimaler pH-Wert | minimale Wasseraktivität ($a_w$-Wert) |
|---|---|---|---|---|
| *B. cereus* | 5 bis 55 | 30 bis 40 | 4,4 bis 5,0 | 0,91 bis 0,93 |
| *C. botulinum* (Eiweiß spaltend) | 10 bis 42 | 35 bis 40 | 4,6 | 0,94 |
| *C. botulinum* (nicht Eiweiß spaltend) | 3 bis 35 | 28 bis 30 | 5,0 | 0,97 |
| *C. perfringens* | 10 bis 50 | 43 bis 47 | 5,5 bis 5,8 | 0,95 |
| *E. coli* | 4 bis 46 | 37 | 5,0 | 0,95 |
| *L. monocytogenes* | –1,5 bis +45 | 30 bis 37 | 4,2 bis 4,3 | 0,90 bis 0,93 |
| Salmonellen | 7 bis 46 | 35 bis 45 | 4,1 bis 5,4 | 0,94 |
| *S. aureus* | 6 bis 46 | 35 bis 37 | 4,0 | 0,83 bis 0,90 |
| Yersinien | 0 bis 44 | 28 | 4,4 | 0,96 |

Die angegebenen Werte sind ungefähre Angaben; die Vermehrung in Lebensmitteln ist abhängig von den übrigen Einflussfaktoren (z. B. pH-Wert und Art der Säure, $a_w$-Wert, Temperatur, Sauerstoffgehalt, Nährstoffen)

***Campylobacter*** *(C.)* zählen zu den häufigsten bakteriellen Durchfallerregern des Menschen in Europa. Besonders relevant sind *C. jejuni* und *C. coli*. Sie gelangen insbesondere mit rohem Geflügelfleisch in Privathaushalte und können so auf Hände, Arbeitsflächen und in andere, verzehrfertige Lebensmittel übertragen werden. In Lebensmitteln können die Erreger unter Umständen überleben, sich dort jedoch nicht vermehren. Empfindlich sind sie gegenüber Sauerstoffeinfluss, Säuerung, Trocknen und Salzen.

**Salmonellen** sind als Erreger der Salmonellose des Menschen nach den *Campylobacter*-Bakterien für einen Großteil der bakteriell bedingten Durchfallerkrankungen in Europa verantwortlich. In der Umwelt sowie in oder auf verschiedenen

Lebensmitteln können Salmonellen lange Zeit überleben. Sie gelangen vor allem mit rohen tierischen Lebensmitteln (insbesondere Eiern, Geflügel- und Schweinefleisch) in Privathaushalte und können so auf Hände, Arbeitsmittel und in andere, verzehrfertige Lebensmittel geraten (z. B. Desserts, feine Backwaren, Salatsoßen). Aber auch in pflanzlichen Lebensmitteln werden Salmonellen gefunden, z. B. in Gewürzen und Sprossen. Werden mit Salmonellen kontaminierte Lebensmittel nicht ausreichend gekühlt, können sich die Erreger unter Umständen in den Speisen so weit vermehren, dass sie Lebensmittelinfektionen verursachen. Salmonellosen treten deshalb besonders häufig in den warmen Sommermonaten auf.

***Escherichia (E.) coli*** besiedelt natürlicherweise den Darm von Mensch und Tier. Einige invasive und toxinbildende Stämme können unterschiedlich schwere Durchfallerkrankungen hervorrufen. In der Umwelt sowie in oder auf verschiedenen Lebensmitteln können *E. coli* mehrere Wochen überleben. Werden mit *E. coli* kontaminierte Lebensmittel nicht ausreichend gekühlt, vermehren sich die Erreger unter Umständen in den Speisen. Von besonderer Bedeutung sind enterohämorrhagische *E. coli* (EHEC). Sie können vor allem mit rohen Lebensmitteln von Wiederkäuern (Fleisch, Milch, Käse) in den Haushalt gelangen. Aber auch in mit Fäkalien verunreinigten pflanzlichen Lebensmitteln (z. B. in Sprossen, Spinat, nicht pasteurisiertem Apfelsaft) wurden bereits EHEC gefunden.

***Listeria (L.) monocytogenes*** ist der wichtigste Erreger der Listeriose des Menschen. Diese Erkrankung tritt vor allem bei Immungeschwächten und während einer Schwangerschaft auf. Sie hat wegen des schweren und nicht selten tödlichen Verlaufs eine besondere Bedeutung. *L. monocytogenes* kommt überall in der Umwelt vor, z. B. im Kompost und in Abwässern, aber auch in der Erde und auf Pflanzen. Der Erreger kann sich in der Umwelt sowie in oder auf Lebensmitteln vermehren, auch im Kühlschrank. Da er unempfindlich gegenüber Sauerstoffentzug ist, kann er ebenso in Vakuumverpackungen wachsen. *L. monocytogenes* wird vor allem in verarbeiteten, vor Verzehr nicht erhitzten Lebensmitteln tierischer Herkunft gefunden wie Fleisch- und Wurstwaren, Käse sowie in bestimmten geräucherten oder gebeizten Fischereierzeugnissen. Aber auch pflanzliche Lebensmittel wie Frischgemüse und geschnittene Salate können mit diesem Keim verunreinigt sein.

***Yersinien,*** insbesondere pathogene Stämme von *Yersinia (Y.) enterocolitica*, verursachen die intestinale Yersiniose des Menschen. Erwachsene zeigen einen schwereren Krankheitsverlauf als Kinder und Jugendliche. *Y. enterocolitica* kommt überall vor. Wichtigstes Reservoir der pathogenen Stämme sind Schweine. Der Verzehr von rohem Schweinehackfleisch ist daher ein bedeutender Risikofaktor. Yersinien können sich in der Umwelt sowie in oder auf Lebensmitteln bei Temperaturen bis 0 °C vermehren.

***Bacillus (B.) cereus*** ist ein überall verbreitetes Bakterium, das mit Staub- und Erdpartikeln in oder auf Lebensmittel (z. B. Gewürze, Trockenpilze, Milch) gelangt. Hitzeresistente Dauerformen (Sporen) können das Erhitzen von Speisen überstehen und sich während der anschließenden Abkühlung vermehren. Bestimmte Stämme können Toxine in Speisen bzw. im Darm bilden, die Lebensmittelvergiftungen auslösen. Das in stärkehaltigen Speisen (z. B. in gekochtem Reis oder Pasta) gebildete Erbrechens-Toxin ist hitzestabil, so dass es auch beim erneuten Aufkochen von Speisen nicht inaktiviert wird.

***Staphylococcus (S.) aureus*** befindet sich auf Haut und Schleimhäuten von Mensch und Tier. Durch Hygienemängel gerät dieser Erreger in oder auf Lebensmittel. *S. aureus* wird z. B. in Fleischerzeugnissen, Teigwaren, Käse, feinen Backwaren, Feinkostsalaten, Räucherfisch und gekochten geschälten Krebstieren gefunden. Einige Stämme können in Lebensmitteln hitzestabile Toxine bilden, die Lebensmittelvergiftungen verursachen.

***Clostridium (C.) botulinum*** ist überall gegenwärtig. Das Bakterium bildet hitzeresistente Sporen und gelangt mit Staub- und Erdpartikeln auf Lebensmittel. *C. botulinum*-Stämme bilden unter Sauerstoffabschluss und bei ausreichendem Nährstoffangebot hitzelabile Nerventoxine, die zu den stärksten natürlichen Giftstoffen gehören und das Krankheitsbild des Botulismus verursachen. Um die lebensbedrohlichen Vergiftungen mit Botulinum-Toxin zu verhindern, müssen Konserven ausreichend erhitzt (Botulinumkochung) bzw. mehrfach aufgekocht werden (Bohnen z. B. zweimal). Aufgetriebene Konserven (Bombagen) sollten nicht geöffnet und der Inhalt keinesfalls verzehrt werden.

Der **Säuglingsbotulismus** ist eine Sonderform des Botulismus, die bei Kindern im ersten Lebensjahr durch eine nur in diesem Zeitraum mögliche Besiedlung des Darms mit *C. botulinum* entstehen kann und zu einer Toxinbildung im Darm führt. Aus diesem Grund dürfen Kinder im ersten Lebensjahr keinen Honig verzehren.

***Clostridium (C.) perfringens*** ist ein Sporen bildendes Bakterium, das sich im Erdboden sowie im Darmtrakt von Mensch und Tier befindet. Während das Bakterium selbst gegenüber Erhitzung und Gefriertemperaturen empfindlich ist, können die Sporen die küchentechnische Erhitzung von Speisen (z. B. von Fleisch- und Geflügelfleischgerichten) überstehen, während der Abkühlung auskeimen und sich vermehren, insbesondere unter Sauerstoffabschluss. Bestimmte Stämme bilden im Darm Toxine, die Durchfallerkrankungen verursachen.

**Tab. 4.2-3:** Ausgewählte lebensmittelbedingte Erkrankungen und ihre Erreger

| Erreger/ Agens | Minimale Dosis[1)] | Inkubationszeit[2)] | Symptome | Komplikationen |
|---|---|---|---|---|
| *B. cereus* (Erbrechens-Toxin) | nb | 1 bis 6 h | E | |
| *B. cereus* (Durchfall-Toxin) | 100 000 Keime/g Lebensmittel | 6 bis 24 h | D | |
| Botulinum-Toxin | 1 µg (tödlich) | 12 bis 36 h | D, N | Atemlähmung |
| *Campylobacter jejuni/coli* | 500 Keime | 2 bis 5 d | F, M, D | GBS, Lähmungen, Gelenkentzündungen |
| *Clostridium perfringens* | 1 000 000 Keime/g Lebensmittel | 8 bis 16 h | D, (E, F) | |
| EHEC | weniger als 100 Keime bei EHEC O157 | 2 bis 10 d | D, E, (F) | HUS, insbesondere bei Kindern |
| Enteritis-Salmonellen | nb | 6 bis 72 h | D, F, E | Entzündungen diverser Organe und Gelenke |
| Hepatitis-A-Virus | nb | 15 bis 50 d | E, D, (G) | |
| *L. monocytogenes* | nb | 3 bis 70 d | F, M, E, D | Blutvergiftung, Entzündungen von Hirnhaut und Gehirn; Schwangere: A |
| Noroviren | 10 bis 100 Viruspartikel | 6 bis 50 h | E, D, M, (F) | |
| *S. aureus* | 0,1 bis 1 µg/kg Körpergewicht | 1 bis 6 h | E, D, (F) | |
| *T. gondii* | nb | 14 bis 21 d | F, L | Immungeschwächte: Zystenbildung; Schwangere: A |

*Fortsetzung S. 125*

**Tab. 4.2-3:** *(Fortsetzung v. S. 124)* Ausgewählte lebensmittelbedingte Erkrankungen und ihre Erreger

| Erreger/ Agens | Minimale Dosis[1)] | Inkubationszeit[2)] | Symptome | Komplikationen |
|---|---|---|---|---|
| Trichinellen | 100 bis 300 Larven | 5 bis 14 d (bis 45 d) | D, E, (F, M, Ö, N) | Entzündungen diverser Organe, Blutvergiftung, Sekundärinfektionen |
| *Y. enterocolitica* | nb | 2 bis 7 d | D, L, (F) | Blutvergiftung, Entzündungen diverser Organe und Gelenke |

1) ungefähre minimale infektiöse bzw. toxische Dosis, z.T. pro Gramm Lebensmittel oder pro Kilogramm Körpergewicht

2) Zeit zwischen Infektion und Ausbruch der Krankheit in Stunden (h) bzw. Tagen (d)

nb = nicht bekannt oder nicht bestimmbar (abhängig von Immunabwehr)
A: Abortus-, Fehl-, Früh-, Totgeburten, Geburt eines geschädigten Kindes
D: Durchfall, ggf. Bauchkrämpfe
E: Erbrechen, Übelkeit
F: Fieber
G: Gelbsucht
GBS: Guillain-Barré-Syndrom (Entzündungen von Nerven und Nervenwurzeln)
HUS: Hämolytisch-urämisches Syndrom (Schädigung von Blutzellen, Blutgefäßen, Nieren)
L: Lymphknotenschwellung
M: Muskelschmerzen
N: neurologische Symptome
Ö: Ödeme

## Virale Lebensmittelinfektionen

Virale Lebensmittelinfektionserreger werden in der Regel von infizierten Menschen ausgeschieden und können durch Hygienemängel in oder auf Lebensmittel (z. B. Obst, Gemüse, Säfte) übertragen werden. Die Erreger vermehren sich nicht in den Lebensmitteln und sterben beim Kochen der Speisen ab. Durch Einfrieren werden die Viren jedoch nicht abgetötet. Lebende Muscheln (inklusive Austern) können Viren auch aus dem Meerwasser aufnehmen und sollten deshalb nicht roh verzehrt werden.

**Noroviren** sind weltweit verbreitet und für einen Großteil der nicht bakteriell bedingten Magen-Darm-Erkrankungen verantwortlich. Infektionen mit Noroviren treten besonders häufig in den Wintermonaten auf. Der Mensch ist das einzige bekannte Lebewesen, das den Erreger beherbergen kann. Die Viren werden über den Stuhl und Erbrochenes ausgeschieden, können so auf Hände, Arbeitsmittel und Lebensmittel übertragen werden und dort mehrere Tage überleben.

Das **Hepatitis-A-Virus** (HAV) kann die akute Leberentzündung Hepatitis A verursachen. Das HAV kommt weltweit vor. Nur der Mensch hat dafür eine relevante Wirtsfunktion. Der Erreger wird über den Darm ausgeschieden und kann wie das Norovirus indirekt übertragen werden. Charakteristisch für das HAV sind seine ausgeprägte Umweltstabilität, hohe Thermostabilität und hohe Desinfektionsmittelresistenz. Infektionen mit HAV hinterlassen eine lebenslange Immunität.

## Parasitäre Lebensmittelinfektionen

Parasitäre Lebensmittelinfektionserreger können vom Menschen vor allem mit dem rohen Fleisch infizierter Tiere aufgenommen werden. Die Erreger sterben beim Kochen oder unter bestimmten Bedingungen auch beim Tiefgefrieren ab.

Der Einzeller ***Toxoplasma (T.) gondii*** ist weltweit verbreitet und kann insbesondere bei Immungeschwächten eine Toxoplasmose verursachen. Infektionen mit *T. gondii* hinterlassen eine lebenslange Immunität. Gefürchtet ist die Erstinfektion der Mutter während einer Schwangerschaft, weil dies schwere Kindsschäden hervorrufen kann. Der Erreger wird von infizierten Katzen mit dem Kot ausgeschieden und kann im Erdboden lange Zeit infektiös bleiben. Er findet sich auch in der Muskulatur unterschiedlicher Tierarten (z. B. Schwein, Schaf, Ziege, Geflügel, Wild). Der Mensch kann sich deshalb nicht nur direkt über Katzenkot, sondern auch durch den Verzehr von verunreinigtem Obst und Gemüse bzw. rohem oder unzureichend behandeltem Fleisch infizieren.

**Trichinellen** sind längliche Rundwürmer, die ebenfalls weltweit verbreitet sind und beim Menschen die Trichinellose verursachen können. Die Krankheit verläuft in verschiedenen Phasen und ist u. U. tödlich. Die aufgenommenen Larven werden im Darm freigesetzt und wandern bevorzugt in Muskelzellen, wo sie sich verkapseln. Der für den Menschen wichtigste Vertreter ist *Trichinella spiralis*. Trichinellen können jedes Säugetier infizieren. Als Reservoir sind insbesondere Fleischfresser und Allesfresser relevant. In Deutschland ist die Trichinellose infolge regelmäßig durchgeführter Fleischbeschau heute eine seltene Erkrankung. Sie wird in der Regel durch das Fleisch infizierter Haus- und Wildschweine bzw. durch daraus hergestellte Erzeugnisse ausgelöst, die außerhalb Deutschlands verzehrt oder erworben wurden (insbesondere in Osteuropa).

## 4.3 Hygieneaspekte bei der Zubereitung

(UTE GOMM, MICHAEL KINDERMANN, ALEXANDER PRANGE, MICHAELA SCHLICH)

Das Ziel einer hygienischen Lebensmittelverarbeitung ist es, das Kontaminationsrisiko während des Verarbeitungsprozesses durch pathogene Mikroorganismen, Fremdkörper oder Chemikalien auszuschließen bzw. auf ein nicht gesundheitsgefährdendes Niveau zu minimieren. Um die Gefahr der Kontamination zu reduzieren, sind während des gesamten Produktionsprozesses alle Prinzipien der **persönlichen Hygiene,** der **Produktions-** und **Küchenumfeldhygiene** einzuhalten.

Bereits beim **Einkauf** ist auf die einwandfreie Qualität (z. B. unbeschädigte Verpackung, Lagerung bei ausreichend niedriger Temperatur) zu achten, ebenso ist der Transport sachgerecht und zügig bei Gewährleistung einer unterbrechungsfreien Kühl- und Gefrierkette durchzuführen.

Der **Herstellungsprozess** sollte stets gut organisiert durchgeführt werden, um die hygienisch einwandfreie Handhabung zu fördern. Zu berücksichtigen sind hier die spezifischen Anforderungen spezieller, insbesondere leicht verderblicher Lebensmittelgruppen, ihrer Verarbeitungsstufe sowie der Verarbeitungszeit. Dazu drei Beispiele:

- **Rohe Eier:** Häufige Salmonellen-Infektionsquelle sind rohe Eier. Salmonellen befinden sich häufig auf der Eierschale, können aber auch im Ei vorkommen. Eier sollten deshalb nur frisch eingekauft und kühl gelagert werden. Bei der Verwendung ist das Mindesthaltbarkeitsdatum zu beachten. Kalte Speisen, die aus rohen Eiern hergestellt werden, sind ausschließlich für den sofortigen Verzehr geeignet und sollten binnen 24 Stunden verbraucht sein. Bei der Herstellung von Eimassen ist das Frischei erst unmittelbar vor dem Aufschlagen zu verwenden. Die Eimasse sollte vollständig verbraucht werden.
- **Hackfleisch:** Das Zerkleinern im Fleischwolf vergrößert die Oberfläche des Lebensmittels stark. Daher können sich Mikroorganismen bei einer möglichen Verunreinigung nicht nur auf der Oberfläche, sondern auch innerhalb des Lebensmittels leicht vermehren. Frisches Hackfleisch ist aus diesem Grund noch am Herstellungstag zu verarbeiten bzw. zu garen. Hackfleischerzeugnisse müssen im Lebensmittelkern vollständig durchgegart werden. Bei verpacktem, etikettiertem Hackfleisch aus dem Handel sind die Herstellerangaben, die Lagerbedingungen und das angegebene Verbrauchsdatum unbedingt einzuhalten. Frisches Hackfleisch sollte nach 24 Stunden weder weiter gelagert noch eingefroren werden.

- **Auftauen von tiefgefrorenen Lebensmitteln:** Mikroorganismen einschließlich pathogener Spezies werden durch das Tiefgefrieren nicht bzw. nur geringfügig abgetötet (siehe auch **Kap. 4.2**). Sie sind beim Auftauprozess und danach immer noch aktiv. Beim Auftauen insbesondere von Fleisch und Geflügel ist darauf zu achten, dass die Tauflüssigkeit entfernt wird, ohne dass sie mit dem Lebensmittel selbst oder mit anderen Lebensmitteln in Berührung kommt. Dies kann z. B. durch die Platzierung des Lebensmittels auf einem Sieb oder einem Durchschlag über einer Auffangschale sichergestellt werden – weitere Details zum Auftauen siehe **Kap. 8.3**.

## Umgang mit leicht verderblichen Lebensmitteln

In einigen Lebensmitteln vermehren sich bestimmte Krankheitserreger besonders leicht. Das Infektionsschutzgesetz zählt zu diesen sogenannten „leicht verderblichen" bzw. „kritischen" Lebensmitteln folgende:

- Fleisch, Geflügelfleisch und Erzeugnisse daraus
- Milch und Erzeugnisse auf Milchbasis
- Fische, Krebse, Weichtiere und Erzeugnisse daraus
- Eiprodukte
- Säuglings- und Kleinkindernahrung
- Speiseeis und Speiseeishalberzeugnisse
- Backwaren mit nicht durchgebackener oder nicht durcherhitzter Füllung oder Auflage (z. B. Sahnestücke)
- Feinkost-, Rohkost- und Kartoffelsalate, Marinaden, Mayonnaisen, andere emulgierte Soßen, Nahrungshefen
- Sprossen und Keimlinge zum Rohverzehr sowie Samen zur Herstellung von Sprossen und Keimlingen zum Rohverzehr

Leicht verderbliche Lebensmittel sind immer zu kühlen, gut durchzuerhitzen und dürfen nur kurzfristig kühl aufbewahrt werden. Die Produktion von Speisen, Getränken oder Lebensmitteln, die mit den in der Liste genannten Zutaten hergestellt wurden, stellt besonders hohe Anforderungen an die Einhaltung von Hygienemaßnahmen. Vor allem ist auf ausreichende Kühlung der Lebensmittel vor, während und nach ihrer Verarbeitung zu achten.

## Anforderungen an persönliche Hygiene und Arbeitsplatzhygiene

Wie bereits erwähnt, ist das gründliche **Waschen der Hände** besonders wichtig, beispielsweise nach dem Toilettenbesuch, vor und nach Arbeiten mit leicht verderblichen Lebensmitteln, wie Fleisch, Geflügel, rohen Eiern und Hackfleisch, und vor Arbeiten mit Lebensmitteln, die keinem Erhitzungsprozess unterliegen wie Rohkostgerichten oder Salaten. Wunden an den Händen sollten grundsätzlich mit einem wasserdichten Pflaster oder einem Einmalhandschuh abgedeckt werden. Hier besteht die Gefahr einer Kontamination des Lebensmittels durch die in der Wunde möglicherweise vorkommenden pathogenen Mikroorganismen wie Staphylokokken.

Um die erforderliche Hygiene zu gewährleisten, sollte der Arbeitsplatz vor der Verarbeitungsphase so hergerichtet werden, dass die Rohstoffe schnell und zügig verarbeitet werden können. Alle Arbeitsflächen und Bedarfsgegenstände wie Arbeitsgeräte, Messer, Schneidbretter sollen riss- und spaltfreie Oberflächen aufweisen sowie korrosionsbeständig und leicht zu reinigen sein. Arbeitsflächen, Arbeitsgeräte, Gefäße und Probierbesteck müssen vor dem Gebrauch sauber und einwandfrei sein, Behältnisse für Lebensmittelabfälle und benutzte Gerätschaften müssen am Arbeitsplatz bereitstehen.

Ein wichtiger Schutz vor Hygienerisiken bei der Verarbeitung ist die örtliche oder zeitliche Trennung von reinen und unreinen Arbeitsschritten (z. B. von Waschen und Schneiden, Filetieren von Fisch oder Plattieren von Fleisch). Vorbereitungsarbeiten sind stets von unrein zu rein durchzuführen, so dass gesäuberte, geputzte Lebensmittel nicht mit den unreinen Rohwaren in Berührung kommen. Wie zwischen reinen und unreinen Arbeitsschritten getrennt werden kann, zeigt **Abb. 4.3-1**.

Ist eine räumliche Trennung nicht möglich, hat eine **gründliche Zwischenreinigung** des Arbeitsplatzes zu erfolgen, so dass eine zeitliche Entkopplung der unreinen und reinen Arbeiten erfolgt. Durch Zwischenkühlen vor und nach der Behandlung der Lebensmittel lässt sich vermeiden, dass diese über längere Zeit bei Raumtemperatur lagern.

Die Arbeiten mit leicht verderblichen Lebensmitteln, z. B. Fleisch, Fisch, Geflügel und Hackfleisch, sollten stets mit separaten Arbeitsmitteln durchgeführt werden. Alle verwendeten Utensilien sind nach dem Gebrauch mit mindestens 60 °C warmem Wasser und Reinigungsmittel (am besten in der Spülmaschine) zu säubern. Spültücher, Schwämme, Wischtücher und Trockentücher müssen häufig gewechselt und heiß gewaschen werden, denn dort sind sonst insgesamt extreme Keimzahlen im Bereich von einigen hundert Millionen Keimen pro Gramm Material anzutreffen.

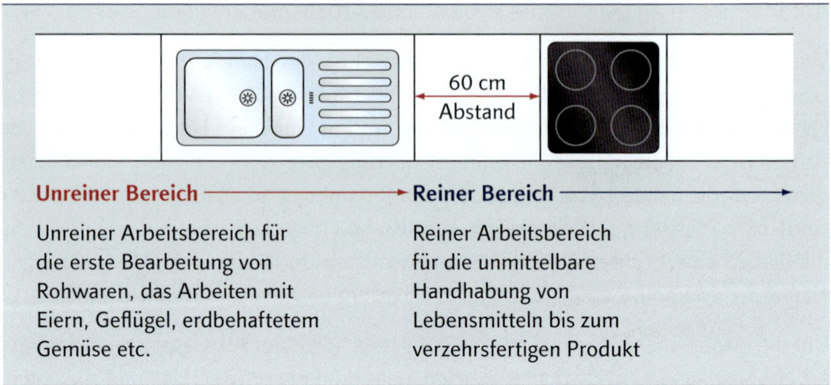


**Abb. 4.3-1:** Trennen von reinem und unreinem Arbeitsbereich (Schlich 2009)

## Forderungen an die Lebensmittellagerung

Bei der Lebensmittelzubereitung ist insbesondere auf die sichere Kühllagerung von leicht verderblichen Lebensmitteln vor und während der Speisenzubereitung zu achten. Dabei ist die Einhaltung der produktspezifischen Lagertemperatur von großer Bedeutung (siehe **Tab. 4.3-1**).

**Tab. 4.3-1:** Höchsttemperaturen für kühlbedürftige Lebensmittel (Auszug aus DIN 10508:2012)

| Lebensmittel | Max. Produkttemp. °C |
|---|---|
| Butter | +10 |
| Frischkäse(-zubereitungen) | +10 |
| Weichkäse und geschnittener Käse außer Hartkäse | +10 |
| Andere Milcherzeugnisse, kühlbedürftig | +10 |
| Konsummilch, pasteurisiert | +8 |
| Fleisch, frisch | +7 |
| Geflügelfleisch, frisch | +4 |
| Haarwild, erlegt, frisch | +7 |
| Hasen, Wild- und Hauskaninchen sowie Federwild, frisch | +4 |

*(Fortsetzung S. 131)*

**Tab. 4.3-1:** *(Fortsetzung v. S. 130)* Höchstlagertemperaturen für kühlbedürftige Lebensmittel

| Lebensmittel | Max. Produkttemp. °C |
|---|---|
| Hackfleisch<br>• verpackt oder umhüllt (aus Betrieben nicht am Ort der Abgabe)<br>• lose oder selbst verpackt (aus Betrieben am Ort der Abgabe) zur alsbaldigen Abgabe | <br>+2<br>+7 |
| Fleisch und Fleischzubereitungen<br>• verpackt oder umhüllt (aus Betrieben nicht am Ort der Abgabe)<br>• Fleischzubereitungen lose oder selbst verpackt (aus Betrieben am Ort der Abgabe) zur alsbaldigen Abgabe | <br>+4<br>+7 |
| Muscheln, lebend | +10 |
| Fischereierzeugnisse, frisch, sowie Krebs- und Weichtiererzeugnisse, unverarbeitet oder gegart | annähernd Schmelzeistemperatur |
| Fischereierzeugnisse, mariniert, gesäuert, geräuchert | +7* |
| Hühnereier (spätestens ab dem 18. Tag nach Legedatum) | +5 bis +8 |
| Roheihaltige Lebensmittel | +7 |
| Eiprodukte, vorbehandelt, gekühlt | +4 |
| Backwaren mit nicht durcherhitzten Füllungen oder Auflagen | +7 |
| Frische, zerkleinerte Salate | +7 |
| Feinkostsalate u. Ä. | +7 |

* Für vakuumverpackte Ware wird eine Höchsttemperatur von +4 °C empfohlen.

Da in Haushaltskühlgeräten gewöhnlich unterschiedliche Lebensmittelgruppen zugleich gelagert werden, sollte sich die Temperatureinstellung des Kühlgeräts an der empfindlichsten Lebensmittelgruppe, z. B. Geflügel oder Fisch, orientieren. Weiter ist im Interesse hygienisch einwandfreier Lebensmittellagerung eine nachteilige Beeinflussung während der längerfristigen Lagerung oder der kühlen bzw. warmen Zwischenlagerung dadurch zu verhindern, dass die Lebensmittel möglichst getrennt gelagert werden, um wechselseitige Verunreinigung und Qualitätsminderung zu vermeiden. Die Produkttrennung kann – in Abhängigkeit von der Lagerkapazität – auf unterschiedliche Weise erfolgen:

- Örtliche Trennung durch Lagerung in getrennten Kühlfächern
- Trennung durch Abstand

- Trennung durch Lagerung in dicht verschließbaren Behältnissen
- Trennung durch die Verpackung

Weiter empfiehlt sich die Beachtung der folgenden Prinzipien:

- Zubereitete Lebensmittel über rohen lagern
- In Kühlgeräten mit statischer Kühlung Fisch, Geflügel, Wild, Fleisch, Fleischwaren und Wurst an den kältesten Platz auf die Ablagefläche über dem Obst- und Gemüsefach legen
- Wenn der Platz in den Türfächern nicht ausreicht, sind Eier (von den Höckerkartonagen befreit) in sauberen, verschlossenen Behältern aufzubewahren
- Molkereiprodukte von geruchsintensiven Lebensmitteln (z. B. Käse) getrennt, ggf. luftdicht verpackt unterbringen

## 4.4 Temperaturabhängigkeit der Aktivität von Mikroorganismen

(MICHAEL KINDERMANN, ALEXANDER PRANGE)

Unter hygienischem Aspekt ist neben der Anfangskeimbelastung die Temperatur der wichtigste Faktor. Die meisten Bakterien wachsen und vermehren sich in einem Temperaturbereich von 10 °C bis 50 °C. Grundsätzlich führen tiefere oder höhere Temperaturen zu einem langsameren Wachstum, das dann unter 2 °C bzw. über 65 °C fast zum Erliegen kommt. Somit ist die richtige Temperatureinhaltung im Küchenbereich eine wesentliche Möglichkeit, die Vermehrung von Mikroorganismen einzuschränken oder eine Abtötung zu gewährleisten. Hinsichtlich ihrer Temperaturansprüche haben Mikroorganismen unterschiedliche Vorlieben, wobei die vorhergehende Einteilung sich an den Wachstumsraten (Generationszeiten) orientiert und nicht die Überlebensfähigkeit widerspiegelt.

**Psychrophile** (Kälte liebende) Mikroorganismen bevorzugen einen Temperaturbereich von minus 5 °C bis 25 °C, wobei ihr Wachstumsoptimum bei 12 °C bis 20 °C liegt. Als Verderbniserreger oder Lebensmittelvergifter hat diese Gruppe keine besondere Bedeutung. Den mittleren Temperaturbereich von 5 °C bis 45 °C ziehen **mesophile** Mikroorganismen vor, deren Wachstumsoptimum bei 30 °C bis 40 °C liegt. In dieser Gruppe finden sich die meisten pathogenen Mikroorganismen (Krankheitserreger). **Thermophile** Mikroorganismen wachsen bevorzugt im Temperaturbereich von 40 °C bis 70 °C, wobei ihr durchschnittliches Wachstumsoptimum bei 45 °C bis 65 °C liegt. Hierzu zählen auch einige pathogene Mikroorganismen. Mesophile Mikroorganismen, die (wenngleich stark verlangsamt) auch bei Temperaturen unter +5 °C wachsen können und ihr durchschnittliches Wachstumsoptimum bei 25 °C bis 30 °C haben, werden als **psychrotolerant** oder **psychrotroph** bezeichnet. Diese sind insbesondere bei kühl gelagerten Lebensmitteln von Bedeutung. Mesophile Mikroorganismen, die bei hohen Temperaturen überleben, werden **thermotolerant** genannt.

## Erhitzen und Warmhalten

Wärme fördert und beschleunigt die Vermehrung von Bakterien; optimal sind für die meisten (mesophilen) Mikroorganismen Temperaturen von 10 °C bis 45 °C. Hohe Temperaturen hingegen führen zum Absterben von Mikroorganismen. Ziel der Wärmebehandlung eines Lebensmittels ist das Abtöten aller vermehrungsfähigen Mikroorganismen. Die meisten pathogenen oder Verderbnis erregenden Bakterien werden bei mindestens dreißigminütiger Einwirkung von 65 °C abgetötet. Kurzzeitiges Erhitzen auf fast 90 °C bei der Pasteurisation führt zur Abtötung (fast) aller lebenden Mikroorganismen mit Ausnahme von hitzeresistenten Sporen, die von bestimmten Bakterien und Schimmelpilzen gebildet werden können. Die längere Einwirkung einer Temperatur von 90 °C oder mehr (Backen, Braten, Kochen) überstehen lebende Bakterien nicht, ebenfalls weitestgehend auch nicht etwa vorhandene Sporen. Allerdings können thermoresistente Sporen einiger Bakterien auch solchen Temperaturen widerstehen.

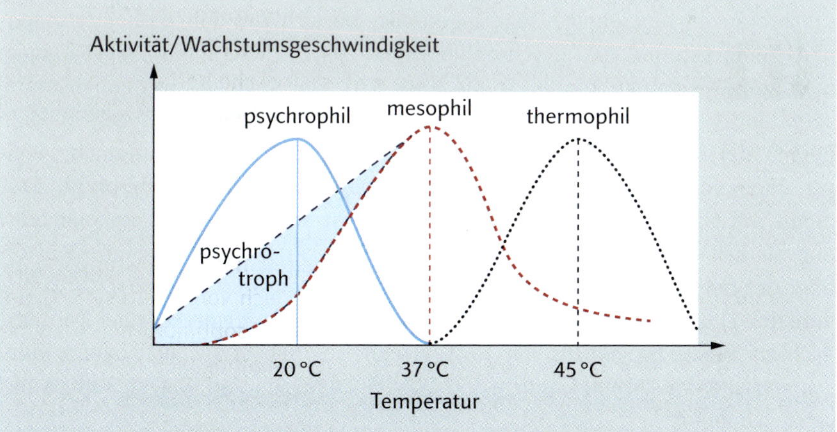


**Abb. 4.4-1:** Temperaturabhängigkeit der Mikroorganismen-Aktivität bzw. Wachstumsgeschwindigkeit (Prange 2009)

Das haushaltsübliche **Erhitzen** beim Kochen, Garen und Backen gewährleistet somit eine weitgehende Abtötung von Mikroorganismen. Beim Erhitzen von leicht verderblichen Lebensmitteln soll aus Gründen der Hygienesicherheit eine Kerntemperatur von 70 °C über mindestens 10 Minuten oder eine Kerntemperatur von 80 °C über 3 Minuten eingehalten werden. Werden Speisen nach dem Garen über einen längeren Zeitraum **warm gehalten,** muss die Temperatur dabei über 65 °C liegen, um eine Vermehrung von ggf. überlebenden Mikroorganismen und das Wachstum von auskeimenden Sporen zu verhindern (siehe **Kap. 8.2**).

Weiterhin wichtig ist eine **schnelle Abkühlung** nach dem Kochen bzw. einem nur kurzzeitigen Erhitzen, wenn die Speisen anschließend zunächst kühl gelagert werden sollen. Wegen der Vermehrung von überlebenden Mikroorganismen bzw. wegen des Auskeimens von hitzeresistenten Sporen ist der Temperaturbereich von 55 °C bis etwa 8 °C am gefährlichsten. Nur durch schnelles Abkühlen nach dem Erhitzen wird dieser Bereich genügend rasch durchschritten. Gegebenenfalls sollten größere Mengen heißer Speisen in kleinere Portionen aufgeteilt werden, um dies zu gewährleisten.

## Kühlen und Gefrieren

Bei Verfahren wie Kühlen, Gefrieren und Tiefgefrieren wird die positive Wirkung der Temperaturabsenkung auf die Haltbarkeit des Lebensmittels genutzt. Beim Kühlen sind verderbliche Lebensmitteln in der Regel in haushaltsüblichen Kühlschränken nur wenige Tage lagerfähig, da sich bei den darin herrschenden Temperaturen die psychrophilen und psychrotoleranten Mikroorganismen noch vermehren können (siehe **Kap. 8.1**). Die Keimzahl von Lebensmittel vergiftenden Bakterien (einige Clostridien oder *Listeria monocytogenes*) kann bereits bei einer Kühlschranktemperatur von 7 °C bis 10 °C innerhalb weniger Tage um mehrere Zehnerpotenzen zunehmen. Leicht verderbliche Produkte wie frischer Fisch sollten daher möglichst am Tag des Einkaufs verzehrt und bis dahin im Kühlschrank gelagert werden, da dessen Innentemperatur oft über der maximal zulässigen Kern- oder sogenannten Produkttemperatur (siehe **Tab. 4.3-1**) liegt; empfindliche Produkte wie Fleisch, Geflügelsalat oder Räucherfisch nur kurzzeitig (ein bis vier Tage, Hackfleisch maximal einen Tag) im Kühlschrank lagern, während Gemüse und Obst länger (siehe **Kap. 8.4**) so aufbewahrt werden können.

Mikroorganismen werden auch beim Tiefkühlen nicht vollständig abgetötet, wenngleich ihr Stoffwechsel vorübergehend eingestellt ist. Beim Auftauen entwickeln die Bakterien dann wieder ihre Aktivität und können sich bei geeigneter Temperatur rasch vermehren. Daher sollten Lebensmittel nicht mehrfach eingefroren und wieder aufgetaut werden, weil eine Akkumulation der in den Auftauphasen neu gebildeten Mikroorganismen zu befürchten ist.

## 4.5 Schädlinge und ihre Bekämpfung (HEIKE RAPP)

Vorratsschädlinge befallen Vorräte und Lebensmittel. Diese Schädlinge werden nicht nur als lästig, sondern vor allem als abstoßend und ekelerregend empfunden. Sie machen befallene Lebensmittel unbrauchbar, können aber auch Krankheiten übertragen.

Häuser sind der ideale Lebensraum für Schädlinge. Temperatur und Luftfeuchtigkeit sind günstig, und Einbauküchen bieten gute Versteckmöglichkeiten. Bauliche Mängel (Ritzen an Fenstern und Türen, schadhafte Kellerfenster), aber auch Versorgungsschächte und Leitungen ermöglichen ein leichtes Eindringen der Schädlinge. Zumeist gelangen sie aber mit dem Einkauf in den Haushalt. So können Schädlinge bereits im Lebensmittel enthalten sein oder in Transportkisten oder Kartonagen mitgebracht werden. Zunehmender und schnellerer Waren- und Reiseverkehr tragen zur Verbreitung hier bisher unbekannter Schädlingsarten bei.

Besonders gefährdet sind Getreide und Getreideprodukte, wenn sie zu warm und bei zu hoher Luftfeuchtigkeit gelagert werden. Backzutaten wie Nüsse, Mandeln, Rosinen, Korinthen und Trockenobst, Kuvertüre und Schokoladenerzeugnisse, aber auch Gewürze lagern meist lange, so dass sich Schädlinge unbemerkt vermehren können. Hülsenfrüchte sind im Allgemeinen kaum gefährdet, ebenso wenig wie tierische Produkte bei Kühl- und Gefrierlagerung.

Fraßschäden, Häutungsreste, versponnene Puppen, Raupen, Spinnfäden, muffiger Geruch, Exkremente oder erwachsene Tiere weisen auf einen Befall mit Schädlingen hin. An Kanten, Ecken oder Falten beschädigte Verpackungen können ein Hinweis für Befall sein. Vorräte, Vorratsschränke und ihre Umgebung (vor allem schwer zugängliche Stellen) sind regelmäßig zu kontrollieren.

Die Schädlinge sind nicht nur Lebensmittelverderber und -zerstörer, sondern auch Erreger und Überträger von Krankheiten sowie Materialschädlinge. Vorratschädlinge verursachen primär Fraßschäden. Vor allem in Schüttgütern finden sich aber auch Häutungsreste, Sekrete, Exkremente, Gespinste, bei Nagetieren auch Haare sowie tote Tiere. Dadurch können Hautreizungen und Hauterkrankungen sowie

**Tab. 4.5-1** Wichtige Vorratsschädlinge (aid 2010)

| Schädling | Aussehen, Größe | Befallene Lebensmittel |
|---|---|---|
| Milben (Mehl und Backobst) | Oval/länglich, bis 0,5 mm lang, grau/weißlich, Beine und Kopf rötlich, 8 Beine | Mehl, Müsli, Getreide und andere trockene pflanzl. Lebensmittel bzw. zuckerhaltige Produkte (Marmelade, Trockenobst) |
| Speckkäfer | Larve und Käfer etwa 1 cm lang, stark behaart, helle Haarbinden auf den braun-schwarzen Flügeln | Tierische Produkte wie Fleisch, Wurst, Speck u. a.; Materialschädling an Fellen, Häuten usw. |
| Getreide-plattkäfer | Larve gelblich glänzend, bis 4 mm lang, schlank; Käfer braun, flach und schlank, bis 3 mm lang | Getreideprodukte, Teigwaren, Nüsse, Mandeln, Kräuter, Schokolade, kohlenhydratreiche Produkte; aufgenagte Verpackungen |
| Brotkäfer | Larve gekrümmt, gelblich/weiß, bis 5 mm lang, Verpuppung in Kokon. Käfer 2–3 mm lang, rötlich/braun, kurz behaart; Entwicklung in kleinen Fraßhöhlen | Brot, Brötchen, Dauerbackwaren, Fertigsuppen, Gewürze, Schokolade, Hülsenfrüchte, getreidehaltige Produkte und viele andere Lebensmittel, Tiernahrung |
| Reismehlkäfer | Larve weißlich/gelb, bis 6 mm lang; Käfer schmal, rot/braun, 3–4 mm lang | Getreide, Getreideprodukte, Mehl, Reis, Nüsse, Tockenobst und Tierfutter |
| Mehlkäfer | Larve gelblich/braun, bis 20 mm lang; Käfer braun-schwarz, bis 18 mm lang | Mehl und andere Getreideprodukte, Teig- und Backwaren |
| Speise-bohnenkäfer | Larve weißlich, gekrümmt, beinlos, bis 4 mm lang, lebt im Hülsenfrucht-Inneren; Käfer bis 3 mm lang, gelb/grün mit gelb-braunen Flecken, verkürzte Flügel | Hülsenfrüchte (Bohnen, Erbsen, Sojabohnen) |
| Kornkäfer | Larve weißlich, gekrümmt, ohne Beine, bis 2,5 mm lang, im Inneren von Getreidekörnern; Käfer hell- bis schwarzbraun, 4–5 mm lang, Rüssel, flugunfähig | Getreide und Teigwaren. Käfer frisst auch andere pflanzliche Produkte. Eiablage in Körnern und Teigwaren |

| Lebensmittelschäden | Besonderheiten |
|---|---|
| Ware riecht süßlich und wird bitter; Verunreinigung der Waren, verminderte Backfähigkeit bei Mehl, Gesundheitsschäden (Ausschlag, Allergie, Kopfschmerz, Darmerkrankungen), u. U. Milben an Verpackungen | |
| Fraßschäden; Gesundheitsschäden durch Larvenhaare (Allergien, Darmerkrankungen); leere behaarte Larvenhäutchen im Produkt | Erkennbar durch Käfer, die innen am Fenster sitzen, um ins Freie zu gelangen |
| Fraßschäden an Lebensmitteln durch Larve und Käfer; Getreide wird feucht und klumpig; Reduktion der Backfähigkeit von Mehl | Einer der häufigsten Schädlinge im Haus |
| Etwa stecknadelkopfgroße Löcher in Produkten, Fraßschäden der Larven | Nester im Freien, Flug in Häuser, bevorzugt auf Licht. Einer der häufigsten Schädlinge |
| Fraßschäden, muffiger Geruch, Verunreinigung der Waren, oberflächlich Larvenhäute; reduzierte Backfähigkeit von Mehl | |
| Fraßschäden – Mehl wird klumpig und riecht muffig, Verunreinigung der Ware | Übertragung von parasitären Würmern |
| Fraßhöhle im Inneren der Samen (infolge Larvenfraß), kreisrunde Löcher von ca. 1 mm Durchmesser; Beeinträchtigung des Aussehens | |
| Larven fressen Körner aus. Käfer fressen Körner. Backqualität beeinträchtigt, bei stärkerem Befall wird das Getreide feucht und schimmelt | |

*(Fortsetzung S. 138/139)*

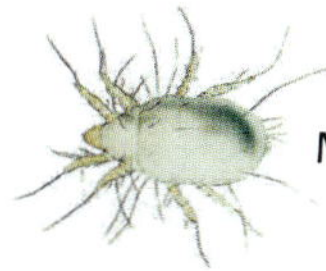
Milbe

Speckkäfer

Getreideplattkäfer

Brotkäfer

Reismehlkäfer

Mehlkäfer

Speisebohnenkäfer

Kornkäfer

**Tab. 4.5-1:** *(Fortsetzung v. S. 136/137)* Wichtige Vorratsschädlinge

| Schädling | Aussehen, Größe | Befallene Lebensmittel |
|---|---|---|
| Mehlmotte | Larve: typische Schmetterlingsraupe, bis 13 mm lang, gelblich/weiß, rötlich oder grünlich; Falter: Vorderflügel grau mit dunklen, gezackten Querbinden, Hinterflügel gelblich, Spannweite bis 25 mm | Mehl und andere Getreideprodukte, auch in sonstigen Lebenmitteln wie Mandeln, Nüssen, Schokolade und Hülsenfrüchten |
| Dörrobstmotte | Raupe gelblich/weiß, rötlich oder grünlich, bis 17 mm lang. Falter: Vorderflügel innen silbergrau, außen mit typischer rötlicher bis bronzefarbener Binde | Pflanzl. Lebensmittel, bes. Getreide, -produkte, Sojabohnen, Hülsenfrüchte, Wacholderbeeren, Nüsse, Mandeln, Trockenobst, Schokolade |
| Ameise | Gelblich-braun bis schwarzbraun, 4 mm lang. Tiere in Vorräten meist flügellos. Nester mit geflügelten Formen in Häusern nur selten | Unverschlossene Lebensmittel, vor allem zuckerhaltige Produkte (Marmelade, Schokolade) |
| Fliegen (Fleisch-, Gold-, Schmeiß-, Stubenfliegen) | Larve: weiße, längliche, bis 1 cm lange Made; erwachsene Tiere: typ. Fliegen, gescheckt, goldgrün oder dunkelblau bis schwarz, Augen rot | Fleisch und -waren, Fisch, Käse, Aas und Kot. Eier meist verdeckt in Lebensmittelvertiefungen. Larven bohren sich sofort ein; Befall deshalb oft unbemerkt |
| Essig- oder Taufliegen | Larve: kopf- und fußlose 5–6 mm lange Made; erwachsene Tiere: 2–4 mm lang, dunkelbraun oder gelb/braun, Augen rot, Hinterleib mit schwarzen Ringen | Obst und Gemüse, Essig, Bier und Wein, besonders an bereits gärenden Produkten |
| Schaben (Küchenschabe, Deutsche und Amerikanische Schabe) | Dt. Schabe: Eikapsel hellbraun, 6–8 mm lang, deutlich gekammert. Erw. Tier: 11–14 mm lang, lehmgelb bis braun. Küchenschabe: Eikapsel dunkelbraun bis schwarz, 10–11 mm lang, erhobene Seitennaht. Männchen bis 23 mm, Weibchen bis 28 mm lang, kastanienbraun bis lackschwarz | Saftreiche, weiche pflanzliche Produkte, frische Gemüse und gekochte Produkte; Fleisch, Abfälle, Aas und andere Produkte tierischer Herkunft |
| Ratten und Mäuse | Wanderratte 18–25 cm lang, Kot ca. 4–5 mm dick, 2 cm lang, ein Ende spitz. Hausmaus 7–11 cm lang, Kot etwa 2–3 mm Durchmesser, 3–6 mm lang | Lebensmittel aller Art |

| Lebensmittelschäden | Besonderheiten |
|---|---|
| Raupenfraß, Verunreinigung durch Ausbildung von Gespinsten aus Fäden u. Kot, Kokon an der Nahrungsoberfläche oder in der Umgebung; Gesundheitsschaden durch Flügelschuppen | |
| Fraßschäden, Verunreinigung durch Gespinst und Kot. Larven: mehrere Monate Kokon, bis plötzlich Falter auftreten. Larven oft an Wand und Decke | Ist ein besonders häufiger Süßwarenschädling |
| Fraßschäden, Verunreinigung der Lebensmittel durch festklebende Tiere | Ameisenstraße durch Reinigung unterbrechen. Köder (wie Backpulver) wird an Brut verfüttert |
| Fraßschäden, Keimübertragung durch Aufenthalt an Aas und Kot, massenhafte Vermehrung bei geeigneter Temperatur | |
| Verunreinigung von Lebensmitteln, Übertragung von Mikroorganismen, schnelle Vermehrung der Fliegen; treten häufig in Schwärmen auf | |
| Übler Geruch (Ausscheidungen durch Stinkdrüsen), Fraßschäden an Vorräten, Verunreinigungen. Schabenstraßen, Übertragung von Mikroorganismen, Auslösen von Allergien | Bekämpfung nur durch sachverständigen Schädlingsbekämpfer. Tiere leben sehr verborgen und werden erst im Dämmern aktiv. Vorkommen meist im ganzen Haus |
| Fraßschäden, Verunreinigung durch Kot, Urin und Haare, Übertragung von Krankheitserregern | Bekämpfung durch professionellen Schädlingsbekämpfer |

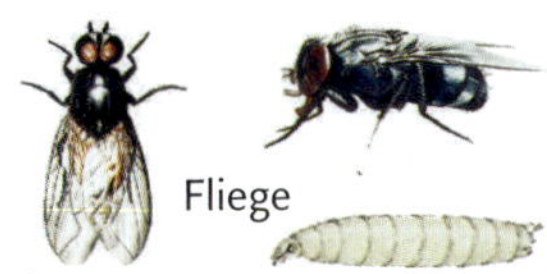

Abbildungen S.137 und S.139: © Bayer Cropscience, Monheim am Rhein

Allergien der Atmungsorgane, Bindehautentzündungen und Darmerkrankungen ausgelöst werden. Befallene Lebensmittel dürfen nicht mehr verzehrt werden. Durch die Ausscheidungen der Tiere können Geruch und Geschmack der Lebensmittel so verändert sein, dass sie ungenießbar werden. Wichtige Qualitätsmerkmale wie Inhaltsstoffe, Keim- oder Backfähigkeit werden beeinträchtigt. Vorratsschädlinge können Mikroorganismen und parasitäre Würmer auf die Lebensmittel übertragen, so dass die Lebensmittel verderben und nach einem Verzehr Krankheiten auslösen können.

## Schutz vor Vorratsschädlingen

Im Haushalt steht die Vorbeugung im Vordergrund:

- Trockenvorräte kühl, luftig und trocken lagern
- Vorratsschränke und Küchen regelmäßig reinigen
- Schon beim Einkauf auf unbeschädigte Verpackungen achten
- Vorräte in dicht schließende Behälter aus Glas, Metall oder lebensmittelgeeignetem Kunststoff umfüllen und mit dem Mindesthaltbarkeitsdatum versehen
- Neue Ware und Vorräte (insbesondere ältere) regelmäßig genau kontrollieren
- Fenster von Vorratsräumen mit Fliegengittern, Türen mit Türdichtungen versehen
- Abfälle regelmäßig entsorgen, da deren Geruch Schädlinge anlockt
- Räume durch richtiges Heizen und Lüften trocken halten
- Lebensmittel nicht unverpackt liegen lassen
- Bauliche Mängel (Ritzen, Risse) beseitigen

Zur Bekämpfung sind im Privathaushalt die folgenden Maßnahmen geeignet:

- Befallene Lebensmittel entsorgen (Hausmülltonne außerhalb des Hauses)
- Schädlinge am besten vorher abtöten, damit kein erneuter Befall von ihnen ausgeht (Einfrieren, Erhitzen auf über 80 °C im Backofen für etwa 10 Minuten oder Übergießen mit kochendem Wasser)
- Schränke und Räume gründlich reinigen, Staubsauger für Ritzen und Verstecke nutzen, Staubsaugerbeutel anschließend entsorgen

Köderdosen sind effektiv, da der Köder auch an den Nachwuchs verfüttert wird. Lockstofffallen mit Pheromonen (Sexuallockstoffen) dienen vor allem der Befallserkennung. Eine Schädlingsbekämpfung mit sonstigen chemischen Mittel sollte nur von qualifizierten Schädlingsbekämpfern durchgeführt werden.

## Literatur zu Kapitel 4

aid – aid infodienst für Ernährung, Landwirtschaft, Verbraucherschutz e.V. (Hrsg.) 2008: Küchenhygiene für Profis. Bestell-Nr. 3132, Bonn

aid – aid infodienst für Ernährung, Landwirtschaft, Verbraucherschutz e.V. (Hrsg.) 2009: Schädlinge in der Gemeinschaftsverpflegung. Bestell-Nr. 1398, Bonn

aid – aid infodienst für Ernährung, Landwirtschaft, Verbraucherschutz e.V. (Hrsg.) 2010: Vorratsschädlinge. Bestell-Nr. 1075, Bonn

aid – aid infodienst für Ernährung, Landwirtschaft, Verbraucherschutz e. V. (Hrsg.) 2014: Einfach kochen lernen – Basiswissen Küche. Bestell-Nr. 1622, Bonn

Baumgart J., Becker B., Stephen, R. 1999: Mikrobiologische Untersuchung von Lebensmitteln. Behr's Verlag, Hamburg

Bockemühl J., Roggentin P. 2004: Enterale Yersiniosen – Klinische Bedeutung, Epidemiologie, Diagnostik und Prävention. Bundesgesundheitsblatt – Gesundheitsforschung – Gesundheitsschutz, 47. Auflage, Nr. 7, S. 685–691

Bundesinstitut für Risikobewertung 2005, 2007. Stellungnahme, Merkblätter zu folgenden Themen: Trichinellose – Erkennung, Behandlung und Verhütung (2007), Kritischer als Gammelfleisch: Toxinbildende Bakterien und ihre Giftstoffe in Fleisch und Fleischerzeugnissen (2005), Hinweise für Verbraucher zum Botulismus durch Lebensmittel (2005), www.bfr.bund.de (ver. 19. 08. 2015)

DEHOGA – Deutscher Hotel- und Gaststättenverband 2006: Die Leitlinie für eine Gute Hygienepraxis in der Gastronomie. Bonn

DIN – Deutsches Institut für Normung e.V. (Hrsg.) 2012: DIN 10506:2012-03 Lebensmittelhygiene – Außer-Haus-Verpflegung – Betriebsstätten. Beuth Verlag, Berlin

DIN – Deutsches Institut für Normung e.V. (Hrsg.) 2007: DIN 10503:2007-03 Lebensmittelhygiene – Begriffe. Beuth Verlag, Berlin

DIN – Deutsches Institut für Normung e.V. (Hrsg.) 2012: DIN 10508:2012-03 Lebensmittelhygiene – Temperaturen für Lebensmittel. Beuth Verlag, Berlin

EFSA – European Food Safety Authority (Hrsg.) 2005a: Opinion of the scientific panel on biological hazards on *bacillus cereus* and other *bacillus spp* in foodstuffs. The EFSA Journal, volume 3, pp. 1–48

EFSA – European Food Safety Authority (Hrsg.) 2005b: Opinion of the scientific panel on biological hazards on the request from the comission related to *clostridium spp* in foodstuffs. The EFSA Journal, volume 3, pp. 1–65

Engelbrecht H., Reichmuth C. 2005: Schädlinge und ihre Bekämpfung. 4. Auflage. Behr's Verlag, Hamburg

Krämer J. 2007: Lebensmittel-Mikrobiologie. 5. Auflage. Verlag Eugen Ulmer, Stuttgart

Kurzhals H.-A. 2007: Kühlen und Gefrieren von Lebensmitteln. Behr's Verlag, Hamburg

Mehlhorn B., Mehlhorn H. 1996: Zecken, Milben, Fliegen, Schaben – Schach dem Ungeziefer. 3. Auflage. Springer Verlag, Berlin

RKI – Robert Koch-Institut 2010 bis 2015: Infektionsepidemiologisches Jahrbuch meldepflichtiger Krankheiten für 2009, 2010, 2011, 2012, 2013 und 2014. Robert Koch-Institut, Berlin

RKI – Robert Koch-Institut 2007 bis 2012: Ratgeber Infektionskrankheiten – Merkblätter für Ärzte zu: Campylobacter-Infektionen (01/2005), Erkrankungen durch EHEC (08/2011), Hepatitis A (09/2008), Listeriose (08/2012), Noroviren-Infektionen (07/2008), Salmonellose (08/2011), Toxoplasmose (06/2009), Robert Koch-Institut, Berlin, www.rki.de (ver. 19.08.2015)

Sinell H.-J. (Hrsg) 2004: Einführung in die Lebensmittelhygiene. 4. Auflage, Medizinverlage, Stuttgart

Weidner H., Sellenschlo U. 2010: Vorratsschädlinge und Hausungeziefer – Bestimmungstabellen für Mitteleuropa. 7. Auflage, Spektrum Akademie Verlag, Heidelberg

# 5 Speisenplanung

Etwa bis zur Mitte des letzten Jahrhunderts bestimmten Jahreszeiten, Familientraditionen und Festtage den Speiseplan. Die Lebensmittelversorgung erfolgte vorwiegend aus dem eigenen Garten oder durch Einkauf in nahen kleinen Geschäften.

Seither hat sich vieles geändert. Die heutige **Haushaltsstruktur** ist gekennzeichnet durch eine starke Zunahme der **Ein- und Zweipersonenhaushalte** (oft ohne Kinder) bei gleichzeitiger Abnahme von Mehrgenerationenhaushalten und das häufige Alleinleben von Personen im Rentenalter. Traditionelle Mahlzeitenmuster haben sich zunehmend aufgelöst infolge der Flexibilisierung der Arbeitszeiten, oft langen Anfahrtswegen zur Arbeit und der gewachsenen Mobilität. Das **situative Snacken** zwischendurch und der **Außer-Haus-Verzehr** haben stark zugenommen aufgrund veränderter Arbeitsmodelle, der zunehmenden Berufstätigkeit von Frauen, der Veränderung von Rollenbildern hin zu mehr Partnerschaftlichkeit zwischen Männern und Frauen und dem gestiegenen Stellenwert der Freizeit. Infolgedessen und trotz der Zunahme an technischen Geräten zur Arbeitserleichterung verwenden Privathaushalte immer weniger Zeit für die eigene Lebensmittelzubereitung, und die Kompetenzen selbst zu kochen verringern sich bei den jungen Erwachsenen weiterhin.

Auf dem Lebensmittelmarkt ist ganzjährig ein vielfältiges, überwiegend industriell produziertes Angebot mit einem großen Anteil an **Convenience-Produkten** verfügbar. Eingekauft wird überwiegend bei Discountern und in Supermärkten. In der Gastronomie dominieren Fast-Food-Anbieter neben Lieferservices für Pizza, Döner etc.

In die Speisenplanung werden zunehmend ausländische Lebensmittel integriert, es existiert eine **Vielzahl individueller** gelebter **Ernährungsstile**, bei denen zum Beispiel aufgrund von Unverträglichkeiten oder aus moralischer Überzeugung und Werthaltung auf bestimmte Lebensmittel verzichtet wird. Der Außer-Haus-Verzehr hat in den vergangenen 20 Jahren stetig zugenommen und erstreckt sich inzwischen auf nahezu alle Altersgruppen in der Bevölkerung von Kindertagesstätten-, Schul-, Betriebsverpflegung bis hin zur Krankenhaus- und Heimverpflegung und mobilen Essensdiensten für ältere Menschen.

Private Haushalte spielen in vielerlei Hinsicht eine große Rolle im Wirtschafts- und Gesellschaftssystem des Staates. Anders als bis vor wenigen Jahren werden sie heute in der Volkswirtschaft nicht mehr nur als Konsumenten, sondern auch als

Produzenten von Gütern sowie Dienstleistungen wahrgenommen. Familienhaushalte als sogenannte **Prosumenten** erbringen wertschöpfende Leistungen für die Gesellschaft durch ihr Handeln und die Erzeugung von Wirtschaftsgütern, sei es ehrenamtlich oder gegen Geld, und leisten nach wie vor das Gros der sozialpolitisch und finanziell bedeutenden und Werte prägenden Sorge-, Pflege- und Erziehungsleistungen. Das haushälterische Dreieck von Rosemarie von Schweitzer eignet sich besonders gut als Modell zur Abbildung von privathaushaltlichem Handeln, weil es auch Wertorientierungen berücksichtigt. Es wird daher im Folgenden vorgestellt. Danach wird auf nachhaltiges Vorgehen, Arbeitsorganisation, Mengenkalkulation und Nährstoffaspekte eingegangen.

## 5.1 Handeln im Privathaushalt (HEIDE PREUSSE)

Das **haushälterische Dreieck** von Rosemarie von Schweitzer (siehe **Abb. 5.1-1**) ermöglicht es, das Handeln in Privathaushalten abzubilden und dabei auch Wertorientierungen einzubeziehen. Alle Handlungen und getroffenen Entscheidungen, z. B. bei der Speiseplanung für die Verpflegung, ergeben sich aus dem Zusammenspiel der folgenden drei Faktoren, die den drei Spitzen des haushälterischen Dreiecks entsprechen:

Der **Lebensstandard** beschreibt, wie die Haushaltsangehörigen leben wollen. In der Ernährungsversorgung lässt er sich durch die Vorstellungen und Wünsche bezüglich Art, Menge und Qualität von verzehrten Speisen und Getränken sowie Anzahl und Struktur der Mahlzeiten pro Tag und Woche konkret erfassen. Für die Mahlzeitenzubereitung resultieren daraus haushaltsspezifische Geld- und Zeitbedarfe. Die damit verbundenen Wertorientierungen sind durch individuelle geschmackliche Präferenzen, kulturelle Besonderheiten oder auch religiöse Vorschriften geprägt. Sie können sich an einzelnen Haushaltsmitgliedern orientieren, z. B. einer Person mit besonderen diätetischen Ansprüchen, oder an der Person, die verantwortlich die Verpflegung gestaltet. Die Forderungen an Ressourceneinsatz und Ausschöpfung von Handlungsalternativen resultieren aber auch aus Anzahl und Alter der verpflegten Personen sowie aus der Regelmäßigkeit ihrer Teilnahme an den häuslichen Mahlzeiten.

Zu den **Ressourcen** oder Vorgegebenheiten des Haushalts gehören vor allem die Geldmittel und die verfügbare Zeit sowie die Flexibilität in der Zeitgestaltung. Zu berücksichtigen sind Bindungen an bestimmte Zeitvorgaben, z. B. durch Erwerbstätigkeit oder Schule. Weiterhin sind die Alltagskompetenzen (adäquate Einschät-

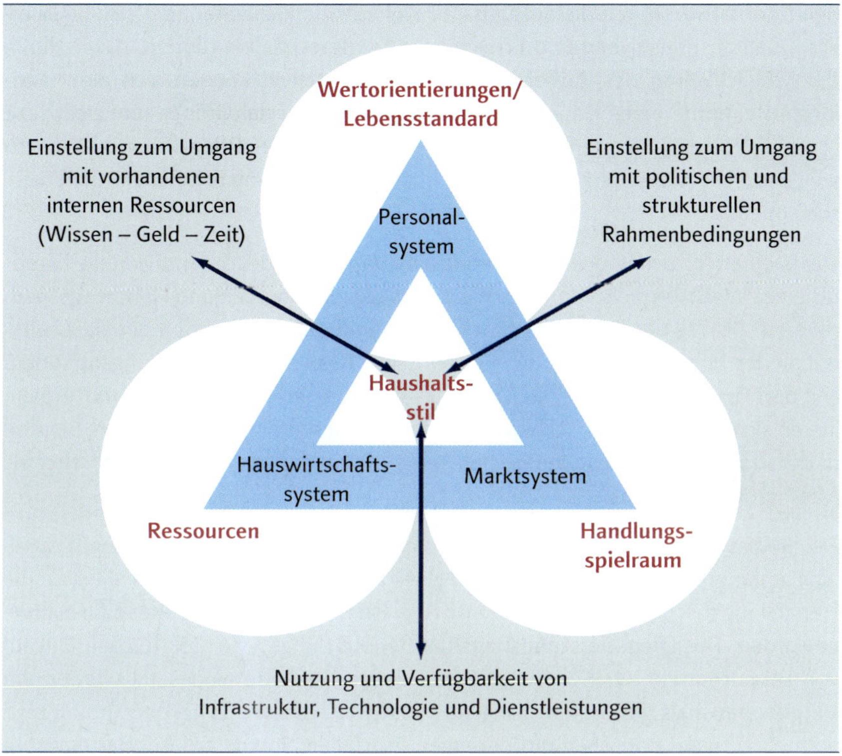


**Abb. 5.1-1:** Haushälterisches Dreieck (Meier et al. 2003)

zung des Bedarfs der verpflegten Personen, Warenkunde, Zubereitungstechniken und Hygiene) für den Erfolg der Speisenzubereitung und das Wohlergehen der Haushaltsangehörigen von entscheidender Bedeutung. Darüber hinaus können die räumlichen Gegebenheiten der Wohnung und die technische Ausstattung die Arbeitsabläufe erleichtern oder erschweren. Bei bestimmten Haushaltstypen (z. B. mit alten Menschen) kann auch die physische und psychische Leistungsfähigkeit der an den Verpflegungsleistungen beteiligten Personen eine bedeutsame Ressource für die Ernährungsversorgung sein.

**Handlungsspielräume** in der Verpflegung als Teil hauswirtschaftlicher Versorgung ergeben sich auf der Mikroebene des privaten Haushalts durch die gebotene Lebensmittelauswahl und durch die möglichen Arbeitsverfahren der Nahrungszubereitung und Vorratshaltung. Darüber hinaus bietet das Haushaltsumfeld vielfältige Alternativen durch die verfügbaren Einkaufsmöglichkeiten, die sich hinsichtlich Qualität, Preisniveau und Erreichbarkeit unterscheiden können, sowie durch die Möglichkeiten des Außer-Haus-Verzehrs. Letztlich können sich die Handlungsspielräume eines Haushalts aber auch durch wirtschaftliche und politische Modifikation der Rahmenbedingungen auf der Makroebene ändern, z. B. durch steigende Lebensmittelpreise, Wandel in der Zeitstruktur von Schulen (Ganztagsschule) etc.

Der in einem Haushalt beobachtbare **Ernährungsstil** bildet das individuelle Ergebnis eines Wechselspiels von Wertorientierungen, Ressourcen und Handlungsspielräumen. Als Teil des Haushaltsstils resultiert er aus den Prioritäten der Haushaltsmitglieder hinsichtlich Ressourceneinsatz und Auswahl von Handlungsoptionen. Mit drei Grundmustern für das Verhältnis von Eigenerstellung und Fremdvergabe lassen sich typische Unterschiede in der Ernährungsversorgung aufzeigen. Sie sind in der Praxis allerdings selten in ihrer reinen Form anzutreffen, vielmehr eher als Mischtypen verbreitet:

Der **Selbstversorgerhaushalt** hat den größten Zeitbedarf, gekennzeichnet durch eine umfangreiche Hauswirtschaft und einen hohen Arbeitseinsatz, vor allem für die Herstellung frischer Speisen. Allerdings ist dieser Strukturtyp die seltene Ausnahme geworden. Der **Dienstleistungshaushalt** benötigt relativ viel Zeit für den Einkauf von Lebensmitteln, weil vermehrt Convenience-Produkte eingesetzt werden. Im **Vergabehaushalt** gibt es kaum eigene hauswirtschaftliche Tätigkeiten, dafür sind vermehrt organisatorische Anforderungen zu erfüllen. Somit ist dieser Haushaltstyp abhängig von anderen Versorgungsinstitutionen im Umfeld des Haushalts.

## 5.2 Nachhaltigkeitsaspekte (UTE GOMM, ELISABETH LEICHT-ECKARDT)

Angesichts der sichtbaren Umweltschäden, der Wetterkapriolen aufgrund des Klimawandels und wegen des wachsenden Bewusstseins für die Endlichkeit der Brennstoffressourcen sollte Nachhaltigkeit des Handelns auch bei der Beschaffung und Zubereitung von Lebensmitteln ein maßgebliches Entscheidungs- und Handlungskriterium darstellen.

Eine nachhaltige Lebensmittelverarbeitung ist gekennzeichnet durch ein auf die jeweiligen Rahmenbedingungen (Raum, Technik, Kultur, Lebensmittel, Speisen) abgestimmtes Ressourcenmanagement mit dem Ziel ökologisch, ökonomisch, sozial und kulturell ressourcenschonend zu handeln. Im Prozess der Lebensmittelverarbeitung sind zur Bewertung Wasser-, Energie- und $CO_2$-Bilanzen hilfreich. Unter Umweltaspekten relevant sind Wasser- und Energieverbrauch (Input) ebenso wie Abwasser, Abluft und Abfall (Output). Bei der Lebensmittelproduktion werden Ressourcen verbraucht, entweder im Privathaushalt selbst oder im vorgelagerten Bereich (Industrie, Gastronomie, Großküche), z. B. bei der Herstellung von Convenience-Produkten.

Anzustreben ist auch bei der Lebensmittelverarbeitung ein sozialverträgliches, gesundheitsförderndes, umweltbewusstes, ressourceneffizientes und klimaschonendes Verhalten. Über die Berechnung der $CO_2$-Emission (zahlreiche Tools verfügbar, sogenannte $CO_2$-Rechner) lassen sich Handlungsalternativen quantifizieren und miteinander vergleichen. Auf diese Weise kann das eigene Tun reflektiert werden. Das Umweltbundesamt hat 2007 folgende Maßnahmen zur Verringerung der $CO_2$-Bilanz in Bezug auf den Bereich Ernährung ermittelt, die sich beim Vergleich zahlreicher Studien als besonders wirksam erwiesen haben und die hier sinngemäß wiedergegeben werden:

**Indirekten Energieverbrauch reduzieren:** Wünschenswert ist es, vorwiegend **frische, unverarbeitete Lebensmittel** zu verwenden anstelle von zum Beispiel tiefgekühlten Produkten. Es sollten vorzugsweise **saisonale** heimische **Gemüse** und **Obstarten** verwendet werden, anstatt solcher, die unter hohem Energieeinsatz unter Glas produziert wurden. Werden außerdem bevorzugt **regionale Produkte** eingekauft, unterstützt dies regionale Wertschöpfungsketten, und die Klimabilanz fällt besser aus, weil bei der Erzeugung und Vermarktung lange Transportwege entfallen.

**Ökologisch verträgliche Verbrauchsmuster fördern:** Anzustreben ist es, **weniger** aber dafür **qualitativ gutes Fleisch** zu konsumieren. Insgesamt wirkt sich ein Ersatz von Fleisch und anderen Tierprodukten durch Getreideprodukte, Früchte und Gemüse positiv auf die Emissionsbilanz aus. Zum Einkauf sollten nachhaltige Verkehrsmittel (ÖPNV, Fahrrad, Car-Sharing) genutzt werden.

**Ökologisch verträgliche Produktionsmuster unterstützen:** Vorzugsweise sind **ökologisch erzeugte Produkte** zu verwenden, weil dafür weniger Kunstdüngemittel benötigt werden. In der Emissionsbilanz wirkt sich dieser Aspekt nur schwach aus, in der Gesamtökobilanz spielt er eine große Rolle.

**Energieeinsatz im Haushalt optimieren:** Bei Neuanschaffungen von Hausgeräten ist die Energieeffizienzklasse zu beachten. Geräte sollten möglichst immer ganz ausgeschaltet werden, um unnötige Stand-by-Verluste zu vermeiden. Der Energieverbrauch beim Garen lässt sich gering halten, indem in geschlossenen Töpfen mit aufgelegtem Deckel gegart und gegebenenfalls für langgarende Speisen ein Dampfdrucktopf verwendet wird. Beim Backen ist das Vorheizen im Allgemeinen entbehrlich. Bei der Stromversorgung berücksichtigen Ökotarife den Nachhaltigkeitsaspekt.

## 5.3 Rezeptauswahl (MARGIT BÖLTS, TORSTEN DICKAU)

### Kriterien für die Rezeptauswahl

Im Privathaushalt ist vielfach die situative, spontane Rezeptauswahl an die Stelle der früher üblichen langfristigen systematischen Speisenplanung, etwa in Form eines Wochenspeiseplans, getreten. Die **Auswahl** eines **Rezepts** richtet sich nach den **individuellen Bedürfnissen** (z. B. nach Geschmacksvorlieben und momentanem Appetit) der Haushaltsmitglieder oder der Person, die für die Zubereitung zuständig ist, außerdem nach der jeweiligen **Haushaltssituation**, beispielsweise Anzahl, Alter, Berufstätigkeit und Essenszeiten der Haushaltsmitglieder. Die Haushaltssituation bestimmt u. a., wie viel Zeit für die Zubereitung zur Verfügung steht, wie lange Speisen unter Umständen warm gehalten oder abgekühlt und wiedererhitzt werden müssen und wie Mahlzeiten eingenommen werden (etwa als gemeinsame Mahlzeit oder einzeln von jedem Haushaltsmitglied). Die aus dem Lebensstandard resultierenden **Wertvorstellungen** spiegeln sich bei der Rezeptauswahl z. B. darin wider, dass mehr oder weniger zeitaufwändige Rezepte ausgesucht werden, dass ökologische Aspekte beim Lebensmitteleinkauf zum Tragen kommen, wie die Bevorzugung regionaler, direkt vermarkteter ökologisch erzeugter Produkte, oder in welchem Maße das saisonale Lebensmittelangebot berücksichtigt wird. Die Zusammenhänge sind in den vorangegangenen Kapiteln dargestellt.

Entscheidend für den Kocherfolg und ein maßgebliches Kriterium bei der Rezeptauswahl sind die Einschätzung der eigenen **Kompetenzen** zur Lebensmittelverarbeitung und zur Herstellung von Gerichten und die Ressourcen an verfügbarer Zeit und Ausstattung. Die Verarbeitung von Fleisch- und Fischstücken oder von einheimischen oder auch exotischen Gemüse- und Obstsorten mit diversen Convenience-Graden setzt in unterschiedlichem Maße einschlägige küchentechnische Fertigkeiten und die Beherrschung von Garverfahren wie Dünsten, Dämpfen oder Schmoren voraus. Wie die Nationale Verzehrsstudie II ergab, kochen Männer vor allem hin und wieder anlässlich z. B. von Festen und am Wochenende, während Frauen nach wie vor für die **tägliche Mahlzeitenversorgung** zuständig sind. Insgesamt schätzen zwei Drittel der Frauen und ein Drittel der Männer ihre Kochkompetenzen gut bis sehr gut ein. Bei den Frauen ermittelte die Studie mit zunehmendem Alter einen Anstieg der Kochfähigkeiten (Selbsteinschätzung!), bei den Männern tendenziell ebenfalls.

Für die Beschaffung von Rezepturen werden **Informationsquellen** unterschiedlicher Qualität genutzt, z. B. Kochbücher, Internet, Fernsehen, Radio, Artikel in Zeitungen und Zeitschriften, Angaben auf den Verpackungen sowie Hinweise von

Verwandten und Freunden. Insbesondere dem Internet kommt eine zunehmende Bedeutung zu, sowohl mit Angeboten von privater Seite als auch von Firmen, Verlagen und Verbraucherberatungsstellen. Als sichere Rezeptquellen können solche von Urhebern gelten, die sich professionell mit der Rezepterstellung beschäftigen. Voraussetzung für das Gelingen beim Nachkochen ist, dass die Rezepte vor ihrer Veröffentlichung zubereitet und degustiert wurden.

## Form und Inhalt von Rezepten

Grundvoraussetzung für das Gelingen eines Gerichts sind neben qualitativ hochwertigen Zutaten verständliche und nachvollziehbare Rezepte. Der Rezept-Titel charakterisiert den Inhalt des Rezepts. Nur in Ausnahmefällen sind Fantasienamen zulässig, die aber durch zusätzliche sachliche Angaben zu ergänzen sind.

In der Regel bestehen Rezepte aus einer **Aufzählung der Zutaten** (Art und Menge), die in der Reihenfolge ihrer Verwendung aufgelistet werden, und einer **Arbeitsanleitung** für das Vorbereiten, Garen und Aufbereiten. Die Angaben müssen exakt, nachvollziehbar und übersichtlich angeordnet sein, damit sie schnell zu erfassen sind. Die Rezeptform kann sich dabei weitgehend nach der Herstellungstechnik und dem Verwendungszweck, dem Umfang sowie dem verfügbaren Platz richten.

Spezielle Arbeitsgeräte und Maße von Kochgeschirren und Backformen sind ebenfalls anzugeben (Durchmesser, Länge, Breite, Höhe oder Fassungsvermögen). Hinweise für das Anrichten der Speisen, für Beilagen oder Vorschläge für Abwandlungen können ein Rezept ergänzen.

Art und Menge der **Zutaten** sind mit ihrer Verkehrsbezeichnung und in den gesetzlichen Maßeinheiten anzugeben: Gewichte in Gramm (g) bis 999 g, darüber in Kilogramm (kg), Volumen in Milliliter (ml) bis 999 ml, darüber in Liter (l). Angaben wie Tasse, Esslöffel oder Teelöffel sollten nur benutzt werden, wenn hierdurch das Gelingen des Rezepts nicht beeinträchtigt ist. Für praxisgerechte Rezepte sind Zutaten in haushaltsüblichen Größen anzugeben. Angaben wie „ein halbes Eigelb" oder „ein Viertel Packungsinhalt" sind ungeeignet und nicht praxistauglich. Angaben über Lebensmittelmengen in haushaltsüblichen Maßen und über entsprechende Mengen in Gramm enthalten z. B. die 1991 erstmals beim aid erschienene „MONICA-Mengenliste" und die im Umschau Verlag erschienene Nährwerttabelle „Kalorien mundgerecht". Die Liste der Zutaten gehört vor die Zubereitungshinweise (in der Reihenfolge ihrer Anwendung). Bei würzenden Zutaten wie Salz und Pfeffer sind Angaben wie Messerspitze, Prise oder Spritzer statt genauer Gewichts- oder Volumenvorschriften gebräuchlich.

Die präzise Einhaltung von Gewichts- und Volumenvorgaben ist Voraussetzung für ein erfolgreiches Arbeiten in der Küche. Für die Gewichtsbestimmung ist eine genaue Waage einzusetzen, während für die Volumenmessung skalierte Behälter zu verwenden sind. In den USA dient hierzu ein anerkanntes Sortiment von Gefäßen und Löffeln (z. B. 1 cup, 1 tablespoon, 1 teaspoon). Bei uns gibt es nichts Vergleichbares, weshalb Messbecher außer für Wasser bzw. andere in Frage kommende Flüssigkeiten auch für Schüttgüter wie Zucker und Mehl – dann mit einer Gramm-Skala – verwendet werden. Teilweise finden sich in Rezepten Mengenangaben wie Tasse oder Löffel, die wegen der Undefiniertheit dieser Gefäße bei Lebensmitteln zu Gewichtsabweichungen bis zu 100 Prozent führen können. In **Tab. 5.3-1** ist das Volumen eines durchschnittlichen gestrichenen Esslöffels (EL) mit 15 ml und eines gestrichenen Teelöffels (TL) mit 5 ml angesetzt. Das entspricht bei Flüssigkeiten wie Wasser, Brühe oder Milch, deren Dichte ziemlich genau 1 g/ml beträgt, einer Masse von 15 g je EL bzw. 5 g je TL. Wird mit größeren Gefäßen für die Volumenmessung gearbeitet, ist durchschnittlich mit etwa folgenden Inhalten zu rechnen:

- Große Tasse: 150 ml, kleine Tasse: 125 ml, Glas: 180 ml
- Kleine Suppentasse: 100 ml, mittlere Suppentasse: 150 ml, Suppenteller: 250 ml

**Tab. 5.3-1:** Richtwerte für das Fassungsvermögen der Messmittel „gestrichener Esslöffel (EL, 15 ml)“ bzw. „gestrichener Teelöffel (TL, 5 ml)“ bei Füllung mit flüssigen, pastösen oder trockenen Lebensmitteln (dgh 1992)

| Lebensmittel | Masse in g | | Lebensmittel | Masse in g | |
|---|---|---|---|---|---|
| | 1 EL | 1 TL | | 1 EL | 1 TL |
| Wasser, Brühe, Milch, Saft, Wein | 15 | 5 | Mehl, Type 405 | 10 | 3 |
| Backpulver | 10 | 3 | Milchpulver | 6 | 2 |
| Brombeersoße | 20 | 6 | Öl | 12 | 4 |
| Crème fraîche (30 % Fett) | 15 | 5 | Paprika | 8 | 2 |
| Dickmilch (10 % Fett) | 17 | 5 | Puderzucker | 10 | 3 |
| Gelatine, gemahlen | 10 | 3 | Reis | 15 | 5 |
| Grieß | 12 | 3 | Salatmayonnaise | 15 | 5 |
| Haferflocken | 8 | 2 | Salz | 15 | 5 |
| Haselnüsse, gerieben | 7 | 2 | Saure Sahne (10 % Fett) | 17 | 6 |
| Honig | 20 | 6 | Schlagsahne (30 % Fett) | 15 | 5 |
| Joghurt (3,5 % Fett) | 17 | 6 | Schokoladensoße | 20 | 6 |

| Lebensmittel | Masse in g | | Lebensmittel | Masse in g | |
|---|---|---|---|---|---|
| | 1 EL | 1 TL | | 1 EL | 1 TL |
| Johannisbeergelee | 20 | 6 | Semmelbrösel | 10 | 3 |
| Käse, gerieben | 8 | 3 | Senf | 9 | 3 |
| Kaffee, gemahlen | 6 | 2 | Speisestärke | 9 | 3 |
| Kaffee, löslich | 3 | 1 | Tee, schwarz | 6 | 2 |
| Kakao, Kakaogetränk, löslich | 6 | 2 | Tomatenketchup | 19 | 5 |
| Kondensmilch | 18 | 6 | Tomatenmark | 18 | 5 |
| Mandeln, gerieben | 8 | 3 | Zimt | 6 | 2 |
| Meerrettich, gerieben | 20 | 6 | Zucker | 15 | 5 |

Die **Arbeitsanleitung** für das Vorbereiten, Garen und Aufbereiten kann in Form von Stichworten oder ganzen Sätzen erfolgen, am kürzesten lässt sie sich als Anweisungsfolge formulieren (Eier oder Petersilie klein hacken usw.). Zeichnungen, Piktogramme, Bilder oder Symbole mit einer kurzen Erläuterung können dabei helfen, lange Erklärungen abzukürzen. Für gleiche Arbeitsverfahren ist immer dieselbe Bezeichnung zu verwenden. Der angegebene Arbeitsablauf soll auf eine rationelle Arbeitsweise unter Einsatz moderner Gerätetechnik abzielen. Bei umfangreichen Rezepten ist eine Unterteilung in die Arbeitsschritte Vorbereiten, Garen sowie Aufbereiten vorteilhaft (jeweils mit Angabe der Arbeitsmittel). Die Arbeitsanleitung soll Angaben zur Garzeit, falls erforderlich auch zur Vorbereitungszeit, Gartemperatur und zu den Geräteeinstellungen enthalten. Die Angabe von Aussehen und Konsistenz (gebräunt, schaumig, dickflüssig, schnittfest) von Speisen bzw. Komponenten für die Bewertung von Teilschritten erleichtert die Zubereitung. Zusätzlich kann zur Kontrolle des Garendpunktes die Nennung von spezifischen Prüfmethoden notwendig sein, z. B. Einstechprobe oder Löffeldruckprobe.

Bei der **Zusammenstellung eines Rezeptes** oder eines Menüs ist die **farbliche Abstimmung** sowohl der einzelnen Komponenten als auch der gesamten Speisenfolge zu beachten. Eine gelungene optische Auswahl der Komponenten zeigt das nachfolgende Rezeptbeispiel. Generell ist auf Harmonie bei der Präsentation der Lebensmittel zu achten. Beispielsweise sollten die Schnittgrößen der Komponenten einer Speise, etwa eines Salats, zueinander passen. Die Schnitttechnik sollte sich nicht wiederholen, ebenso wenig wie die Art der Bindung innerhalb eines Menüs (etwa vorweg Tomatencremesuppe und zum Hauptgang Sahnesoße).

## Champignon-Hähnchenbrust auf Kräuter-Kartoffel-Püree und Ingwerkarotten (© JOHANN LAFER 2008)

**Abb. 5.3-1:** Champignon-Hähnchenbrust auf Kräuter-Kartoffel-Püree und Ingwerkarotten (© Foto: Johann Lafer 2008)

### Zutaten (für 4 Personen)

***Gefüllte Geflügelbrust:***

- 4 Geflügelbrüste à ca. 140 g, küchenfertig und ohne Haut
- 1 Zwiebel à 40 g
- 2 Knoblauchzehen à 2 g
- 150 g Champignons
- 40 ml Rapsöl
- 10 Stiele Blattpetersilie
- 15 g Weißbrotbrösel
- 2 Thymianzweige
- 2 Knoblauchzehen à 2 g, halbiert
- Salz, Pfeffer

### Zubereitung

Längs eine tiefe Tasche in die Geflügelbrüste einschneiden. Zwiebel und Knoblauch schälen und zusammen mit den Champignons fein würfeln. Die Hälfte des Rapsöls in einer Pfanne erhitzen, Zwiebel, Knoblauch und Champignons darin anschwitzen und mit Salz und Pfeffer würzen. Petersilie waschen, von den Stielen zupfen, fein hacken und zusammen mit den Bröseln zu den Champignons geben.

Die vorbereitete Masse nun in die Taschen der Geflügelbrüste füllen und, falls nötig, mit einem Zahnstocher verschließen. Das restliche Rapsöl in einer Pfanne erhitzen, die Geflügelbrüste von beiden Seiten anbraten. Thymian und Knoblauch zugeben, mit Salz und Pfeffer würzen und im Backofen bei 130 °C ca. 12–16 Min. garen. Anschließend warm stellen.

***Kräuter-Kartoffel-Püree:***

- 700 g Kartoffeln, mehlig kochend
- 250 ml Milch (1,5 % Fett)
- 60 g Butter
- 50 g gemischte Kräuter, gehackt
- z. B. Blattpetersilie, Kerbel, Estragon, Schnittlauch
- Salz, Pfeffer, Muskat

Die Kartoffeln schälen, waschen, in Stücke schneiden und im Dämpfeinsatz im Kochtopf oder Dampfgarer ca. 15–20 Min. dämpfen. Anschließend gut ausdampfen lassen und mit einem Kartoffelstampfer grob zerstampfen. Milch und Butter in einem Topf aufkochen, mit Salz, Pfeffer und Muskat würzen und unter den Kartoffelstampf heben. Zuletzt die Kräuter unterheben.

***Ingwerkarotten:***

- 40 ml Rapsöl
- 4 Schalotten à 10 g, in Würfel geschnitten
- 30 g Rohrzucker (2 EL)
- 15 g Ingwer, geschält und gerieben (2 EL)
- 400 g Karotten, geschält
- 200 ml Geflügelfond
- 4 Blattpetersilienzweige
- Salz, Pfeffer

Für die Ingwerkarotten Öl in einer Pfanne erhitzen. Schalotten darin anschwitzen, Zucker und Ingwer zugeben und leicht karamellisieren. Anschließend die in dünne Scheiben geschnittenen Karotten zugeben, mit Geflügelfond ablöschen und die Karotten bei geschlossenem Deckel gar dünsten (ca. 10–15 Min.). Mit Salz und Pfeffer abschmecken.

Das Kartoffel-Kräuter-Püree zusammen mit den Ingwerkarotten auf Tellern anrichten, je eine Geflügelbrust darauf geben und mit frischer Blattpetersilie garnieren.

***Je Portion:*** Energie = 2 941 kJ (703 kcal), Fett = 38 g, Kohlenhydrate = 44 g, Protein = 45 g

Abschließend können der Energiegehalt, Nährwertangaben und Kenndaten zu weiteren Inhaltsstoffen eines Rezeptes angegeben werden.

## Nährwertangaben in Rezepten

Die Nährwertangaben in Rezepten enthalten meist Angaben zu den sogenannten „**großen Vier**" (Big Four), das heißt zum Energie-, Protein-, Kohlenhydrat- und Fettgehalt des Gerichts. Es können außerdem weitere Werte zu Ballaststoffen, gesättigten Fetten, einzelnen Mineralstoffen oder Vitaminen angegeben sein. Diese errechneten **Angaben** beruhen auf statistischen Daten und sollten nicht überbewertet werden. Inwiefern sie im Einklang mit tatsächlichen Werten stehen, hängt von einer Vielzahl an Faktoren ab. Neben der Seriosität der Datenquelle (z. B. Nährwerttabellen nach Souci, Fachmann, Kraut oder nach dem Bundeslebensmittelschlüssel) sind die **Schwankungsbreiten** bei den Werten für die zugrundegelegten Rohwaren zu berücksichtigen. Nährwertanalysen basieren auf der Untersuchung erntefrischer Rohwaren – die Abweichungen aufgrund der Lebensmittelveränderungen durch Transport und Lagerung bis zur Verarbeitung im Haushalt können erheblich sein. Bei Gemüse z. B. kann der Vitamin-C-Gehalt je nach Lagertemperatur und -dauer zwischen 7 Prozent und 70 Prozent schwanken. Er richtet sich u. a. nach der Art der Vitamine (wasser- oder fettlöslich), da diese sich unterschiedlich empfindlich gegenüber Licht, Sauerstoff, Wasser, Temperatur usw. verhalten (siehe **Kap. 8.5**). Die Nährstoffverluste hängen ferner von der Art der Vorbereitung (Putzen unter fließendem Wasser, Schnittgröße usw.), von der Garmethode und eventuellen Warmhaltezeiten ab (siehe **Kap. 6.1**, **7.5** und **7.8**).

## Austausch von Zutaten

Aus den verschiedensten Gründen (Brennwertreduzierung, Nährwertoptimierung oder auch, weil einzelne Zutaten nicht verfügbar sind) kann der Austausch von Rezeptzutaten nötig sein. Dies ist allerdings nur bei einem Teil der Zutaten möglich, etwa bei bestimmten Milchprodukten, einzelnen Gemüsearten oder – mit Einschränkung – bei Fleischkomponenten, ohne dass der ursprüngliche Charakter des Rezeptes verloren geht. Qualitätsmerkmale der Speise wie Geschmack, Geruch oder Aussehen dürfen durch den Austausch nicht oder nur in sehr engen Grenzen verändert werden. Neue Zubereitungstechniken oder eine aufgrund des Austauschs geänderte Abfolge der Arbeitsschritte sollten den Genusswert nicht beeinflussen.

### Zielgruppen

Rezepte dienen nicht nur der Planung. Eine besondere Bedeutung haben Rezepte im didaktischen Zusammenhang, d. h. in Schule, Ausbildung oder Heranführung der eigenen Kinder an die Thematik „gesunde Ernährung". Für diese Zielgruppen sind Anschaulichkeit und Anleitung zu fast spielerischem Vorgehen empfehlenswert. Für alle Zielgruppen jedoch stellt – in Ergänzung zur genauen Beschreibung des Ziels – ein Farbfoto des gelungenen Produkts möglichst im passenden Ambiente eine sinnliche Motivation dar.

## 5.4 Arbeitsorganisation und Zeitplanung

(ANTAL BOGNÁR, UTE GOMM, ELISABETH LEICHT-ECKARDT, HEIDE PREUSSE)

Bei vielen hauswirtschaftlichen Tätigkeiten müssen Arbeiten parallel und zeitgerecht erledigt werden. Auch beim Zubereiten von Gerichten kommen der Arbeitsplanung und der Arbeitsorganisation große Bedeutung zu. Das Anspruchsniveau der Haushaltsmitglieder, die daraus im Detail resultierenden Arbeitsaufgaben, die technischen Gegebenheiten und die Arbeitskraft sind die wichtigsten Elemente einer Arbeitsorganisation.

Der **Arbeitsaufwand** ist definiert als die Zeit, die eine Arbeitskraft tatsächlich zur Erledigung einer bestimmten Aufgabe benötigt. Der Weg zur Arbeit, die Vorbereitung und die Nachbereitung gehören mit zum Aufwand.

Im Gegensatz zum Arbeitsaufwand ist der **Arbeitsbedarf** diejenige Zeit, die eine Arbeitskraft für bestimmte Tätigkeiten im Normalfall benötigt. Der **Arbeitszeitbedarf** ist damit als Planzeitwert ein **Soll-Wert**.

### Planung und Kalkulation

Für Planung und Organisation ist eine realistische Kalkulation unter Berücksichtigung des gesamten Ablaufs, der richtigen zeitlichen Abfolge der Arbeitsvorgänge sowie der Tätigkeits-, Warte- und Verteilzeiten mit Hilfe von Planzeitwerten unerlässlich. Es ist zu beachten, dass mit der eigentlichen Aufgabe oft Nebenziele verbunden sind, z. B. wenn Kinder mithelfen, um zu lernen. Diese Zeiten müssen in Planzeitwerten und beim Arbeitszeitaufwand berücksichtigt werden. Die Zusammensetzung der Gesamtarbeitszeit zeigt **Abb. 5.4-1**. Die Darstellung ist an der

Praxis der Lebensmittelverarbeitung im Haushalt orientiert und folgt nicht streng den REFA-Definitionen.

- **Wegezeit** Zeit für das Erreichen des jeweiligen Tätigkeitsorts (nicht Zeit für die tägliche Anreise zur Arbeitsstätte)
- **Rüstzeit** Zeit zum Vor- und Nachbereiten des Arbeitsprozesses
- **Ausführungszeit** Zeit für das Ausführen der eigentlichen Arbeit
- **Erholzeit** Zeit zum Ausgleich von Ermüdung und unerlässliche Arbeitspausen
- **Verteilzeit** Zeitverlust durch technisch oder persönlich bedingte Unterbrechungen oder Störungen der Arbeit
- **Grundzeit** Zeit für Tätigkeiten und unvermeidbare Unterbrechungen
- **Störzeit** Zeitbedarf für unvorhergesehene Störungen im Arbeitsablauf (z. B. infolge technischer Defekte, Ablenkung durch andere Personen)
- **Ablaufbedingte Wartezeit** Zeiten für Tätigkeitsunterbrechungen, die der Bearbeitungsprozess notwendigerweise erfordert
- **Tätigkeitszeit** Zeiten der aktiven Lebensmittelbearbeitung

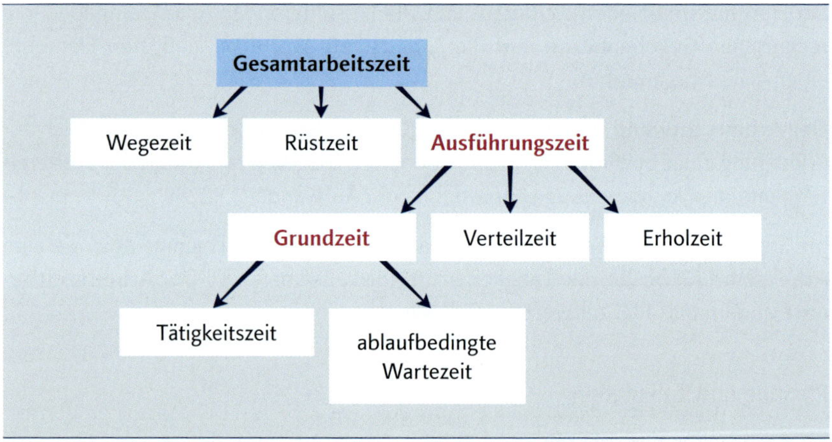


**Abb. 5.4-1:** Zeitarten für die Analyse von Arbeitsprozessen im Haushalt (nach KTBL 1971)

In **Tab. 5.4-1** ist die Aufteilung der Arbeitszeit für das in **Kap. 5.3** vorgestellte Beispielrezept von Johann Lafer unter Verwendung eines üblichen Gasherds (Gaskochmulde/Elektrobackofen) dargestellt.

**Tab. 5.4-1:** Arbeitsablaufschema und Arbeitszeitbedarf für das Beispielrezept Champignon-Hähnchenbrust auf Kräuter-Kartoffel-Püree und Ingwerkarotten (Leicht-Eckardt 2009)

| Zeit/ min | Geflügelbrust/Füllung | Kräuter-Kartoffel-Püree | Ingwerkarotten | Uhrzeit |
|---|---|---|---|---|
| 0 | rüsten<br>Geflügel vorbereiten | | | 10:40 |
| 5 | Pilze und Zwiebeln schneiden | | | 10:45 |
| 10 | | | | 10:50 |
| 15 | Gemüse anbraten | | | 10:55 |
| 20 | Geflügel füllen | | | 11:00 |
| 25 | | | | 11:05 |
| 30 | Geflügel anbraten | rüsten | | 11:10 |
| 35 | Geflügel garen | Kartoffeln schälen und schneiden | | 11:15 |
| 40 | | | rüsten | 11:20 |
| 45 | | Kartoffeln garen | Karotten schälen | 11:25 |
| 50 | | | Karotten u. Zwiebeln schneiden | 11:30 |
| 55 | | | | 11:35 |
| 60 | Geflügel warm halten | | Gemüse zubereiten | 11:40 |
| 65 | | | | 11:45 |
| 70 | | Milch aufkochen | warm halten | 11:50 |
| 75 | | Püree herstellen | | 11:55 |
| 80 | anrichten | anrichten | anrichten | 12:00 |

## Arbeitszeitbedarf bei der Vorbereitung von Gemüse und Obst

Beim Zubereiten und Haltbarmachen von Gemüse und Obst beanspruchen Vorbereitungsarbeiten den größten Teil des Zeitaufwands. Die Daten in den nachfolgenden Tabellen stellen gerundete Planzeitdaten dar, die in Arbeitszeitstudien an der ehemaligen Bundesforschungsanstalt für Hauswirtschaft in Stuttgart-Hohenheim unter Leitung von R. Zacharias unter Verwendung von Lebensmitteln hoher Qualität ermittelt wurden. Die Arbeiten wurden durch Personen mit hauswirtschaftlicher Ausbildung (mehrheitlich Hauswirtschaftsleiterinnen) an optimal gestalteten Arbeitsplätzen ausgeführt.

Unter diesen Voraussetzungen ergaben sich die tabellierten Daten als Richtwerte. Ein Zuschlag von 5 bis 10 Prozent für unvorhergesehene Störungen des Arbeitsablaufs ist zu empfehlen, ebenso ein Zuschlag für kurze Erholungspausen bei länger dauernden Vorgängen, z. B. beim Bearbeiten größerer Mengen. Eine Datensammlung mit darüber hinausgehenden Beispielen zur Kalkulation des Arbeitszeitbedarfs für die Mahlzeitenzubereitung bei mehr als acht Portionen enthält die 2008 erschienene KTBL-Datensammlung Hauswirtschaft.

**Tab. 5.4-2:** Typischer Arbeitszeitbedarf für das Vorbereiten von Gemüse (dgh 1992, Bognár 2009)

| Gemüseart | Masse kg | Anzahl Stck. | Tätigkeit | Arbeitszeit (Mittel) gerundet | |
|---|---|---|---|---|---|
| | | | | min | s |
| Blumenkohl | 1 | 1 | putzen | 1 | 50 |
| | 1 | 1 | in Röschen zerteilen | – | 10 |
| Brokkoli | 1 | 0,5 | putzen | 1 | – |
| | 1 | 0,5 | Strunke abschneiden | – | 10 |
| Endivien | 0,3 | 1 | putzen | – | 40 |
| | 0,3 | 1 | in Streifen schneiden | 2 | 20 |
| Erbsen | 1 | | entschoten | 11 | 10 |
| Feldsalat | 0,2 | | putzen | 10 | – |
| Gurken | 0,5 | 1 | schälen | 1 | 40 |
| | 0,5 | 1 | schälen (Sparschäler) | – | 50 |
| | 0,5 | 1 | 1-mm-Scheiben hobeln (Gurkenhobel) | – | 30 |
| Kartoffeln, roh | 1 | 10 | schälen (Sparschäler) | 5 | – |
| | 1 | | in Viertel zerteilen | – | 40 |
| Kartoffeln, gekocht | 1 | 10 | schälen | 2 | 30 |
| | 1 | 25 | 2-mm-Scheiben schneiden | 3 | 40 |
| Kohlrabi | 1 | 6 | schälen | 6 | 10 |
| | 1 | | 3-mm-Scheiben schneiden | 3 | 20 |
| Kopfsalat | 0,3 | 1 | putzen und zerteilen | 2 | 40 |
| | 0,2 | 1 | putzen und zerteilen | 1 | 40 |

*(Fortsetzung S. 159)*

**Tab. 5.4-2:** *(Fortsetzung v. S. 158)* Typischer Arbeitszeitbedarf für das Vorbereiten von Gemüse

| Gemüseart | Masse kg | Anzahl Stck. | Tätigkeit | Arbeitszeit (Mittel) gerundet | |
|---|---|---|---|---|---|
| | | | | min | s |
| Möhren | 1 | 18 | schälen (Sparschäler) | 4 | 50 |
| | 1 | 18 | 1- bis 3-cm-Stifte schneiden | 9 | 40 |
| Porree (Lauch) | 1 | 7–8 | putzen, längs halbiert zerteilen | 2 | 40 |
| | | 1 | putzen, längs halbiert zerteilen | – | 20 |
| Rosenkohl | 1 | | putzen | 9 | – |
| Rotkohl | 2 | 1 | putzen | 2 | 50 |
| | 2 | 1 | Streifen hobeln (Krauthobel) | 3 | 50 |
| Spargel | 1 | 23 | abschneiden | 1 | – |
| | 1 | 23 | schälen | 9 | 10 |
| | 1 | | schneiden (10 cm lang) | – | 50 |
| Spinat | 1 | | putzen | 12 | 10 |
| Spinat, gegart | 1 | | passieren (Wiegemesser) | 6 | 40 |
| | 1 | | passieren (Fleischwolf) | 2 | 40 |
| Stangen-bohnen | 1 | 55–60 | putzen | 2 | 25 |
| | | 55–60 | brechen (5 cm lang) | 3 | 30 |
| Tomaten | 1 | 15 | putzen, in 3- bis 4-mm-Scheiben schneiden | 4 | 20 |
| Weißkohl | 2 | 1 | putzen | 2 | 50 |
| | 2 | 1 | Streifen hobeln (Krauthobel) | 4 | – |
| Wirsingkohl | 1 | 1 | putzen | 1 | 30 |
| | 1 | 1 | in Viertel schneiden | – | 40 |
| Zwiebeln | 1 | 8–20 | schälen | 3 | 40 |
| | 0,1 | 1 | schälen | – | 20 |
| | 0,1 | 1 | in Würfel schneiden | 1 | 10 |
| | 0,1 | 1 | schneiden (Zwiebelschneider) | 1 | 20 |

**Tab. 5.4-3:** Typischer Arbeitszeitbedarf für das Vorbereiten von Obst (dgh 1992, Bognár 2009)

| Obstart | Masse kg | Anzahl Stck. | Tätigkeit | Arbeitszeit (Mittel) gerundet | |
|---|---|---|---|---|---|
| | | | | min | s |
| Äpfel | 1 | 8 | schälen, in Viertel teilen | 5 | 40 |
| | 1 | 8 | zerteilen der Viertel in Achtel | 1 | 30 |
| | 0,15 | 1 | schälen (Sparschäler) | – | 40 |
| | 0,15 | 1 | entkernen (Ausstecher) | – | 25 |
| | 0,15 | 1 | in 1-cm-Scheiben zerteilen | – | 10 |
| | 1 | 12 | in Viertel teilen, ausschneiden | 4 | – |
| | 0,15 | 1 | zerteilen und ausschneiden | – | 15 |
| Apfelsinen | 1 | 5 | schälen | 2 | 15 |
| | 1 | 5 | in Einzelsegmente zerteilen | 2 | 10 |
| | 1 | 5 | halbieren | – | 20 |
| Aprikosen | 1 | – | in Hälften zerteilen, entsteinen | 4 | 15 |
| Bananen | 1 | 7 | schälen, zerteilen (5–6 cm lang) | 1 | 30 |
| | 0,2 | 1 | schälen und zerteilen | – | 10 |
| Birnen | 1 | 6–8 | schälen, in Viertel zerteilen | 8 | – |
| | 1 | 6–8 | in Achtel zerteilen | 2 | – |
| Erdbeeren | 1 | | entkelchen | 5 | – |
| Grapefruit | 2 | 5 | schälen | 4 | 10 |
| | 2 | 5 | in Einzelsegmente zerteilen, entkernen | 3 | 30 |
| | 2 | 5 | in Hälften zerteilen | – | 20 |
| Johannisbeeren | 1 | – | entstielen | 6 | 30 |
| Kirschen | 1 | – | entstielen | 4 | – |
| | 1 | – | entsteinen (Kirschenentsteiner) | 3 | 20 |
| | 1 | 7–11 | nach Enthäuten zerteilen, entsteinen | 1 | 50 |
| Rhabarber | 1 | – | putzen | 1 | 30 |
| | 1 | – | schneiden (2–3 cm lang) | – | 50 |
| Stachelbeeren | 1 | – | Stielansatz abschneiden (Schere) | 11 | – |
| Zitronen | 1 | 9 | in Hälften zerteilen | – | 15 |
| Zwetschgen | 1 | – | in Hälften zerteilen und entsteinen | 5 | 20 |
| | 1 | – | halbieren, entsteinen (Zwetschgenentsteiner) | 4 | – |

## 5.5 Mengenkalkulation (ANTAL BOGNÁR, UTE GOMM)

Im Rahmen der Speisenplanung ist es notwendig, Rezeptmengen an die tatsächlichen Bedürfnisse der Essensteilnehmer anzupassen. Die zu kalkulierenden Portionsgrößen und Wareneinsatzmengen sind davon abhängig, ob die Essensteilnehmer Kinder, Jugendliche oder Erwachsene sind, ob sie großen oder kleinen Appetit haben, wie viele Mahlzeiten sie insgesamt am Tag verzehren und ob das Gericht allein oder mit Vorspeise und/oder Nachtisch oder innerhalb eines mehrgängigen Menüs serviert wird. Angenommen, es wird in der Gastronomie z. B. für Kalbsbraten beim Angebot als Tellergericht eine Portionsgröße von 120 g angesetzt, so würde diese beim Zwei- bis Dreigangmenü auf 100 g und beim Viergangmenü auf 80 g verringert.

Bei der Mengenkalkulation ist zu berücksichtigen, dass sich die Mengenanteile von Rohwaren und verzehrfertigen Speisenportionen aufgrund von Abfallmengen und Gewichtsveränderungen während des Garprozesses (siehe **Kap. 7.7**) zum Teil erheblich voneinander unterscheiden.

### Abfallmengen bei Rohwaren

Als Rohware wird die Lebensmittelmenge bezeichnet, die für die Zubereitung oder das Haltbarmachen in der Küche verwendet wird. Sie kann küchen-, gar- oder zubereitungsfertig sein. Rohwaren enthalten häufig nicht essbare Anteile, d. h. Abfallmengen, die bei der mechanischen Behandlung (Waschen, Putzen, Auslösen, Zerkleinern) der Lebensmittel entstehen. Der durchschnittliche prozentuale Abfall für eine Reihe von Lebensmitteln ist in **Tab. 5.5-1** bis **Tab. 5.5-4** zusammengestellt. Mit Hilfe dieser Angaben lassen sich z. B. die einzukaufenden Lebensmittelmengen und damit die Wareneinsatzkosten je Speise ermitteln. Die tatsächlichen Abfallmengen können je nach Sorte und Zustand der Rohware, gestellten Ansprüchen und angewandter Arbeitstechnik von den Durchschnittswerten um etwa ein Drittel nach oben oder unten abweichen.

Bei Fertigprodukten (z. B. bei Obst- und Gemüsekonserven) ist das Abtropfgewicht angegeben. Bei Fisch, Fleisch, Geflügel ist anzumerken, dass sich die prozentuale Abfallmenge auf das gesamte Stück eines Muskelverbandes bezieht. Für die Mengenkalkulation bei gegartem Fleisch mit Knochen (z. B. Kotelett oder Brathähnchen) ist die Gewichtsausbeute nach Beendigung des Garvorgangs (siehe **Tab. 7.7-8** ff. auf den Seiten 235 ff.) zu berücksichtigen.

**Tab. 5.5-1:** Abfall beim Vorbereiten von Gemüse (Souci-Fachmann-Kraut 2008, Bognár 2014)

| Gemüseart | Abfall<br>% |
|---|---|
| Artischocke | 52 |
| Aubergine | 17 |
| Bleichsellerie | 37 |
| Blumenkohl | 38 |
| Bohnen (grün) | 6 |
| Brokkoli | 18 |
| Champignons | 2 |
| Chinakohl | 21 |
| Chicorée | 11 |
| Dicke Bohnen | 51 |
| Eisbergsalat | 26 |
| Endivie | 23 |
| Erbsen (grün) | 60 |
| Feldsalat (Rapunzel) | 3 |
| Fenchel | 7 |
| Grünkohl (Braunkohl) | 49 |
| Gurke | 26 |
| Kartoffeln<br>(roh geschält)<br>(gegart geschält, z. B. Petersilienkartoffeln) | <br>20<br>13 |
| Kohlrabi | 34 |
| Kopfsalat | 32 |
| Kürbis<br>(mit Schale)<br>(geschält) | <br>20<br>27 |
| Mangold | 19 |
| Möhren | 19 |
| Paprika (Schoten) | 23 |
| Petersilie, Blatt | 40 |
| Pfifferlinge | 39 |
| Porree (Lauch) | 42 |
| Radieschen | 37 |
| Rhabarber | 22 |
| Rosenkohl | 22 |
| Rotkohl (Blaukraut) | 22 |
| Rote Rüben (Rote Beete) | 22 |
| Schnittlauch | 0 |
| Schwarzwurzeln | 44 |
| Sellerie, Knollen | 27 |
| Spargel | 26 |
| Spinat | 15 |
| Steinpilze | 20 |
| Tomate | 4 |
| Weißkohl (Weißkraut) | 22 |
| Wirsingkohl (Savoyerkohl) | 28 |
| Zucchini | 13 |
| Zuckermais | 63 |
| Zwiebel | 8 |

**Tab. 5.5.-2:** Abfall beim Vorbereiten von Obst und Nüssen (Souci-Fachmann-Kraut 2008, Bognár 2014)

| Obst- bzw. Nussart | Abfall | Rohwarebedarf für 100 g essbare Menge (ca.) |
|---|---|---|
| | % | g |
| Ananas | 46 | 185 |
| Äpfel | 8–25 | 110–135 |
| Apfelsinen (Orangen) | 28 | 140 |
| Aprikosen | 9 | 110 |
| Avocados | 25 | 135 |
| Bananen | 33 | 150 |
| Birnen | 7 | 110 |
| Brombeeren | 0 | 100 |
| Cherimoyas | 35 | 155 |
| Erdbeeren | 3 | 105 |
| Feigen | 0 | 100 |
| Granatäpfel | 65 | 285 |
| Grapefruits | 34 | 150 |
| Heidelbeeren | 3 | 105 |
| Himbeeren | 0 | 100 |
| Honigmelonen | 20 | 125 |
| Johannisbeeren | 2 | 100 |
| Kakis | 13 | 115 |
| Kaktusfeigen | 45 | 180 |
| Kirschen, sauer | 11 | 110 |
| Kirschen, süß | 12 | 115 |

| Obst- bzw. Nussart | Abfall | Rohwarebedarf für 100 g essbare Menge (ca.) |
|---|---|---|
| | % | g |
| Kiwis | 13 | 115 |
| Litschis | 37 | 160 |
| Mandarinen | 30 | 144 |
| Mangos | 31 | 145 |
| Mirabellen | 6 | 105 |
| Papayas | 28 | 140 |
| Pfirsiche | 8 | 110 |
| Pflaumen | 6 | 105 |
| Preiselbeeren | 6 | 105 |
| Quitten | 16 | 120 |
| Renekloden | 4 | 105 |
| Stachelbeeren | 2 | 100 |
| Wassermelonen | 56 | 225 |
| Weintrauben | 4 | 105 |
| Zitronen | 36 | 155 |
| Haselnüsse | 58 | 240 |
| Kokosnüsse | 27 | 135 |
| Mandeln, süß | 49 | 195 |
| Paranüsse | 51 | 205 |
| Walnüsse | 57 | 235 |
| Erdnüsse | 30 | 145 |
| Edelkastanien | 20 | 125 |

**Tab. 5.5-3:** Abfall beim Vorbereiten von Kalb-, Rind- und Schweinefleisch (Souci-Fachmann-Kraut 2008, Bognár 2014)

| Fleischart | Abfall in % | | |
|---|---|---|---|
| | Kalbfleisch | Rindfleisch | Schweinefleisch |
| Brust | 0 | 0 | – |
| Bug, Schulter<br>ohne Knochen<br>mit Knochen | <br>0<br>16 | <br>0<br>– | <br>0<br>– |
| Filet | 0 | 0 | 0 |
| Hals, Nacken mit Knochen | 25 | – | – |
| Haxe mit Knochen (vorn) | 36 | – | 35 |
| Hintereisbein(-haxe) | – | – | 23 |
| Kamm, Oberschale | – | 0 | 0 |
| Kasseler mit Knochen<br>ohne Knochen | –<br>– | –<br>– | 13<br>0 |
| Keule, Schlegel mit Knochen | 22 | – | – |
| Kotelett mit Knochen | 22 | – | 20 |
| Kopf mit Knochen | – | – | 35 |
| Ochsenschwanz mit Knochen | – | 45 | – |
| Rumpsteak, Hüfte mit Knochen | – | 13 | – |
| Bauch-, Rückenspeck | – | – | 10 |
| Rostbraten | – | 0 | – |
| Herz | 0 | 12 | 12 |
| Hirn | 0 | 0 | 2 |
| Leber | 3 | 7 | 7 |
| Lunge | 24 | 24 | 13 |
| Niere | 12 | 13 | 13 |
| Zunge | 23 | 12 | 16 |

**Tab. 5.5-4:** Abfall beim Vorbereiten von Hammel- und Lammfleisch sowie von Wild, Geflügel und Fisch (Souci-Fachmann-Kraut 2008, Bognár 2014)

| Fleischart | Abfall in % |
|---|---|
| Hammel- und Lammfleisch | |
| Bug, Keule mit Knochen | 15 |
| Brust mit Knochen | 11 |
| Kotelett | 19 |
| Lende | 13 |
| Schnitzel | 1 |
| Geflügel | |
| Ente, ganz | 20 |
| Gans, ganz | 37 |
| Brathähnchen, ganz | 23 |
| Suppenhuhn, ganz | 43 |
| Hähnchenbrust ohne Knochen | 0 |
| Hähnchenbrust mit Knochen | 28 |
| Hähnchenkeule mit Knochen | 25 |
| Truthahn, ganz | 19 |
| Truthahnbrust ohne Knochen | 0 |
| Truthahnbrust mit Knochen | 11 |
| Truthahnkeule mit Knochen | 23 |
| Wild | |
| Hase | 20 |
| Hirschfleisch | 21 |
| Rehfleisch, Keule | 18 |
| Rehfleisch, Rücken | 30 |
| Fisch | |
| Fisch, ganz | 42 |
| Filet ohne Gräten und Haut | 0 |
| Miesmuscheln, ganz | 70 |
| Muschelfleisch | 0 |

## Rohwareneinsatz

In der Literatur sind sehr unterschiedliche Angaben zum Rohwareneinsatz je fertige Speisenportion zu finden – die Abweichungen sind teilweise erheblich. Bei der Mengenbemessung in der Speisenplanung ist es deshalb unerlässlich, beim Einkauf der Rohware auf individuelle Erfahrungswerte oder auf eigene Tabellen über den bei der Vorbereitung zu erwartenden Abfall zurückzugreifen.

In **Abb. 5.5-1** ist als Prozesskette dargestellt, welchen Anteil Abfallmenge und Schwund an der Gesamtausbeute ausmachen und wie sich der Mengenanteil jeweils kalkulieren lässt. Dies ist zur Errechnung von Rohwarenmengen bei der Speisenplanung hilfreich.

Der Abfall- bzw. Schwundfaktor wird in der Praxis durchweg als Prozentwert angegeben. Beim Garen verlieren insbesondere Gemüse und Fleisch an Flüssigkeit und Gewicht. Dieser sogenannte Schwund ist bei der Variation von Rezepten zu berücksichtigen. Wenn ein Lebensmittel bei der Zubereitung durch Wasseraufnahme quillt, kann die verzehrfertige Menge größer werden als die eingesetzte Menge – der Schwund ist dann negativ. Außerdem erfolgt manchmal das Entbeinen üblicherweise erst nach dem Garen. Auf den Einbezug solcher Fälle wurde in **Abb. 5.5-1** verzichtet, um die Übersichtlichkeit zu wahren.

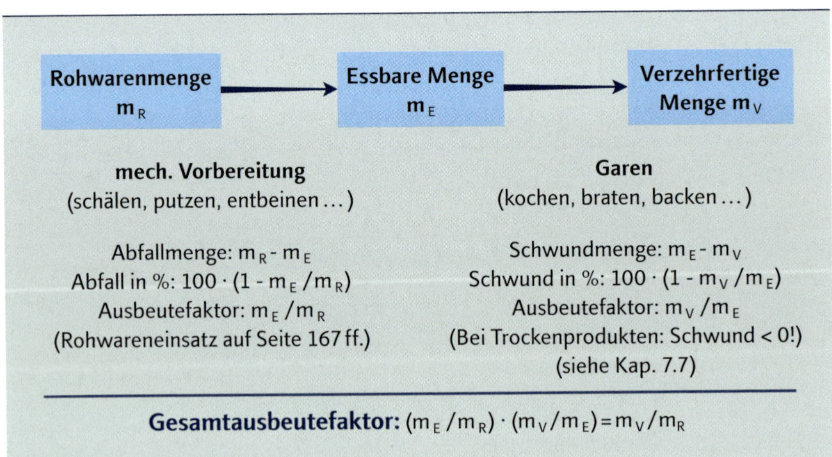


**Abb. 5.5-1:** Kalkulation von Abfallmenge, Schwundmenge und Gesamtausbeute (Lichtenberg 2014)

In **Tab. 5.5-5** und **Tab. 5.5-6** sind (jeweils in der zweiten Spalte) Erfahrungswerte für die erforderliche Rohwarenmenge $m_R$ je Portion bei der Zubereitung von Speisen in Anlehnung an Kochbuchangaben dargestellt – die Auswahl erhebt keinen Anspruch auf Vollständigkeit. Aus dem Rohwareneinsatz resultiert die essbare Menge $m_E$ (dritte Spalte) durch Abzug des Abfalls. Mit Hilfe der in **Tab. 5.5-1** bis **Tab. 5.5-4** tabellierten Prozentfaktoren $P_{ABFALL}$ ergibt sich

$$m_E = (1 - \textit{Abfall in } \%/100)\ m_R$$

Der Multiplikator (1-*Abfall in* %/100) ist der sogenannte Ausbeutefaktor. Die Kenntnis der essbaren Menge ist u. a. für die Ermittlung des Nährwertes von Speisen unerlässlich (siehe **Kap. 5.6**). Der Rohwareneinsatz kann wie bereits erwähnt je nach dem individuellen Bedarf der Berufs- und Altersgruppe von den angegebenen Durchschnittswerten um etwa ein Drittel nach oben oder unten abweichen.

**Tab.5.5-5:** Durchschnittliche Rohwareneinsatzmenge für die Zubereitung von Gemüse- und Kartoffelspeisen je Portion (HEA 2011, Bognár 2014)

| Gemüseart | Rohwareneinsatz je Portion [1] | |
|---|---|---|
| | Rohware [2] ($m_R$ in g) | essbare Menge [3] ($m_E$ ca.) |
| Blattgemüse | | |
| Eisbergsalat | 95 [3] | 70 [3] |
| Endiviensalat | 95 [3] | 75 [3] |
| Feldsalat | 75 [3] | 75 [3] |
| Kopfsalat | 100 [3] | 70 [3] |
| Spinat | 250 [3] | 215 [3] |
| Frucht- und Samengemüse | | |
| Auberginen | 240 | 200 [3] |
| Bohnen, dicke | 440 | 215 [3] |
| Bohnen, grüne | 200 | 190 [3] |
| Erbsen, grüne | 500 | 200 [3] |
| Salatgurke | 200 [4] | 150 [4] |
| Kürbis ohne Schale | 200 [4] | 145 [4] |

*(Fortsetzung S. 168)*

**Tab. 5.5-5:** *(Fortsetzung v. S. 167)*
Durchschnittlicher Rohwareneinsatz für die Zubereitung von Gemüse- und Kartoffelspeisen je Portion (HEA 2011, Bognár 2014)

| Gemüseart | Rohwareneinsatz je Portion [1] | |
|---|---|---|
| | Rohware [2] ($m_R$ in g) | essbare Menge [3] ($m_E$ ca.) |
| Kürbis mit Schale | 200 [4] | 160 [4] |
| Paprika | 260 | 200 [3] |
| Zuckermais | 400 | 150 [3] |
| Tomaten/als Salat | 200 | 190 [3] |
| Zucchini | 230 | 200 [3] |
| Stängel- und Sprossengemüse | | |
| Bleichsellerie | 320 | 200 [3] |
| Chicorée | 220 | 195 [3] |
| Fenchel | 220 | 205 [3] |
| Kohlrabi | 300 | 200 [3] |
| Spargel | 270 | 200 [3] |
| Kohlgemüse | | |
| Blumenkohl | 320 | 200 [3] |
| Brokkoli | 250 | 205 [3] |
| Chinakohl | 250 | 200 [3] |
| Grünkohl | 400 | 205 [3] |
| Rosenkohl | 250 | 195 [3] |
| Rotkohl | 250 | 195 [3] |
| Weißkohl | 250 | 195 [3] |
| Wirsing | 280 | 200 [3] |
| Wurzelgemüse | | |
| Möhren | 250 | 205 [3] |
| Rote Rüben | 250 | 195 [3] |
| Schwarzwurzeln | 350 | 195 [3] |
| Sellerie | 270 | 195 [3] |

*(Fortsetzung S. 169)*

**Tab. 5.5-5:** *(Fortsetzung v. S. 168)*
Durchschnittlicher Rohwareneinsatz für die Zubereitung von Gemüse- und Kartoffelspeisen je Portion (HEA 2011, Bognár 2014)

| Gemüseart | Rohwareneinsatz je Portion [1] | |
|---|---|---|
| | Rohware [2] ($m_R$ in g) | essbare Menge [3] ($m_E$ ca.) |
| Zwiebelgemüse | | |
| Lauch | 350 | 205 [3] |
| Zwiebeln | 220 | 200 [3] |
| Kartoffeln | | |
| Salzkartoffeln | 225 | 180 [3] |
| Pellkartoffeln | 225 | 190 [3] |
| Kartoffelsalat | 225 | 190 [3] |
| Pommes frites | 375 | 300 [3] |

[1] verzehrfertig zubereitet als Beilage
[2] küchenfertige Frischware
[3] berechnet
[4] eigene Untersuchungen

**Tab.5.5-6:** Durchschnittlicher Rohwareneinsatz für die Zubereitung von Fisch-, Fleisch-, Geflügel- und Wildspeisen (Bognár 2014)

| Lebensmittelgruppe/ -art | Rohwareneinsatz je Portion [1] | |
|---|---|---|
| | Rohware [2] ($m_R$ in g) | essbare Menge [3] ($m_E$ ca.) |
| Fisch und Muscheln | | |
| Fische (z. B. Forelle, Karpfen ganz) | 275 [3] | 145 [3] |
| Fischfilet | 175 [3] | 170 [3] |
| Muscheln mit Schale | 500 [3] | 150 [3] |
| Muschelfleisch | 150 [3] | 145 [3] |

*(Fortsetzung S. 170)*

**Tab. 5.5-6:** *(Fortsetzung v. S. 169)*
Durchschnittlicher Rohwareneinsatz für die Zubereitung von Fisch-, Fleisch-, Geflügel- und Wildspeisen (Bognár 1991, 2014)

| Lebensmittelgruppe/ -art | Rohwareneinsatz je Portion [1] | |
|---|---|---|
| | Rohware [2] ($m_R$ in g) | essbare Menge [3] ($m_E$ ca.) |
| **Kalbfleisch** | | |
| Brust, Bug, Schulter, Filet | 150 [3] | 150 [3] |
| Hals, Nacken mit Knochen | 200 [3] | 150 [3] |
| Keule, Schlegel, Kotelett mit Knochen | 200 [3] | 155 [3] |
| Haxe mit Knochen | 400 [3] | 255 [3] |
| **Rindfleisch** | | |
| Brust, Bug, Schulter, Oberschale, Filet | 150 [3] | 150 [3] |
| Bug, Schulter mit Knochen | 200 [3] | 170 [3] |
| Rumpsteak, Hüfte mit Knochen | 200 [3] | 175 [3] |
| Ochsenschwanz mit Knochen | 350 [3] | 195 [3] |
| **Schweinefleisch** | | |
| Bug, Schulter, Kamm, Oberschale, Filet | 150 [3] | 150 [3] |
| Kassler ohne Knochen | 150 [3] | 150 [3] |
| Kassler mit Knochen | 175 [3] | 150 [3] |
| Kotelett mit Knochen | 200 [3] | 160 [3] |
| Bauch, Rückenspeck | 170 [3] | 155 [3] |
| **Geflügel, Wild** | | |
| Brathähnchen (ca. 1 kg ganz) mit Knochen | 250 [3] | 195 [3] |
| Hähnchenkeule mit Knochen | 200 [3] | 150 [3] |

*(Fortsetzung S. 171)*

| Lebensmittelgruppe/ -art | Rohwareneinsatz je Portion [1] | |
|---|---|---|
| | Rohware [2] ($m_R$ in g) | essbare Menge [3] ($m_E$ ca.) |
| Hähnchen-, Putenbrust, (-schnitzel) | 150 [3] | 150 [3] |
| Pute (ganz, ca. 4 kg) | 250 [3] | 205 [3] |
| Ente (ganz, ca. 2 kg) | 270 [3] | 175 [3] |
| Gans (ganz, ca. 4 kg) | 275 [3] | 175 [3] |
| Hase | 250 [3] | 200 [3] |
| Hirschfleisch | 250 [3] | 200 [3] |
| Rehfleisch, Keule | 250 [3] | 205 [3] |
| Rehrücken | 300 [3] | 210 [3] |

[1] verzehrfertig zubereitet als Hauptspeise
[2] als Hauptspeise, küchenfertige Frischware
[3] berechnet

Die Einsatzmengen (essbare Mengen) für die Zubereitung von Nudeln, Reis-, Körner- und Hülsenfruchtspeisen sind in **Tab. 5.5-7** angegeben.

**Tab. 5.5-7:** Durchschnittliche Rohwarenmenge (Trockenprodukt) und essbare Menge (gekocht) von Teigwaren, Reis-, Körner- und Hülsenfruchtspeisen (HEA 2011, Bognár 1991, 2014)

| Art der Rohware (Trockenprodukt) | essbare Menge (gekocht) je Portion in g | |
|---|---|---|
| | als Beilage | als Hauptspeise |
| Teigwaren | 70 [3] | 115 [3] |
| Getreidekörner [1] | 65 [4] | 110 [4] |
| Hülsenfrüchte [2] | 65 [4] | 110 [4] |

[1] Reis, Gerste, Dinkel, Hirse, Weizen, Buchweizen etc.
[2] Bohnen, Erbsen, Linsen
[3] berechnet
[4] eigene Untersuchungen

Die haushaltsüblichen Rezepte enthalten keine Angabe über die verzehrfertige, essbare Portionsmenge nach dem Garen. Die verzehrfertige Portionsmenge einer Speise kann genau erst durch Wiegen nach dem Garen bestimmt werden. Dies umständliche Vorgehen ist aber mit relativ großem Zeitaufwand und hohen

Kosten verbunden. Die verzehrfertige Portionsmenge kann jedoch anhand der Rezeptangaben für den essbaren Rohwareneinsatz und der Tabellenwerte für die Gewichtsausbeute nach dem Garen mit geringem Aufwand in ausreichender Genauigkeit ermittelt werden (siehe **Kap. 7.7**). Die **Tab. 5.5-8** bis **5.5-11** enthalten Anhaltswerte für die Verzehrsmengen von ausgewählten Speisen.

**Tab. 5.5-8:** Portionsmengen von Vorspeisen und Abendimbiss (Nassgewichte in g) (HEA 2011)

| Art der Speise | verzehrfertige Menge je Portion in g | |
|---|---|---|
| | als Vorspeise bei Dreigangmenü | als Abendimbiss oder Zwischenmahlzeit |
| Aspikspeise | 100 | 200–250 |
| Cocktail | 125 | 200 |
| Ragout fin | 125–150 | 200–250 |
| Toastschnitte | 15–30 (½–1 mitteldicke Scheibe) | 30–60 (1–2 mitteldicke Scheiben) |

**Tab. 5.5-9:** Verzehrfertige Portionsmengen bei Suppen und Suppeneinlagen (HEA 2011, Bognár 2015)

**Suppen**

| Art der Suppe | Menge je Portion in g |
|---|---|
| serviert als Vorspeise | |
| klare Suppe | 200–250 |
| • bei Vielgangmenü | 100–125 |
| gebundene Suppe | 200–250 |
| • bei Vielgangmenü | 100–125 |
| serviert als Hauptgericht | |
| sättigende Suppe | 500 |
| Eintopf | 500 |
| serviert als Nachspeise | |
| süße Suppe | 200–250 |

**Suppeneinlagen**

| Art der Einlage | Menge je Portion Suppe [1] in g |
|---|---|
| Eierstich | 40–50 |
| Flädle | 50–60 |
| Klößchen | 50–60 |
| Reis | 25–45 |
| Teigwaren | 25–45 |
| geröstete Brotwürfel | 25–45 |

[1] 250 g Gesamtmenge inkl. Einlagen

**Tab. 5.5-10:** Verzehrfertige Portionsmengen bei Klößen, Nudeln, Reis- und anderen Körnerfrüchtespeisen (HEA 2011, Bognár 2015)

| Art der Speise | Menge je Portion in g | |
|---|---|---|
| | als Beilage | als Hauptspeise |
| Hefeklöße | 180–200 | 200–250 |
| Semmelklöße | 180–200 | 200–250 |
| Kartoffelklöße | 180–200 | 200–250 |
| Nudeln | 240–300 | 340–400 |
| Reis | 150–180 | 300–350 |
| andere Körnerfrüchte [1)] | 150–180 | 200–260 |
| Bohnen | 150–160 | 270–280 |
| Erbsen | 150–160 | 270–280 |
| Linsen | 150–170 | 270–300 |

[1)] Buchweizen, Dinkel, Gerste, Hirse, Weizen

**Tab. 5.5-11:** Verzehrfertige Portionsmenge bei Soßen und Salaten (HEA 2011)

**Soßen**

| Art der Soße | zur Vorspeise je Portion in ml | zum Hauptgericht je Portion in ml | zur Nachspeise je Portion in ml |
|---|---|---|---|
| pikante Soße | – | 100–125 [1)] | – |
| kalt gerührte Soße | 50–100 | 50–100 | – |
| süße Soße | – | 100–125 [1)] | 100–125 |
| aufgeschlagene Soße | 50–100 | 100–125 [1)] | 50–125 |

[1)] In der Betriebsverpflegung werden je Portion 80–100 ml kalkuliert.

**Salate**

| Art des Salates (verzehrfertig) | Vorspeise je Portion in g | Beilage je Portion in g | Hauptgericht je Portion in g |
|---|---|---|---|
| Blattsalat | 50–70 | 60–90 | – |
| Rohkost | 100 | 100–150 | 300–500 |
| Salat von gegartem Gemüse | 100–150 | 150–200 | 200–300 |
| Mischsalat | 100–150 | 150–200 | 200–300 |

## 5.6 Referenzwerte, Nährwertberechnungsprogramme

(MARGIT BÖLTS, TORSTEN DICKAU)

### Referenzwerte

Die energieliefernden Nährstoffe (Proteine, Fette, Kohlenhydrate) und weitere Inhaltsstoffe wie Vitamine und Mineralstoffe dienen zum Aufbau und zur Erhaltung des menschlichen Organismus und als Energielieferanten. Sie stellen damit einen lebensnotwendigen Faktor dar, der in bestimmter Menge vom Organismus unbedingt benötigt wird. Grundlage der Nährstoffempfehlungen bilden die D-A-CH-Referenzwerte (ein Gemeinschaftsprodukt der deutschen (D), österreichischen (A) und schweizerischen (CH) Ernährungsfachgesellschaften). Sie geben an – differenziert nach Alter, Geschlecht sowie ergänzt durch Zuschläge für Schwangere und Stillende – welche Menge eines Nährstoffs eine gesunde Person zur Aufrechterhaltung der vollen Leistungsfähigkeit und zur Prävention von ernährungsmitbedingten Erkrankungen benötigt. Diese Werte sind im Durchschnitt in einer Woche zu erreichen, wobei Tagesabweichungen zulässig sind. Unterschieden wird zwischen

- **empfohlener Zufuhr** für die Inhaltsstoffe, bei denen mit großer Sicherheit der Bedarf bekannt ist, der allen individuellen, physiologischen Schwankungen gerecht wird und einen ausreichenden Vorrat im Organismus sicherstellt, z. B. für die Vitamine A, D, $B_6$ und $B_{12}$,
- **Schätzwerten** für Stoffe, bei denen der Bedarf nicht mit der wünschenswerten Genauigkeit bekannt ist, z. B. für die Vitamine E, K, für Pantothensäure, Natrium und Kalium,
- **Richtwerten** als Orientierungshilfe, wenn die Aufnahmemenge innerhalb bestimmter Bereiche liegen sollte, um eine Über- oder Unterversorgung zu vermeiden, z. B. für Fett, Kohlenhydrate, Cholesterol und Ballaststoffe sowie Kochsalz.

Bei den Empfehlungen für die Nährstoffzufuhr ist zu berücksichtigen, dass nicht ein einzelnes Lebensmittel alle notwendigen Nährstoffe liefern kann, sondern dass nur eine ausgewogene und vollwertige Ernährung eine ausreichende Zufuhr sicherstellt.

## Nährwertberechnungsprogramme

Die Nährwertberechnung dient der Ermittlung des Brennwertes (in kJ) und des Nährstoffgehaltes eines einzelnen Lebensmittels oder einer Rezeptur, der Menge eines ganzen Tages oder ganzer Menüpläne mit Hilfe von Nährwerttabellen oder Nährwertberechnungs-Software. Die Berechnung ermöglicht Aussagen über die spezifische Nährstofflieferung eines einzelnen Lebensmittels (z. B. 250 mg Calcium pro 100 g), einer Rezeptur (z. B. 3,5 g Fett pro 100 g verzehrfertig zubereitete Speise) oder für Portionen einer Tagesverpflegung (z. B. enthält 29 g Ballaststoffe). Bei Vorliegen der Nährwerte über eine ganze Woche können Aussagen über die Ist-Situation der Nährstoffversorgung im Vergleich zu den D-A-CH-Referenzwerten getroffen werden. Bei der Verwendung von Nährwertberechnungsprogrammen für zubereitete Lebensmittel (Speisen) ist u. a. Folgendes zu beachten:

- Die Kalkulation muss auf einer anerkannten Datenbasis beruhen, z. B. auf Daten für Gewichtsausbeute und Nährstofferhaltung bei der Zubereitung (siehe **Kap. 7.7** und **7.8**), sowie auf Daten aus dem Bundeslebensmittelschlüssel oder den Souci-Fachmann-Kraut-Tabellen.
- Die Datenbank sollte erweiterbar sein, indem andere Lebensmittel (z. B. Convenience-Produkte) mit ihren Nährwerten importiert oder auch Rezepturen ergänzt werden können.
- Das Programm sollte einen Vergleich mit den D-A-CH-Referenzwerten enthalten.
- Die Datenausgabe sollte anschaulich sein, und die Ergebnisse sollten einfach in andere Programme überführt werden können.

Zwar liefert ein Nährwertberechnungsprogramm Ergebnisse mit eindrucksvoller Genauigkeit. Es ist jedoch zu bedenken, dass es sich beim Nährwert eines Lebensmittels um Durchschnittswerte handelt. Die Schwankungsbreiten des Nährstoffgehalts z. B. von pflanzlichen Produkten sind je nach Anbaugebiet, Jahreszeit, Lagerung usw. erheblich, die Angaben beziehen sich überwiegend auf frische Rohware und berücksichtigen keine Verluste aufgrund von Lagerung und Zubereitung. Die Software liefert damit eine sogenannte Pseudogenauigkeit, die im Einzelfall nicht den Tatsachen entspricht. Es ist unbedingt die Angabe eines Vertrauensbereichs (z. B. ±10 %) erforderlich.

## Literatur zu Kapitel 5

aid – aid infodienst für Ernährung, Landwirtschaft, Verbraucherschutz e.V. (Hrsg.) 2008: Nährstoffveränderungen bei der Lebensmittelzubereitung im Haushalt. Special, Bestell-Nr. 3048, Bonn

Bognár A., 1991: Nährwerttabellen für verzehrfertige Speisen. AID Verbraucherdienst, Bonn

Bognár A., Piekarski J. 2000: Guidelines for recipe information and calculation of nutrient composition of prepared foods (dishes). Journal of Food Composition and Analysis, volume 13, issue 4, pp. 391–410

Bundesministerium für Ernährung, Landwirtschaft und Verbraucherschutz. Max Rubner-Institut, Bundesforschungsinstitut für Ernährung und Lebensmittel (Hrsg.) 2008: Nationale Verzehrsstudie II. Berlin, Karlsruhe, www.was-esse-ich.de (ver. 08.08.2015)

DFA – Deutsche Forschungsanstalt für Lebensmittelchemie (Hrsg.) Kirchhoff E. (Bearb.) 2008: Souci – Fachmann – Kraut. Die Zusammensetzung der Lebensmittel – Nährwert-Tabellen. 7. Auflage, Medpharm Scientific Publishers Stuttgart

DGE – Deutsche Gesellschaft für Ernährung e.V. (Hrsg.) 2004: Ernährungsbericht 2004, Bonn

DGE – Deutsche Gesellschaft für Ernährung e. V. (Hrsg.) 2013: Ernährungsbericht 2012, Bonn

DGE – Deutsche Gesellschaft für Ernährung e.V. et al. (Hrsg.) 2013: Referenzwerte für die Nährstoffzufuhr. 1. Auflage, 5. korrigierter Nachdruck, Bonn

dgh – Deutsche Gesellschaft für Hauswirtschaft e.V. (Hrsg.), Zacharias R., Dürr H. (Red.) 1992: Lebensmittelverarbeitung im Haushalt. 5. Aufl., Verlag Eugen Ulmer, Stuttgart

Hartmann B. M., Bell S., Vásquez-Caicedo A. L., Götz A., Erhardt J., Brombach C. 2014: Bundeslebensmittelschlüssel (BLS). Version II.3.02. Max Rubner-Institut, Karlsruhe

HEA – Fachverband für Energie-Marketing und -Anwendung e.V. beim VWEW 2011: Das Blaue Kochbuch. 54. Auflage, VWEW Energieverlag, Frankfurt am Main

Janssen A., Leicht-Eckardt E.: Ressourcenschonend kochen i(s)t nachhaltig. WABE-Zentrum der Hochschule Osnabrück (Hrsg.), Wallenhorst 2013

KTBL – Kuratorium für Technik und Bauwesen in der Landwirtschaft (Hrsg.) 1971: Kalkulationsunterlagen für Betriebswirtschaft – Hauswirtschaft. Band B. Landwirtschaftsverlag, Hiltrup

KTBL – Kuratorium für Technik und Bauwesen in der Landwirtschaft (Hrsg.) 2008: Hauswirtschaftliche Daten für eine professionelle Dienstleistung. Investitionsbedarf, Arbeitszeit und Kosten. Darmstadt

Meier U., Preuße H., Sunnus E.M. 2003: Steckbriefe von Armut. Haushalte in prekären Lebenslagen. Westdeutscher Verlag/GWV Fachverlag GmbH, Wiesbaden

Pfau C. 2006: Einkaufen und Speisenzubereitung. Ausgewählte Ergebnisse eines EU-Projektes zur Ernährung im Alter. In: BAGSO-Nachrichten, Nr. 4, S. 16–17

REFA – Verband für Arbeitsstudien und Betriebsorganisation e. V. (Hrsg.) 1984: Methodenlehre des Arbeitsstudiums: Band 2 – Datenermittlung. Carl Hanser Verlag, München

Umweltbundesamt (Hrsg.) 2015: Der $CO_2$-Rechner. www.uba.klimaktiv-co2-rechner.de

Umweltbundesamt (Hrsg.) 2007: Die $CO_2$-Bilanz des Bürgers. Abschlussbericht des Forschungs- und Entwicklungsvorhabens zur Recherche für ein internetbasiertes Tool zur Erstellung persönlicher $CO_2$-Bilanzen durchgeführt vom ifeu Institut für Energie- und Umweltforschung, Heidelberg www.klimaktiv.de/media/docs/Studien/20642110_uba_die_co2-bilanz_des_buergers.pdf, http://uba.klimaktiv-co2-rechner.de/http://uba.klimaktiv-co2-rechner.de/

von Schweitzer R. 1991: Einführung in die Wirtschaftslehre des privaten Haushalts. Verlag Eugen Ulmer, Stuttgart

von Schweitzer R. 1983: Haushaltsführung. Verlag Eugen Ulmer, Stuttgart

# 6 Lebensmittelvorbereitung und Kalte Küche

Lebensmittel müssen in den meisten Fällen vor dem Garen oder dem weiteren Bearbeiten vorbereitet werden. Dies dient dazu,

- Fremdbestandteile sowie unerwünschte, ungenießbare und sensorisch nicht vertretbare Bestandteile zu entfernen,
- bei Rohwaren Form und Größe zu verändern sowie
- Konsistenz und Geschmack zu beeinflussen.

Die Vorbereitungsverfahren bringen neben angestrebten auch unerwünschte Veränderungen mit sich. Infolge der Oberflächenvergrößerung nach dem Schneiden werden Lebensmittel anfälliger z. B. für das Wachstum von Mikroorganismen. Die Zellzerstörung von pflanzlichen Lebensmitteln beim Schneiden, Reiben und Raspeln fördert enzymatische Bräunungsvorgänge, wobei die zelleigenen Enzyme wertvolle Inhaltsstoffe abbauen.

Die Vorbereitung sollte erst unmittelbar vor der Weiterverarbeitung erfolgen. Ist dies nicht möglich, sind die Lebensmittel gekühlt zwischenzulagern, um einen übermäßigen Abbau von Wertstoffen sowie sensorische Qualitätseinbußen zu verhindern und die Lebensmittel vor mikrobiellem Wachstum zu schützen. Das Zerkleinern der Lebensmittel sollte erst kurz vor dem Garen erfolgen, da sonst mit einem hohen Vitaminverlust zu rechnen ist, wie im Übrigen auch bei langem Wässern der Rohware. Überlegt werden sollte, wo ein Schälen der Rohware zwingend erforderlich ist, denn wertvolle Inhaltsstoffe werden häufig mit der Schale entfernt.

## 6.1 Vorbereitungsverfahren (MICHAELA SCHLICH, UTE GOMM)

### Grundlagen

Die mechanischen Verfahren bewirken vor allem die folgenden Zustandsänderungen der Lebensmittel:

- Verkleinern oder Vergrößern der Gesamtmasse: Hier sind zum Beispiel Putzen und Schälen einzuordnen.
- Verändern der Partikelgröße durch Zerkleinern: Dies führt zur Oberflächenvergrößerung (zum Beispiel zur Beschleunigung der Extraktion bei Kaffeemehl), zur besseren Wärmeübertragung (zum Beispiel bei Salzkartoffeln) und zur besseren

Verteilung (beispielsweise bei Teigherstellung, indem Zutaten vor dem Trennen oder Mischen zerkleinert werden).
- Änderung der Partikelverteilung in einer Masse durch Homogenisieren oder Enthomogenisieren, zum Beispiel durch Mischen oder Entsaften
- Formen einer ungeformten Masse oder das Umformen

Die Zustandsänderungen können maschinell oder manuell (Mehl „schöpfen", Brot brechen) ausgeführt werden. Der Ablauf in der Maschine hat wesentliche Auswirkung auf das Ergebnis. Zu unterscheiden sind

- das Durchlaufprinzip (**kontinuierliche Bearbeitung**): Das Werkzeug wirkt nur einmal auf das Lebensmittel ein, weil das Gut den Bearbeitungsbereich sogleich verlässt. Vorteilhaft sind der hohe Durchsatz und das einheitliche Ergebnis. Beispiele: Fleischwolf, Durchlaufschnitzler, Mahlwerk-Kaffeemühle.
- die **diskontinuierliche** Arbeitsweise: Zum Gerät gehört ein Behältnis, in dem das Lebensmittel bearbeitet wird. Der Arbeitsaufwand ist wegen des mehrfachen Beschickens und Entnehmens erhöht. Beispiele: Rühren, Kneten (im Gefäß), Saftzentrifuge ohne Auswurf des Rückstands.

## Vorbereitungsverfahren

Die Nomenklatur der Vorbereitungsverfahren umfasst nicht nur mechanische Prozesse, sondern auch die Bearbeitung unter Mitwirkung von Wasser (Waschen) und Wärme (Blanchieren). Eine mögliche Einteilung der Vorbereitungsverfahren zeigt **Tab. 6.1-1.** In der folgenden **Tab. 6.1-2** werden die Lebensmittelvorbereitungsverfahren erläutert.

**Tab. 6.1-1:** Einteilung der Vorbereitungsverfahren (Herrmann 2011)

| Verfahrensgruppe | | | | | |
|---|---|---|---|---|---|
| Trennen | Lockern | Zerkleinern | Vereinigen | Formen | Mischen |
| Waschen | Blanchieren | Schneiden | Panieren | Dressieren | Schlagen |
| Wässern | Marinieren | Filetieren | Spicken | Binden | Kneten |
| Schälen | Weichen | Raspeln | Bardieren | Tournieren | Emulgieren |
| Putzen | Mürben | Reiben | Würzen | | |
| Parieren | | Schnitzeln | | | |

**Tab. 6.1-2:** Lebensmittelvorbereitungsverfahren (Schlich 2009)

| Verfahren | Ziel |
|---|---|
| Waschen | mechanisches Abtrennen von Fremdbestandteilen zur Erzielung sichtbarer Sauberkeit |
| Wässern | Herauslösen von unerwünschten, schädlichen oder sensorisch negativen Stoffen durch Wasser oder wässrige Flüssigkeiten |
| Schälen, Putzen | Abtrennen von ungenießbaren Außenschichten und holzigen oder verschmutzten Außenblättern. Abtrennen der Schale zur Reduktion von Rückständen (z. B. von Wachs auf Zitrusfrüchten) |
| Parieren | Zurechtschneiden und gargerechtes Formen von Fleisch, Geflügel und Fisch |
| Blanchieren | kurzes Überbrühen zur Farberhaltung, zur Reduktion enzymatischer Aktivität, zur Konsistenz- und Volumenveränderung sowie zur Herabsetzung der Keimzahl |
| Marinieren | Einlegen oder Benetzen von Lebensmitteln zur Lockerung des Gefüges und zur Geschmacksverbesserung sowie zur Verhinderung von enzymatischer Bräunung |
| Weichen | Zuführen von Wasser bei getrockneten Lebensmitteln (z. B. Trockenobst, Trockenpilzen, Gelatine) |
| Mürben (Plattieren) | Gefügelockerung und Formen von Fleischstücken durch mechanische Bearbeitung |
| Schneiden | mechanische Zerkleinerung von Lebensmitteln in gewünschte Formen |
| Raspeln, Schnitzeln, Reiben, Pürieren | feinste Zerkleinerung fester Rohstoffe und Konsistenzveränderung von Lebensmitteln |
| Panieren | Einkrusten von gewürzten Lebensmitteln vor dem Braten oder Frittieren zur Erhöhung des Genusswerts oder zur Verringerung des Flüssigkeitsaustritts |
| Tournieren | Ausstechen und Formen von Lebensmitteln, um eine verzehrsgerechte und optisch ansprechende Form herzustellen |

| Prozess und Anwendung |
|---|
| fließendes oder (bei empfindlichen Lebensmitteln stehendes) Kaltwasser; fließendes Warmwasser bei gespritzten und gewachsten Lebensmitteln (z. B. Weintrauben) |
| Lebensmittel in reichlich Wasser (z. B. Hülsenfrüchte, Endivien) oder in Milch/Buttermilch/Rotwein/Essig (Innereien, Lamm, Wild) einlegen oder marinieren |
| mit kleinem Messer oder Sparschäler möglichst sparsam schälen. Schälverluste z. B. bei Möhren 25 %, Kartoffeln 23 %, Kohlrabi 45 %, Spargel 35 % und Zwiebeln 15 % |
| mit Ausbeinmesser unerwünschte Bindegewebsproteine (Haut, Sehnen, Knorpel) entfernen, ggf. auch Fettgewebeteile |
| Lebensmittel (Gemüse vor Einfrieren, Tomaten vor Häuten und Spinat zur Volumenminderung) kurz in siedendes Wasser, feuchte Heißluft oder Wasserdampf bringen und anschließend in kaltem Wasser (Eiswasser) abschrecken. Blanchierdauer möglichst kurz halten, um Vitaminverluste zu minimieren |
| 1–3 Tage Einlegen der Rohware (Fleisch, Wild) unter Kühlung in säurehaltige Marinade aus Wasser, Essig und verschiedenen Gemüsen, bis das Bindegewebe gelockert ist. Zur Verhinderung enzymatischer Bräunung z. B. kurzzeitiges Benetzen von Obst mit Zitronensaft |
| Lebensmittel in exakt bemessener Wassermenge (sonst hohe Auslaugung) bis zum Ausquellen belassen. Das Weichwasser kann weiterverwendet werden (bei Hülsenfrüchten nicht zu empfehlen). |
| Bei der Bearbeitung von Fleischstücken vor dem Garen mit Fleischklopfer oder Steaker lockern sich die Bindegewebsschichten, und die Fleischstücke werden mürbe. Mürben führt zu Fleischsaftverlust, daher werden Edelfleischteile wie Filet nicht plattiert oder gesteakt. |
| Schneiden in verzehrsgerechte Portionen, bei Bratgemüse auch zur Oberflächenvergrößerung – Zerkleinern reduziert die Garzeiten. Arbeitsmittel außer Messer: Schneidemaschine, Kutter, Fleischwolf |
| Manuelles oder maschinelles (Küchenmaschine) Raspeln, Reiben und Hobeln von Lebensmitteln, feines Pürieren mittels Pürierstab z. B. von Gemüse (etwa für Cremesuppen). Beim Schnitzeln und Raspeln durch Schneiden (Raspel nur wenige Millimeter breit), beim Reiben durch Aufreißen an einer rauen Fläche |
| Portionierte Rohwaren (z. B. Fleisch, Fisch, Gemüse, Kartoffeln) würzen, evtl. mit Mehl bestäuben und anschließend in Panade unterschiedlichster Zusammensetzung wälzen (erst unmittelbar vor dem Garen!). Alle Panaden enthalten Ei. |
| Formen mit Messer oder z. B. Apfelausstecher, Kannelierer oder Löffelausstecher, auch Formen von Klößen oder Knödeln |

*(Fortsetzung S. 182/183)*

**Tab. 6.1-2:** *(Fortsetzung v. S. 180/181)* Lebensmittelvorbereitungsverfahren

| Verfahren | Ziel |
|---|---|
| Schlagen | Mischen von flüssigen oder dickflüssigen Lebensmitteln mit Luft zur Volumenvergrößerung und Geschmacksverbesserung |
| Kneten | intensives mechanisches Bearbeiten von Zutaten zur Erzielung einer gleichmäßigen Mischung und anschließenden Teigbildung |
| Emulgieren | Verbindung von wässriger und fetthaltiger Phase durch intensives Mischen (Rühren, Schlagen) |

## Arbeitsplatz einrichten

Für ein zügiges und effektives Vorgehen bei der Lebensmittelzubereitung ist es zweckmäßig, alle Gerätschaften, Geschirr und benötigten Zutaten zusammenzustellen und auf einer sauberen, freien Arbeitsfläche sinnvoll anzuordnen. Dies heißt in der Fachsprache „Rüsten". Beim Einrichten des Arbeitsplatzes hat sich das Prinzip des inneren und äußeren Greifraums bewährt. Der äußere Greifraum ist der Bereich, den man mit gestreckten Armen erreichen kann. Der innere Greifraum ist der Bereich, den man mit angewinkelten Armen erreichen kann. Teile, die häufig beim Arbeiten benötigt werden, sollten sich im inneren Greifraum befinden und Teile, die weniger häufig benötigt werden, werden im äußeren Greifraum platziert (siehe **Abb. 6.1-1**).

| Prozess und Anwendung |
|---|
| Schlagen z. B. von Eiklar oder Schlagsahne mit einem Schlagbesen oder maschinell (Küchenmaschine, Handrührgerät, Mixer), so dass Luft unter die Masse gehoben wird. Bei Eischnee darf kein Eigelb und damit Fett in die Masse gelangen. Sahne bei Temperaturen unter 10 °C schlagen, sonst bildet sich keine Emulsion |
| Beim Vermischen der Zutaten lösen sich wasserlösliche Bestandteile. Im weiteren Verlauf bildet sich beim Kneten der so erzeugten Vorteigmasse unter Wasseraufnahme ein Klebergerüst (typisch bei Weizenmehlen) durch Verquellen der unlöslichen Bestandteile (Kleberproteine bzw. Schleimstoffe des Getreides), anschließend entsteht ein elastischer, dehnbarer Teig. |
| Vermengen von Öl und Wasser durch Rühren und Schlagen, wobei die disperse Phase (Öl) kleine Tröpfchen bildet, die von der kontinuierlichen Phase (Wasser) umgeben werden. Zur Herstellung stabiler Emulsionen wird eine oberflächenaktive Substanz (Emulgator, z. B. Lecithin) hinzugefügt. |

Fotos: Michael Ebersoll, aid

**Abb. 6.1-1:** Eingerichteter Rechtshänder- Arbeitsplatz

## 6.2 Verfahren der Kalten Küche (MICHAELA SCHLICH)

Die sogenannte „Kalte Küche" erfordert die Beachtung erhöhter hygienischer Anforderungen. Die meisten kühlpflichtigen Lebensmittel dürfen gemäß Verpackungsangabe bei höchstens +7 °C gelagert werden. Besonders anfällig für einen mikrobiellen Verderb sind Salate mit roheihaltiger Mayonnaise, Eiervorspeisen, Desserts, die rohe Eier enthalten, Geflügelprodukte und Backwaren mit nicht durcherhitzter Auflage (siehe **Kap. 4.3**). Als leicht verderblich gelten außerdem alle proteinhaltigen Lebensmittel, z. B. Fisch, Muscheln, Krebstiere, Geflügel, Wild, Fleisch und Wurstwaren, Milch und Milchprodukte.

Vor allem ist bei der Herstellung von Lebensmitteln, die kalt serviert werden oder vorher nicht gegart wurden, das Prinzip der Trennung von reinen und unreinen Arbeitsbereichen bzw. das zeitliche Trennen der Arbeitsschritte mit anschließender gründlicher Reinigung zu beachten, um eine Kreuzkontamination oder Rekontamination mit Krankheitserregern und Mikroorganismen zu verhindern (siehe **Kap. 4.3**).

Die Geschmacksintensität von Inhaltsstoffen und Gewürzen ist bei kalten Lebensmitteln geringer als bei warmen, was beim Abschmecken zu berücksichtigen ist. Einige der vielfältigen Verfahren der Kalten Küche sind in **Tab. 6.1-2** genauer beschrieben.

**Tab. 6.2-1:** Verfahren der Kalten Küche (Schlich 2009)

| Lebensmittel | Verfahren | Hinweise |
|---|---|---|
| Salate | Waschen, Schälen/Putzen, Parieren, Schneiden, Raspeln, Schnitzeln<br>zugehörige Soßen: Schlagen, Emulgieren, Würzen | Salate sollten frisch sein – erst kurz vor dem Servieren zubereiten und Kühlung beachten, insbesondere bei mayonnaisehaltigen Soßen. Blattsalate nach dem Waschen trocken schleudern. Strikte Trennung von reinem und unreinem Bereich, da kein Garprozess! |
| Cocktails | Waschen, Schälen/Putzen, Parieren, sehr fein schneiden, Raspeln, Schnitzeln<br>zugehörige Soßen: Schlagen, Emulgieren, Würzen | Eisgekühlt servieren, ggf. auf Chiffonaden (Kräutern oder Salatblättern als Grundlage), darauf edle Rohstoffe, z. B. Krustentiere, Obst, Gemüse etc. – Bereichstrennung siehe oben! |
| Eierspeisen | Kochen, Schneiden, Schlagen der Eigelbmasse, Würzen | Frische Eier verwenden und 8–10 Min. kochen (Salmonellen!) |

*(Fortsetzung S. 185)*

**Tab. 6.2-1:** *(Fortsetzung v. S. 184)* Verfahren der Kalten Küche (Schlich 2009)

| Lebensmittel | Verfahren | Hinweise |
|---|---|---|
| Canapés, Toasts, Sandwiches | Entrinden der Brotscheiben, Waschen und Schneiden der Zutaten | Kühl lagern, frische Salatblätter und edle Rohstoffe verwenden. Bei mayonnaisehaltigen Aufstrichen wieder Lagertemperatur beachten. |
| Fischspeisen, Geflügel, Meeresfrüchte, Wild | Garen der Fleisch- und Geflügelprodukte, Waschen und Schneiden der Zutaten | Kühl lagern, Frische der Rohware insbesondere bei Meeresfrüchten beachten. Bereichstrennung sehr wichtig; Kerntemperaturkontrolle vor allem beim Verarbeiten von Geflügelprodukten! |

## 6.3 Eignung von Speisefetten und -ölen (MICHAELA SCHLICH, UTE GOMM)

Speisefette und -öle bestehen überwiegend aus Triglyceriden (Triacylglyceriden) mit diversen Fettsäuremustern. Unterschieden werden (feste) Fette und (flüssige) Öle. In welchem Aggregatzustand ein Speisefett oder -öl bei 20 °C vorliegt, hängt von der Länge der Molekülkette (kurz-, mittel- und langkettig) und vom Sättigungsgrad ab (gesättigt, einfach bis mehrfach ungesättigt). Die entsprechende Kurzkennzeichnung erfolgt als Anzahl der Kohlenstoffatome im Verhältnis zur Anzahl der Doppelbindungen, also ist z. B. die Ölsäure charakterisiert durch die Angabe 18:1. Bei höheren Temperaturen verflüssigen sich alle Speisefette.

**Tab. 6.3-1:** Fettsäuremuster und Rauchpunkt von Fetten (Souci-Fachmann-Kraut 2008)

| Fett/Öl | Zusammensetzung (Massenanteil in %) [1)] | Charakterisierung [2)] | Rauchpunkt |
|---|---|---|---|
| Natives Olivenöl (Extra Vergine) | 11,5 Palmitinsäure | 16:0 | 130–180 °C |
| | 2,5 Stearinsäure | 18:0 | |
| | 75,5 Ölsäure | 18:1 | |
| | 7,5 Linolsäure | 18:2 | |
| | 1,0 Linolensäure | 18:3 | |

*(Fortsetzung S. 186)*

**Tab. 6.3-1:** *(Fortsetzung v. S. 185)* Fettsäuremuster und Rauchpunkt von Fetten

| Fett/Öl | Zusammensetzung (Massenanteil in %) [1)] | Charakterisierung [2)] | Rauch-punkt |
|---|---|---|---|
| Kokosfett | 47 Laurinsäure | 12:0 | 185–205 °C |
| | 18 Myristinsäure | 14:0 | |
| | 9,0 Palmitinsäure | 16:0 | |
| | 2,5 Stearinsäure | 18:0 | |
| | 7,0 Ölsäure | 18:1 | |
| | 2,5 Linolsäure | 18:2 | |
| Butter | 2,8 Buttersäure | 4:0 | 175 °C |
| | 9,0 Myristinsäure | 14:0 | |
| | 24 Palmitinsäure | 16:0 | |
| | 13,2 Stearinsäure | 18:0 | |
| | 25,5 Ölsäure | 18:1 | |
| | 2,1 Linolsäure | 18:2 | |
| | 0,3 Linolensäure | 18:3 | |
| Mais-keimöl | 10, 5 Palmitinsäure | 16:0 | 200 °C |
| | 2,5 Stearinsäure | 18:0 | |
| | 32,5 Ölsäure | 18:1 | |
| | 52 Linolsäure | 18:2 | |
| | 1,0 Linolensäure | 18:3 | |
| Erdnussöl | 10 Palmitinsäure | 16:0 | 200–235 °C |
| | 3,0 Stearinsäure | 18:0 | |
| | 41 Ölsäure | 18:1 | |
| | 35,5 Linolsäure | 18:2 | |
| | 3,0 Behensäure | 22:0 | |

*(Fortsetzung S. 187)*

**Tab. 6.3-1:** *(Fortsetzung v. S. 186)* Fettsäuremuster und Rauchpunkt von Fetten

| Fett/Öl | Zusammensetzung (Massenanteil in %) [1] | Charakterisierung [2] | Rauchpunkt |
|---|---|---|---|
| Sonnenblumenöl | 6,5 Palmitinsäure | 16:0 | 210–225 °C |
| | 5,0 Stearinsäure | 18:0 | |
| | 23 Ölsäure | 18:1 | |
| | 63 Linolsäure | 18:2 | |
| | < 0,5 Linolensäure | 18:3 | |
| Rapsöl | 4,0 Palmitinsäure | 16:0 | 218 °C |
| | 1,5 Stearinsäure | 18:0 | |
| | 63 Ölsäure | 18:1 | |
| | 20 Linolsäure | 18:2 | |
| | 9,0 Linolensäure | 18:3 | |

[1] Es sind nur die für das jeweilige Fett/Öl relevanten Fettsäuren aufgeführt.
[2] Anzahl der Kohlenstoff-Atome : Anzahl der Doppelbindungen

Zu den **festen Fetten** gehören tierische Fette wie Rinder- und Hammeltalg sowie Schweine- und Gänseschmalz, die einen niedrigen Gehalt an mehrfach ungesättigten langkettigen Fettsäuren (18:2 und 18:3) und einen hohen Gehalt an gesättigten (18:0) und einfach ungesättigten langkettigen Fettsäuren (18:1) aufweisen. **Pflanzenöle** sind in der Regel flüssig und haben einen hohen Gehalt an einfach und mehrfach (18:1, 18:2 und 18:3) ungesättigten langkettigen Fettsäuren. Es wird zwischen **Fruchtfleischölen** (Olivenöl, Palmöl) und **Samenölen** (z. B. Sonnenblumenöl, Maiskeimöl, Erdnussöl, Rapsöl) unterschieden. Zu den mehrfach ungesättigten Fettsäuren (sogenannten essentiellen Fettsäuren) gehören die Linolsäure (18:2) und die Linolensäure (18:3). Ölsäure ist eine einfach ungesättigte Fettsäure (18:1).

Der **Rauchpunkt** eines Fettes korreliert mit dem Gehalt an freien Fettsäuren und ist definiert als die niedrigste Temperatur, bei der über einer Probe eine Rauchentwicklung sichtbar ist. In der küchentechnischen Anwendung deutet die Rauchentwicklung von Speisefetten und -ölen auf eine beginnende Zersetzung hin: Speisefette und -öle mit niedrigem Rauchpunkt eignen sich nicht für Garverfahren wie Braten oder Frittieren. **Tab. 6.3-1** liefert Anhaltspunkte für die thermische Stabilität von Fetten und Speiseölen.

**Tab. 6.3-2:** Welches Fett zu welchem Zweck? (Matthäus 2009)

| Fett | Verwendungszweck | | | | |
|---|---|---|---|---|---|
| | Salate | Backen | Braten | Kurzbraten | Frittieren |
| Pflanzenfett | – | +++ | +++ | +++ | +++ |
| Olivenöl, kaltgepresst | +++ | – | + | + | + |
| Rapsöl, kaltgepresst | +++ | – | + | + | + |
| Rapsöl, raffiniert | +++ | – | +++ | +++ | ++ |
| HO-Pflanzenöl [1)] | ++ | – | +++ | +++ | +++ |
| Pflanzencremes | + | +++ | ++ | ++ | – |
| Butter | – | +++ | + | ++ | – |
| Erdnussöl | + | + | +++ | +++ | +++ |
| Leinöl | +++ | – | – | – | – |
| Distelöl | +++ | – | – | – | – |
| Schmalz | – | +++ | +++ | +++ | +++ |

[1)] HO-Pflanzenöl: Pflanzenöl mit hohem Ölsäuregehalt (High-Oleic-Öl)
+++ sehr gut geeignet ++ geeignet + weniger geeignet – ungeeignet

Ein Fettfilm verhindert, dass Lebensmittel beim Garen (z. B. beim Braten) anbrennen. Zum Anbraten reicht in der Regel wenig Speiseöl oder Fett. Speisefette und -öle mit niedrigem Rauchpunkt und hohem Gehalt an ungesättigten Fettsäuren, z. B. Distelöl oder Leinöl, eignen sich nicht zum Anbraten, Langzeitbraten oder Frittieren. Länger andauerndes Erhitzen und hohe Temperaturen (über 220 °C) führen bei nicht thermostabilen Speisefetten/-ölen zur Zersetzung. Es kommt zur Bildung von Acrolein, und bei noch höheren Temperaturen (Grillen) können auch polyzyklische aromatische Kohlenwasserstoffe wie Benzo[a]pyren entstehen. Die Temperatur ist dem Garverfahren angemessen zu wählen – weder zu niedrig, wobei die Bildung der Geschmack gebenden Röststoffe unterbleibt und die Lebensmittel viel Fett aufsaugen, noch zu hoch, damit es nicht zu dunkelbraunen oder schwarzen Verbrennungen an der Lebensmitteloberfläche kommt.

Vor allem **kaltgepresste Öle** eignen sich für den Einsatz in der **Kalten Küche**, wobei der typische Eigengeschmack des Speiseöls zur Geschmacksbildung der zubereiteten Speisen beiträgt. In Abhängigkeit vor allem von Rauchpunkt und Fettsäurezusammensetzung (zumal bei geringem Gehalt an wenig mehrfach ungesättigten Fettsäuren) können diese Öle etwa beim Anbraten auch kurzzeitig höheren Temperaturen ausgesetzt werden. Öle mit einem hohen Gehalt an einfach ungesättigten Fettsäuren wie Ölsäure (z. B. Olivenöl) sind verhältnismäßig hitzestabil und lassen sich in der Regel außer zum Anbraten auch zum Langzeitbraten oder sogar zum Frittieren verwenden. **Tab. 6.3-2** zeigt Einsatzbereiche verschiedener Speisefette und -öle.

## Literatur zu Kapitel 6

Belitz H.-D., Grosch W., Schieberle P. 2007: Lehrbuch der Lebensmittelchemie. Springer Verlag, Berlin

Bertling L. 2013: Erlaubt – Verboten in Gastronomie und Gemeinschaftsverpflegung. Deutscher Fachverlag, Frankfurt am Main

DFA – Deutsche Forschungsanstalt für Lebensmittelchemie (Hrsg.) Kirchhoff E. (Bearb.) 2008: Souci – Fachmann – Kraut. Die Zusammensetzung der Lebensmittel – Nährwert-Tabellen. 7. Auflage, Medpharm Scientific Publishers Stuttgart

Herrmann F. J. (Hrsg.) 2011: Gastronomie Grundstufe I. 7. Auflage, Verlag Handwerk und Technik, Hamburg

Herrmann F. J. (Hrsg.) 2013: Die Lehrküche. Lernfelder im Kochberuf. 5. Auflage, Verlag Handwerk und Technik, Hamburg

Matthäus B. 2005: Eignung nativer Rapsspeiseöle zum Frittieren. Ernährung im Fokus, Nr. 5, S. 342–345

Matthäus B. 2005: Native, kaltgepresste oder raffinierte Speiseöle? – Ein Vergleich. Ernährung im Fokus, Nr. 5, S. 319–322

Pichert H. 2001: Haushalttechnik: Verfahren und Geräte. Verlag Eugen Ulmer, Stuttgart

Rimbach G. (Hrsg.) 2006: Grundlagen der Lebensmittellehre. Behr's Verlag, Hamburg

Schieber B., Schlich E. 2008: Einfluss der spezifischen Oberfläche auf die Abnahme des L-Ascorbinsäuregehalts von Kohlrabiproben während der Lagerung. Proceedings of the German Nutrition Society, volume 12, pp. 40

Sinell H.-J. 2004: Einführung in die Lebensmittelhygiene. 4. Auflage, Medizinverlage, Stuttgart

# 7 Garen und Erwärmen von Lebensmitteln

Der Begriff **Garen** wird allgemein für die Zubereitung roher Lebensmittel unter Wärme- bzw. Energiezufuhr verwendet. Garen bewirkt nicht nur eine bessere Verdaulichkeit und Verwertbarkeit der Nährstoffe, sondern auch die Bildung von Aromen und Geschmacksstoffen sowie eine Struktur- und Farbveränderung der Lebensmittel, unter anderem durch Maillard-Reaktionen, und Röstvorgänge. Von zentraler gesundheitlicher Bedeutung ist auch das Abtöten von unerwünschten und pathogenen Mikroorganismen. Wichtig sind vorgeschaltete Garvorgänge auch bei natürlicherweise vorkommenden toxischen Inhaltsstoffen wie Lectinen in Hülsenfrüchten, die durch die Wärmeeinwirkung inaktiviert werden.

Die Qualität des zubereiteten Lebensmittels (Speise) wird sowohl durch die verwendete Rohware, durch die technischen Eigenschaften des Gargerätes als auch durch die gewählten Garbedingungen maßgeblich bestimmt (siehe **Kap. 7.6**).

Die auf das Lebensmittel übertragene Wärmeleistung beim Garen ist im Allgemeinen zeitabhängig. Dem Leistungsangebot des Gargerätes steht die mögliche Leistungsaufnahme des Lebensmittels gegenüber. Die hierfür wesentlichen Wärme- und Energieübertragungsprozesse (siehe **Kap. 10.2**) sind:

- **Konvektion**, das heißt Wärmeübergang durch freie oder erzwungene Konvektion zum Beispiel im Umluftbackofen oder beim Erhitzen von Wasser und flüssigen Lebensmitteln wie Milch im Kochtopf auf der Kochstelle
- **Wärmestrahlung**, im Folgenden abgekürzt Strahlung, das heißt Absorption der Wärmestrahlung (Infrarotstrahlung), zum Beispiel Bräunen und Garen eines Lebensmittels im Backofen mit Ober- und Unterhitze
- **Wärmeleitung**, im Folgenden abgekürzt Leitung, bei Vorliegen eines unmittelbaren Kontakts zwischen Beheizungsfläche und Lebensmittel, zum Beispiel beim Braten der Lebensmittel in der Pfanne auf der Kochstelle
- **Mikrowellen-Strahlung**, im Folgenden abgekürzt Mikrowellengaren, das heißt Wärmeerzeugung im Lebensmittel selbst, zum Beispiel Erwärmen im Mikrowellengerät

Bei festen Lebensmitteln wird die Wärmeenergie durch Leitung in das Innere des Garguts weiter transportiert. **Tab. 7.0-1** vermittelt einen Überblick über die wichtigsten im Privathaushalt üblichen Garverfahren.

**Tab. 7.0-1:** Garverfahren im Überblick (Bognár 2015)

| Garen unter Atmosphärendruck | | |
|---|---|---|
| Garverfahren in feuchter Wärme | Garverfahren in trockener Wärme | kombinierte Garverfahren |
| Garziehen (Pochieren, Niedertemperaturgaren) | Braten in Pfanne oder in Bratentopf, Wok | Schmoren (Braten in Pfanne und Wok, Dünsten, Mijotieren) |
| Köcheln, Quellen (Simmern) | Frittieren | Dünsten und Braten (Poelieren) |
| Vakuumgaren (Sous-vide) | | Braten und Niedertemperaturgaren |
| Kochen | Kontaktbraten | Kochen und Braten |
| Dämpfen | Grillen | Braten und Dämpfen |
| Dünsten (Mijotieren) | Backen im Backofen | Dämpfen und Braten |
| Garen mit Mikrowellen (Kochen, Dünsten) | Braten im Backofen | Wokgaren (Braten, Dünsten ), Poelieren |
| | | Niedertemperaturgaren und Braten |
| Garen unter Überdruck (Druckgaren) | | |
| Druckkochen, -dämpfen, -dünsten | | Braten und Druckdünsten |

## 7.1 Garen in feuchter Wärme (ANTAL BOGNÁR)

Das Garen der Lebensmittel erfolgt hierbei in Wasser, in wasserhaltiger Flüssigkeit oder in gesättigtem Wasserdampf bei Temperaturen von 75 °C bis 100 °C unter Atmosphärendruck (0,10 MPa) oder bei mehr als 100 °C bis 122 °C unter Überdruck (0,11 bis 0,22 MPa).

Bis zum Erreichen des erwünschten Garzustandes verläuft der Garprozess im Allgemeinen in zwei oder drei charakteristischen Phasen. In der ersten Phase (Steigphase) wird das Heizmedium auf die erforderliche Temperatur (Haltetemperatur) erwärmt. In der anschließenden Haltephase bleibt die Temperatur des Heizmediums konstant, bis sie in der abschließenden Fallphase bis zum Garende und gegebenenfalls darüber hinaus absinkt (siehe **Abb. 7.1-1**).

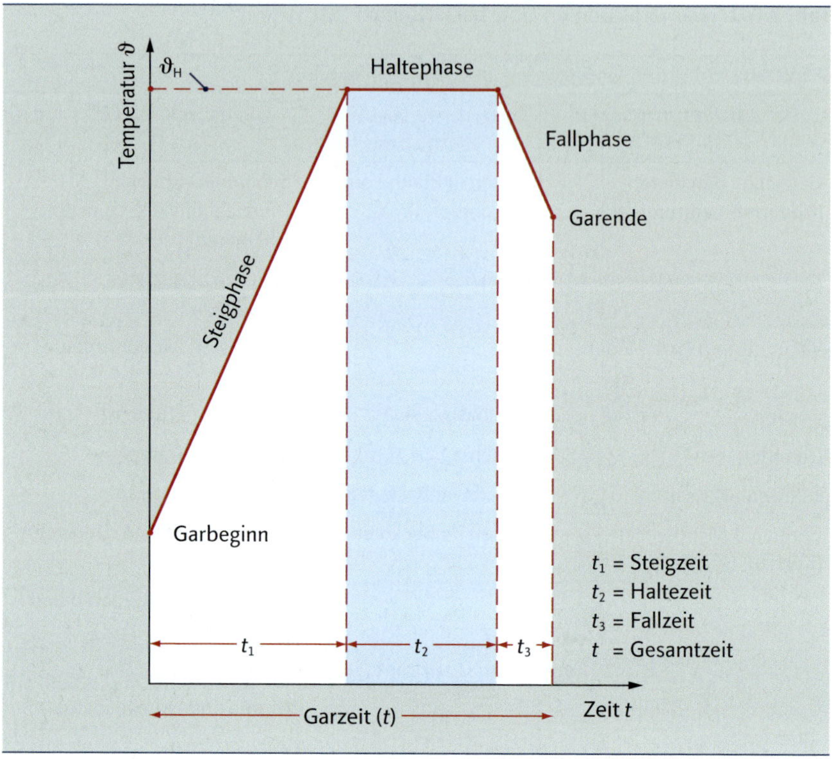


**Abb. 7.1-1:** Charakteristische Phasen des Temperaturverlaufs im Garmedium (dgh 1992)

Der **Temperaturverlauf** im festen Lebensmittel zeigt, dass ein stetiger Temperaturanstieg bis zu der festgelegten Haltetemperatur im Kernbereich erfolgt. Wie durch zahlreiche Messungen nachgewiesen wurde, steigt die Temperatur im Kern des Lebensmittels (thermischer Mittelpunkt) – insbesondere in großstückigem Gargut – bedeutend langsamer an als im wärmeübertragenden Medium (siehe **Abb. 7.1-2**, **7.1-3**). Beim Garen in feuchter Wärme entspricht die **Kerntemperatur** des Lebensmittels bei Garende praktisch der Temperatur des Garmediums. Wird das Garen bei Überdruck durchgeführt, muss bis zum Garende noch eine dritte Phase (sogenannte Fallphase) bis zum Erreichen des Atmosphärendruckes berücksichtigt werden (siehe **Abb. 7.1-3**).

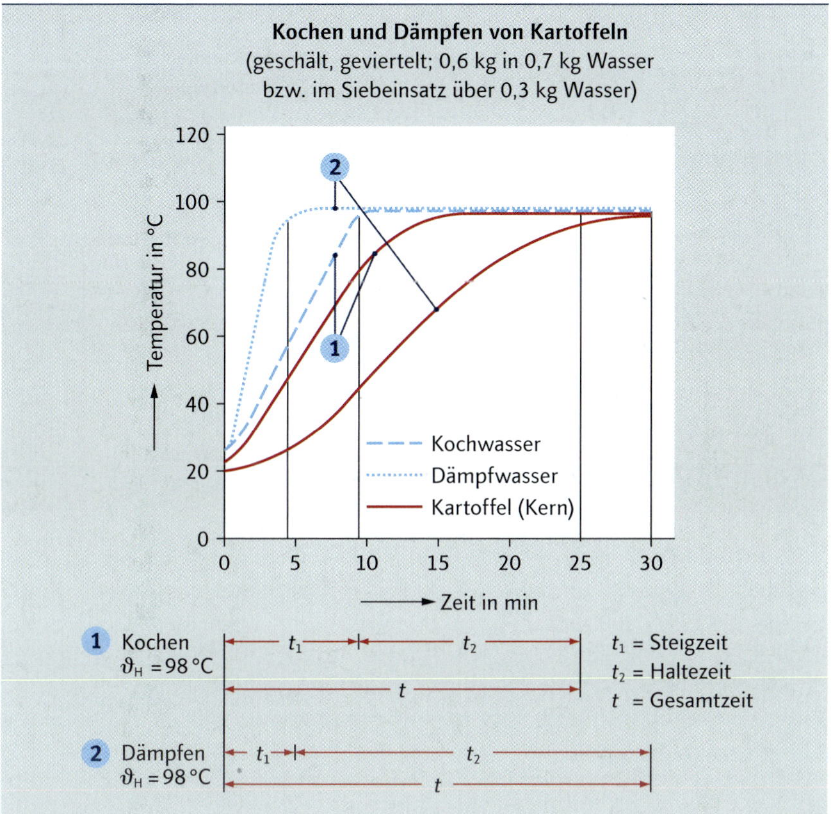


**Abb. 7.1-2:** Temperaturverlauf im Gargut und im Garmedium beim Kochen und Dämpfen von Kartoffeln (dgh 1992)

In den folgenden Definitionen werden **Temperaturbereiche** für Garmedium und Gargut sowie einige Arbeitsmittel und Anwendungsbereiche aufgeführt (ohne Anspruch auf Vollständigkeit, Garzeiten siehe **Kap. 7.7**).

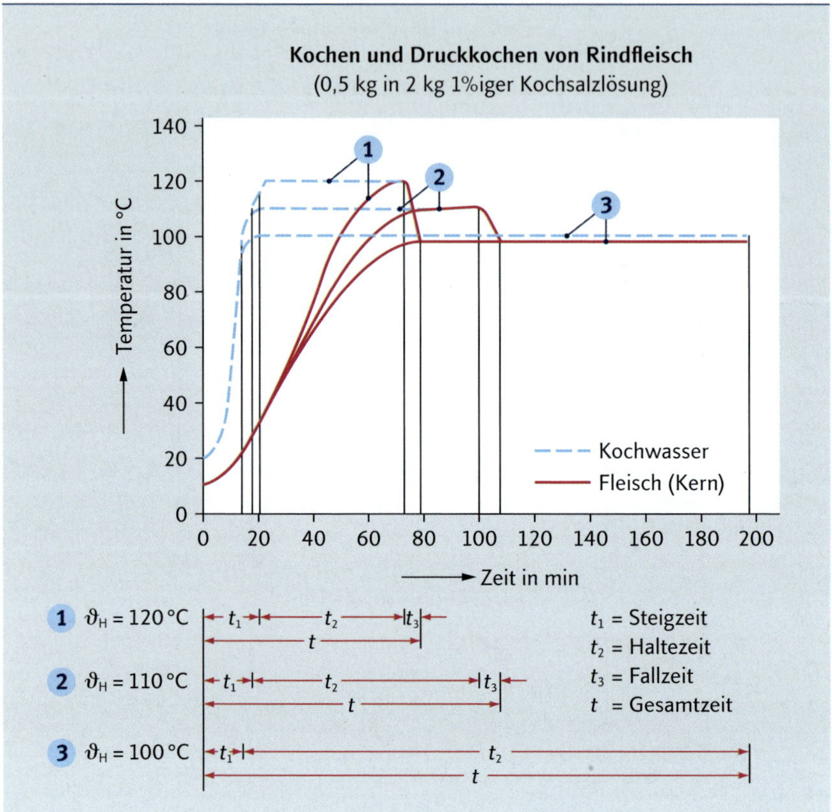


**Abb. 7.1-3:** Temperaturverlauf im Fleischkern und in der Garflüssigkeit beim Kochen und Druckkochen von Rindfleisch (Bognár 1971)

## Garen unter Atmosphärendruck (abs. Druck < 0,11 MPa)

### Garziehen (Pochieren)

Garen von Lebensmitteln in viel Wasser bzw. wasserhaltiger Flüssigkeit deutlich unterhalb des Siedepunktes von Wasser.

- Temperaturen von Garflüssigkeit und Gargut (Außenschicht/Kernbereich bei Garende): 75 °C bis 90 °C
- Gargeschirr und -gerät: Topf mit Deckel, doppelwandiger Kochtopf, Elektro- oder Gasherd (Kochplatten, -zonen, ggf. Induktionszonen, siehe **Kap. 3.1**)

Garziehen ist geeignet für die Zubereitung von bindegewebsreichen Fleischsorten, Wild, Geflügel, Kohlarten, Wurzelgemüsen, Kartoffeln, Reis, Eintöpfen und Suppen. Diese Art der Zubereitung wird bei Fisch und Ei als Pochieren bezeichnet.

### Köcheln (Quellen, Simmern)

Garen von Lebensmitteln in viel Wasser bzw. wasserhaltiger Flüssigkeit knapp unter dem Siedepunkt des Wassers.

- Temperaturen von Garflüssigkeit und Gargut (Außenschicht/Kernbereich bei Garende): etwa 95 °C
- Gargeschirr und -gerät: siehe „Garziehen".

Köcheln, Quellen, Simmern ist für die Zubereitung von Lebensmitteln geeignet, die beim Kochen ihre Form verlieren würden, z. B. Knödel, Klöße oder Brühwürstchen, Weißwurst, Gemüse, Reis und Fisch. Als Simmern wird das Garen in einem doppelwandigen Gefäß bezeichnet. Quellen erfolgt z. B. bei Reis oder Couscous als Volumenzunahme während des Garens bei bis zu vollständiger Aufnahme der Garflüssigkeit.

### Vakuumgaren (Sous-vide)

Garen von unter Vakuum verpackten Lebensmitteln im Wasserbad.

- Temperaturen von Wasserbad und Gargut (Außenschicht/Kerntemperatur bei Garende): 75 °C bis 90 °C
- Gargeschirr und -gerät: Vakuumbeutel aus geeignetem Kunststoff, Vakuumiergerät, Topf mit Deckel, Elektro- oder Gasherd (siehe **Kap. 3.1**), Gastrovac

Vakuumgaren ist geeignet für die Zubereitung von Kartoffeln, Gemüse, Obst, Fisch, Fleisch und Leber. Es wird vor allem in der Großküche und Gastronomie bei der Zubereitung und Pasteurisierung von Speisen für die Kühllagerung eingesetzt.

### Kochen (Sieden)

Garen von Lebensmitteln in viel Wasser oder wasserhaltiger Flüssigkeit am Siedepunkt des Wassers.

- Temperaturen von Garflüssigkeit und Gargut (Außenschicht/Kernbereich bei Garende): 97 °C bis 100 °C/95 °C bis 100 °C
- Gargeschirr und -gerät: siehe „Garziehen"

Kochen ist geeignet für die Zubereitung von Hülsenfrüchten, Getreide, Reis, Teigwaren, Gemüse, Kartoffeln, Obst, Fisch, Fleisch, Geflügel, Eintöpfen, Brühen und Suppen.

### Dämpfen

Garen von Lebensmitteln im gesättigten Wasserdampf am Siedepunkt des Wassers.

- Temperaturen von Dampf und Gargut (Außenschicht/Kernbereich bei Garende): 97 °C bis 100 °C/95 °C bis 100 °C
- Gargeschirr und -gerät: Topf mit fest schließendem Deckel und Siebeinsatz, Elektro- oder Gasherd (siehe **Kap.3.1**), Dampfgarer (siehe **Kap. 3.3**)

Dämpfen ist geeignet für die Zubereitung von Gemüse, Kartoffeln, Obst, Fisch, Fleisch und Geflügel.

### Dünsten (Mijotieren)

Garen von Lebensmitteln in wenig wasserhaltiger Garflüssigkeit oder in eigenem Saft beim Siedepunkt des Wassers; Mischverfahren, bei dem die unteren Teile des Garguts (in der Garflüssigkeit) gekocht und die oberen Teile gedämpft werden. Mijotieren bedeutet langsames und schonendes Dünsten oder Schmoren zugedeckt bei schwacher Hitze.

- Temperaturen von Garflüssigkeit und Gargut (Außenschicht/Kernbereich bei Garende): 97 °C bis 100 °C/95 °C bis 100 °C
- Gargeschirr und -gerät sowie Eignung des Verfahrens siehe „Garziehen"

### Mikrowellenkochen

Garen von Lebensmitteln in viel Wasser oder wasserhaltiger Flüssigkeit am Siedepunkt von Wasser unter Anwendung von Mikrowellen als Energieträger.

- Temperaturen von Garflüssigkeit und Gargut (Außenschicht/Kernbereich bei Garende): 97 °C bis 100 °C
- Gargeschirr und -gerät: mikrowellengeeignete Porzellan- oder Keramikschüssel mit Deckel, spezielles Mikrowellengeschirr aus Kunststoff, Mikrowellengerät (siehe **Kap. 3.5**)

Mikrowellenkochen ist geeignet für die Zubereitung von kleinen Mengen (bis ca. 500 g) von Gemüse, Kartoffeln, Fisch, Fleisch und Geflügel.

### Mikrowellendünsten

Garen von Lebensmitteln in wenig wasserhaltiger Flüssigkeit oder in eigenem Saft am Siedepunkt des Wassers unter Anwendung von Mikrowellen als Energieträger.

- Garparameter (Temperatur, Gargeschirr und -gerät ) sowie Eignung des Verfahrens siehe „Mikrowellenkochen"

Mikrowellendünsten ist geeignet für die Zubereitung von kleinen Mengen (bis ca. 500 g) von Gemüse, Kartoffeln, Fisch, Fleisch und Geflügel.

## Garen unter Überdruck (abs. Druck ca. 0,11 bis 0,22 MPa)

### Druckkochen

Garen von Lebensmitteln in viel Wasser oder wasserhaltiger Flüssigkeit am Siedepunkt des Wassers unter Überdruck.

- Temperaturen von Garflüssigkeit und Gargut (Außenschicht/Kernbereich bei Garende): 105 °C bis 122 °C/103 °C bis 120 °C
- Gargeschirr, -gerät: Topf mit druckdicht schließendem Deckel, Elektro- oder Gasherd, Druckgarer mit ungelochtem Behälter (siehe **Kap. 3.1** und **Kap. 3.3**).

Druckkochen ist geeignet für die Zubereitung von Hülsenfrüchten, Getreidekörnern, Kohl- und Wurzelgemüse, Kartoffeln, Fleisch, Geflügel, Wild, Eintöpfen und Suppen.

### Druckdämpfen

Garen von Lebensmitteln im gesättigten Wasserdampf als Garmedium beim Siedepunkt des Wassers unter Überdruck.

- Temperaturen von Wasserdampf und Gargut (Außenschicht/Kernbereich bei Garende): 105 °C bis 122 °C/103 °C bis 120 °C
- Gargeschirr und -gerät: Topf mit druckdicht schließendem Deckel mit Siebeinsatz, Elektro- oder Gasherd, Druckgarer mit gelochtem Behälter (siehe **Kap. 3.1** und **Kap. 3.3**)

Druckdämpfen ist geeignet für die Zubereitung von Kohl- und Wurzelgemüse, Kartoffeln, Fleisch, Geflügel und Wild.

### Druckdünsten

Garen von Lebensmitteln in wenig wasserhaltiger Flüssigkeit oder eigenem Saft beim Siedepunkt des Wassers unter Überdruck.

- Garparameter (Temperatur, Gargeschirr und -gerät) sowie Eignung des Verfahrens siehe „Druckkochen“

## 7.2 Garen in trockener Wärme (ANTAL BOGNÁR)

Das Garen von Lebensmitteln in **trockener Wärme** erfolgt in Luft oder Fett als Garmedium oder auf einer heißen Oberfläche unter Normaldruck (abs. Druck etwa 0,1 MPa). Die Wärmeenergie wird durch Konvektion von **Luft** oder **Fett** von der Wärmequelle auf das Gargut übertragen (Wärmeübergang durch Konvektion), bei Kontakt mit der Wärmefläche durch Leitung, außerdem gegebenenfalls durch Wärmestrahlung oder durch Mikrowellen. Innerhalb des festen Garguts erfolgt der **Wärmetransport** nur durch **Leitung**. Die Temperaturen im Garmedium (Luft, Fett) und an der Oberfläche der Wärmeplatte bzw. des Gargeschirrs liegen zwischen 140 °C und 450 °C je nach angewandtem Verfahren. Dabei findet an der Oberfläche und in der Außenschicht des Lebensmittels eine intensive Austrocknung statt, die zu einem Temperaturanstieg über den Siedepunkt des Wassers hinaus führen kann. Temperaturen über 130 °C bewirken intensive Reaktionen vor allem zwischen Proteinen, Zucker und Stärke. Sie sind maßgeblich verantwortlich für die **Oberflächenbräunung** sowie die Krustenbildung und die Entwicklung des typischen **Brat- und Röstaromas** (siehe **Tab. 7.6-1** und **7.6-2**, S. 216 ff.). Innerhalb von festen Lebensmitteln bleiben die Temperaturen, wie die Temperaturverläufe beim Braten von Schweinefleisch erkennen lassen, deutlich unter dem Siedepunkt des Wassers (siehe **Abb. 7.2-1**). Dies ist durch den kontinuierlichen Energieentzug beim Verdampfen von Wasser auf der Lebensmitteloberfläche zu erklären.

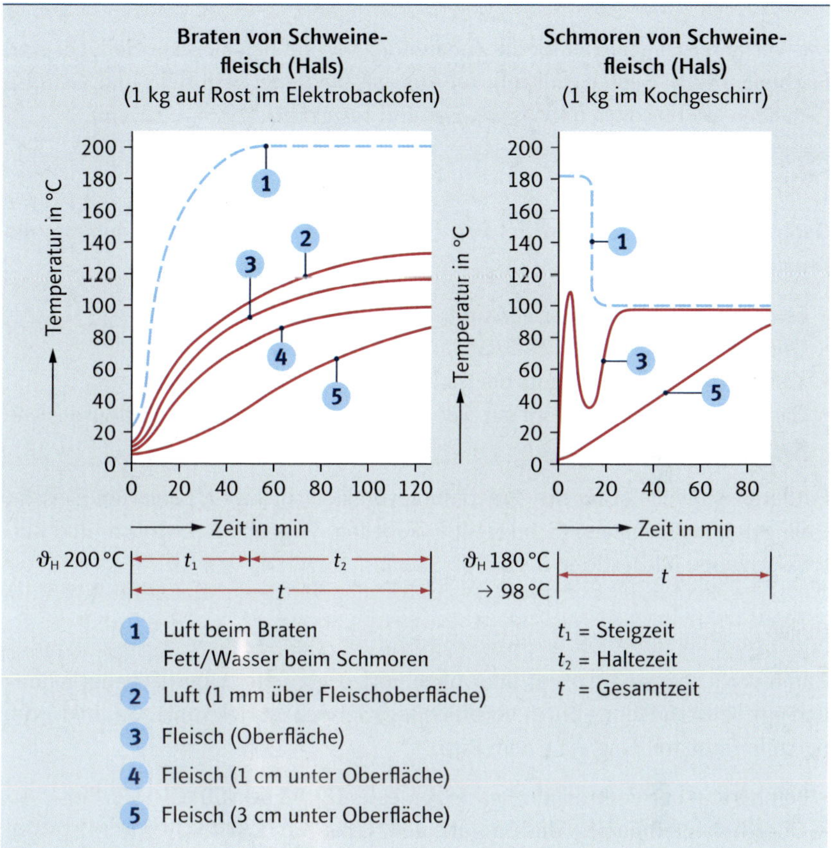


**Abb. 7.2-1:** Temperaturverlauf im Gargut und im Garmedium beim Braten und Schmoren von Schweinefleisch (dgh 1992)

## Braten in Pfanne/Bratentopf/Wok (Sautieren)

Garen von Lebensmitteln in wenig Fett unter Oberflächenbräunung und ggf. Krustenbildung.

- Temperaturen von Fett und Geschirroberfläche: 160 °C bis 200 °C
- Oberflächentemperatur des Garguts: 125 °C bis 200 °C
- Kerntemperatur des Garguts bei Garende: 55 °C bis 95 °C
- Gargeschirr und -gerät: Bratpfanne oder -topf, Wok, Elektro- oder Gasherd (siehe **Kap. 3.1**)

Das Verfahren ist geeignet für die Zubereitung von dünnen Fleisch-, Geflügel- und Fischteilen (z. B. Filet, Schnitzel), für kleingeschnittene Kartoffeln und Gemüse (Scheiben, Stifte) sowie für Würste, Eier und Teiggebäck (Höhe < 2,5 cm).

### Frittieren

Garen von Lebensmitteln in viel Fett (Fettbad) unter Oberflächenbräunung und Krustenbildung.

- Temperatur des Fetts (Garmedium): 140 °C bis 190 °C
- Oberflächentemperatur des Garguts: 130 °C bis 170 °C
- Kerntemperatur des Garguts bei Garende: 80 °C bis 95 °C
- Gargeschirr und -gerät: Topf mit Siebeinsatz und Thermometer, Fritteuse (siehe **Kap. 3.4**)

Frittieren ist geeignet für die Zubereitung von kleinstückigen, panierten Fleisch-, Geflügel- und Fischteilen (Schnitzel), Frikadellen, Teiggebäck, Gemüse- und Kartoffelscheiben oder -stiften (Dicke < 2,5 cm).

### Grillen

Garen von Lebensmitteln mit oder ohne Fettzusatz unter Oberflächenbräunung und ggf. Krustenbildung durch Verbrennungswärme von Holzkohle, Gas und/oder durch Infrarotstrahlung auf einem Rost.

- Temperatur der Verbrennungsgase/ggf. Luft: 180 °C bis 450 °C
- Oberflächentemperatur des Garguts: 130 °C bis 180 °C
- Kerntemperatur des Garguts bei Garende: 55 °C bis 95 °C
- Gargeschirr und -gerät: Rost, Spieß, Alufolie, Drehvorrichtung, Backofen mit Infrarotstrahler, Infrarotgrill, Gasgrill, Holzkohlengrill (siehe **Kap. 3.4**)

Grillen ist geeignet für die Zubereitung von Fisch, Fleisch, Geflügel, Würsten, Käse, Kartoffeln und Gemüse (Scheiben < 400 g, Höhe < 2,5 cm); für größere Lebensmittelstücke (Gewicht > 400 g; Höhe über 2,5 cm) wird eine Drehvorrichtung empfohlen.

### Kontaktbraten, -backen, -grillen

Garen von Lebensmitteln auf einer oder zwischen zwei beheizten Platten (Wärmeplatten) mit oder ohne Fettzusatz unter Oberflächenbräunung und Krustenbildung.

- Temperatur der Wärmeplattenoberfläche: 180 °C bis 250 °C
- Oberflächentemperatur des Garguts: 130 °C bis 250 °C
- Kerntemperatur des Garguts bei Garende: 55 °C bis 95 °C
- Gargeschirr und -gerät: Bratpfanne mit Spezialbeschichtung, Elektro- oder Gasherd (siehe „Kochen"), Kontaktgrill, Waffeleisen, Marmorplatte

Kontaktbraten ist geeignet für die Zubereitung von dünnen Fleisch-, Geflügel- und Fischteilen (z. B. Filet, Schnitzel), Würstchen, Eiern und Teiggebäck, Waffeln sowie Kartoffel- und Gemüsescheiben (Dicke < 2,5 cm).

### Braten im Backofen

Garen von eiweißreichen Lebensmitteln mit oder ohne Fettzusatz unter Oberflächenbräunung und Krustenbildung in feuchter oder trockener Luft.

- Lufttemperatur im Backofen: 160 °C bis 225 °C
- Oberflächentemperatur des Garguts: 130 °C bis 150 °C
- Kerntemperatur des Garguts bei Garende: 55 °C bis 90 °C
- Gargeschirr und -gerät: Rost, Bratfolie, Römertopf, Bratentopf, Backofen (siehe **Kap. 3.2**)

Braten im Backofen ist geeignet für die Zubereitung von großstückigem Fleisch, Geflügel, Wild und Fisch (Gewicht > 400 g, Höhe > 2,5 cm).

### Backen im Backofen

Garen von stärkereichen Lebensmitteln in trockener oder feuchter Luft unter Oberflächenbräunung, ggf. Krustenbildung und Volumenzunahme.

- Lufttemperatur im Backofen: 160 °C bis 350 °C
- Oberflächentemperatur des Garguts, an Luft angrenzend: 130 °C bis 150 °C; am Backgeschirr: 150 °C bis 350 °C
- Kerntemperatur des Garguts bei Garende: 80 °C bis 95 °C
- Gargeschirr und -gerät: Backblech, Backform, Backstein, Rost, Backofen ohne oder mit Umluft und Beschwadung (siehe **Kap. 3.2**)

Backen ist geeignet für die Zubereitung von Brot, Pizza und Kuchenteigmassen, Speisen im Teigmantel sowie teigähnlichen Massen (z. B. Eischnee), Kartoffeln, Gemüse- und Obstauflauf.

## 7.3 Kombinierte Garverfahren (ANTAL BOGNÁR)

Mittels kombinierter Verfahren lassen sich Lebensmittel bei unterschiedlich hohen Temperaturen teils in trockener und teils in feuchter Wärme garen. Die trockenen Garverfahren dienen der Bräunung und der Krustenbildung sowie der Erzeugung von Brat- und Röstaromastoffen. Die feuchten Verfahren bei Temperaturen unterhalb des Siedepunktes von Wasser werden für die Vollendung des Garprozesses benötigt. Die kombinierten Verfahren werden hauptsächlich bei der Zubereitung von Fisch, Fleisch, Geflügel und Wild angewendet.

### Schmoren (Braten in Pfanne und Dünsten, Mijotieren)

Braten in wenig Fett unter Oberflächenbräunung, Krustenbildung und anschließendes Dünsten in wenig siedender wasserhaltiger Flüssigkeit oder im eigenen Saft.

- Fetttemperatur beim Braten: 160 °C bis 200 °C
- Oberflächentemperatur des Garguts beim Braten: 125 °C bis 150 °C
- Flüssigkeitstemperatur beim Dünsten: 95 °C bis 100 °C
- Oberflächentemperatur des Garguts beim Dünsten: etwa 100 °C
- Kerntemperatur des Garguts bei Garende: 80 °C bis 95 °C
- Gargeschirr und -gerät: Bratpfanne oder -topf, Elektro- oder Gasherd (siehe **Kap. 3.1**)

Schmoren ist geeignet für die Zubereitung von Fleisch, Geflügel, Wild und Gemüse wie Auberginen und Paprika sowie für Soßen. Mijotieren bedeutet langsames und schonendes Dünsten oder Schmoren zugedeckt bei schwacher Hitze.

### Weißschmoren

Erhitzen mit oder ohne Fett ohne Oberflächenbräunung und anschließendes Garen in wenig wasserhaltiger Flüssigkeit oder im eigenen Saft.

- Temperatur des Fetts (bzw. der Gargeschirroberfläche) beim Erhitzen: 100 °C bis 125 °C
- Oberflächentemperatur des Garguts beim Erhitzen: 100 °C bis 115 °C

Andere Garparameter sowie Gargeschirr, -gerät und Eignung siehe „Schmoren“

Im Folgenden werden in alphabetischer Reihenfolge auch andere kombinierte Garverfahren beschrieben, die küchentechnische Bedeutung haben.

### Braten und Dünsten (Wok)

Braten in wenig Fett mit Oberflächenbräunung und anschließendes Dünsten im eigenen Saft unter häufigem Umrühren.

- Fetttemperatur beim Braten: 180 °C bis 200 °C
- Temperatur der Flüssigkeit beim Dünsten: 95 °C bis 100 °C
- Oberflächentemperatur des Lebensmittels beim Braten: 125 °C bis 170 °C, beim Dünsten: ca. 100 °C
- Kerntemperatur des festen Lebensmittels bei Garende: 95 °C bis 98 °C
- Gargeschirr und -gerät: Wok, Bratpfanne, Elektro- oder Gasherd (siehe **Kap. 3.1**)

Braten und Dünsten ist geeignet für die Zubereitung von Fisch-, Fleisch-, Geflügel- und Gemüsestreifen (Dicke < 1 cm, Länge < 5 cm).

### Dünsten und Braten (Poelieren)

Dünsten in wenig siedender wasserhaltiger Flüssigkeit oder im eigenen Saft; danach Braten in Pfanne oder im Backofen unter Oberflächenbräunung und Krustenbildung.

- Temperatur der Garflüssigkeit beim Dünsten: 95 °C bis 100 °C
- Fett-, Oberflächen- oder Lufttemperatur beim Braten: 160 °C bis 200 °C
- Oberflächentemperatur des Garguts beim Dünsten: etwa 100 °C
- Oberflächentemperatur des Garguts beim Braten: 125 °C bis 160 °C
- Kerntemperatur des Garguts bei Garende: 80 °C bis 95 °C
- Gargeschirr und -gerät: Bratpfanne oder -topf, Elektro- oder Gasherd, Backofen (siehe **Kap. 3.1** und **Kap. 3.2**)

Poelieren, d. h. hellbraun dünsten, ist geeignet für die Zubereitung von zarten Fleischstücken (Filet, Kalbsnieren) und Geflügel.

### Kochen und Braten

Garen in viel siedender, wasserhaltiger Flüssigkeit und Braten im Backofen unter Bräunung und Krustenbildung.

- Flüssigkeitstemperatur beim Kochen: etwa 100 °C
- Lufttemperatur im Backofen: 180 °C bis 220 °C
- Oberflächentemperatur des Garguts in der Flüssigkeit: etwa 100 °C
- Oberflächentemperatur des Garguts im Backofen: 125 °C bis 160 °C
- Kerntemperatur des Garguts bei Garende: 65 °C bis 90 °C
- Gargeschirr und -gerät: Topf, Elektro- oder Gasherd, Backofen (siehe **Kap. 3.1** und **Kap. 3.2**)

Kochen und Braten ist geeignet für die Zubereitung von großstückigen Fleischteilen und Geflügel im Ganzen.

### Braten und Dämpfen

Braten mit oder ohne Fettzusatz im Backofen unter Oberflächenbräunung und Krustenbildung sowie Garen in gesättigtem Wasserdampf.

- Lufttemperatur beim Braten: 180 °C bis 220 °C
- Dampftemperatur beim Dämpfen: etwa 100 °C
- Oberflächentemperatur des Garguts in Luft: 125 °C bis 150 °C
- Oberflächentemperatur des Garguts in Dampf: etwa 100 °C
- Kerntemperatur des Garguts bei Garende: 65 °C bis 90 °C
- Gargeschirr und -gerät: Rost oder gelochter Behälter, Umluftofen mit externem Dampferzeuger (Kombidämpfer, siehe **Kap. 3.3**)

Braten und Dämpfen ist geeignet für die Zubereitung von großstückigem Fisch, Fleisch, Geflügel und Wild.

### Dämpfen und Braten

Garen in gesättigtem Wasserdampf und Braten im Backofen unter Oberflächenbräunung und Krustenbildung.

Garparameter, Gargeschirr und -gerät sowie Eignung des Verfahrens siehe „Braten und Dämpfen"

### Braten und Niedertemperaturgaren

Braten in Pfanne mit oder ohne Fettzusatz unter Oberflächenbräunung und Krustenbildung mit anschließendem Garen im Backofen bei Lufttemperaturen von 80 °C bis 90 °C.

- Fetttemperatur in der Pfanne beim Braten: 160 °C bis 200 °C
- Oberflächentemperatur des Garguts beim Braten: 125 °C bis 150 °C
- Lufttemperatur im Backofen beim Garziehen: 80 °C bis 90 °C
- Oberflächentemperatur des Garguts beim Garziehen: etwa 80 °C
- Kerntemperatur des Garguts bei Garende: 60 °C bis 75 °C
- Gargeschirr und -gerät: Bratpfanne oder -topf, Elektro- oder Gasherd, Backofen (siehe **Kap. 3.1** und **3.2**)

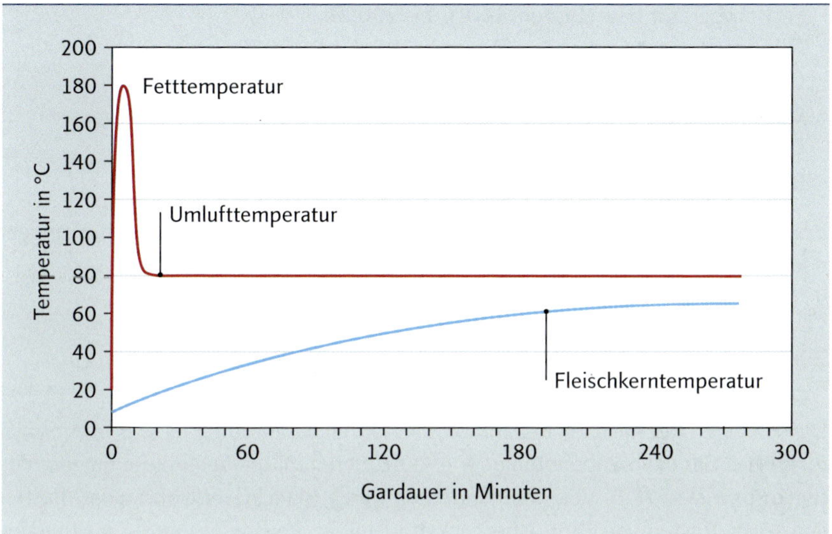


**Abb. 7.3-1:** Temperaturverlauf beim Braten in Pfanne und Niedertemperaturgaren im Backofen (Rindfleisch-Bug 1 kg; Höhe ca. 10 cm, Breite ca. 12 cm) (Bognár 2009)

Das Verfahren Braten/Niedertemperaturgaren ist geeignet für die Zubereitung von Fisch, Fleisch, Geflügel und Wild.

### Niedertemperaturgaren und Braten

Garen im Backofen bei 80 °C bis 90 °C Lufttemperatur und Braten in der Pfanne mit oder ohne Fettzusatz unter Oberflächenbräunung und Krustenbildung.

Andere Garparameter (Temperatur, Gargeschirr und -gerät) sowie Eignung des Verfahrens siehe „Braten und Niedertemperaturgaren"

### Braten und Druckdünsten

Braten in Pfanne mit oder ohne Fettzusatz unter Oberflächenbräunung, Krustenbildung und anschließendes Dünsten in wenig siedender wasserhaltiger Flüssigkeit bei Überdruck.

- Fetttemperatur beim Braten: 160 °C bis 200 °C
- Flüssigkeitstemperatur beim Dünsten: 105 °C bis 120 °C
- Oberflächentemperatur des Garguts beim Braten: 125 °C bis 150 °C
- Oberflächentemperatur des Garguts beim Dünsten: 105 °C bis 120 °C
- Gargeschirr und -gerät: Dampfdrucktopf, Elektro- oder Gasherd (siehe **Kap. 3.1** und **3.3**)

Braten und Druckdünsten ist geeignet für die Zubereitung von Fleisch, Geflügel oder Wild mit langen Garzeiten.

## 7.4 Sonstige thermische Behandlungsverfahren (ANTAL BOGNÁR)

Die sonstigen thermischen Behandlungsverfahren haben zum Ziel, das Lebensmittel für das Garen vorzubereiten oder es aufzubereiten, um bestimmte Eigenschaften zu bewirken (z. B. Volumenminderung durch Blanchieren von Spinat, Puffen von Mais, Rösten von Brot, Überbacken von Teig, Verbesserung der Haltbarkeit von Obstsäften durch Pasteurisieren). Diese Verfahren sind nachfolgend in alphabetischer Reihenfolge aufgeführt, wobei die in Klammern angegebenen Bezeichnungen gleichbedeutend verwendet werden – oft auch regional unterschiedlich. Die Einordnung des Verfahrens ist aus dem in eckigen Klammern angegebenen Buchstaben ersichtlich:

**V**: Vorbereiten **G**: Garen **A**: Aufbereiten **H**: Haltbarmachen

**Abbrennen [V]:** Bei ständiger Wärmezufuhr einen Mehl- oder Grießbrei so lange rühren, bis sich die Masse als Kloß vom Geschirrboden löst.

**Abflammen (Absengen, Sengen) [V]:** Entfernen der Reste von Kielen und kleinen Federn von gerupftem Geflügel über einer offenen Flamme.

**Ablöschen (Deglacieren) [G, A]:** Zugießen von Flüssigkeit, z. B. bei Einbrenne, Mehlschwitze, Bratenfond, Karamell.

**Abschäumen [G, A]:** Entfernen des Schaums nach dem ersten Aufkochen bei Obst, Zucker, Fleisch- und Fischbrühe.

**Abschlagen (Montieren) [A]:** Schlagen von rohen Zutaten unter Erwärmung bis zu einer dickflüssigen oder cremigen Konsistenz.

**Abschrecken (Refraichieren) [G, A]:** Übergießen heißer Lebensmittel mit kaltem Wasser oder rasches Abkühlen durch Eintauchen in kaltes Wasser oder gestoßenes Eis.

**Abwällen (Abbrühen, Überbrühen, Brühen) [V]:** Übergießen roher Lebensmittel mit siedender Flüssigkeit oder Aufkochen roher Lebensmittel in Flüssigkeit (siehe auch „Blanchieren").

**Antauen [V, A]:** Erwärmen der Randschichten gefrorener Lebensmittel über den Gefrierpunkt hinaus in Wasser oder Luft (Temperatur: 20 °C bis 60 °C).

**Aromatisieren (Parfümieren) [V, A]:** Zugabe von Aromastoffen zu Speisen.

**Aufgießen (Auffüllen) [G, A]:** Zugabe von Flüssigkeit.

**Auftauen [V, A]:** Erwärmung gefrorener Lebensmittel über den Gefrierpunkt hinaus (siehe **Tab. 8.3-3**, S. 275).

**Auslassen (Ausbraten) [G, A]:** Erhitzen von fetthaltigen, zerkleinerten Lebensmitteln zur Fettgewinnung (Temperatur des Fetts bzw. der Topfoberfläche 100 °C bis 160 °C). Das Verfahren eignet sich für die Zubereitung von Schmalz und Grieben aus Schweinespeck.

**Blanchieren [V]:** Kurze Wärmebehandlung von rohen Lebensmitteln in viel siedendem Wasser oder in gesättigtem Wasserdampf oder im Fettbad.

- Temperatur des Wassers oder Dampfes: etwa 100 °C
- Temperatur des Fetts: 160 °C bis 180 °C
- Kerntemperatur nach dem Blanchieren: etwa 90 °C
- Gerät: Topf auf Herdkochstelle, Fritteuse

Blanchieren in Wasser oder Dampf dient vor allem der Inaktivierung von Gewebeenzymen, der Entfernung von Sauerstoff aus den Zwischenzellräumen in Gemüse und Obst sowie der Volumenminderung bei Blattgemüse vor dem Einfrieren bzw. Garen (siehe **Kap. 8.3**). Blanchieren in Fett wird zum Vorgaren von Pommes frites angewandt.

**Dampfentsaften [V, H]:** Längeres Erhitzen von Obst oder Gemüse in Wasserdampf zur Saftgewinnung. Temperatur des Wasserdampfs: etwa 100 °C. Dampfentsaften dient auch zum Haltbarmachen (Pasteurisieren) von Säften.

**Dörren (H):** Trocknen in heißer Luft, teilweise unter (gleichzeitigem) leichten Bräunen; Lufttemperatur 50 °C bis 80 °C.

**Eindampfen (Eindicken, Reduzieren) [G, A]:** Entziehen eines erheblichen Wasseranteils von Flüssigkeiten durch Erhitzen im offenen Gefäß; Temperatur: etwa 100 °C. Eindampfen ist auch geeignet für das Zubereiten und Reduzieren (Eindicken) von Soßen.

**Einkochen, Einmachen, Einlegen (synonym gebräuchlich: Pasteurisieren, Sterilisieren im Haushalt** siehe **Tab. 8.2-2**, S. 263**) [H, G]:** Wärmebehandlung von Lebensmitteln zur Abtötung aller vegetativen Keime und Inaktivierung lebensmitteleigener Enzyme in luftdicht verschließbaren Behältnissen zur Haltbarmachung von Gemüse (z. B. Grüne Bohnen, saure Gurken, Chutneys), Obst (z. B. Frucht- und Gemüsesäfte, Konfitüre, Marmelade, Obstkompott), Fleischzubereitungen (Fleischspeisen, Würste).

- Einkoch- und Kerntemperatur von Lebensmitteln: 75 °C bis 120 °C
- Dauer der Wärmebehandlung: 10 bis 120 Minuten
- Gerät: Einkochtopf, Dampfdruckkochtopf, Umluftbackofen, Temperaturmessfühler, luftdichtverschließbares Behältnis (z. B. Einkochglas mit Gummiring oder Schraubdeckel)
- Lagerung: bei Raumtemperatur (~ 20 °C) bis 1 Jahr

**Entfetten (Degraissieren) [V, G]:** Entfernen von Fett, das sich während des Kochens oder auf erkalteten Suppen und Soßen bildet.

**Flambieren [A]:** Übergießen von Speisen mit kleinen Mengen meist erwärmter, alkoholhaltiger Flüssigkeit und anschließendes Anzünden.

**Glacieren (Überglänzen) [A]:** Überziehen von Lebensmitteln mit dem eigenen, eingekochten Saft, mit Gelee oder Zuckerglasur.

- Temperatur von Saft, Gelee: 50 °C bis 70 °C
- Temperatur der Zuckerglasur: etwa 150 °C

**Gratinieren (Überbacken) [G, A]:** Bräunen der Oberfläche unter gleichzeitiger Verkrustung durch Wärmeeinwirkung in trockener Luft (Lufttemperatur: 275 °C bis 300 °C).

**Karamellisieren [V]:** Schmelzen und Bräunen von Zucker unter ständigem Rühren im Topf, evtl. nach Erreichung des gewünschten Bräunungsgrades ablöschen.

- Innentemperatur des Topfes: 160 °C bis 180 °C
- Zuckertemperatur: 160 °C bis 180 °C

**Klären [G, A]:** Entfernen fein verteilter Trübstoffe durch Zugabe von – mit etwas Brühe angeschlagenem – Eiweiß, langsames Erhitzen und Filtrieren bzw. Sieben.

**Kolorieren [G, A]:** Bräunen unter Wärmeeinwirkung (siehe **Braten**) oder Färben durch bestimmte Zusatzstoffe.

**Legieren [A]:** Einrühren von Eigelb, Sahne oder Butter in nicht mehr kochende Flüssigkeit (z. B. Suppe), Flüssigkeitstemperatur: 60 °C bis 80 °C.

**Pasteurisieren [H]:** Kurze Wärmebehandlung von Lebensmitteln zur Abtötung krankheitserregender und der meisten lebensmittelverderbenden Mikroorganismen und zur teilweisen Inaktivierung von lebensmitteleigenen Enzymen. Pasteurisieren wird vor allem industriell angewandt mit dem Ziel, die Haltbarkeit von Lebensmitteln zu verlängern (siehe **Tab 8.2-2**, S. 263). Im Privathaushalt wird das Verfahren vorwiegend zur Haltbarmachung von rohen Obst- und Gemüsesäften eingesetzt (siehe „Einkochen").

- Pasteurisier- und Kerntemperatur von Lebensmitteln: 60 °C bis 90 °C
- Dauer der Wärmebehandlung: bis 10 Minuten
- Gerät: Einkochtopf, Temperaturmessfühler, luftdicht verschließbares Behältnis (z. B. Flasche mit Schraubverschluss)
- Lagerung: in der Regel im Kühlgerät bei < +8 °C

**Puffen [G]:** Garen unter starker Volumenvergrößerung von stärkereichem Getreide (Mais, Reis, Weizen) in Luft oder Fett unter hohem Druck (0,7 bis 0,9 MPa)

- Umgebungstemperatur (Luft, Fett): 160 °C bis 180 °C
- Kerntemperatur des Garguts: 160 °C bis 180 °C (Wasserdampfdruck: 0,7 bis 0,9 MPa).

Puffen ist in der Haushaltsküche nur für die Zubereitung von Puffmais (Popcorn) geeignet und nur mit bestimmten Maissorten (Puffmais mit 14 bis 17 % Wassergehalt) möglich, weil dessen Fruchtwand (Perikarp) so stabil ist, dass die Maiskörner als Druckbehälter fungieren können. Für die Zubereitung von anderem Puffgetreide sind spezielle Geräte für hohe Drücke erforderlich.

**Quellen [V, G, A]:** Aufnahme von Wasser unter Volumenzunahme. Die Quellfähigkeit von Lebensmitteln ist abhängig von ihrer Zusammensetzung sowie von Temperatur, Masse und Zusammensetzung (Salz- bzw. Säuregehalt) der Quellflüssigkeit (i. A. Wasser). Flüssigkeits- und Lebensmitteltemperatur: 20 °C bis 100 °C. Quellen eignet sich für die Vorbereitung von Hülsenfrüchten und Getreidekörnern sowie für die Aufbereitung von Trockengemüse und -obst (siehe **Kap 7.1**).

**Rösten (Toasten) [V, G, A]:** Bräunen von meist schon gegarten stärkehaltigen Lebensmitteln durch Wärmebehandlung in Luft oder Fett. Fett- bzw. Lufttemperatur in Pfanne oder Backofen: 160 °C bis 200 °C. Rösten ist geeignet für die Aufbereitung von Brot, Kartoffeln und zur Zubereitung von Kernen.

**Schmelzen [V, G, A]:** Verflüssigung von bei Raumtemperatur festen Lebensmitteln (Fette, Schokolade, Gelatine) durch Erwärmen in Wasserbad oder in Luft. Wasserbad- bzw. Lufttemperatur: 20 °C bis 80 °C. Schmelztemperaturen von wichtigen Fetten und Schokolade finden sich in **Kap. 10.6**.

**Schwenken [G, A]:** Durchschütteln roher oder gegarter Lebensmittel mit Speisefett oder -öl, evtl. mit Kräutern oder mit Salatsoße.

**Soufflieren [G]:** Garen lufthaltiger Massen (Soufflé-Massen) in trockener oder feuchter Luft unter Volumenzunahme und Bräunung. Es eignet sich zur Zubereitung von lufthaltigen, lockeren Massen aus Ei, Milch, Fisch, Fleisch, Gemüse und Kartoffeln.

- Lufttemperatur im Backofen: 160 °C bis 200 °C
- Oberflächentemperatur des Gargeschirrs: 160 °C bis 200 °C
- Oberflächentemperatur des Garguts: 120 °C bis 180 °C
- Kerntemperatur des Garguts bei Garende: 65 °C bis 95 °C

**Stocken [G]:** Verfestigung von Eimasse durch Wärmebehandlung in Wasser, Fett oder in Luft. Temperatur des Wassers, der Luft bzw. des Fetts etwa 80 °C.

## 7.5 Warmhalten und Aufbereiten (ANTAL BOGNÁR)

Die in **Tab. 7.5-1** zusammengestellten Verzehrtemperaturen von gegarten Lebensmitteln und Speisen entsprechen der subjektiven Vorstellung deutscher Konsumenten und Ernährungsexperten von einem richtig temperierten Lebensmittel für eine optimale Geruchs- und Geschmacksausprägung.

**Tab. 7.5-1:** Verzehrtemperatur von Speisen (dgh 1992)

| Lebensmittel | Temperaturbereich in °C | |
|---|---|---|
| | kalt | warm |
| Suppen (klar, gebunden) | – | 55–68 |
| Fruchtsuppen | 6–12 | – |
| Gemüse | 15–20 | 55–70 |
| Kartoffeln | 15–20 | 55–70 |
| Hülsenfrüchte, Getreide | 15–20 | 55–70 |
| Teigwaren | – | 55–70 |
| Brot, Gebäck | 15–20 | 35–60 |
| Fleisch, Geflügel, Fisch | 10–20 | 55–70 |
| Flammeri, Pudding | 10–13 | 55–70 |

Die Wärmeempfindung im Mund kann individuell unterschiedlich sein. Im Allgemeinen werden Temperaturen von 6 °C bis 7,5 °C als schmerzend kalt, um 8 °C als kalt, von 10 °C bis 12 °C als angenehm kühl, von 35 °C bis 40 °C als lauwarm, 55 °C bis 70 °C als heiß und ab etwa 75 °C als sehr heiß empfunden. Als Mindestwert für die Speisentemperatur bei der Ausgabe gelten 65 °C.

**Tab. 7.5-2** zeigt den Temperaturablauf in Lebensmitteln unmittelbar nach Garende und Portionieren beim Aufbewahren in der Küche (22 °C) in Gar- und Essgeschirr. Die letzte Spalte gibt die Zeit bis zum Erreichen der optimalen Verzehrstemperatur von 63 °C an. Diese wird in portionierten Speisen bereits nach 5 Minuten unterschritten. Auch im noch heißen Gargeschirr (Topf, Pfanne) können die Speisen nur maximal 30 Minuten warm gehalten werden. Für längere Aufbewahrungszeiten ist aktives Warmhalten bzw. Kühlen oder Tiefgefrieren erforderlich.

**Tab. 7.5-2:** Typischer Temperaturverlauf in Speisen beim Aufbewahren (Speisenanfangstemperatur etwa 90 °C, Lufttemperatur ca. 22 °C, Mengen: im Topf ca. 1 kg, in der Pfanne ca. 400 g, auf dem Teller ca. 200 g) (dgh 1992, Bognár 2009)

| Speisenart | Geschirr | Temperatur in °C beim Aufbewahren nach | | | | Zeit bis 63 °C in min |
|---|---|---|---|---|---|---|
| | | 5 min | 10 min | 20 min | 30 min | |
| Suppen, Soßen, Eintöpfe, Gemüse, Kartoffeln, Reis, Teigwaren | Kochtopf | 81–87 | 76–82 | 66–70 | 56–62 | 22–28 |
| | Teller (40 °C) | 49–69 | 53–57 | 43–47 | – | 3–5 |
| | Teller (22 °C) | 45–65 | 49–55 | 40–46 | – | 2–4 |
| Frikadellen (à 70 g) | Pfanne | 82–88 | 78–82 | 68–72 | 57–63 | 24–27 |
| | Teller (40 °C) | 72 | 66 | 56 | – | 12 |
| | Teller (22 °C) | 70 | 63 | 55 | – | 10 |
| Schnitzel (à 100 g) | Pfanne | 77–83 | 74–80 | 64–70 | 53–59 | 20–26 |
| Bratwurst (à 100 g) | Teller (40 °C) | 61–66 | 54–58 | 43–49 | – | 3–5 |
| | Teller (22 °C) | 56–62 | 50–56 | 41–47 | – | 3–5 |

## Warmhalten

Unter Warmhalten wird das Aufbewahren von Speisen und Getränken bei einer Temperatur von 70 °C bis 80 °C verstanden. Dazu verbleiben die Speisen meist im warmen Backofen oder im Kochtopf auf der Kochstelle. Das Warmhalten der

Speisen vermindert deutlich den Genusswert. Die Abnahme von Geruchs- und Geschmackswert ist meist ausgeprägter als die Veränderung der Farbe und Konsistenz.

Die Genusswertminderung ist von der Speisenart und vor allem von der Warmhaltedauer und -temperatur abhängig. Die Speisen-Schichthöhe sowie das Format der Warmhaltebehälter wirken sich auf den Genusswert dagegen nur unwesentlich aus. Experimentelle Ergebnisse zur Veränderung des Genusswerts beim Warmhalten sind in **Abb. 7.5-1** dargestellt.

Eine **Warmhaltedauer** von mehr als drei Stunden ist generell nicht zu tolerieren (auch aus ernährungsphysiologischen Gründen). Nur einige Fleisch-, Geflügel-, Fisch- und Eierspeisen mit Soße und Eintopfgerichte weisen auch nach fünfstündigem Warmhalten noch einen befriedigenden Genusswert auf. Bei Gemüse- und Kartoffelspeisen, insbesondere bei Salzkartoffeln, fällt dieser dagegen deutlich schneller ab.

**Nährwert-Untersuchungen** zeigen, dass der Gehalt an den Hauptnährstoffen (Proteine, Fett, Kohlenhydrate und Mineralstoffe) auch nach fünf Stunden Warmhalten nahezu unverändert ist. Wärme- und oxidationsempfindliche Vitamine werden dagegen mehr oder weniger stark abgebaut. Nach einstündigem Warmhalten betragen die **Vitamin-C-Verluste** bis zu 15 Prozent in Gemüse mit Soße (Erbsen/Möhren, Sauerkraut, Spinat und grüner Bohneneintopf) sowie zwischen 15 Prozent und 51 Prozent in „stückigen“ Gemüsespeisen wie Salzkartoffeln, Blumenkohl oder Brokkoli.

**Folsäure** (5-Methyltetrahydrofolat) erweist sich gegenüber Wärmeeinflüssen als die empfindlichste Form der Folat-Verbindungen. Durchschnittlich ist mit einer Abnahme um etwa 14 Prozent pro Stunde Warmhaltedauer zu rechnen. Die Verluste an **Vitamin $B_1$ und $B_2$** sind deutlich geringer (siehe **Abb. 7.5-2**). Noch weniger wirkt sich das Warmhalten auf den Gehalt an **Vitamin $B_6$**, **Niacin**, **Pantothensäure**, **Retinol** und ***β*-Carotin** aus.

Wird ein durchschnittlicher Vitamin-C- und Folsäureverlust von etwa 45 % in Kauf genommen, erscheint ein dreistündiges Warmhalten noch tolerierbar. Die Temperatur sollte dabei nicht über 75 °C und nicht unter 70 °C liegen. Höhere Temperaturen führen zu einem schnelleren Genuss- und Nährwertabfall, und niedrigere Temperaturen als 70 °C sind aus hygienischen Gründen abzulehnen.

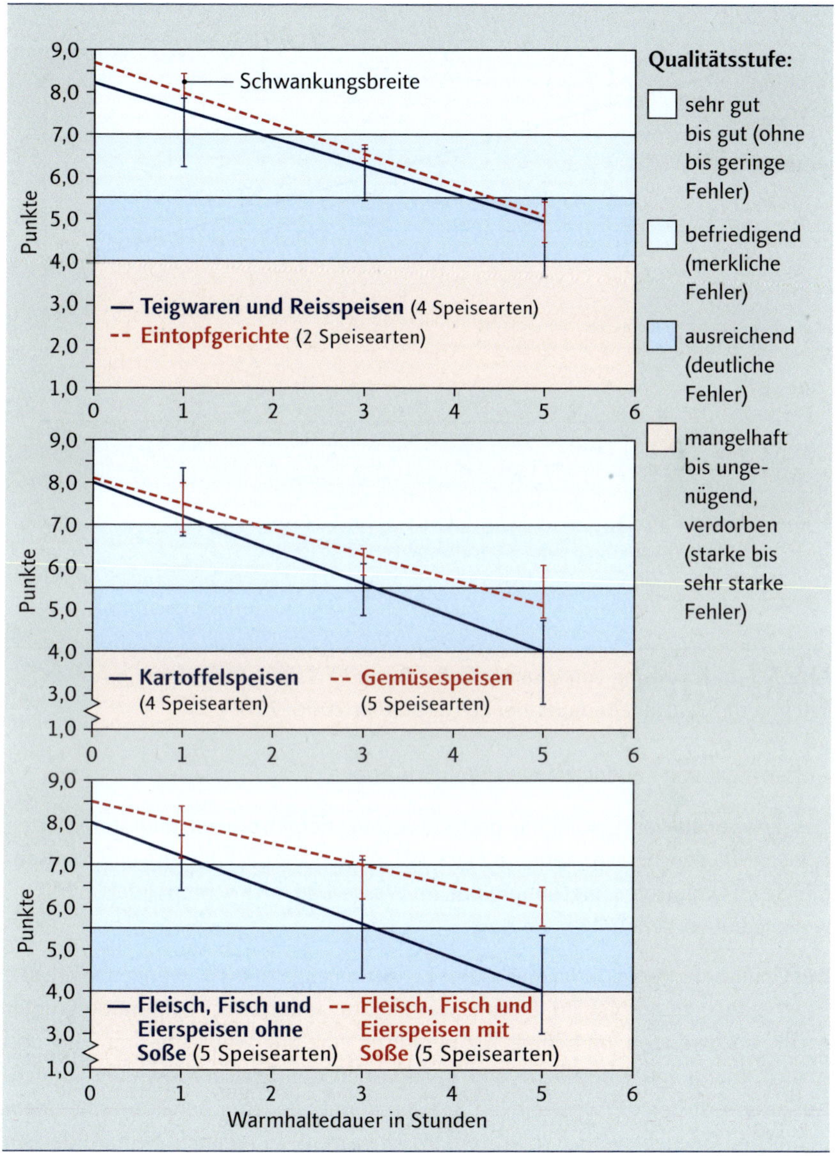


**Abb. 7.5-1:** Veränderung der Geschmacksqualität von verschiedenen Speisegruppen in Abhängigkeit von der Warmhaltedauer bei rund 70 °C – Mittelwerte und Schwankungsbreiten (Bognár 2006, 2009)

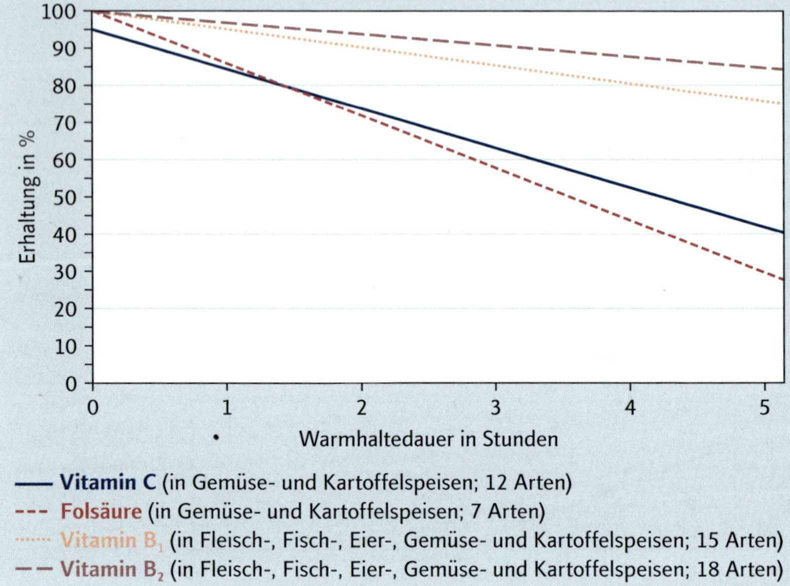


**Abb.7.5-2:** Erhaltung von Vitamin C, $B_1$, $B_2$ und Folsäure in Speisen in Abhängigkeit von der Warmhaltedauer bei 70 °C (Bognár 2006, 2009)

## Aufbereiten von Lebensmitteln durch Erwärmen

Das Erwärmen von gekühlten, pasteurisierten, tiefgefrorenen und sterilisierten Speisen für den Verzehr kann im Haushalt je nach Verpackungsart und Speisenmenge im Umluftofen, im Dämpfgerät, im Wasserbad, im Kochtopf oder im Mikrowellengerät vorgenommen werden.

Der Genusswert wird durch die Art des Erwärmungsgerätes nur wenig beeinflusst. Es ist jedoch zu empfehlen, beim Erwärmen im Umluftofen Temperaturen unter 130 °C anzuwenden, da höhere Temperaturen eine unerwünschte Bräunung und Austrocknung von Oberfläche und Randpartien der Speisen bewirken können. Außerdem ist beim Erwärmen von Speisen in unbedeckten Behältern mit einem deutlichen Gewichtsverlust (6 Prozent bis 19 Prozent) zu rechnen; beim Abdecken von Schalen oder Töpfen bleiben die Gewichtsverluste mit etwa 2 Prozent gering.

**Tab. 7.5-3** zeigt Richtwerte für Erwärmungszeit und Energieverbrauch beim Einsatz eines Mikrowellengerätes bzw. eines Topfes auf einer konventionellen elektrischen Kochplatte. Vor allem für das Erwärmen von kleineren Mengen stückartiger Speisen bis etwa 500 g ist der Einsatz des Mikrowellengeräts hinsichtlich Erwärmungszeit und Energiebedarf günstiger als die Anwendung konventioneller Verfahren.

**Tab. 7.5-3:** Erwärmungszeit von ca. 5 °C auf 80 °C und Energieverbrauch für Speisen in Abhängigkeit vom Erwärmungsverfahren (dgh 1992, Bognár 2009)

| Speise | Menge | Mikrowellengeschirr im Mikrowellengerät | | Edelstahlkochtopf auf Elektrokochplatte | |
|---|---|---|---|---|---|
| | | Erwärmungszeit | Stromverbrauch | Erwärmungszeit | Stromverbrauch |
| | g | min | Wh | min | Wh |
| flüssig, stückartig, gemischt (z. B. Suppen, Eintopfgerichte, Fleisch mit Soße) | 250 | 4–5 | 85–105 | 2–3 | 70–90 |
| | 500 | 9–10 | 190–210 | 5–6 | 165–200 |
| | 1000 | 18–20 | 380–420 | 7–9 | 265–330 |
| breiartig (z. B. Rotkohl, Kartoffelbrei) | 250 | 4–5 | 85–105 | – | – |
| | 500 | 7–9 | 150–170 | – | – |
| | 1000 | 19–20 | 400–450 | 16–18 | 360–400 |
| stückartig (z. B. Salzkartoffeln, Frikadellen, Rosenkohl) | 250 | 2–3 | 70–90 | 13–14 | 330–360 |
| | 500 | 9–10 | 155–165 | 15–16 | 380–403 |
| | 1000 | 18–20 | 400–450 | 17–18 | 420–450 |

## 7.6 Lebensmittelveränderungen beim Garen

(ANTAL BOGNÁR, MICHAELA SCHLICH)

Beim Garen laufen vielfältige **chemisch-physikalische Reaktionen** ab, die die Lebensmittelinhaltsstoffe verändern. Es kommt unter anderem zu tiefgreifenden Veränderungen der **Farbe** (z. B. von Rot nach Grau bei Fleisch), der **Struktur** (Quellen, Verkleisterung, Weichwerden von Hülsenfrüchten und Teigwaren) sowie des **Geruchs** und des **Geschmacks** (z. B. Bildung von Röst- und Aromastoffen). In **Tab. 7.6-1** sind die wichtigsten Lebensmittelinhaltsstoffe und deren mögliche Veränderungen während des Garprozesses für pflanzliche Lebensmittel, in **Tab. 7.6-2** für tierische Lebensmittel dargestellt. Mit „Biologischer Wert“ sind Verdaulichkeit, Verwertbarkeit und Nährwert gemeint.

**Tab. 7.6-1:** Reaktionen und Veränderungen von Inhaltsstoffen beim Garen von pflanzlichen Lebensmitteln (Bognár 2009)

| Lebensmittel-inhaltsstoffe | Temperatur °C | Reaktionen und Veränderungen | Wirkung | |
|---|---|---|---|---|
| | | | Genusswert | Biolog. Wert |
| Proteine, Polypeptide, z. B. Vicillin, Legumin, Gluten, Globuline, Enzyme | 50–90 | Denaturierung, Vernetzung, Quellung, Inakt. von Enzymen | positiv | positiv |
| | > 100 | Oxidation schwefelhaltiger Aminosäuren | positiv | negativ |
| | > 120 | Maillard-Reaktion, Bräunung, Bildung von Röststoffen | positiv | negativ |
| | > 150 | Karamellisierung | positiv | negativ |
| Peptide, Aminosäuren, z. B. Methionin, Lysin | > 70 | Bildung von Aromastoffen, Abbau | positiv | negativ |
| Fett, z. B. Zellfett, Bratenfett | 50–150 | Ausschmelzen, (Fettaufnahme beim Braten) | neutral | neutral |
| | > 200 | Hydrolyse, Oxidation, Bildung gesundheitsschädlicher Verb. | negativ | negativ |
| Kohlenhydrate, Polysaccharide, z. B. Stärke | 55–90 | Quellung, Verkleisterung, Wasseraufnahme | positiv | positiv |
| | > 120 | Maillard-Reaktion, Bräunung, Bildung von Röststoffen | positiv | negativ |
| | > 150 | Abbau zu Dextrinen bei allen Backwaren | positiv | negativ |
| | > 190 | Bildung von gesundheitsschädlichen Verb. und Kohle | negativ | negativ |
| Oligo-, Di- und Monosaccharide, z. B. Raffinose, Zucker, Traubenzucker | > 120 | Maillard-Reaktion, Bräunung, Bildung von Röststoffen | positiv | negativ |
| | > 150 | Karamellisierung | positiv | negativ |

*(Fortsetzung S. 217)*

**Tab. 7.6-1:** *(Fortsetzung v. S. 216)* Reaktionen und Veränderungen von Inhaltsstoffen beim Garen von pflanzlichen Lebensmitteln

| Lebensmittel-inhaltsstoffe | Temperatur °C | Reaktionen und Veränderungen | Wirkung | |
|---|---|---|---|---|
| | | | Genusswert | Biolog. Wert |
| Ballaststoffe (Zellbestandteile), z. B. Hemicellulose, Pektine, Lignin | > 70 | Quellung, Erweichung von Zellstrukturen | positiv | neutral |
| | > 100 | Hydrolyse, Gelieren, Struktur- und Konsistenzveränderung | positiv | positiv |
| Mineralstoffe | > 70 | Auslaug- und/oder Tropfverluste | neutral | negativ |
| Vitamine – wasserlöslich, z. B. Vitamin C, $B_1$, $B_2$, $B_6$ | 10–70 | enzymatischer Abbau von Vit. C | neutral | negativ |
| | 50–70 | enzymatische Freisetzung von Vitamin $B_6$ | neutral | positiv |
| | > 70 | oxidativer oder reduktiver Abbau, Auslaugverluste | neutral | negativ |
| Vitamine – fettlöslich, z. B. A, E, $K_1$ | > 120 | oxidativer oder reduktiver Abbau, Ausschmelzen | neutral | negativ |
| Anthocyane, Flavone, Flavonole | > 85 | enzymatische, oxidative oder reduktive Farbumwandlung | negativ | negativ |
| Chlorophyll a und b | > 60 | enzymatischer und thermischer Abbau | negativ | neutral |
| | > 100 | thermische Umwandlung zu Phäophytine a, b | negativ | neutral |
| Carotinoide | < 120 | hitzeunempfindlich | neutral | neutral |
| andere Stoffe, z. B. Phenole, Glycosinolate | > 80 | thermischer, oxidativer oder reduktiver Abbau | neutral | negativ |
| toxische Inhaltsstoffe, z. B. cyanogene Glycoside in Bohnen | > 80 | thermischer Abbau, Auslaugverluste | positiv | positiv |

**Tab. 7.6-2:** Reaktionen und Veränderungen von Inhaltsstoffen beim Garen von tierischen Lebensmitteln (Bognár 2009)

| Lebensmittel-inhaltsstoffe | Temperatur °C | Reaktionen und Veränderungen | Wirkung | |
|---|---|---|---|---|
| | | | Genusswert | Biolog. Wert |
| Proteine, Polypeptide, z. B. Myoglobin, Enzyme, Myofibrillen (Muskelproteine), Kollagen (Bindegewebsproteine) | 40–80 | Denaturierung, Vernetzung, Farbveränderung | positiv | neutral |
| | 40–80 | Wasserabgabe, Schrumpfung, Ausflockung | negativ | negativ |
| | > 80 | Erweichung und Hydrolyse von Kollagen | positiv | positiv |
| | > 125 | Bräunung, Bildung von Röststoffen und Kruste | positiv | negativ |
| | > 250 | Bildung von gesundheitsschädlichen Verbindungen | negativ | negativ |
| Peptide, Aminosäuren, z. B. Nucleotide, Cystin, Cystein, Methionin, Glutaminsäure, Lysin | > 70 | Bildung von spezifischen Aromastoffen | positiv | positiv |
| | > 70 | Oxidation von Methionin, Cystein; Tropfverluste | negativ | negativ |
| | > 125 | Bräunung, Bildung von Röststoffen und Kruste | positiv | negativ |
| | > 250 | Bildung von gesundheitsschädlichen Verbindungen | neutral | negativ |
| Fett, z. B. Fettgewebe | > 75 | Ausschmelzen | neutral | negativ |
| | > 180 | Hydrolyse, Oxidation, Polymerisierung | negativ | negativ |
| | > 250 | Bildung von spezifischen Aromastoffen | positiv | neutral |
| Kohlenhydrate, z. B. Glycogen, Milchzucker | 45–80 | Verluste durch Tropfsaft | neutral | negativ |
| | > 125 | Bräunung, Bildung von Röststoffen und Kruste | positiv | negativ |
| | > 250 | Bildung von gesundheitsschädlichen Verbindungen | negativ | negativ |
| Mineralstoffe, Spurenelemente | > 75 | Verluste durch Tropfsaft | neutral | negativ |

*(Fortsetzung S. 219)*

**Tab. 7.6-2:** *(Fortsetzung v. S. 218)* Reaktionen und Veränderungen von Inhaltsstoffen beim Garen von tierischen Lebensmitteln

| Lebensmittel-inhaltsstoffe | Temperatur °C | Reaktionen und Veränderungen | Wirkung | |
|---|---|---|---|---|
| | | | Genusswert | Biolog. Wert |
| Vitamine – wasserlöslich, z. B. Vitamin $B_1$, $B_2$, $B_6$, Nicotinsäure | 45–80 | Verluste durch Tropfsaft | neutral | negativ |
| | > 70 | oxidativer oder reduktiver Abbau | neutral | negativ |
| Vitamine – fettlöslich, z. B. Vitamin A, D, E | > 75 | Verluste durch Fettausschmelzen | negativ | negativ |
| | > 120 | oxidativer oder reduktiver Abbau | neutral | negativ |
| andere Inhaltsstoffe, z. B. Carnosin, Taurin, Kreatin | 45–80 | Verluste durch Tropfsaft | neutral | neutral |
| | > 80 | Bildung von Geschmacksverstärkern ( z. B. Kreatinin) | positiv | neutral |

## Erwünschte Effekte des Garprozesses auf die Lebensmittel

Lebensmittel können Inhaltsstoffe aufweisen, die für den menschlichen Genuss ungeeignet sind. Einige **Inhaltsstoffe** (z. B. Lectine bzw. Phytohaemagglutinin in Hülsenfrüchten) können durch Vorschalten unterschiedlicher Garverfahren **inaktiviert** werden. **Mikroorganismen**, die zum Teil in erheblicher Anzahl auf Lebensmitteln zu finden sind, werden in der Regel durch Temperaturen von 70 °C über 2 Minuten im Kern **abgetötet**. Das gilt jedoch nur für die vegetativen Formen. Endo- und Ascosporen einiger Bakterien und Schimmelpilzarten können Temperaturen von mehr als 100 °C einige Stunden lang überleben.

## Verfügbarkeit von Nährstoffen

Zahlreiche Lebensmittelinhaltsstoffe, zum Beispiel lipophile Vitamine und sekundäre Pflanzenstoffe, liegen in der pflanzlichen Matrix an Zellbestandteile gebunden vor. Für die menschliche Ernährung sind diese Inhaltsstoffe schwer verfügbar. Durch die Zufuhr von Energie werden diese **Inhaltsstoffe** aus der Zellmatrix freigesetzt und für die Resorption **verfügbar** bzw. vermehrt verfügbar gemacht. In vielen Fällen genügt bereits kurzes Blanchieren (siehe **Kap 7.8**). Stärke – insbesondere Kartoffelstärke – wird für den Menschen erst durch Garen aufgeschlossen.

## Sensorik

Das Garen von Lebensmitteln führt auch zu positiven sensorischen Veränderungen. Die Garverfahren beeinflussen dabei den **Genusswert** von Lebensmitteln in unterschiedlichem Maße. Einen intensiv süßlichen Geschmack bekommen Karotten erst nach Zufuhr von Energie, z. B. durch Dünsten und Dämpfen. Ähnliche Veränderungen werden auch bei anderen Gemüsearten bewirkt. Das Garen hat zahlreiche Farbveränderungen an Gemüse beim Übergang von Chlorophyll in verschiedene Phäophytine durch **Beeinflussung der Enzymaktivität** zur Folge. Hohe Temperaturen bei kurzer Einwirkzeit (Blanchieren) schalten die Enzymaktivität aus und führen so zu intensiven Grüntönen. Längere Garzeit bei niedrigen Temperaturen hat eine stärkere Farbänderung (olivgrün bis braungrün) durch den Abbau von Chlorophyll zur Folge. Garen führt häufig auch zur **Verbesserung der Struktur und Konsistenz** von Lebensmitteln (z. B. Quellung und Verkleisterung von Stärke bei Kartoffeln und Getreide oder Erweichen und Hydrolyse von Bindegewebsproteinen bei Fleisch).

**Bräunungsreaktionen** wie Karamellisierung und Maillard-Reaktionen führen zu einer erwünschten Aroma-, Struktur- und Konsistenzveränderung und Farbbildung. Dabei reagieren Aminosäuren mit reduzierend wirkenden Zuckern unter Bildung von braunen, pigmentartigen Substanzen, die den Lebensmitteln (etwa beim Backen, Braten oder Rösten) Geruch, Geschmack, Farbe und Aroma geben. Garen in feuchter Hitze (unter 130 °C) führt nur in sehr geringem Maße oder gar nicht zu Bräunungsprodukten.

## Unerwünschte Effekte

Das Garen von Lebensmitteln insbesondere bei trockener Hitze und sehr hohen Temperaturen (z. B. beim unsachgemäßen Frittieren und Grillen über Holzkohle) kann die Qualität von Speisen auch negativ beeinflussen, z. B. durch Bildung von unerwünschten oder sogar gesundheitsschädlichen Stoffen.

### Acrylamid

Im Jahr 2002 beschrieben schwedische Wissenschaftler erstmals erhöhte Acrylamidwerte in verschiedenen Lebensmitteln meist pflanzlicher Herkunft mit einem hohen Anteil an Kohlenhydraten, insbesondere Stärke. Acrylamid ist ein Bräunungsprodukt, das aus α-Aminosäuren (vor allem Asparagin) und reduzierenden Zuckern entsteht. Es gilt (dosisabhängig) aufgrund von Tierversuchen als kanzerogen. In roh verzehrten oder gekochten Lebensmitteln wird kein Acrylamid gebildet, sondern nur in stark gebackenen, frittierten oder getoasteten Lebensmitteln.

Zur Reduzierung der Acrylamidbildung sollte die Fetttemperatur beim Frittieren erniedrigt werden (z. B. 170 °C bis höchstens 190 °C anstelle von 200 °C, so dass an der Lebensmitteloberfläche keine höheren Temperaturen als 175 °C auftreten).

### Benzo[a]pyren

**P**olyzyklische **a**romatische **K**ohlenwasserstoffe (**PAK**) sind eine Substanzgruppe mit etwa 250 verschiedenen Verbindungen. PAK entstehen hauptsächlich durch Verbrennung von Energieträgern (Mineralöl, Kohle), unvollständige Verbrennung von organischen Materialien und ebenso auch beim Braten, Räuchern und Grillen von Lebensmitteln. Die Leitsubstanz für PAK ist Benzo[a]pyren. Bei übermäßig starkem Grillen liegen größere Mengen an Benzo[a]pyren in den zubereiteten Lebensmitteln vor. Die Kontaminierung hängt dabei von der Qualität des Gargutes, z. B. dem Fettgehalt des Fleisches, von der Grilltechnik und vom verwendeten Brennmaterial ab. Wird mageres Fleisch über glühender Holzkohle oder einer Gasflamme gegrillt, entstehen nur geringe Mengen PAK. Wird Ausgangsware mit hohem Fettgehalt verwendet und tropft Fett in die Heizquelle, kann es zu einer starken Bildung von Benzo[a]pyren kommen, noch mehr bei Verwendung von Papier, Holz oder Fichtenzapfen als Brennstoff. Die Bildung von PAK im Grillgut lässt sich durch indirektes Grillen mit seitlichem Glutbett verringern oder durch Verwendung von Aluminium-Grillschalen oder Roste mit Auffangrinnen für das abtropfende Fett.

### Heterozyklische aromatische Amine (HAA)

Des Weiteren können **h**eterozyklische **a**romatische **A**mine, sogenannte HAA, in Fleisch und Fisch entstehen. Sie bilden sich bei allen Brat- und Röstvorgängen und beim Grillen vor allem in der Kruste. Im Tierversuch und bei Untersuchungen mit Bakterien wirkten HAA Krebs erregend, allerdings war die verabreichte Dosis mehr als 1 000-fach höher als die übliche HAA-Aufnahme des Menschen über Lebensmittel. Die Bildung der HAA ist unter anderem abhängig von der Temperatur, der Dauer der Erhitzung und der Art des Grillguts.

So wurden in Geflügelfleisch im Vergleich zu Rind- und Schweinefleisch nach dem Braten mehr HAA nachgewiesen. Höhere HAA-Konzentrationen sind wie bei den PAK auch zu erwarten, je länger und heißer zum Beispiel ein Rindersteak erhitzt wird. Daher lautet auch hier die Empfehlung: Das Grillgut nur so stark und lange wie nötig mit ausreichendem Abstand zur Glut erhitzen.

Wissenschaftliche Untersuchungen an der Universität Kiel ergaben, dass sich durch Zugabe von Gewürzen wie Rosmarin und Salbei weniger HAA im Grillgut bilden.

Eine polnische Studie ermittelte verringerte HAA-Gehalte in gegrillten Frikadellen durch die Zugabe von Zwiebeln und Knoblauch. Verantwortlich für die geringere HAA-Bildung könnten Antioxidantien beziehungsweise sekundäre Pflanzenstoffe wie Quercetin sein. Eine generelle Empfehlung, Grillgut vor der Zubereitung mit Zwiebeln, Knoblauch und den genannten Gewürzen zu marinieren, lässt sich hieraus gegenwärtig aber noch nicht ableiten.

### Nitrosamine

Krebs erregende Nitrosamine entstehen in geringen Mengen, wenn gepökelte Fleischwaren gegrillt werden. Nitritpökelsalz wird Fleischwaren wie Kasseler, Wiener Würstchen, Fleischwürsten oder Leberkäse zugesetzt. Das Fleisch erhält dadurch eine kochbeständige rote Farbe und das typische Pökelaroma. Zudem ist es länger haltbar. Beim Erhitzen kann das Nitrit aus dem Pökelsalz mit Proteinen im Fleisch zu schädlichen Nitrosaminen reagieren.

## 7.7 Garzustand, Garzeiten und Gewichtsveränderungen

(ANTAL BOGNÁR)

Der gewünschte Endzustand des Lebensmittels beim Garen wird häufig auch als „Gare" oder „Garegrad" bezeichnet. Kriterien für die Feststellung des Garzustandes sind die sensorischen Merkmale (siehe **Kap. 7.6**). Die Bewertung ist naturgemäß subjektiven Empfindungen und Erwartungen unterworfen – der optimale Garzustand kann unterschiedlich festgelegt sein (z. B. bei Fleisch oder bei Gemüse und Teigwaren).

Soll die Garzeit eines Lebensmittels vorausberechnet oder automatisch gesteuert werden, erfordert dies die Kenntnis der lebensmittel- und verfahrensspezifischen Garzeiten und Garkurven. Eine Reihe von Forscherteams hat schon früh versucht, objektive Kriterien zu entwickeln, die eine instrumentelle Feststellung des Garzustandes von Lebensmitteln ermöglichen. Beispielsweise besteht zwischen Farbe im Kernbereich, Kerntemperatur und Garzustand von zarten Fleischsorten beim Braten und Grillen ein signifikanter Zusammenhang. Die Farbe im Fleischkern ist von der im Kernbereich herrschenden Temperatur abhängig und kann je nach Ausmaß der Denaturierung des Myoglobins von Fleisch-rot und Hellrosa bis Bräunlich-grau reichen (entsprechend den Garzuständen halbroh, halbgar oder voll gar), siehe **Tab. 7.7-1**.

**Tab. 7.7-1:** Farbe und Kerntemperatur zur Bestimmung des Garzustandes bei Fleisch (Bognár 2014)

| Fleischart | Garzustand | Kerntemperatur | Fleischfarbe im Kernbereich | Fleischsaftfarbe |
|---|---|---|---|---|
| Kalbfleisch | voll gar/well done/ bien cuit | > 75 °C | leicht rötlich bis graubraun, beige | grau, farblos |
| | halbgar/medium/ à point | 66–75 °C | rosa, leicht rötlich | leicht rötlich |
| | blutig/rare/saignant | 55–65 °C | blutrot bis rötlich | rötlich |
| Rindfleisch | voll gar/well done/ bien cuit | > 75 °C | leicht rötlich, graubraun | grau, bräunlich, farblos |
| | halbgar/medium/ à point | 66–75 °C | rosa, leicht rötlich | leicht rötlich |
| | blutig/rare/saignant | 55–65 °C | blutrot, rötlich | rötlich |
| Schweinefleisch | voll gar/well done/ bien cuit | > 80 °C | leicht rötlich, graubraun, beige | grau, farblos |
| | halbgar/medium/ à point | 65–75 °C | leicht rötlich, rosa | leicht rötlich |
| Geflügel, ganz | voll gar/well done/ bien cuit | > 85 °C | leicht rötlich, grau, beige, leicht bräunlich | grau, farblos |
| Geflügelbrust | voll gar/well done/ bien cuit | > 80 °C | leicht rötlich, grau, beige, leicht bräunlich | grau, farblos |
| Lamm-, Hammel-, Wildfleisch | voll gar/well done/ bien cuit | > 80 °C | leicht blass-rötlich, grau | grau, farblos |

Die Beziehung zwischen Farbe und Temperatur im Fleischkern ist besonders bei Rindfleisch nicht immer eindeutig, da die Farbe auch von den Eigenschaften des Rohfleisches (Reifezustand, Marmorierung und Alter) abhängt. So kann z. B. der rötliche Farbton von nicht ausreichend abgehangenem Rindfleisch auch nach Erhitzen auf 85 °C erhalten bleiben. Hilfestellung für das Garen bieten Einsteck-Temperaturfühler, mit denen außerdem nach Erreichen der gewünschten Kerntemperatur im Gargut die Wärmezufuhr automatisch abgeschaltet und somit ein Übergaren vermieden werden kann.

Beim Garen von **bindegewebsreichen** Fleisch- und Wildteilen (z. B. Rinderschulter, Bug, Schweinekamm und Rehkeule) wird die Gare nicht allein durch die Denaturierung von Myoglobin und Faserproteinen, sondern hauptsächlich durch das Erweichen und die Umwandlung von Bindegewebseiweiß in Gelatinesol bewirkt. Bis zum Erreichen des Zustandes „voll gar" sind daher bei diesen Fleischteilen entweder wesentlich höhere Kerntemperaturen oder längere Garzeiten erforderlich. Da die Kerntemperaturen von Fleisch beim Kochen, Dämpfen, Dünsten und auch Schmoren längere Zeit über 80 °C liegen, ist eine Beurteilung des Garzustandes allein durch die Fleischfarbe oder die Messung der Kerntemperatur nicht mehr möglich, sondern es müssen zusätzliche sensorische Merkmale wie Kaubarkeit, Zartheit, Saftigkeit und Geschmack herangezogen werden. Diese sind jedoch auch von der Rohfleischqualität abhängig. So kann z. B. ein nicht ausgereiftes Rindfleisch weder durch Übergaren noch durch die Anwendung hoher Gartemperaturen zart gekocht werden.

Für das Garwerden von pflanzlichen Lebensmitteln sind die Denaturierung von Proteinen, die Quellung und Verkleisterung von Stärkekörnern und die Erweichung von Zellwänden durch Quellung und Abbau von Hemicellulosen, Lignin und Pektinen von wesentlicher Bedeutung (siehe **Kap. 7.6**). Auch diese Reaktionen werden durch Erhöhung der Gartemperatur deutlich beschleunigt.

Beim Garen von Lebensmitteln in feuchter Wärme besteht ein funktioneller Zusammenhang zwischen Gartemperatur und Garzeit (siehe **Abb. 7.7-1**). Die van 't Hoffsche Reaktionsgeschwindigkeit-Temperatur-Regel (**RGT-Regel**) für organisch-chemische Reaktionen gilt auch für das Garen von Lebensmitteln im Temperaturbereich von 80 °C bis 120 °C. Die Garzeit vermindert sich um den Faktor 1,2 bis 3,5 je 10 °C Gartemperaturerhöhung. Die Faktoren für die Verkürzung der Garzeit mit ansteigender Temperatur fallen je nach Art des Lebensmittels unterschiedlich aus (siehe **Tab. 7.7-2**).

**Tab. 7.7-2:** Faktoren der Garzeitverkürzung bei Erhöhung der Gartemperatur um 10 °C im Bereich von 80 °C bis 120 °C (Bognár et al. 1986)

| Lebensmittel | Faktoren der Garzeitverkürzung (ca.-Angaben) |
|---|---|
| Kalb-, Rindfleisch | 2,0 |
| Schweinefleisch | 2,2 |
| Geflügel | 2,1 |
| Wild | 2,2 |

*(Fortsetzung S. 225)*

**Tab. 7.7-2:** *(Fortsetzung v. S. 224)* Faktoren der Garzeitverkürzung bei Erhöhung der Gartemperatur um 10 °C im Bereich von 80 °C bis 120 °C

| Lebensmittel | Faktoren der Garzeitverkürzung (ca.-Angaben) |
|---|---|
| Rotkohl | 3,0 |
| Speisemöhren | 3,4 |
| Kartoffeln je nach Sorte | 3,2 bis 3,5 |
| Reis | 1,5 |
| Teigwaren | 1,2 |
| Linsen | 2,0 |

Die für das Garen maßgeblichen Reaktionen setzen bei den meisten Lebensmitteln erst ab etwa 75 °C ein, bei manchen Lebensmitteln (z. B. bei Bohnen) erst ab 95 °C. Aus dem wesentlich flacheren Verlauf der Garkurven für Reis, Teigwaren und Linsen in **Abb. 7.7-1** ist zu entnehmen, dass hier eine gewisse Zeit für die Wasseraufnahme und das Durchdringen des Wassers bis zum Kern erforderlich ist, um die unerlässliche Stärkequellung und -verkleisterung zu erreichen.

## Garzeiten

Unter der **Garzeit** ist die gesamte thermische Behandlungszeit zu verstehen, die für das Garwerden bzw. für die gewünschte Veränderung des Lebensmittels erforderlich ist. Die Garzeit wird durch folgende Faktoren beeinflusst:

- Art und Zustand des Lebensmittels
- Masse und Zerkleinerungsgrad des Lebensmittels
- Art des Garverfahrens (Garmedium, Gartemperatur)
- Erwünschter Gar-Endzustand (Garegrad)

In den **Tab. 7.7-3** bis **7.7-7** sind die Garzeiten für Fleisch, Geflügel, Wild, Fisch, Gemüse einschl. Kartoffeln und Hülsenfrüchte sowie für Getreide und Teigwaren zusammengestellt. Die unterschiedliche Beschaffenheit der verwendeten Rohware sowie der jeweils erwünschte Garzustand bedingen dabei einen erheblichen Spielraum. In **Tab. 7.7-3** entspricht der untere Grenzwert des Garzeitintervalls einer Kerntemperatur von etwa 65 °C (halbgar, z. B. bei Filet und Steak), der obere Wert einer Kerntemperatur von über 75 °C (durchgegart). Unter „klein" sind Fleischstücke unter 400 g mit einer maximalen Höhe von 2,5 cm (Scheiben, Würfel) zu verstehen, unter „groß" Fleischstücke über 500 g mit einer Höhe über 3 cm.

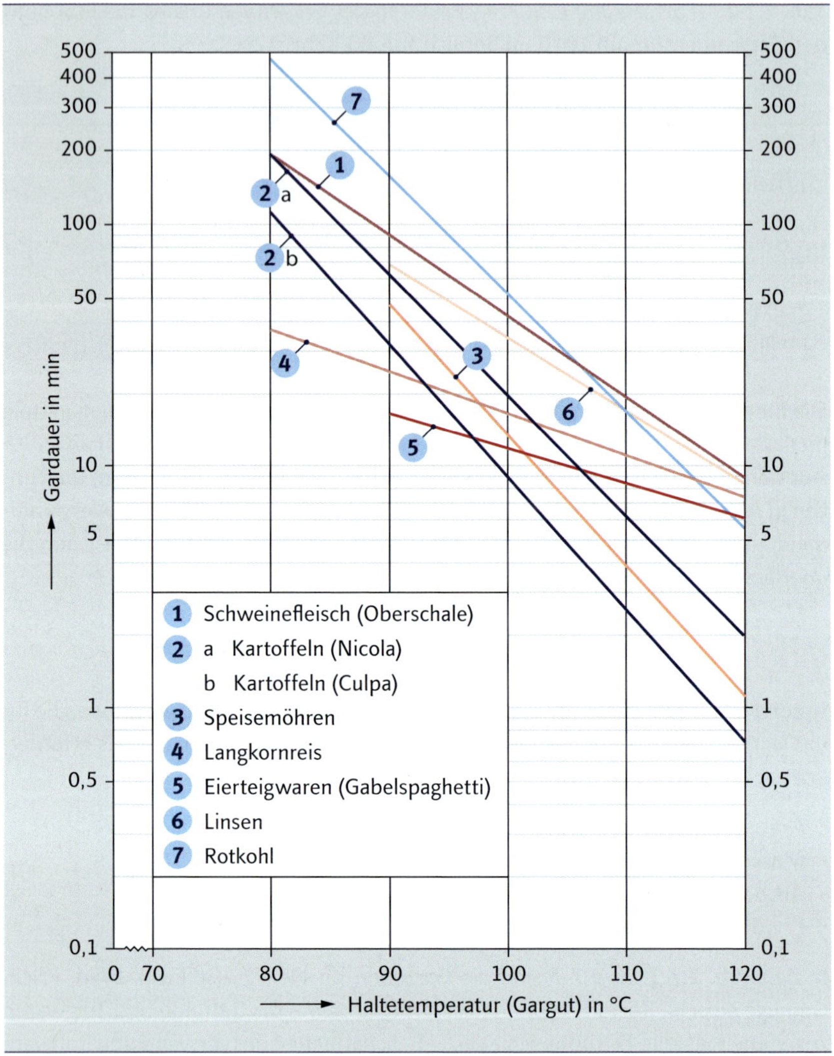


**Abb. 7.7-1:** Garkurven für verschiedene Lebensmittel (Bognár et al. 1986)

**Tab. 7.7-3:** Garzeiten für Kalb, Rind- und Schweinefleisch mit oder ohne Knochen (Bognár 2009)

| Garverfahren | Gartemperatur in °C | Garzeit in min | | | | | |
|---|---|---|---|---|---|---|---|
| | | Kalbfleisch | | Rindfleisch | | Schweinefleisch | |
| | | klein | groß | klein | groß | klein | groß |
| Garziehen | ≈ 80 | – | – | 320–640 | 320–640 | 160–240 | 160–240 |
| Kochen, Dämpfen, Dünsten | ≈ 100 | 75 | 80 | 80–130 | 90–160 | 40–50 | 40–60 |
| Druckkochen, -dämpfen, -dünsten | ≈ 120 | 18 | 20 | 20–30 | 20–40 | 10–12 | 12–17 |
| Braten im Backofen | 160–220 | – | 90 | – | 80–180 | 13–20 | 60–120 |
| Braten in Umluftofen mit integr. Mikrow. | 140–160 | – | – | 10–90 | 60–150 | 10–20 | 30–70 |
| Grillen | 180–450 | – | – | 6–12 | – | 8–10 | – |
| Braten in Pfanne | 160–200 | 9–12 | – | 6–12 | – | 6–13 | – |
| Frittieren | 140–220 | – | – | – | – | 4–10 | – |
| Kontaktbraten, -grillen | 180–220 | 2–6 | – | 2–6 | – | 2–6 | – |
| Braten in Folie | 160–200 | – | – | – | 90–180 | – | 60–120 |
| Braten im Ton- und Bratentopf | 160–240 | – | 90 | – | 120–135 | – | 60–120 |
| Kochen und Braten<br>• Kochen<br>• Braten im Backofen | <br>≈ 100<br>180–225 | <br>–<br>– | <br>–<br>– | <br>–<br>– | <br>50–60<br>25–35 | <br>–<br>– | <br>50–60<br>25–35 |
| Braten und Dämpfen<br>• Braten im Backofen<br>• Dämpfen | 180–225<br>≈ 100 | –<br>– | 20–35<br>30–40 | 20–30<br>15–25 | 30–40<br>55–140 | 20–30<br>15–30 | 30–35<br>50–100 |
| Braten und Niedertemperaturgaren<br>• Braten in Pfanne<br>• Garen im Backofen | 160–200<br>≈ 80 | 4<br>25 | –<br>– | 4–6<br>25–30 | 6–14<br>150–270 | 2–6<br>15–35 | 6–14<br>120–240 |

*(Fortsetzung S. 228)*

**Tab. 7.7-3:** *(Fortsetzung v. S. 227)* Garzeiten für Kalb, Rind- und Schweinefleisch mit oder ohne Knochen

| Garverfahren | Gartemperatur in °C | Garzeit in min | | | | | |
|---|---|---|---|---|---|---|---|
| | | Kalbfleisch | | Rindfleisch | | Schweinefleisch | |
| | | klein | groß | klein | groß | klein | groß |
| Schmoren | | | | | | | |
| • Braten in Pfanne | 160–200 | 8 | 14 | 6 | 8–20 | 5–10 | 10–15 |
| • Dünsten | ≈ 100 | 25 | 70 | 30 | 70–120 | 30–50 | 50–120 |
| Weißschmoren | | | | | | | |
| • Braten in Pfanne | 130 | 10 | – | – | – | 10 | – |
| • Dünsten | ≈ 100 | 50 | – | – | – | 40 | – |

In **Tab. 7.7-4** entspricht der untere Grenzwert des Garzeitintervalls einer Kerntemperatur von etwa 70 °C (halbgar) bei zarten Lamm- und Wildfleischstücken (z. B. Lammfilet), der obere Wert einer Kerntemperatur von über 75 °C für Lamm, Wild und Fisch und über 85 °C für Geflügel (durchgegart). Die Angaben „groß" und „klein" sind generell wie in **Tab. 7.7-3** zu verstehen, bei Geflügel bedeutet „groß" meistens einen halben oder ganzen Tierkörper.

**Tab. 7.7-4:** Garzeiten für Geflügel, Wild und Fisch

| Garverfahren | Gartemperatur in °C | Garzeit in min | | | | | |
|---|---|---|---|---|---|---|---|
| | | Geflügel | | Lamm, Wild | | Fisch | |
| | | klein | groß | klein | groß | klein | groß |
| Kochen, Dämpfen, Dünsten | ≈ 100 | 45–60 | 100–150 | 50–60 | 80–200 | 5–30 | 10–45 |
| Druckdämpfen, -dünsten (0,2 MPa) | ≈ 120 | 20–30 | 30–50 | 10–30 | 15–40 | – | 8–10 |
| Braten im Backofen | 160–220 | 16–35 | 50–240 | – | 60–150 | 15–20 | 10–30 |
| Braten im Umluftofen mit integr. Mikrow. | 140–160 | 10–20 | 20–90 | – | 30–60 | – | – |
| Grillen | 180–450 | 15–30 | 45–60 | 8–10 | – | 4–8 | 8–12 |
| Braten in Pfanne | 160–200 | 10–35 | – | 8–12 | – | 5–17 | 10–20 |
| Frittieren | 140–220 | 4–17 | – | 5–10 | – | 4–8 | 4–15 |

*(Fortsetzung S. 229)*

**Tab. 7.7-4:** *(Fortsetzung v. S. 228)* Garzeiten für Geflügel, Wild und Fisch

| Garverfahren | Gartemperatur in °C | Garzeit in min | | | | | |
|---|---|---|---|---|---|---|---|
| | | Geflügel | | Lamm, Wild | | Fisch | |
| | | klein | groß | klein | groß | klein | groß |
| Kontaktbraten, -grillen | 180–220 | 2–6 | – | 4–6 | – | 2–4 | 4–10 |
| Braten im Ton-, Bratentopf | 100–240 | – | 50–240 | | 60–150 | – | – |
| Kochen und Braten | | | | | | | |
| • Kochen | ≈ 100 | – | 30–60 | – | – | – | – |
| • Braten im Backofen | 180–225 | – | 40–150 | – | – | – | – |
| Braten und Dämpfen | | | | | | | |
| • Braten im Backofen | 180–225 | 20–30 | – | – | 20–35 | – | – |
| • Dämpfen | ≈ 100 | 10–30 | – | – | 50–100 | – | – |
| Braten und Niedertemperaturgaren | | | | | | | |
| • Braten in Pfanne | 160–200 | 5–10 | – | 3–6 | 8–10 | – | 2–4 |
| • Garen im Backofen | ≈ 80 | 25–30 | – | 20–40 | 80–300 | – | 10–55 |
| Schmoren | | | | | | | |
| • Braten in Pfanne | 160–200 | 5–10 | 5–10 | 5–10 | 10–15 | – | – |
| • Dünsten | ≈ 100 | 40–60 | 45–180 | 30–50 | 70–120 | – | – |
| Weißschmoren | | | | | | | |
| • Braten in Pfanne | 130 | 15–20 | – | 6–10 | 10–20 | – | – |
| • Dünsten | ≈ 100 | 40–60 | – | 30–50 | 70–100 | – | – |

Die Schwankungen für die Garzeit der einzelnen Gemüsearten, Kartoffeln und Hülsenfrüchte in **Tab. 7.7-5** und **Tab. 7.7-6** sind bedingt durch Sorte, Herkunft und Bearbeitungsstufe der Rohware sowie durch den unterschiedlichen „Garegrad" (Konsistenz: bissfest = „al dente" bis weich).

**Tab. 7.7-5:** Garzeiten für Gemüse und Pilze (Bognár 2009)

| Lebensmittelgruppe, -art | Garzeit bei Garverfahren in min | | | | | | |
|---|---|---|---|---|---|---|---|
| | Simmern | Kochen, Dämpfen, Dünsten bei | | | Frittieren | Braten in Pfanne | Braten im Backofen |
| | | Atmosphärendruck | Überdruck 0,05 MPa | Überdruck 0,10 MPa | | | |
| | Gartemperatur (ca.) | | | | | | |
| | 95 °C | 100 °C | 110 °C | 120 °C | 160–180 °C | 180 °C | 180–200 °C |
| Blatt-, Stängelgemüse | | | | | | | |
| Chicorée, FR | – | 15–20 | 6–8 | – | – | – | |
| Chinakohl, FR | – | 15–20 | 6–8 | – | – | – | |
| Grünkohl, FR, TK | 55–70 | 45–55 | – | 10–17 | – | – | |
| Lauch, FR | – | 20–30 | 12–15 | 2–3 | | 3–10 | |
| Rhabarber, FR | – | 3–5 | – | – | – | – | |
| Rosenkohl, FR, TK | | 15–20 | 8–10 | 6–8 | – | – | |
| Rotkohl, FR | 75–150 | 60–120 | 20–35 | 6–15 | – | – | |
| Spinat, FR, TK | | 8–10 | – | – | – | – | – |
| Sauerkraut | 75–90 | 60–70 | 20–35 | 20–35 | | – | |
| Weißkohl, FR | 40–50 | 30–40 | 10–15 | 10–15 | | – | |
| Blüten-, Fruchtgemüse | | | | | | | |
| Aubergine, FR | – | 12–16 | – | – | 8–12 | 8–12 | 10–15 |
| Blumenkohl, FR, TK | – | 14–20 | 7–9 | 3–6 | 2–3 | – | – |
| Brokkoli, FR, TK | – | 6–15 | – | – | 2–3 | – | – |
| Kürbis, FR | – | 20–30 | – | – | – | – | 10–15 |
| Paprikaschoten, FR | – | 15–20 | – | – | 4–6 | 4–6 | 10–15 |

| | | | | | | | |
|---|---|---|---|---|---|---|---|
| Zucchini, FR | – | 20 | – | – | 4–6 | 4–6 | 10–15 |
| Tomaten, FR | – | 10–15 | – | – | – | – | 10–15 |
| Samengemüse | | | | | | | |
| Dicke Bohnen, FR, TK | – | 17–22 | 7–8 | – | – | – | – |
| Grüne Bohnen, FR, TK | – | 20–30 | 8–10 | 3–5 | – | – | – |
| Grüne Erbsen, FR, TK | – | 12–15 | 3–5 | 3–5 | – | – | – |
| Zuckermais, FR | – | 15–20 | 8–10 | 8–10 | – | – | – |
| Wurzel-, Knollengemüse | | | | | | | |
| Kohlrabi, Knollen, FR | – | 30–40 | 15–20 | 15–20 | – | – | – |
| Kohlrabi, Stücke, FR, TK | – | 6–10 | – | 3–5 | – | – | – |
| Möhren, Stücke, FR, TK | 40–50 | 14–20 | 8–10 | 4–8 | 8–10 | 8–10 | – |
| Rote Beete, Knollen, FR | – | 60–65 | 30–35 | – | – | – | – |
| Rote Beete, Scheiben, FR | – | 45–50 | 23–27 | – | – | – | – |
| Schwarzwurzeln, FR | – | 30–40 | 12–16 | – | – | – | – |
| Sellerie, Knollen, FR | – | 60–90 | 50–60 | – | – | – | – |
| Sellerie, Scheiben, FR | – | 12–15 | 3–5 | – | 5–7 | 5–7 | – |
| Spargel, FR, TK | – | 10–25 | – | – | – | – | – |
| Zwiebeln, FR | – | 5–6 | – | – | 3–8 | 3–15 | – |
| Trockengemüse, TP | – | 6–20 | – | – | – | – | – |
| Pilze | | | | | | | |
| Austernpilze, Champignons, FR | – | 10–12 | – | – | 5–7 | – | – |
| Pfifferlinge, Steinpilze, FR | | 8–15 | – | – | 5–7 | – | – |
| Trockenpilze, TP | | 10–15 | – | – | – | – | – |

FR: frische Rohware; TK: tiefgefrorene Ware; TP: Trockenprodukt zubereitet nach Herstellerangaben (z. B. nach Einweichen)
–: Es liegen keine Angaben vor.

**Tab. 7.7-6:** Garzeiten für Kartoffeln und Hülsenfrüchte (Bognár 1988, 2002, 2009)

| Lebensmittelgruppe, -art | Garzeit bei Garverfahren in min | | | | | | |
|---|---|---|---|---|---|---|---|
| | Simmern | Kochen, Dämpfen, Dünsten bei | | | Frittieren | Braten in Pfanne | Braten im Backofen |
| | | Atmosphärendruck | Überdruck 0,05 MPa | Überdruck 0,10 MPa | | | |
| | Gartemperatur (ca.) | | | | | | |
| | 95 °C | 100 °C | 110 °C | 120 °C | 160–180 °C | 180 °C | 180–200 °C |
| Kartoffeln | | | | | | | |
| Kartoffeln ungeschält, FR | 25–35 | 20–30 | – | – | – | – | 25–35 |
| Kartoffeln, geschält, FR | 25–35 | 20–30 | 10–12 | 4–6 | – | – | – |
| Kartoffelknödel, FR, TK, TP | 18–26 | 15–22 | – | – | – | – | – |
| Kartoffelpuffer, FR, TK, TP | – | – | – | – | 3–4 | 6–8 | 20–30 |
| Kartoffelkroketten, FR, TK, TP | – | – | – | – | 3–4 | – | 12–14 |
| Bratkartoffeln, FR, TP | – | – | – | – | – | 8–12 | 25–29 |
| Rösti, FR, TP | – | – | – | – | – | 12–19 | 20–24 |
| Pommes frites, FR | – | – | – | – | 6–8 | – | – |
| Pommes frites, TK | – | – | – | – | 6–7 | – | 20–30 |
| Hülsenfrüchte, TP | | | | | | | |
| Bohnen, nicht eingeweicht | – | 60–120 | – | – | – | – | – |
| Bohnen, eingeweicht | – | 30–60 | 15–30 | 8–15 | – | – | – |
| Erbsen, nicht eingeweicht | – | 60–90 | – | – | – | – | – |
| Erbsen, eingeweicht | – | 20–40 | 10–20 | 5–10 | – | – | – |
| Kichererbsen, eingeweicht | – | 80–90 | 40–50 | 20–25 | – | – | – |
| Linsen, nicht eingeweicht | – | 30–40 | 15–20 | 8–10 | – | – | – |
| Linsen, eingeweicht | – | 20–25 | 10–13 | 5–7 | – | – | – |

FR: frische Rohware TK: tiefgefrorene Ware TP: Trockenprodukt zubereitet nach Herstellerangaben –: Es liegen keine Angaben vor.

In **Tab. 7.7-7** sind Garzeiten für das Kochen und Dünsten von Getreide und Teigwaren bei etwa 100 °C zusammengestellt. Beim Druckkochen oder Druckdünsten sind die Garzeiten bei einer Ventileinstellung auf 0,15 MPa (etwa 110 °C) um etwa die Hälfte, bei Einstellung auf 0,2 MPa (ca. 120 °C) um etwa zwei Drittel reduziert. Die Schwankungsbreiten sind zum Teil durch die Herkunft der Rohwaren und den erwünschten Garegrad (Konsistenz „al dente", kernig fest bis weich) bedingt.

**Tab. 7.7-7:** Garzeiten für Getreide und Teigwaren beim Kochen und Dünsten – Gartemperatur ca. 100 °C (Bognár 2002, 2009)

| Lebensmittel | Garzeit min | Lebensmittel | Garzeit min |
|---|---|---|---|
| Amaranth | 30–40 | Reis, Langkorn | 20–25 |
| Bulgur | 20 | Reis, Langkorn, parboiled | 10–15 |
| Buchweizen (Grütze) | 15–20 | Reis, Rundkorn | 20–30 |
| Dinkel | 30 | Schnellkochreis | 5–10 |
| Grünkern | 16–18 | Quinoa | 20–24 |
| Gerstengraupen | 30–40 | Weizengrieß | 5–10 |
| Gerste (Grütze) | 40–50 | Weizen (Vollkorn) | 38–42 |
| Haferflocken, Vollkorn | 3–5 | Teigwaren (Vollkorn) | 15–20 |
| Hirse | 15–17 | Teigwaren (mit oder ohne Eier) | 8–17 |
| Maisgrieß (Polenta) | 10–12 | Frischteig, Frischteig-Nudeln | 3–4 |

Weitere Garbedingungen (Gartemperatur, -zeit) beim Backen von Brot, Kuchen und Pizza sind in **Tab. 7.7-15** zusammengestellt.

## Gewichtsveränderung (Mengenkalkulation, Gewichtsausbeute)

In diesem Abschnitt sind Angaben über die Mengenveränderung von Lebensmitteln zusammengestellt, die .bei den gängigen Garverfahren, bei der Saft- und Geleeproduktion sowie beim Ausschmelzen stark fetthaltiger Substanzen zu erwarten sind. Wesentlich für die Gewichtsausbeute sind folgende Punkte:

- Art, Zusammensetzung und Quellvermögen des Lebensmittels
- Masse, Größe und Frische
- Art des angewandten Zubereitungsverfahrens

- Erwünschter Zubereitungsendzustand (z. B. Kerntemperatur von Fleisch, al dente bei Teigwaren)
- Tropfverluste

Die wesentlichen Gewichtsveränderungen beim Garen von Lebensmitteln werden verursacht

- durch Wasserabgabe, z. B. beim Backen von Teigen und beim Garen von Fleisch,
- durch Wasser- und Fettabgabe, z. B. beim Braten von Bauchspeck, Gans oder Ente,
- durch Wasserabgabe und Fettaufnahme, z. B. beim Frittieren von Kartoffeln,
- durch Wasseraufnahme, z. B. beim Kochen von Hülsenfrüchten, Reis oder Teigwaren.

Unter der prozentualen Gewichtsausbeute *G* (Gewichtsprozent der Rohwarenmenge $m_R$) wird der essbare Anteil $m_E$ eines Produktes nach einer mechanischen oder wärmetechnischen Behandlung verstanden:

$$G = (m_E / m_R) \cdot 100$$

Häufig werden auch der Gewichtsverlust (Abfall) = 100 % – G bzw. die Gewichtszunahme = G – 100 % angegeben.

Die in **Tab. 7.7-8** bis **7.7-14** zusammengestellten Gewichtsausbeuten können als Grundlagen für die Abschätzung von Portionsmenge und Nährstoffgehalt der gegarten (verzehrfertigen) Lebensmittel bzw. Speisen (siehe auch **Kap. 5.4**) genutzt werden. Die Gewichtsausbeuten beim Kochen, Dämpfen und Dünsten von Fleisch, Wild, Geflügel und Fisch sind deutlich niedriger als bei den anderen Garverfahren (siehe **Tab. 7.7-8** und **Tab. 7.7-9**). Die Angaben „klein“ und „groß“ sind wie bei **Tab. 7.7-3** und **Tab. 7.7-4** zu verstehen (Ausgangsware jeweils ohne bzw. mit Knochen). Mit „Niedertemperaturgaren“ ist Garen im Backofen bei ca. 80 °C gemeint.

Die Gewichtsveränderungen beim Garen von Lebensmitteln tierischen Ursprungs sind in erster Linie auf die Abgabe von Wasser und Eiweiß durch Denaturierung der Proteine zurückzuführen. Bereits bei einer Temperatur von ca. 80 °C im Kernbereich des Garguts sind 80 Prozent des Gewichts- und 87 Prozent des Wasserverlustes sowie 50 Prozent des Proteinverlustes erreicht, der im vollständig durchgegarten Lebensmittel vorliegt. Daher ist beim Garen von Fleisch allein infolge der Denaturierung der Fleischproteine mit etwa 25 bis 30 Prozent Gewichtsminderung zu rechnen. Wird das Fleisch bis zum Garendpunkt weitergegart, so erhöht sich der Gewichtsverlust auf rund 40 Prozent. Eine Wärmebehandlung darüber hinaus führt nur noch zu geringfügigen weiteren Gewichtsverlusten.

**Tab. 7.7-8:** Gewichtsausbeute beim Garen von Fleisch und Wild – Durchschnittswerte (Bognár 2002, 2014)

| Garverfahren | Kerntemperatur in °C | Gewichtsausbeute, essbarer Anteil in % bei | | | | | |
|---|---|---|---|---|---|---|---|
| | | Kalb-, Rindfleisch | | Schweinefleisch | | Lamm, Wild | |
| | | klein o. Kn. | groß o. Kn. | klein o. Kn. | groß o. Kn. | klein o. Kn. | groß m. Kn. |
| Garziehen | ≈ 80 | – | 63 | – | 58 | – | – |
| Kochen, Druckkochen | 98–120 | 60 | 60 | 62 | 62 | 57 | 48 |
| Braten, natur, im Backofen | 65–75<br>> 80 | 74<br>– | 71<br>63 | 78<br>64 | 80<br>66 | 75<br>57 | 56<br>49 |
| Grillen, natur | 65–75<br>> 80 | 75<br>67 | –<br>– | 79<br>70 | –<br>– | 75<br>57 | –<br>– |
| Braten, natur, in Pfanne oder Wok | 65–75<br>> 80 | 74<br>68 | –<br>– | 78<br>68[1] | –<br>– | 73<br>56 | –<br>– |
| Braten, paniert, in Pfanne | > 80 | 74 | – | 76[2] | – | – | – |
| Frittieren, natur | > 80 | – | – | 65 | – | – | – |
| Braten und Frittieren, paniert | > 80 | – | – | 76[2] | – | – | – |
| Kontaktbraten, -grillen, natur | 65–75<br>> 80 | 75<br>66 | –<br>– | 78<br>68 | –<br>– | 73<br>57 | –<br>– |
| Braten in der Folie | > 80 | – | 65 | – | 70 | – | – |
| Braten im Tontopf, Bratentopf | > 80 | – | 65 | – | 70 | – | 53 |
| Braten und Dämpfen | 65–75<br>> 80 | –<br>– | 70<br>63 | –<br>– | –<br>69 | –<br>– | –<br>51 |
| Braten und Niedertemperaturgaren | 60–70 | – | 75 | – | 75 | – | 56 |
| Schmoren (Braten/Dünsten) | 65–75<br>> 80 | 74<br>50 | 70<br>62 | –<br>60 | –<br>65 | –<br>57 | –<br>– |
| Kochen und Braten im Backofen | > 80 | – | 63 | – | – | – | – |

[1] Kotelett m. Kn. = 57 %
[2] Kotelett m. Kn. = 66 %
o. Kn.: ohne Knochen, m. Kn.: mit Knochen

Bei großstückigen Teilen von Huhn, Pute, Ente und Gans mit Knochen (halbe und ganze Tierkörper) schwankt die Gewichtsausbeute zwischen 40 Prozent und 58 Prozent wegen des unterschiedlichen hohen Knochen- und Fettanteils – beim Braten einer Mastgans ist z. B. mit einem Schmelzfettanteil von etwa 17 Prozent zu rechnen. Beim Garen von Fisch ergeben sich keine oder nur geringfügige verfahrensbedingten Differenzen der Gewichtsausbeute.

**Tab. 7.7-9:** Gewichtsausbeute beim Garen von Geflügel und Fisch – Durchschnittswerte, Kerntemperatur über 80 °C (Bognár 2002)

| Garverfahren | Gewichtsausbeute, essbarer Anteil in % bei | | | | |
|---|---|---|---|---|---|
| | Huhn, Pute | | Ente, Gans | Fisch | |
| | klein ohne Knochen | groß mit Knochen | groß mit Knochen | klein ohne Gräten | groß ganz mit Gräten |
| Kochen, Dämpfen, Dünsten | 60 | 40 | – | 79 | 58 |
| Braten, natur, im Backofen | – | 58 | 40 | 80 | 58 |
| Grillen, natur | 75 | 48[1)] | 40 | 80 | 58 |
| Braten, natur, in Pfanne oder Wok | 77 | 48[1)] | – | 80 | 58 |
| Braten, paniert, in Pfanne | 80 | – | – | 81 | – |
| Frittieren, natur | 65 | 48[1)] | – | 80 | – |
| Frittieren, paniert | 71 | 62[1)] | – | 84 | – |
| Kontaktbraten, -grillen, natur | 77 | – | – | 80 | – |
| Kochen/Braten, natur, im Backofen | – | 58 | 40 | – | – |

1) Hähnchenkeule

Zum Erreichen hoher Gewichtsausbeuten sind Kombinationsverfahren wie Braten/Dämpfen oder Braten/Niedertemperaturgaren zu bevorzugen, da hierbei ein Halbgarzustand im gesamten Fleisch erzielt werden kann.

Beim Garen von Gemüse und Pilzen ist die Auswirkung des Garverfahrens auf die Gewichtsausbeute relativ gering (siehe **Tab. 7.7-10**); das Garen unter Druck (abs. Druck = 0,15 bis 0,20 MPa) hat keine Veränderung der Gewichtsausbeute zur Folge.

**Tab. 7.7-10:** Gewichtsausbeute beim Garen von Gemüse und Pilzen – Durchschnittswerte (Bognár 2002)

| Lebensmittelgruppe, -art | Gewichtsausbeute, essbarer Anteil in % nach | | |
|---|---|---|---|
| | Kochen [1)] | Dämpfen[1)] | Dünsten [1)] |
| **Blatt- und Stängelgemüse** | | | |
| Chicorée, FR | – | – | 97 |
| Chinakohl, FR | – | – | 96 |
| Grünkohl, FR, TK | 115 | – | 102 |
| Lauch (Stangen), FR | – | – | 89 |
| Rhabarber, FR | 94 | – | 114 |
| Rosenkohl, FR, TK | 107 | 104 | 99/96 |
| Rotkohl, FR | 98 | – | 108 |
| Spinat, FR, TK | 76 | 76 | 84 [1)] |
| Sauerkraut | 92 | – | 114 |
| Weißkohl, FR | 98 | 100 | 93/103 |
| Wirsingkohl, FR | 99 | 99 | 98 [1)] |
| **Blüten- und Fruchtgemüse** | | | |
| Aubergine, FR | – | – | 80 |
| Blumenkohl, FR, K | 100 | 95 | 92 [1)] |
| Brokkoli, FR, TK | 111 | 104 | 102 [1)] |
| Kürbis, FR/Hokkaido mit oder ohne Schale | 94/100 | – | 113 [1)] |
| Paprikaschoten, FR | – | – | 74 |
| Zucchini, FR | – | – | 73 |
| Tomaten, FR | – | – | 92 |
| **Samengemüse** | | | |
| Dicke Bohnen, FR, TK | 92 | 102 | 93 [2)] |
| Grüne Bohnen, FR, TK | 93 | 91 | 93/101 [2)] |
| Grüne Bohnen, TP | – | – | 460 [1)] |

*(Fortsetzung S. 238)*

**Tab. 7.7-10:** *(Fortsetzung v. S. 237)* Gewichtsausbeute beim Garen von Gemüse und Pilzen – Durchschnittswerte

| Lebensmittelgruppe, -art | Gewichtsausbeute, essbarer Anteil in % nach | | |
|---|---|---|---|
| | Kochen [1] | Dämpfen[1] | Dünsten [1] |
| Grüne Erbsen, FR, TK | 89 | 87 | 92/103 [2] |
| Grüne Erbsen, TP | 355 | – | – |
| Zuckermais, FR | 91 | – | – |
| Wurzel- und Knollengemüse | | | |
| Kohlrabi, FR, TK | 94 | 90 | 100/102 [2] |
| Möhren, FR, TK | 94 | 90 | 94/98 [2] |
| Möhren, TP | 370 | – | – |
| Rote Beete, ungeschält (Knollen), FR | 83 [3] | 80 | – |
| Rote Beete, geschält, FR | 106 | 104 | – |
| Schwarzwurzeln, geschält, FR | 100 | 100 | 102 [2] |
| Sellerie, ungeschält (Knollen), FR | 90 [3] | – | – |
| Sellerie, geschält (Scheiben), FR | 94 | 94 | 111 [2] |
| Spargel, FR, TK | 100 | 100 | – |
| Zwiebeln, glasig, FR, TK | – | – | 83 [2] |
| Zwiebeln, braun, FR, TK | – | – | 42 [2] |
| Pilze, FR | – | – | 82 [2] |
| Pilze, TP | 350 | – | – |

[1] auch Druckkochen, -dämpfen, -dünsten; Gargut ohne Garflüssigkeit
[2] zubereitet nach haushaltsüblicher Rezeptur, naturell mit Salz und Fettzusatz; Gargut incl. Garflüssigkeit
[3] essbarer Anteil, nach Schälen der gegarten Knollen
FR: frische Rohware; TK: tiefgefrorene Ware; TP: Trockenprodukt; VK: Vollkonserve
–: Es liegen keine Angaben vor.

Beim Garen von Kartoffeln und Kartoffelprodukten ist das Verfahren im Allgemeinen durch die Art des gewünschten Endprodukts festgelegt (siehe **Tab. 7.7-11**; FR/TK/TP wie in **Tab. 7.7-10**). Beim Braten in der Pfanne und beim Backen im Backofen ist für Bratkartoffeln und Rösti ein Fetteinsatz von 4 g bis 10 g je 100 g Rohware in die Bezugsgröße einkalkuliert. Die höchsten Gewichtsabnahmen treten beim Braten und Frittieren von Kartoffeln auf, bedingt durch Verdampfen von Wasser.

**Tab. 7.7-11:** Gewichtsausbeute beim Garen von Kartoffeln und Kartoffelprodukten – Durchschnittswerte (Bognár 2002)

| Lebensmittel- und Speiseart | Gewichtsausbeute, essbarer Anteil in % nach | | | | | |
|---|---|---|---|---|---|---|
| | Kochen | Dämpfen | Dünsten | Frittieren | Braten in Pfanne | Backen im Backofen |
| Kartoffeln mit Schale | 98/80[1] | 98/80[1] | – | – | – | 81/68[1] |
| Kartoffeln, geschält | 100 | 98 | 105 | – | – | – |
| Kartoffelknödel, FR, TK, TP | 106 | – | – | – | – | – |
| Bratkartoffeln, FR | – | – | – | | 81 | 68 |
| Bratkartoffeln, TP | – | – | – | | 73 | 69 |
| Kartoffelkroketten, FR | – | – | – | 82 | – | 72 |
| Kartoffelkroketten, TP | – | – | – | 79 | – | 74 |
| Kartoffelpuffer, FR | – | – | – | – | 70 | 64 |
| Kartoffelpuffer, TP | – | – | – | – | 79 | 70 |
| Kartoffelpuffer, TK | – | – | – | 76 | 83 | 85 |
| Kartoffelplätzchen, TP | – | – | – | 82 | 91 | – |
| Pommes frites, FR | – | – | – | 52 | – | 52 |
| Pommes frites, TK | – | – | – | 61 | – | 55 |
| Pommes Dauphine, TP | – | – | – | 82 | – | – |
| Rösti, FR | – | – | – | – | 77 | 68 |
| Rösti, TP | – | – | – | | 67 | 72 |

1) essbarer Anteil, nach Schälen der gegarten Knollen bezogen auf den Rohwareneinsatz

Bei der Zubereitung von Obstsäften, -gelees und -konfitüren liegt die Gewichtsausbeute zwischen 42 Prozent und 95 Prozent je nach Obstart und Zubereitungsbedingung (siehe **Tab. 7.7-12**). Allgemein sind die Gewichtsausbeuten beim Dünsten und Kochen von Obst umso geringer, je länger die Hitzebehandlung dauert, wobei die Gewichtsveränderungen hauptsächlich durch Wasserverdampfung verursacht werden.

**Tab. 7.7-12:** Gewichtsausbeute beim Zubereiten von Obstsäften, -gelees, -konfitüren – Durchschnittswerte (dgh 1992, Bognár 2002)

| Obstgruppe und -art/ Zubereitungsverfahren | Behandlung | | Ausbeute |
|---|---|---|---|
| | Temperatur °C | Dauer min | essbarer Anteil % |
| Kernobst | | | |
| Apfel-, Birnenmus, Dünsten (Obst geschält + Zucker + Wasser: 1 + 0,08 + 0,04) | ≈ 100 | 15–20 | 86 |
| Apfelgelee, Kochen (Saft + Zucker: 1 + 1) | ≈ 100 | 6–12 | 88 |
| (Saft + Gelierzucker: 1 + 1) | ≈ 100 | 3–6 | 93 |
| (Saft + Gelierzucker: 1 + 0,5) | ≈ 100 | 3–5 | 95 (±4) |
| Apfelsaft, roh, Zentrifugieren | 20 | – | 70 |
| Apfelsaft, Dampfentsaften (Apfel + Zucker: 1 + 0,05) | ≈ 100 | 45 | 36 |
| Birnensaft, roh, Zentrifugieren | 20 | – | 54 |
| Quittenmus, Dünsten (Obst geschält + Zucker + Wasser: 1 + 0,08 + 0,04) | ≈ 100 | 20–30 | 80 |
| Quittengelee, Kochen (Saft + Gelierzucker: 1 + 1) | ≈ 100 | 10–15 | 83 |
| Quittengelee, Kochen (Saft + Gelierzucker: 1 + 0,5) | ≈ 100 | 3-6 | 94 (±5) |
| Quittensaft, Dampfentsaften (Quitten + Zucker: 1 + 0,1) | ≈ 100 | 110 | 40 |
| Steinfrüchte | | | |
| Aprikosen-, Kirschen-, Mirabellen-, Pfirsich-, Pflaumenkonfitüre, Kochen<br>(Früchte ohne Stein + Gelierzucker: 1 + 1)<br>(Früchte ohne Stein + Gelierzucker: 1 + 0,5) | <br><br>≈ 100<br>≈ 100 | <br><br>15– 20<br>3–6 | <br><br>84 (±3)<br>95 (±2) |
| Steinfrüchte ohne Stein, Trockenprodukt, Quellen | ≈ 100 | 20–30 | 210 (±15) |
| Sauerkirschensaft, roh, Zentrifugieren | 20 | – | 80 |
| Sauerkirschensaft, Dampfentsaften (Frucht + Zucker: 1 + 0,07) | ≈ 100 | 60 | 47 |
| Zwetschgen, Dampfentsaften (Frucht + Zucker: 1 + 0,4) | ≈ 100 | 45 | 56 |

*(Fortsetzung S. 241)*

**Tab. 7.7-12:** *(Fortsetzung v. S. 240)* Gewichtsausbeute beim Zubereiten von Obstsäften, -gelees, -konfitüren – Durchschnittswerte

| Obstgruppe und -art/ Zubereitungsverfahren | Behandlung | | Ausbeute |
|---|---|---|---|
| | Temperatur °C | Dauer min | essbarer Anteil % |
| **Beerenfrüchte** | | | |
| Beerenfrüchte, Dünsten | ≈ 100 | 5–10 | 95 (±1) |
| Brombeer-, Erdbeer-, Himbeer-, Johannisbeerkonfitüre, Kochen<br>(Früchte + Zucker: 1 + 1)<br>(Früchte + Gelierzucker: 1 + 0,5) | <br><br>≈ 100<br>≈ 100 | <br><br>25–35<br>3-6 | <br><br>86 (±2)<br>92 (±5) |
| Brombeersaft, roh, Zentrifugieren | 20 | – | 63 |
| Brombeersaft, Dampfentsaften (Frucht + Zucker: 1 + 0,06) | ≈ 100 | 25 | 42 |
| Himbeersaft, roh, Zentrifugieren | 20 | – | |
| Johannisbeerensaft (rot, schwarz), roh, Zentrifugieren | 20 | – | 60 |
| Johannisbeerensaft (rot), Dampfentsaften (Frucht + Zucker: 1 + 0,08) | ≈ 100 | 45 | 70 |
| Johannisbeerensaft (schwarz), Dampfentsaften (Frucht + Zucker: 1 + 0,15) | ≈ 100 | 45 | 66 |
| Stachelbeersaft, roh, Zentrifugieren | 20 | – | 50 |
| Stachelbeersaft, Dampfentsaften (Frucht + Zucker: 1 + 0,08) | ≈ 100 | 60 | 69 |
| Traubensaft, roh, Zentrifugieren | 20 | – | 74 |
| **Zitrusfrüchte** | | | |
| Orangensaft, roh, Auspressen (elektrische Zitruspresse) | 20 | – | 48 (±4) |
| Grapefruitsaft, roh, Auspressen (elektrische Zitruspresse) | 20 | – | 46 (±3) |
| Zitronensaft, roh, Auspressen (elektrische Zitruspresse) | 20 | – | 33 (±5) |

In **Tab. 7.7-13** und **7.7-14** sind Gewichtsausbeuten beim Garen von Trockenprodukten (Hülsenfrüchten, Getreideprodukten, Teigwaren und Nährmitteln) zusammengestellt. Beim Kochen von Trockenprodukten nehmen Gewicht und Volumen durch Wasseraufnahme und Quellen deutlich zu.

**Tab. 7.7-13:** Gewichtsausbeute beim Garen von Hülsenfrüchten und Getreide (Bognár 2002)

| Lebensmittelgruppe/-art | Gewichtsausbeute essbarer Anteil in % nach | |
|---|---|---|
| | Kochen | Dünsten |
| Hülsenfrüchte | | |
| Bohnen (nicht eingeweicht) | 250 | 258 |
| Erbsen (nicht eingeweicht) | 245 | 253 |
| Kichererbsen (eingeweicht) | 240 | – |
| Linsen (nicht eingeweicht) | 273 | 253 |
| Getreide | | |
| Amaranth | – | 298 |
| Bulgur | – | 215 |
| Dinkel | 327 | 327 |
| Gerstengraupen | 250 | – |
| Buchweizen (Grütze) | 360 | – |
| Hirse | 240 | 240 |
| Naturreis, Langkorn (unpoliert) | 260 | 260 |
| Reis, Langkorn (poliert) | 298 | 294 |
| Reis, Langkorn, parboiled | 290 | 304 |
| Reis, Rundkorn | 319 | 450 |
| Schnellkochreis | 343 | – |
| Quinoa | – | 342 |
| Weizen, Vollkorn | 178 | 178 |

**Tab. 7.7-14:** Gewichtsausbeute beim Garen von Teigwaren und Nährmitteln (Bognár 2002)

| Lebensmittelgruppe/-art | Gewichtsausbeute essbarer Anteil in % nach | |
|---|---|---|
| | Kochen | Dünsten |
| Teigwaren, Grieß, Flocken | | |
| Haferflocken, Vollkorn | – | 410 |
| Grießbrei | 930 | |
| Teigwaren, Hartweizen ohne Ei, TP | 210 | – |
| Teigwaren mit Ei, TP | 260 | – |
| Teigwaren, Vollkorn mit Ei, TP | 275 | – |
| Eierspätzle aus Frischteig (Mehl 405) [1] | 156 | – |
| Eierspätzle, TP | 246 | – |
| Vollkorn-Eierspätzle, Frischteig (Mehl 1700) | 179 | – |

TP: Trockenprodukt zubereitet nach Herstellerangaben
[1] Spätzle-Frischteigzubereitung nach Standardrezeptur

In **Tab. 7.7-15** sind Garbedingungen und Gewichtsausbeuten beim Backen von Brot, Kuchen und Pizza angegeben. Das Backen von Teigen und Rührmassen verursacht eine Gewichtsabnahme durch Wasserverdampfung, die oft mit einer Volumenzunahme verbunden ist.

**Tab. 7.7-15:** Gewichtsausbeute beim Backen von Brot, Kuchen und Pizza – Durchschnittswerte (Bognár 2002, 2009)

| Lebensmittel- und Speiseart | Garbedingungen | | Gewichtausbeute (essbarer Anteil) |
|---|---|---|---|
| | Temperatur °C | Dauer min | % |
| Teig | | | |
| Weißbrot, Weizen-Roggen-Mischbrot | 180–200 | 35–45 | 89–91 |
| Hefezopf | 180–200 | 35 | 88 |
| Hefezopf, Vollkorn | 180–200 | 40 | 86 |

*(Fortsetzung S. 244)*

**Tab. 7.7-15:** *(Fortsetzung v. S. 243)* Gewichtsausbeute beim Backen von Brot, Kuchen und Pizza – Durchschnittswerte

| Lebensmittel- und Speiseart | Garbedingungen | | Gewichtausbeute (essbarer Anteil) |
|---|---|---|---|
| | Temperatur °C | Dauer min | % |
| Rohrnudeln (Dampfnudeln) | 180–200 | 30 | 96 |
| Waffeln | 220 | 2 | 79 |
| Waffeln, Vollkorn | 220 | 2 | 78 |
| Pizza Margherita | 200–240 | 15 | 86 |
| Pizza Salami | 200–240 | 15 | 85 |
| Rührmasse | | | |
| Apfelkuchen | 180–200 | 40 | 86 |
| Apfelkuchen, Vollkorn | 180–200 | 40 | 83 |
| Rhabarberkuchen mit Quarkguss | 180–200 | 65 | 92 |
| Rhabarberkuchen mit Quarkguss, Vollkorn | 180–200 | 65 | 91 |
| Gewürzkuchen | 180–200 | 60 | 90 |
| Käsekuchen | 170–180 | 85 | 87 |
| Mandelkuchen | 180–200 | 55 | 92 |
| Marmorkuchen | 180–200 | 60 | 90 |
| Napfkuchen | 180–200 | 75 | 88 |
| Napfkuchen, Vollkorn | 180–200 | 46 | 93 |
| Nusskuchen | 180–200 | 55 | 89 |
| Plätzchen aus Mürbeteig | 175–200 | 10–30 | 89–91 |
| Plätzchen aus Blätterteig | 200–225 | 10–30 | 88–90 |
| Sandkuchen | 180–200 | 43 | 90 |
| Sandkuchen, Vollkorn | 180–200 | 35 | 89 |
| Zitronenkuchen | 180–200 | 35 | 91 |
| Quiche Lorraine | 200–240 | 30 | 91 |

Alle Angaben zur Gewichtsausbeute beim Garen tierischer und pflanzlicher Lebensmittel stellen Richtwerte dar. Hinsichtlich der Schwankungsbreiten sei auf die weiterführende Literatur verwiesen.

### Energie- und Arbeitszeitaufwand

Die Garzeit beim Kochen, Dämpfen und Dünsten von Lebensmitteln in Druckkochtöpfen kann trotz längerer Ankochphase je nach Temperaturstufe um 30 bis 70 Prozent kürzer ausfallen als beim Garen unter Normaldruck. Der Energiebedarf reduziert sich bei der verkürzten Garzeit je nach Art und Menge des Lebensmittels um 20 bis 60 Prozent. Beim Mikrowellengaren ist eine wesentliche Garzeitverkürzung nur bis zu einer Gargutmenge von ca. 500 g zu erwarten.

## 7.8 Erhalt von Inhaltsstoffen (ANTAL BOGNÁR, MICHAELA SCHLICH)

Bei der ernährungsphysiologischen Bewertung von Garverfahren für die Zubereitung von Fleisch, Geflügel, Wild und Fisch ist vor allem der Erhalt von Proteinen, Mineralstoffen und wasserlöslichen Vitaminen maßgebend, insbesondere von Vitamin $B_1$. In **Tab. 7.8-1** sind dem jeweiligen Garzustand entsprechende Kerntemperatur-Werte zugeordnet, soweit sie aus der Fachliteratur verfügbar sind. Die Erhaltungswerte sind jeweils auf den essbaren Anteil der Rohware (entspricht 100 Prozent) bezogen. In den Unterspalten ist die Erhaltung im festen Gargut bzw. in Gargut und Garflüssigkeit (Erhaltung gesamt) angegeben.

Beim Kochen und Dämpfen sind Kerntemperaturen über 100 °C selbstverständlich nur unter Druck zu erzielen. Mit der Kombination „Braten/Niedertemperatur" ist Anbraten in der Pfanne mit anschließendem Garen im Backofen bei ca. 80 °C gemeint. Die Erhaltung von **Proteinen** im Gargut liegt zwischen 75 und 97 Prozent je nach Garegrad und Garverfahren. Die Veränderungen werden vorwiegend durch Auslaug- und Tropfverluste verursacht. Wird die Zunahme in der Garflüssigkeit beim Kochen, Dämpfen und Schmoren berücksichtigt („Gesamt" in **Tab. 7.8-1**), ergeben sich Erhaltungswerte von 98 bis 100 Prozent. Vor allem beim Braten im Backofen ist mit geringfügigen weiteren Verlusten (durch Verspritzen) zu rechnen.

**Tab. 7.8-1:** Einfluss des Garverfahrens auf den Gehalt an Proteinen, Mineralstoffen und Vitamin $B_1$ in Fleisch, Geflügel und Fisch (Gehalt im Lebensmittel vor Garen = 100 %) – Durchschnittswerte (Bognár 2002, 2003)

| Lebensmittel | Garbedingungen | |
|---|---|---|
| | Verfahren | Kerntemperatur °C |
| Kalb-, Rindfleisch ( 0,5–2,5 kg) | Kochen, Dämpfen | 100–120 |
| | Braten im Backofen | 66–75 |
| | Braten im Backofen | ≈ 90 |
| | Braten/Dämpfen | ≈ 90 |
| | Braten/Niedertemperaturg. | 60–70 |
| | Schmoren | 66–75 |
| | Schmoren | ≈ 90 |
| Steak, natur | Grillen | 66–75 |
| Steak, natur | Grillen | > 80 |
| Schnitzel, natur | Braten in Pfanne | 66–75 |
| Schnitzel, natur | Braten in Pfanne | > 80 |
| Schnitzel, paniert | Braten in Pfanne | > 80 |
| Schweinefleisch ( 0,5–2,5 kg) | Garziehen | 80 |
| | Kochen, Dämpfen | 100–120 |
| | Braten im Backofen | ≈ 85 |
| | Braten/Dämpfen | ≈ 85 |
| | Braten/Niedertemperaturg. | 60–70 |
| | Schmoren | ≈ 85 |
| Schnitzel, natur | Grillen | > 80 |
| Schnitzel, natur | Braten in Pfanne | > 80 |
| Schnitzel, paniert | Braten in Pfanne | > 80 |
| Hähnchen (ganz und Teilstücke) | Kochen, Dämpfen | 100–120 |
| | Braten im Backofen | > 80 |
| | Grillen | > 80 |

| Erhaltung in % | | | | | |
|---|---|---|---|---|---|
| Proteine | | Mineralstoffe | | Vitamin $B_1$ | |
| festes Gargut | Gesamt | festes Gargut | Gesamt | festes Gargut | Gesamt |
| 90 | 98 | 40 | 100 | 40 | 60 |
| 96 | – | 75 | – | 70 | – |
| 94 | 97 | 55 | 94 | 45 | 50 |
| 94 | 98 | 50 | 97 | 48 | 60 |
| 97 | – | 80 | – | 80 | – |
| 96 | 98 | 75 | 100 | 65 | 70 |
| 92 | 98 | 45 | 100 | 45 | 70 |
| 96 | – | 75 | – | 70 | – |
| 95 | – | 65 | – | 45 | – |
| 96 | 98 | – | 88 | 70 | 70 |
| 92 | 98 | 65 | 100 | 45 | 60 |
| 98 | – | 90 | – | 85 | – |
| 90 | 99 | 60 | 100 | 30 | 70 |
| 90 | 98 | 60 | 100 | 30 | 70 |
| 94 | 96 | 65 | 85 | 46 | 48 |
| 94 | 97 | 55 | 90 | 50 | 65 |
| 97 | – | 80 | – | 80 | – |
| 92 | 98 | 65 | 100 | 48 | 70 |
| 96 | – | 75 | – | 70 | – |
| 95 | 98 | 65 | 100 | 50 | 70 |
| 98 | – | 90 | – | 80 | – |
| 90 | 100 | 60 | 100 | 55 | 70 |
| 100 | 100 | 95 | 98 | 60 | 70 |
| 100 | – | 95 | – | 60 | – |

*(Fortsetzung S. 246)*

**Tab. 7.8-1:** *(Fortsetzung v. S. 246)* Einfluss des Garverfahrens auf den Gehalt an Proteinen, Mineralstoffen und Vitamin $B_1$ in Fleisch, Geflügel und Fisch (Gehalt im Lebensmittel vor Garen = 100 %) – Durchschnittswerte

| Lebensmittel | Garbedingungen | |
|---|---|---|
| | Verfahren | Kerntemperatur °C |
| Schnitzel, natur | Braten in Pfanne | > 80 |
| Schnitzel, paniert | Braten in Pfanne | > 80 |
| Fisch (ganz oder Teilstücke) | Kochen, Dämpfen | 90–120 |
| Fisch (ganz oder Teilstücke) | Braten im Backofen | > 80 |
| Fisch (ganz oder Teilstücke) | Schmoren | > 80 |
| Filet, natur | Braten in Pfanne | > 80 |
| Filet, paniert | Braten in Pfanne | > 80 |
| Filet, paniert | Frittieren | > 80 |

– = Es liegen keine Angaben vor.

Fett wird beim Garen von fettreichen Lebensmitteln (Fleisch, Speck, Bratwurst, Ente, Gans) ausgeschmolzen. Die Verluste schwanken je nach Fettgehalt und Garverfahren zwischen 10 Prozent und 60 Prozent. Das Braten von paniertem Fleisch, Geflügel und Fisch in einer Pfanne oder Fritteuse ist mit einer Fettaufnahme von 2 bis 6 g je 100 g Rohware verbunden. Die Aufnahme hängt hauptsächlich vom Fettgehalt der Rohware und vom Panade-Anteil ab. Beim Frittieren von paniertem Fleisch, Geflügel und Fisch ist die Fettaufnahme meistens geringer als beim Braten in der Pfanne, da die gleichmäßig gebratene Panade der frittierten Speisen ein geringeres Fetthaltevermögen aufweist.

Die **Mineralstoffverluste** sind zum großen Teil auf das Ausfließen von Fleischsaft beim Denaturieren der Proteine zurückzuführen. Daher ist in halbgarem Fleisch (Kerntemperatur 65 °C bis 75 °C) die Mineralstofferhaltung deutlich höher als in voll durchgegartem (Kerntemperatur über 80 °C). Beim Kochen und Dämpfen sowie beim Braten im Backofen ist allgemein mit höheren Verlusten im festen Gargut zu rechnen. Falls die Garflüssigkeit für die Zubereitung z. B. von Suppen und Soßen verwendet wird, werden die Mineralstoffe jedoch praktisch voll verwertet.

Auch die Erhaltung von **Vitamin B1** wird von Garverfahren und Garegrad stark beeinflusst. Neben Tropf- und Auslaugverlusten entstehen Abbauverluste von

| Erhaltung in % | | | | | |
|---|---|---|---|---|---|
| Proteine | | Mineralstoffe | | Vitamin $B_1$ | |
| festes Gargut | Gesamt | festes Gargut | Gesamt | festes Gargut | Gesamt |
| 98 | 100 | 95 | 100 | 70 | 70 |
| 98 | – | 98 | | 80 | – |
| 75 | 100 | 85 | 100 | 75 | 85 |
| 95 | 99 | 85 | 100 | 80 | 85 |
| 75 | 100 | 85 | 100 | 75 | 85 |
| 95 | 100 | 85 | 100 | 80 | 85 |
| 100 | – | 90 | – | 88 | – |
| 100 | – | 90 | – | 85 | – |

15 Prozent bis 50 Prozent. Sie sind beim Garziehen, Kochen, Dämpfen, beim Braten im Backofen und beim Schmoren wegen der längeren Temperatureinwirkung allgemein deutlich höher als beim Frittieren und beim Braten in der Pfanne oder beim Braten bis zum halbgaren Zustand. Die bessere Vitaminerhaltung beim Braten und Grillen im Vergleich zum Kochen und Schmoren ist dadurch bedingt, dass für die erstgenannten Garverfahren in der Regel zartere und bindegewebsärmere Fleischteilstücke verwendet werden, die für das Durchgaren eine kürzere Temperaturbehandlung benötigen. Die anderen wasserlöslichen Vitamine verhalten sich beim Garen ähnlich wie Vitamin $B_1$ (siehe **Tab. 7.8-2**).

Bei pflanzlichen Lebensmitteln erfolgt die Bewertung der Garverfahren hinsichtlich der Nährwerterhaltung vorzugsweise anhand der Mineralstoffe sowie der Vitamine $B_1$ und C (siehe **Tab. 7.8-2**). Die Erhaltungswerte (Unterspalten wie in **Tab. 7.8-1** definiert) beziehen sich auf die Menge im essbaren Anteil der Rohware vor dem Garen (entspricht 100 Prozent). Beim „Kochen“ ist Mikrowellen- und Druckkochen (abs. Druck ca. 0,15 MPa) inbegriffen, beim „Dämpfen“ auch Druckdämpfen (abs. Druck ca. 0,15 MPa), beim „Dünsten“ auch Mikrowellen- und Druckdünsten (abs. Druck ca. 0,1 MPa bzw. 0,15 MPa).

**Tab. 7.8-2** ist zu entnehmen, dass beim Dämpfen, Dünsten, Braten und Frittieren wegen geringerer **Auslaugverluste** mit deutlich besserer Erhaltung der Mineralstoffe sowie der Vitamine $B_1$ und C im Lebensmittel zu rechnen ist als beim Kochen. Der thermische Abbau wasserlöslicher Vitamine beim Garen von pflanzlichen Lebensmitteln hängt in erster Linie von der Art des Lebensmittels und damit auch von der Gardauer ab. Wird die Zunahme an Inhaltsstoffen in der Garflüssigkeit beim Kochen, Dämpfen und Dünsten berücksichtigt (Gesamterhaltung), ergeben sich die thermisch bedingten Abbauverluste. Aus den Gesamterhaltungswerten für Vitamin C und $B_1$ ist abzulesen, dass die Abbauverluste beim Kochen, Dämpfen und Dünsten in der gleichen Größenordnung liegen, ebenso wie beim Mikrowellengaren und bei der Anwendung von Überdruck. Häufig anzutreffende widersprüchliche Angaben in der Literatur über den Einfluss unterschiedlicher Garverfahren auf die Vitamin-C-Erhaltung sind z. T. durch Differenzen in Ankochzeit, Zerkleinerungsgrad und Gardauer zu erklären.

**Tab. 7.8-2:** Einfluss des Garverfahrens auf den Gehalt an Mineralstoffen, Vitamin C und $B_1$ in Gemüse, Kartoffeln, Getreide (Gehalt im Lebensmittel vor dem Garen = 100 %) – Durchschnittswerte (Bognár 2002, 2003)

| Lebensmittelgruppe | Garverfahren | Erhaltung in % | | | | | |
|---|---|---|---|---|---|---|---|
| | | Mineralstoffe | | Vitamin C | | Vitamin $B_1$ | |
| | | festes Gargut | Gesamt | festes Gargut | Gesamt | festes Gargut | Gesamt |
| Blattgemüse | Kochen | 65 | 100 | 40 | 55 | 65 | 80 |
| | Dämpfen | 90 | 100 | 55 | 60 | 80 | 90 |
| | Dünsten | – | 100 | – | 60 | – | 90 |
| Blüten-, Frucht-, Stängel- und Samengemüse | Kochen | 65 | 100 | 65 | 85 | 65 | 80 |
| | Dämpfen | 90 | 100 | 75 | 85 | 80 | 90 |
| | Dünsten | – | 100 | – | 80 | – | 90 |
| | Frittieren | – | 100 | – | 90 | – | 90 |
| Wurzel- und Knollengemüse | Kochen | 65 | 100 | 40 | 85 | 70 | 90 |
| | Dämpfen | 90 | 100 | 80 | 85 | 80 | 90 |
| | Dünsten | – | 100 | – | 85 | – | 90 |

*(Fortsetzung S. 251)*

**Tab. 7.8-2:** *(Fortsetzung v. S. 250)* Einfluss des Garverfahrens auf den Gehalt an Mineralstoffen, Vitamin C und $B_1$ in Gemüse, Kartoffeln, Getreide (Gehalt im Lebensmittel vor dem Garen = 100 %) – Durchschnittswerte

| Lebensmittelgruppe | Garverfahren | Erhaltung in % | | | | | |
|---|---|---|---|---|---|---|---|
| | | Mineralstoffe | | Vitamin C | | Vitamin $B_1$ | |
| | | festes Gargut | Gesamt | festes Gargut | Gesamt | festes Gargut | Gesamt |
| Kartoffeln, ungeschält | Kochen | 85 | – | 80 | – | 85 | – |
| | Dämpfen | 95 | 100 | 80 | – | 85 | – |
| Kartoffeln, geschält, z. B. Salz-, Bratkartoffeln, Pommes frites | Kochen | 70 | 100 | 70 | 85 | 75 | 90 |
| | Dämpfen | 95 | 100 | 80 | 85 | 85 | 90 |
| | Dünsten | – | 100 | – | 85 | – | 90 |
| | Braten | – | 100 | – | 80 | – | 80 |
| | Frittieren | – | 100 | – | 90 | – | 80 |
| Getreide, Nährmittel, z. B. Reis, Teigwaren, Brot | Kochen | 70 | 100 | – | – | 50 | 75 |
| | Dünsten | – | 100 | – | – | – | 75 |
| | Backen | – | 100 | – | – | – | 90 |

Der Vitamin-C-Abbauverlust in Blatt- und Fruchtgemüse sowie in Kartoffeln ist während der Ankochphase deutlich höher als beim eigentlichen Garprozess, beschleunigt durch die pflanzeneigenen Oxidasen, die ihre maximale Aktivität bei 40 °C erreichen. Bei Temperaturen zwischen 70 °C und 100 °C werden Enzyme inaktiviert, so dass während der Garphase nur noch ein thermischer Abbau erfolgt. Die Ankochphase sollte daher – insbesondere bei Gemüse mit hoher Enzymaktivität – möglichst kurz sein.

Wie aus **Tab. 7.8-3** ersichtlich, liegt der Vitamin-$B_2$-Verlust von Gemüse und Getreide im festen Gargut beim Garen zwischen 5 Prozent und 35 Prozent. Die Verluste werden vorwiegend durch das Herauslösen mit Wasser bzw. Dampf verursacht. Die Auslaugverluste betragen z. B. beim Kochen und Dämpfen von Gemüse im Mittel 30 Prozent bzw. 5 Prozent. Vitamin $B_2$ (Riboflavin) ist somit thermisch nahezu stabil. Dämpfen und Dünsten erhalten das Riboflavin besser als Kochen, wenn die Garflüssigkeit nicht verwertet wird. Beim Braten oder Frittieren von geschälten Kartoffeln ist sogar ein Anstieg des Riboflavin-Gehalts auf den zwei- bis dreifachen Rohwarewert zu beobachten, weil bei hoher Temperatur Riboflavin aus Verbindungen freigesetzt wird.

Vitamin $B_6$ (Pyridoxamin, Pyridoxal, Pyridoxin) verhält sich ähnlich wie Vitamin $B_1$. Die Verluste sind beim Dämpfen und Dünsten deutlich geringer als beim Kochen, wobei ein Anteil von 15 Prozent bis 30 Prozent des leicht wasserlöslichen Vitamins in die Garflüssigkeit übertritt.

**Tab. 7.8-3:** Prozentuale Erhaltung von Vitamin $B_2$ und $B_6$ in pflanzlichen Lebensmitteln (Gehalt im Lebensmittel vor dem Garen = 100 %) – Durchschnittswerte (Bognár 2003, Rickmann 2007, Zobel 1990)

| Lebensmittel | Erhaltung in festem Gargut in % | | | | | |
|---|---|---|---|---|---|---|
| | Kochen | | Dampfgaren | | Dünsten | |
| | Vitamin $B_2$ | Vitamin $B_6$ | Vitamin $B_2$ | Vitamin $B_6$ | Vitamin $B_2$ | Vitamin $B_6$ |
| div. Gemüse (2–13 Arten) | 65 | 60 | 85 | 85 | 95 | 90 |
| Kartoffeln, ungeschält | 80 | 85 | 95 | 90 | 95 | – |
| Kartoffeln, geschält | 80 | 70 | 95 | 85 | 95 | 90 |
| Getreide | 75 | 50 | 95 | – | 95 | 80 |
| Hülsenfrüchte | 75 | 70 | 95 | – | 95 | 80 |

– = Es liegen keine Angaben vor.

Bei den fettlöslichen Vitaminen ist die Bioverfügbarkeit entscheidend. Bei grünem Gemüse müssen durch Zufuhr von Energie (Blanchieren genügt) zunächst die Vitamine aus der Zellmatrix freigesetzt werden. Daher bewirkt das Garen in feuchter Hitze (Kochen, Dämpfen und Dünsten) bei frischen Blatt- und Blütengemüsen sowie Möhren eine mehr oder weniger deutliche Zunahme des Gehalts an Provitamin A und Vitamin E (siehe **Tab. 7.8-4** und **Tab. 7.8-5**), während beim Garen in trockener Hitze (Wok, Frittieren) bis zu 85 Prozent β-Carotin-Verluste eintreten können.

Ganz anders liegen die Verhältnisse bei Gemüsefrüchten (Kürbis, Paprika, Zucchini). Hier sind die fettlöslichen Vitamine im Zellsaft enthalten, und das Garen führt zu 4 Prozent bis 38 Prozent Vitaminverlust im festen Gargut, dessen Höhe vom angewandten Garverfahren nahezu unabhängig ist. Als Konsequenz ist das rohe Verzehren von reifer Paprika, auch kurz blanchiert oder in wenig Öl angebraten, zu empfehlen, während andere Gemüsearten besser gegart verzehrt werden sollten (zumindest blanchiert!), um die Bioverfügbarkeit der fettlöslichen Vitamine zu verbessern.

**Tab. 7.8-4:** Einfluss des Garverfahrens auf den Gehalt an Provitamin A (Gesamt-β-Carotin in Gemüse) – Durchschnittswerte (Schlich et al. 2004, 2011, 2013b, Adler 2013, Miglio et al. 2008, Kao et al. 2012, Bognár 2006)

| Gemüseart | Gehalt im Gargut in % | | | | | |
|---|---|---|---|---|---|---|
| | Blanchieren [1] | Kochen | Dämpfen | Dünsten | Braten (Wok) | Frittieren |
| Brokkoli (Frischware) | 159 | 116–175 | 118–420 | n. b. | n. b. | 47 |
| Brokkoli (TK-Ware) | n. b. | 94 | 87 | n. b. | n. b. | n. b. |
| Korianderblätter | 102 | 106 [2] | n. b. | n. b. | 53 | n. b. |
| Thai-Basilikumblätter | 104 | 129 [2] | n. b. | n. b. | 51 | 15 |
| Süßkartoffeln | 107 | 137 [2] | n. b. | n. b. | 42 | n. b. |
| Blattspinat | 181–220 | n. b. | n. b. | n. b. | n. b. | n. b. |
| Karotten | n. b. | 101–136 | 90–111 | n. b. | n. b. | 76 |
| Winter-Kürbis (5 Sorten) | n. b. | 87 | n. b. | 87 | n. b. | n. b. |
| Zucchini | n. b. | 96 | 85 | n. b. | n. b. | 86 |
| rote Paprika (Frischware) | n. b. | 65 | 62 | n. b. | n. b. | n. b. |
| rote Paprika (TK-Ware) | n. b. | 76 | 87 | n. b. | n. b. | n. b. |

1) Blanchiertemperatur: 100 °C

2) Garzeit bei 100 °C: 5 min, n. b. = nicht bekannt

**Tab. 7.8-5:** Einfluss des Garverfahrens auf den Gehalt an Vitamin E – in Prozent des Rohwarengehalts (Schlich et al. 2004)

| Gemüseart | Gehalt im Gargut | |
|---|---|---|
| | Kochen | Dämpfen |
| Brokkoli (Frischware) | 481 | 494 |
| Brokkoli (TK-Ware) | 92 | 110 |
| rote Paprika (Frischware) | 94 | 92 |
| rote Paprika (TK-Ware) | 95 | 96 |

Hinsichtlich des Erhalts von anderen Nährstoffen beim Garen von Lebensmitteln und der Berechnung des Nährstoffgehalts in gegarten Lebensmitteln sei auf die weiterführende Literatur (siehe **Kap. 5.6**) verwiesen.

## Literatur zu Kapitel 7

Adler B. 2013: Nährstofferhalt und Sensorik beim Garen im Dampfdrucktopf. In: Schlich M. (Hrsg.): Proceedings der Jahrestagung 2013 des Fachausschusses Haushaltstechnik in der dgh, Band 21, Shaker Verlag

aid – aid infodienst für Ernährung, Landwirtschaft, Verbraucherschutz e.V. (Hrsg.) 2008: Nährstoffveränderungen bei der Lebensmittelzubereitung im Haushalt. Bestell-Nr. 3048, Bonn

Belitz H.-D., Grosch W., Schieberle P. 2008: Lehrbuch der Lebensmittelchemie. Springer Verlag, Berlin

Bergstöm L. 1999: Nutrient losses and gains in the preparation of foods. NLG-Project. Rapport 32/94, revised. National Food Administration, Uppsala

Bognár A. 1990: Zeitgemäße und ernährungsbewußte Zubereitung von Lebensmitteln. In: Jositz J. (Hrsg.), Nahrungsmittelqualität und gesunde Ernährung. Akademie für Politik und Zeitgeschehen, Hans Seidel-Stiftung e.V., Bd. 54, München

Bognár A. 1995: Vitaminverluste bei der Lagerung und Zubereitung von Lebensmitteln. Ernährung/Nutrition 19, S. 411–416, S. 478–483, S. 551–554

Bognár A. 2002: Tables on weight yield of food and retention factors of food constituents for the calculation of nutrient composition of cooked foods (dishes). Appendix C. Description of cooking methods. BFE – R – 02 – 03, BFE, Karlsruhe

Bognár A. 2003: Vitaminveränderungen bei der Lebensmittelverarbeitung im Haushalt. Ernährung im Fokus 3, Nr. 11, S. 330–335

Bognár A. 2006: Qualität warmer Speisen. Angebotsformen in der Großküche. Ernährung im Fokus 6, Nr. 1, S. 2–8

Bognár A., Piekarski J. 1986: Einfluß der Gartemperatur auf die Garzeit und die Qualität von Lebensmitteln – Garen in Wasser und Wasserdampf. Hauswirtschaft und Wissenschaft 34, Nr. 6, S. 301–319

Braun F., Helfberend I. 1985: Verarbeitung der Lebensmittel in Haushalt und Anstaltsküchen. Schöningh Verlag, Paderborn, Schöningen

dgh – Deutsche Gesellschaft für Hauswirtschaft e.V. (Hrsg.), Zacharias R., Dürr H. (Red.) 1992: Lebensmittelverarbeitung im Haushalt. 5. Aufl., Verlag Eugen Ulmer, Stuttgart

Hering R. 2002: Lexikon der Küche. Verlag Haan, Pfanneberg

Janoszka B. 2010: Heterocyclic amines and azaarenes in pan-fried meat and its gravy fried without additives and in the presence of onion and garlic – heterocyklische aromatische Amine und Azaarene in gebratenem Fleisch und dessen Bratensaft beim Braten ohne Zusatzstoffe und in Gegenwart von Zwiebeln und Knoblauch. Food Chemistry 120, 463–473

Kao F. H., Chiu Y. S., Tsou M. J., Chiang W. D. 2012: Effects of Chinese domestic cooking methods on the carotenoid composition of vegetables. Taiwan Food Science and Technology 46, 485–492

Loh S. 2004: Bewertung des Einflusses verschiedener Garverfahren auf die sensorische und ernährungsphysiologische Qualität von frischen und TK-Gemüsen anhand ausgewählter Parameter. Cuvillier Verlag, Göttingen

Loh S., Podestat H., Reiß K., Schlich M., Schlich E. 2004: Der Einfluss von Garverfahren auf die Lebensmittelqualität: Veränderung von lipophilen Vitaminen beim Garen von frischen und tiefgekühlten Gemüsen. Hauswirtschaft und Wissenschaft 52, Nr. 3, S. 128–132

Miglio C., Chiavaro E., Visconti A., Fogliano V., Pellegrini N. 2008: Effects of different cooking methods on nutritional and physicochemical characteristics of selected vegetables. J. Agric. Food Chem. volume 56, pp. 139–147

Nau H., Steinberg P., Kietzmann M. 2003: Lebensmitteltoxikologie. Verlag Parey, Berlin, Wien

Piekarski J., Bognár A. 1991: Langzeitbraten. Braten von großstückigem Fleisch im Konvektionsofen. Fleischwirtschaft, Nr. 71, S. 581–587

Randel, Gabriele 2005: Einfluss von Inhaltsstoffen aus Rosmarinus officinalis auf die Bildung von heterozyklischen Aminen und deren matrixabhängige Thermostabilität. Inauguraldissertation am Institut für Humanernährung und Lebensmittelkunde der Christian-Albrechts-Universität zu Kiel www.foodtech.uni-kiel.de/download/Dissertationen/Dissertation_Gabriele-Randel.pdf (ver. 14.07.2015)

Rickman J. C., Barrett D.M., Bruh C.M. 2007: Nutritional comparison of fresh, frozen and canned fruits and vegetables. I. Vitamin C, B and phenolic compounds. Journal of the Science of Food Agriculture, volume 87, issue 6, pp. 930–944

Schlich E., Ziems M. 2004: Impact of steaming upon nutrients in vegetables. In: Proceedings of the International Appliance Technical Conference & Exhibition, Lexington, Kentucky, USA, pp. 446–450

Schlich M. 2007: Dampfgaren – ein altes Garverfahren neu entdeckt. Haushalt und Bildung 84, Nr. 4, S. 12–22

Schlich M., Schlich E. 2011: Blanchierverfahren im Vergleich – Sensorische Aspekte und Nährstoffqualität. Ernährung im Fokus 2011, Nr. 12, 554–559

Schlich E., Schlich M. 2013a: Garverfahren für pflanzliche Lebensmittel und deren Einfluss auf Mikronährstoffe – Teil 1. In: Aktuelle Ernährungslehre & Praxis, Ernährungs Umschau (60) 8, 2013, S. 31–34

Schlich E., Schlich M. 2013b: Garverfahren für pflanzliche Lebensmittel und deren Einfluss auf Mikronährstoffe – Teil 2. In: Aktuelle Ernährungslehre & Praxis, Ernährungs Umschau (60) 9, 2013, S. 35–38

Stiftung Warentest (Hrsg.) 2007: Dampf braucht Zeit. Test, Nr. 1, S. 68–69

Tilgner D. J. 1974: Die Technologie der Garverfahren. Verlag Sponholz, Frankfurt/Main

Westphal G., Buhr H., Otto H. 1996: Reaktionskinetik in Lebensmitteln. Springer Verlag, Berlin, Heidelberg

Zobel M. 1990: Das Verhalten von Vitamin $B_6$ bei der industriellen und küchenmäßigen Verarbeitung von Lebensmitteln unter dem Aspekt einer ausreichenden Bedarfsdeckung (Teil III). Ernährung/Nutrition 14, S. 664–671

# 8 Haltbarmachen und Lagern von Lebensmitteln

Sachgerechtes Lagern und Haltbarmachen verzögert die natürlichen Stoffwechselprozesse in den Lebensmitteln und ihren Verderb. Bei rechtzeitigem Verzehr müssen weniger Lebensmittel weggeworfen werden (siehe auch **Kap. 1.4**).

Der folgende Überblick über die unterschiedlichen Haltbarmachungsverfahren mit einem Schwerpunkt auf den Bereichen Kühl- und Gefrierlagerung ist die Grundlage für einen nachhaltigen Umgang mit Lebensmitteln. Die Berücksichtigung produktspezifischer Anforderungen an das Lagerklima reduziert Lagerverluste und sichert den Qualitätserhalt.

## 8.1 Lebensmittelverderb (ASTRID KLINGSHIRN, ALEXANDER PRANGE)

In jedem Lebensmittel laufen auch nach der Ernte bzw. der Schlachtung noch natürliche Stoffwechselvorgänge ab. Die Lebensmittel verändern sich, sie trocknen aus, werden matschig oder welken, sie werden bitter oder ranzig, verlieren Aroma oder Farbe. Vor allem Mikroorganismen, die sich von Natur aus auf den Lebensmitteln befinden oder die aus der Luft oder durch Kontakt mit Gegenständen darauf gelangen, bewirken diese Veränderungen. Lebensmittel beginnen zu schimmeln oder zu faulen, sie gären oder werden sauer, kurz gesagt, sie verderben.

Alle Lebensmittel, die atypisch riechen, stark verfärbt oder angeschimmelt sind, sollten verworfen werden. Beim Einkauf ist stets darauf zu achten, dass die Ware einwandfrei ist. Die Zersetzung – also der Verderb – von Lebensmitteln ist aus rein biologischer Sicht ein natürlicher Vorgang, führt jedoch dazu, dass die Lebensmittel für den menschlichen Verzehr nicht mehr geeignet sind. Saubere Behandlung und konsequentes Kühlhalten (als allgemeine länderübergreifende Empfehlung für die Kühltemperatur gelten +4 °C) tragen wesentlich zur Verhinderung des Verderbs bei. Durch Verderb können sich **sensorische Merkmale** und stoffliche Beschaffenheit (**Textur**) stark verändern. Verderbbedingter Geruch tritt aufgrund von Fäulnis und Ansäuerung sowie als Muffigkeit und Ranzigkeit in Erscheinung. Als weitere Veränderungen sind Verfärben, Verschimmeln, Trübung, Schleimbildung, Gasbildung, Erweichen oder Verhärten zu nennen.

Der Verderb von Lebensmitteln kann unterschiedliche Ursachen haben. Danach wird der Verderb als mikrobiologisch, biochemisch, chemisch oder physikalisch bedingt klassifiziert, wobei im Haushalt dem Verderb von Lebensmitteln durch den

Befall mit **Mikroorganismen** die größte Bedeutung zukommt. Mikrobieller Verderb entfaltet sich immer dann, wenn ein geeignetes Substrat (wie das Lebensmittel) und eine mikrobielle Flora vorhanden sind, die darauf ihre Stoffwechsel- und damit Wachstumsaktivität entfalten kann. Darüber hinaus kann Verderb durch den Befall mit tierischen (Vorrats-)Schädlingen verursacht werden (siehe **Kap. 4.5**).

Welche Art des Verderbs dominiert, ist abhängig von den biochemischen und physikalischen Eigenschaften des Lebensmittels selbst, d. h. den inneren oder „intrinsischen" Faktoren, von den Lagerungsbedingungen, d.h. den äußeren oder „extrinsischen" Faktoren sowie von den Herstellungsfaktoren, den sogenannten Prozessfaktoren:

**Intrinsische Faktoren:** Wasseraktivität ($a_w$-Wert, d.h. frei verfügbares Wasser, siehe **Kap. 10.3**), pH-Wert, Redoxpotential, verfügbarer Sauerstoff, Nährstoffgehalt, natürliche Mikroflora, natürlich enthaltene Enzyme und andere Inhaltsstoffe, Konservierungsstoffe, Textur usw.

**Extrinsische Faktoren:** Temperatur, relative Feuchte, Lichteinwirkung, (Schutzgas-)Atmosphäre, Verpackungsmaterial usw.

**Prozessfaktoren:** Herstellungsverfahren, Zerkleinerungsgrad, Temperaturen bei Herstellung und Verarbeitung, Personal-, Sach- und Betriebshygiene usw.

**Tab. 8.1-1:** Haltbarkeits-Kategorien von Lebensmitteln (Hurst et al. 2000)

| Kategorie | Haltbarkeit | Lebensmittel |
|---|---|---|
| hochverderbliche Lebensmittel | 1–30 Tage | Fleisch und Fleischwaren, Fisch und Fischprodukte, Milchprodukte (insbesondere Rohmilchwaren), roheihaltige Speisen, Lebensmittelreste und zubereitete Speisen, frisches Obst und Gemüse, einige Backwaren |
| verderbliche Lebensmittel | 30–90 Tage | Hartkäse, Eier, geräucherte und gepökelte Fleisch- und Fischwaren, einige Obst- und Gemüsesorten, eingelegtes Gemüse |
| lagerstabile Lebensmittel | bis zu 3 Jahren | Konserven, getrocknete Lebensmittel, Getreideprodukte, Nüsse, Saaten, Nudeln, Reis, gefrorene Lebensmittel (Lagerung bei –18 °C und kälter) |

Neben der Art des Verderbs bestimmen die genannten Faktoren auch die Geschwindigkeit der Zersetzung von Lebensmitteln und sind daher wesentlich für deren Haltbarkeit. Aus dem Zusammenwirken der Faktoren ergibt sich der individuelle

Verlauf des Verderbs. Die Veränderung der Faktoren kann gezielt genutzt werden, um Lebensmittel haltbar zu machen bzw. zu konservieren.

Auf Basis der naturgegebenen Eigenschaften der Zusammensetzung können Lebensmittel in hochverderbliche, verderbliche und lagerstabile Waren eingeteilt werden. Daraus resultieren Lagerdauer, Lagerfaktoren sowie die bei Umgang und Zubereitung einzuhaltenden Bedingungen.

## Mikrobiologischer Verderb von Lebensmitteln

Das Wachstum und die Vermehrung von Mikroorganismen in Lebensmitteln, ihre Stoffwechselaktivitäten sowie die Wirkung mikrobieller Enzyme und damit verbunden der Verderb werden vor allem durch die Faktoren Temperatur, Wasseraktivität, pH-Wert und Sauerstoffgehalt beeinflusst. Großen Einfluss hat die **Anfangskeimbelastung**. Da sich Bakterien exponentiell vermehren und die Verdoppelungszeit unter optimalen Wachstumsbedingungen vielfach nur 10 bis 60 Minuten beträgt – eine Verdoppelung in 20 Minuten entspricht etwa einer Verzehnfachung pro Stunde –, wirkt sich die Anfangskeimbelastung entscheidend aus. Je höher die anfängliche Belastung, desto schneller können sehr hohe Keimzahlen und Veränderungen erreicht werden, die dann zum Verderb des Lebensmittels führen.

Wegen ihrer geringen Größe (eine Bakterienzelle hat einen Durchmesser von nur etwa 1/1 000 mm = 1 µm) sind Mikroorganismen erst unter dem Mikroskop bei starker Vergrößerung zu erkennen. In dieser Unsichtbarkeit für das menschliche Auge liegt jedoch ein besonderes Gefahrenmoment. Visuell saubere Arbeitsflächen, Lebensmittel oder Hände sind generell aus mikrobiologischer Sicht unrein und können auch mit Mikroorganismen besetzt sein, die Verderbnis oder Lebensmittelvergiftungen auslösen. Beispielsweise kann ein augenscheinlich sauberes Wischtuch je $cm^2$ durchaus 100 000 Bakterien aufweisen, deutlich mehr als typischerweise auf einer Toilettenbrille anzutreffen sind.

Neben der Anfangskeimbelastung ist die **Temperatur** der wichtigste Faktor. Die Abhängigkeit der Bakterienaktivität (Wachstum und Vermehrung) von der Temperatur ist in **Kap. 4.4** ausführlich diskutiert.

## Biochemischer, chemischer und physikalischer Verderb von Lebensmitteln

Neben dem mikrobiologischen spielt bei Lebensmitteln der **biochemische** Verderb eine wichtige Rolle, das heißt der Verderb durch lebensmitteleigene Enzyme. Die Enzyme sind über einen weiten Temperaturbereich von –30 °C bis etwa +40 °C aktiv. Sie bewirken autolytische (selbstauflösende) und andere gewebseigene Stoffumsetzungen wie enzymatische Bräunungs- oder Reifungsreaktionen. Die Aktivität von Enzymen bei niedrigen Temperaturen bedingt unter anderem auch, dass es bei Gefriertemperaturen von –18 °C immer noch, wenngleich sehr langsam, zu Veränderungen des Lebensmittels kommt. Deshalb dürfen Lebensmittel bei haushaltsüblichen Temperaturen nur begrenzt gelagert werden.

Unter **chemischem** Verderb sind die nachteiligen Veränderungen des Lebensmittels durch chemische Reaktion von Lebensmittelinhaltsstoffen zu verstehen, ggf. auch begünstigt durch äußere Faktoren wie Luftsauerstoff und Licht. Mit **physikalischem** Verderb sind Veränderungen aufgrund von extrinsischen Faktoren (siehe oben) wie Austrocknen (Feuchteverlust) oder mechanische Beschädigungen gemeint. Im Vergleich zum mikrobiologischen und biochemischen Verderb spielt im Haushalt der chemische oder physikalische Verderb eine untergeordnete Rolle.

## 8.2 Haltbarmachungsverfahren (ASTRID KLINGSHIRN)

Unter Haltbarmachungsverfahren (Konservierungsverfahren) sind alle gegen den Verderb von Lebensmitteln gerichteten Maßnahmen zu verstehen, die eine kurz-, mittel- oder langfristige Lagerung ermöglichen. Haltbarmachungsverfahren basieren auf der Inaktivierung von Enzymen und Mikroorganismen – die Verderbsprozesse werden mehr oder weniger stark gehemmt oder gestoppt.

**Abb. 8.2-1** gibt einen Überblick über konventionelle Haltbarmachungsverfahren.

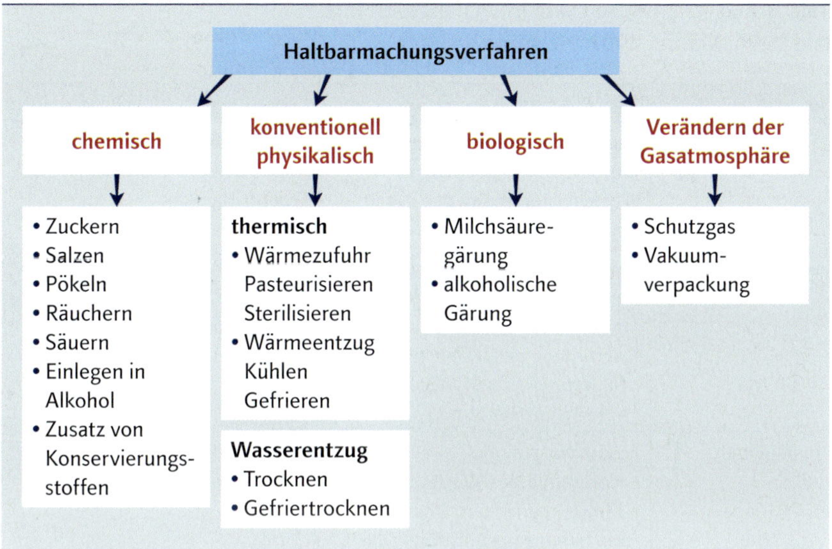


**Abb. 8.2-1:** Konventionelle Haltbarmachungsverfahren – Überblick (nach Krämer 2002, aid 1996, DGE 2000)

## Chemische Haltbarmachungsverfahren

Chemische Verfahren (siehe **Tab. 8.2-1**) hemmen mikrobielles Wachstum oder töten Mikroorganismen ab. Dazu werden Konservierungsstoffe eingesetzt oder Substanzen genutzt, die beim Räuchern oder Pökeln gebildet werden. Der Zusatz von Salz und Zucker senkt den $a_w$-Wert, das Säuern den pH-Wert, so dass mikrobielles Wachstum gehemmt wird.

**Tab. 8.2-1:** Chemische Haltbarmachungsverfahren (aid 1996, Krämer 2002, Heiss et al. 1994)

| Verfahren | Art der Konservierung | Lebensmittel | Lagerdauer |
|---|---|---|---|
| Zuckern | Zuckerzusatz, Wärmeeinwirkung: Wasserentzug (Senkung des $a_w$-Wertes); Hemmung des Wachstums von Mikroorganismen | Marmelade, Konfitüre, Gelee, Fruchtsirup, kandierte Früchte | einige Monate bis 1 Jahr |
| Säuern | Zusatz von Essig oder Essigsäure:<br>• Störung der zellulären pH-Regulation<br>• Hemmung des Wachstums von Mikroorganismen, Abtötung bei hoher Konzentration | Gurken, Mixed Pickles, Fisch, süß-sauer eingelegtes Obst und Gemüse | einige Monate |
| Einlegen in Alkohol | Zusatz von Alkohol:<br>• Hemmung des Wachstums von Mikroorganismen, Absterben bei hoher Konzentration (Zerstörung des Zelleiweißes) | Rumtopf, Früchte in Alkohol | einige Monate |
| Einlegen in konservierende Lösungen (Wasserglas, Öl) | Verhindern des Luftzutritts: Hemmung des Mikroorganismenwachstums | Eier, Kräuter, Schafskäse | Wochen bis Monate |
| Salzen | Kochsalzzusatz: Hemmung des Wachstums von Mikroorganismen durch Wasserentzug (Senkung des $a_w$-Wertes) | Fisch, Fleisch, Fleischwaren | Wochen bis Monate |
| Pökeln | Pökelsalzzusatz: Wasserentzug ($a_w$-Wert-Senkung), Hemmung des Wachstums von Mikroorganismen, teilweise Abtötung durch Nitrit | Fleisch, Fleischwaren | einige Wochen |
| Räuchern | Einwirkung von Räucherrauch und Temperaturerhöhung:<br>• Wasserentzug ($a_w$-Wert-Senkung), Hemmung des Wachstums von Mikroorganismen, teilweise Abtötung durch Antioxidantien | Fleisch, Fisch | Wochen bis Monate |

## Konventionelle physikalische Haltbarmachungsverfahren

Die konventionellen physikalischen Haltbarmachungsverfahren (siehe **Tab. 8.2-2**) verlangsamen oder hemmen das Wachstum der Mikroorganismen sowie enzymatische Verderbsvorgänge, und zwar durch Wärmezufuhr (Pasteurisieren, Sterilisieren), Wärmeentzug (Kühlen, Gefrieren) oder Wasserentzug (Trocknen).

**Tab. 8.2-2:** Konventionelle physikalische Haltbarmachungsverfahren (aid 1996, Krämer 2002, Heiss et al. 1994)

| Verfahren | Art der Konservierung | Lebensmittel | Lagerdauer |
|---|---|---|---|
| Kühlen | Temperaturabsenkung auf 0 °C bis +14 °C: Verlangsamung des Zellstoffwechsels und der Wachstumsrate von Mikroorganismen sowie des enzymatischen und chemischen Verderbs | verderbliche Lebensmittel: Fleisch, Fisch, Eier, Milchprodukte, Obst, Gemüse | 1 Tag bis mehrere Monate |
| Gefrieren | Temperatursenkung auf –18 °C und darunter: Unterbrechung des Wachstums von Mikroorganismen und Reduktion der Enzymaktivität | Fisch, Fleisch, Obst, Gemüse, Backwaren, selbst hergestellte Speisen | einige Monate bis 1 Jahr |
| Pasteurisation | Kurzzeiterhitzen auf 60 °C bis 90 °C zur Abtötung von Mikroorganismen. Die kurzzeitige Wärmeeinwirkung bei mäßiger Temperatur führt zur Abtötung der meisten Lebensmittelverderber (Teilentkeimung) bei weitgehendem Erhalt der Lebensmitteleigenschaften. Pasteurisierte Lebensmittel müssen kühl gelagert oder zusätzlich haltbar gemacht werden, da es nicht zur Abtötung von Sporen kommt. | Milch, Obst, Gemüse, Flüssigei | Tage bis Monate |
| Einkochen (Pasteurisieren im Haushalt) | Wärmeeinwirkung zwischen 75 °C und 100 °C: Hemmung des Wachstums von Mikroorganismen – teilweise Abtötung, Reduktion der Enzymaktivität – begrenzt Abtötung von Sporen | Frucht- und Gemüsesäfte, Marmeladen, Konfitüre, Gelee, Chutneys | bis 1 Jahr |

*(Fortsetzung S. 264)*

**Tab. 8.2-2:** *(Fortsetzung v. S. 263)*
Konventionelle physikalische Haltbarmachungsverfahren

| Verfahren | Art der Konservierung | Lebensmittel | Lagerdauer |
|---|---|---|---|
| Sterilisieren | Einwirkung von Temperaturen zwischen 115 °C und 135 °C: Mikroorganismen und auch Sporen werden abgetötet, so dass eine langzeitige Lagerstabilität erzielt wird. | Gemüse-, Fleisch- und Wurstkonserven | bis 2 Jahre |
| Trocknen | Wasserentzug durch Wärmezufuhr (Senkung des $a_w$-Wertes), Beeinflussung der osmotischen Regulation, dadurch Hemmung des Mikroorganismenwachstums und der Enzymaktivität | Trockenobst, Hülsenfrüchte, Kräuter, Getreide | bis 1 Jahr |

## Neuartige Haltbarmachungsverfahren

Die sogenannten neuartigen Haltbarmachungsverfahren sind physikalischer Art. Der Fokus liegt auf einer Reduktion der thermischen Belastung während der Haltbarmachung, um so die sensorischen und ernährungsphysiologischen Eigenschaften möglichst wenig zu beeinflussen. Diese Verfahren werden in der industriellen Lebensmittelverarbeitung angewandt mit dem Ziel, mikrobielle Verderbniserreger ohne Einsatz von chemischen Mitteln zu vernichten und so die Sicherheit und Haltbarkeit der Lebensmittel zu verbessern. Zu unterscheiden sind thermische und nicht-thermische Verfahren (siehe **Abb. 8.2-2**). Der Einsatz ionisierender Strahlen ist auf wenige Lebensmittelgruppen begrenzt und wird vor allem zur Behandlung von Gewürzen, Hartkäse sowie von einzelnen Obst- und Gemüsearten angewendet (siehe S. 267 oben).

**Neuartige Haltbarmachungsverfahren**

**thermisch**
- Ohmsche Erwärmung
- Induktive Erwärmung
- Elektromagnetische Wechselfelder

**nicht-thermisch**
- Hochdruckbehandlung
- Hochspannungspulsverfahren
- Lichtpulsverfahren
- Behandlung mit ionisierenden Strahlen
- Ultraschallbehandlung
- Gasplasmaverfahren

**Abb. 8.2-2:** Neuartige Haltbarmachungsverfahren (Klingshirn, Lichtenberg 2015)

Als **thermische Verfahren** sind zu nennen:

**Ohmsches Erwärmen:** Das Lebensmittel wird mittels Durchleitung von elektrischem Strom direkt erwärmt – dafür muss es eine ausreichende elektrische Leitfähigkeit aufweisen. Wie bei den konventionellen thermischen Haltbarmachungsverfahren beruht die Wirkung auf der Inaktivierung von Mikroorganismen durch die Temperaturerhöhung. Die Ohmsche Erwärmung eignet sich zum Zellaufschluss bei der Saftproduktion, der Pasteurisation von Fruchtzubereitungen und Säften, zum schonenden Blanchieren von Gemüsen oder zum raschen Erhitzen von Fleischbrät. Die Vorteile liegen in kürzeren Erhitzungszeiten und der Vermeidung des Temperaturabfalls zum Lebensmittelkern hin, der bei konventioneller Erwärmung von außen zwangsläufig auftritt. Anderweitig bedingte Temperaturdifferenzen können durch kombinierten Einsatz von elektromagnetischen Wechselfeldern (s. u.) ausgeglichen werden.

**Induktive Erwärmung:** Auch hier wird wie beim Ohmschen Verfahren die Erwärmung durch Stromfluss (Wirbelströme, siehe **Kap. 3.1**) im Lebensmittel erzeugt. Die Übertragung der elektrischen Energie erfolgt dabei kontaktlos durch Induktion: Das elektrisch leitfähige Lebensmittel wird in nichtleitenden Glas- oder Kunststoffrohren um einen Eisenkern geführt.

**Einwirkung elektromagnetischer Wechselfelder:** Die Lebensmittelpasteurisation oder -sterilisation mittels elektromagnetischer Wechselfelder basiert auf der Umwandlung elektromagnetischer Feldenergie in Wärmeenergie – im Prinzip wie bei der Mikrowellenerwärmung (siehe **Kap. 3.5**) mit dem Vorteil der im Vergleich zu konventionellen Erhitzungstechnologien deutlich verkürzten Prozesszeiten.

Dabei kommen unterschiedliche Frequenzbereiche zum Einsatz. Von der Hochfrequenzerwärmung wird zur Haltbarmachung viskoser und breiförmiger Lebensmittel, zur Sterilisation von Fertiggerichten sowie zur Insektenabtötung in Trockenprodukten Gebrauch gemacht. Um eine homogene Erwärmung sicherzustellen, wird das Verfahren bei Pasteurisations- und Sterilisationsprozessen häufig mit temperierten Wasserbädern kombiniert.

Neben den zuvor genannten thermischen Verfahren kommen sogenannte nicht-**thermische Verfahren** zur Anwendung. Diese Verfahren haben den Vorteil, dass eine Haltbarmachung bei weitgehendem Erhalt der ursprünglichen sensorischen Produkteigenschaften möglich ist.

**Hochdruckbehandlung:** Bei diesem Verfahren wird das Lebensmittel für Prozesszeiten von wenigen Sekunden bis mehreren Minuten einem Druck zwischen 100 und 1 000 MPa ausgesetzt. Die Druckübertragung erfolgt über Flüssigkeiten, meist Wasser. Das Lebensmittel wird vakuumverpackt oder in Folienbehälter abgefüllt. Durch die Hochdruckeinwirkung kommt es zur einer Reduktion des pH-Wertes, zur Veränderung von Proteinstrukturen sowie zur Enzyminaktivierung, wodurch Mikroorganismen auch bei niedriger Prozesstemperatur abgetötet werden, während wertgebende Inhaltsstoffe sowie Farb- und Aromastoffe weitestgehend erhalten bleiben. Das Verfahren wird heute v. a. bei Fruchtsäften und Fruchtpürees, Konfitüren, Rohschinken und Avocadozubereitungen angewandt.

**Hochspannungspulsverfahren:** Bei dieser Methode (auch PEF-Verfahren – pulsed electric fields) wird das Lebensmittel kurzen elektrischen Hochspannungsimpulsen ausgesetzt, was eine Öffnung der Zellmembranporen bewirkt, die zum Zelltod führt. Wegen der kurzen Prozesszeit und der geringen Erhöhung der Produkttemperatur bleiben Inhaltsstoffe und sensorische Qualität besser erhalten als bei thermischer Behandlung. Einsatz findet das PEF-Verfahren vorzugsweise bei pflanzlichen Lebensmitteln sowie bei Milch- und Eiprodukten, häufig in Kombination mit leichter Erwärmung bis 50 °C sowie anschließender Kaltlagerung.

**Lichtpulsverfahren:** Hier wird das Licht einer Xenon-Blitzlampe bei hoher Intensität mit Wellenlängen zwischen 170 Nanometer (UV) und 2 600 Nanometer für eine Millionstel bis eine Zehntel Sekunde eingestrahlt, was zur Inaktivierung von Mikroorganismen führt. Das Lichtpulsverfahren wird heute vor allem im Bereich der Oberflächenentkeimung von Verpackungsmaterialien angewendet.

**Behandlung mit ionisierenden Strahlen:** Bei der Bestrahlung von Lebensmitteln werden durch energiereiche Strahlungsteilchen Elektronen aus den Atomhüllen herausgestoßen. In der solcherart ionisierten Materie kommt es zu den verschiedensten chemischen Reaktionen, und Mikroorganismen werden durch eine Vielzahl von Mechanismen zerstört, während die ernährungsphysiologischen und sensorischen Eigenschaften kaum beeinflusst werden. Die Bestrahlung wird mit Gammastrahlen aus radioaktiven Quellen, mit Elektronenstrahlen aus Teilchenbeschleunigern oder mit Röntgenstrahlen durchgeführt. In Deutschland ist nur die Behandlung getrockneter Kräuter und Gewürze mit ionisierender Strahlung zulässig. In anderen Ländern wird das Verfahren auch zur Entkeimung von tiefgefrorenen Lebensmitteln (Hackfleisch, Garnelen), reif geerntetem Obst (Papaya, Mango) sowie als Alternative zur chemischen Insektenbekämpfung bei pflanzlichen Lebensmitteln eingesetzt.

**Ultraschallbehandlung:** Ultraschall (Frequenz über 16 Kilohertz) mit hoher Energiedichte wird vorzugsweise zur Entkeimung von flüssigen Lebensmitteln und Wasser eingesetzt. Die keimtötende Wirkung beruht darauf, dass im flüssigen Medium durch den Hochenergie-Ultraschall Dampfblasen erzeugt werden, die nachfolgend kollabieren. Dabei entstehen starke lokale Druck- und Temperaturänderungen und zudem freie Radikale, woraufhin wesentliche Zellfunktionen ausfallen. Weil aber mit Ultraschall allein keine ausreichende Entkeimung zu erzielen ist, wird Ultraschall (außer zur Vorbehandlung) stets in Kombination mit anderen Konservierungsmethoden, z. B. Erhitzen oder Hochdruckbehandlung eingesetzt.

**Gasplasmaverfahren:** Bei diesem Verfahren wird das Lebensmittel einem Gasplasma ausgesetzt, d. h. geladenen Luft- oder Stickstoffteilchen und freien Elektronen sowie weiteren Plasmakomponenten, die Oxidations-, Spaltungs- oder Polymerisationsreaktionen bewirken. Dies hat die Inaktivierung von Mikroorganismen auf Oberflächen (bei relativ niedriger Temperatur) zur Folge. Das Verfahren wird derzeit als Dekontaminations-Alternative für frisches Obst und Gemüse, Fleisch und Eier untersucht.

## Biologische Haltbarmachungsverfahren

Die biologische Haltbarmachung (siehe **Tab. 8.2-3**) mittels alkoholischer oder Milchsäuregärung hemmt durch Senkung des pH-Wertes sowie Verdrängung von Sauerstoff das Wachstum von Mikroorganismen.

**Tab. 8.2-3:** Biologische Haltbarmachungsverfahren (aid 1996)

| Verfahren | Art der Konservierung | Lebensmittel | Lagerdauer |
|---|---|---|---|
| Milchsäure-gärung | Milchsäurebakterien wandeln Kohlenhydrate in Milchsäure um und verbrauchen dabei den Sauerstoff im Lebensmittel. Das saure Milieu (pH-Wert-Absenkung) und der Sauerstoffmangel hemmen das Wachstum anderer Mikroorganismen. | Sauerkraut, saure Bohnen, Quark, Joghurt | einige Monate bis einige Wochen |
| alkoholische Gärung | Hefegärung: Hemmung des Wachstums anderer Mikroorganismen durch Bildung von Alkohol und pH-Wert-Absenkung | Bier, Wein, Met, Apfelmost | einige Monate bis mehrere Jahre |

## Modifizierte Atmosphäre

Viele Frischeprodukte im Lebensmitteleinzelhandel werden als **MAP**-Produkte (= Modified Atmosphere Packaging, Verpackung in modifizierter Atmosphäre) angeboten, insbesondere vorgebackene Brötchen und Brotwaren zum Aufbacken, pasteurisierte Lebensmittel wie Pasta- oder Fertiggerichte, Frischfleisch, Wurstaufschnitt oder Käse in Scheiben, Würstchen, Frischkäse sowie geschnittene Obstprodukte.

Je nach Lebensmittel erfolgt die Verpackung in einer Hochbarriereverpackung oder in einer gezielt durchlässigen Verpackung mit definiert eingestellter Gaszusammensetzung. Durch die veränderte Gaszusammensetzung werden mikrobielles Wachstum, enzymatischer Verderb sowie chemische Verderbsprozesse reduziert. Bei der Mehrzahl der Lebensmittel werden als Schutzgase reaktionsträge Gase wie $N_2$ oder $CO_2$ eingesetzt, um den Sauerstoff zu verdrängen, der eine Hauptursache des Verderbs von Lebensmitteln in geschlossenen Verpackungen darstellt. Durch den Ausschluss von Sauerstoff können unerwünschte Oxidationsreaktionen verhindert werden, $CO_2$ wirkt zudem ab ca. 15 Prozent Anteil bakterienhemmend. Bei Frischfleisch wird der Sauerstoffanteil in der Verpackung gezielt erhöht, um die appetitliche Fleischfarbe zu erhalten.

### Vakuumieren und Lagerung unter Luftausschluss

Beim Vakuumieren wird in der Lebensmittelverpackung die darin enthaltene Luft mittels einer Pumpe weitgehend entfernt. Die Lebensmittellagerung erfolgt in dem erzeugten sogenannten Grobvakuum. Der Druck innerhalb der Verpackung beträgt etwa ein Zehntel des Atmosphärendrucks. Das Verpackungsmaterial darf nur eine geringe Luftdurchlässigkeit aufweisen. Für die Vakuumlagerung im privaten Haushalt sind versiegelte Folienbeutel und Glas- oder Kunststoffbehälter mit Belüftungsventil für das Öffnen gebräuchlich. Vakuumverpackungssysteme finden vor allem zur Kühl- und Gefrierlagerung von Fisch, Fleisch oder Gemüse Anwendung. Nicht geeignet für das Vakuumieren sind weiche, flüssige oder breiige Lebensmittel.

## 8.3 Lagern von Lebensmitteln im privaten Haushalt

(ASTRID KLINGSHIRN)

### Sinnvolle Gestaltung der Lagerung und Vorratshaltung im Haushalt

Die Lagerfläche und die Lagerbedingungen müssen die kurz-, mittel- und langfristige Versorgung des Haushaltes sicherstellen. Der Lebensmittelvorrat ist individuell so zu planen, dass er der Haushaltsgröße und -struktur sowie den gegebenen Lagerbedingungen entspricht. Zudem sind Ernährungsgewohnheiten, Vorlieben, Unverträglichkeiten und Einkaufsmöglichkeiten zu berücksichtigen.

Eine planvolle und strukturierte Vorratshaltung bietet neben der Sicherung der Grundversorgung eine Vielzahl weiterer Vorteile wie die Entkopplung von Einkauf und Verzehr sowie ein hohes Maß an Flexibilität bei Speisenauswahl und Zubereitung. Unverzichtbar sind eine Bestandsdokumentation mit regelmäßiger Aktualisierung, die Einlagerung nach dem „**first-in-first-out**"-Prinzip sowie eine regelmäßige Kontrolle des Mindesthaltbarkeitsdatums. Auch selbst eingemachte oder tiefgefrorene Lebensmittel sind mit Datum und Mengenangabe zu versehen, um den Überblick langfristig sicherzustellen.

### Kurz-, mittel- und langfristige Vorratshaltung

Da Lebensmittel nur begrenzt haltbar sind, muss der Grundvorrat je nach Haltbarkeit der einzelnen Lebensmittel regelmäßig ausgetauscht und ergänzt werden. Außerdem sind die Art und die Ausgangsqualität des Lebensmittels, die Convenience-Stufe bzw. der Verarbeitungsgrad (Frischprodukte, gekühlte oder tiefgekühlte Lebensmittel, Trockenprodukte, Konserven) sowie die Transport- und Lagerbedingungen ausschlaggebend für die maximale Lagerfähigkeit eines Lebensmittels im Haushalt.

Eine gute Orientierung liefert dabei das Mindesthaltbarkeitsdatum (MHD, siehe **Kap. 8.4**). Prinzipiell werden bei der Vorratshaltung je nach Lagerdauer drei Kategorien unterschieden (siehe auch **Kap. 8.1**):

**Kurzfristige Lagerung** betrifft frische, leicht verderbliche Lebensmittel, bei denen ein Vorrat für maximal eine Woche angelegt werden sollte. Wichtigster Ort für die Lagerung dieser Lebensmittel ist der Kühlschrank. Dort wird der Lebensmittelverderb durch die niedrigen Temperaturen verzögert, wenn auch nicht verhindert.

Bei der Lagerung ist zu beachten:

- Nach dem Einkauf die Lebensmittel sofort einräumen.
- Im Kühlschrank sollten die Lebensmittel am jeweils optimal geeigneten Ort (Obst z. B. im Obst- oder Gemüsefach, Getränke in der Schranktür) gelagert werden.
- Nicht alle frischen Produkte sind für die Kühlschranklagerung geeignet. Südfrüchte, Kartoffeln, Paprika und Zucchini z. B. sollten trocken und nicht zu kühl, frostsicher und unter Beachtung der Ethylen (=Ethen) Freisetzung bzw. Empfindlichkeit aufbewahrt werden.
- Immer das FIFO-Prinzip – first in first out – beachten. Dies gilt grundsätzlich für jede Lebensmittellagerung.

Für die **mittelfristige Lagerung** sind Lebensmittel geeignet, die unter optimalen Bedingungen zwischen einem halben und einem dreiviertel Jahr lagerfähig sind, z. B. tiefgekühlte Produkte, Öle, Kartoffeln. Bei Tiefkühlgut ist während des Transports auf die Einhaltung der Kühlkette, beim Lagern auf das richtige Verpackungsmaterial – luftdicht, reißfest und lebensmittelecht – ebenso wie auf die Einhaltung des MHD zu achten. Im Haushalt wird bei –18 °C (und kälter) im Drei-Sterne-Fach (im Kühlschrank oder in der Gefriertruhe) gelagert.

Eine **langfristige Lagerung** ist bei Lebensmitteln zulässig, die unter optimalen Bedingungen (15 °C bis 20 °C, relative Luftfeuchtigkeit 50 Prozent bis 70 Prozent) ein Jahr und länger in Schränken oder Regalen lagerfähig sind, z. B. bei Konserven und Trockenprodukten.

## Kühllagerung

Die Kühllagerung ermöglicht die kurzfristige Aufbewahrung von hochverderblichen und verderblichen Lebensmitteln bei Temperaturen zwischen 0 °C und 14 °C. Die Temperaturerniedrigung reduziert oder stoppt die chemischen und enzymatischen Verderbsvorgänge sowie das mikrobielle Wachstum. Eine Temperaturabsenkung um 10 °C verlängert die Lagerdauer von Lebensmitteln um den Faktor 2 bis 3, und qualitätsbestimmende Eigenschaften wie Konsistenz, Farbe und Geschmack bleiben besser erhalten. Für die meisten Lebensmittel liegt die optimale Lagertemperatur nahe dem Gefrierpunkt. Höchstlagertemperaturen für kühlbedürftige Lebensmittel sind in **Tab. 4.3-1** angegeben.

Ausnahmen stellen kälteempfindliches Obst und Gemüse dar (vor allem Nachtschattengewächse), die bei zu kühler Lagerung Kälteschäden davontragen können, außerdem Brot- und Backwaren, deren sensorische Qualität bei zu kühler Lagerung durch die Beschleunigung von Retrogradationsprozessen (verkleisterte Stärke wird unlöslich; Ursache für Altbackenwerden) beeinträchtigt wird. Bei Fleisch- und Fischprodukten bieten Temperaturen im sogenannten „Super-Chilling"-Bereich um –2 °C einen zusätzlichen Lagervorteil durch weitere Verzögerung des Verderbs.

## Gefrierlagerung

Durch Einfrieren und Lagern bei Temperaturen weit unter dem Gefrierpunkt können verderbliche Lebensmittel langfristig nahezu ohne merkliche Qualitätseinbußen gelagert werden. Der Vorgang lässt sich in drei Phasen gliedern.

- In der **Vorgefrierphase** wird das Lebensmittel von der Einbringtemperatur bis zum Gefrierpunkt abgekühlt.
- In der **Gefrierphase** gefriert der Hauptteil des im Lebensmittel enthaltenen Wassers zu Eis. Dieses Stadium muss rasch durchschritten werden, um zu vermeiden, dass Zellwände im Gewebe durch Diffusionsvorgänge zerstört werden und beim späteren Auftauen der Tropfsaftverlust erhöht wird.
- In der dritten Phase wird die Produkttemperatur auf die vorgesehene Endtemperatur gesenkt.

Wegen der tiefen Temperaturen und der durch die Eisbildung erniedrigten Wasseraktivität wird eine Vermehrung von Mikroorganismen und damit der mikrobielle Verderb verhindert. Biochemische Reaktionen wie **Fettoxidation** und **enzymatische Abbauprozesse** sind zwar nicht völlig unterbunden, aber stark verlangsamt. Daher bleiben sowohl die sensorischen Eigenschaften (Aussehen, Aroma,

Geschmack usw.) als auch ernährungsphysiologisch wertvolle Inhaltsstoffe weitgehend erhalten.

Bei der langfristigen Lagerung von Tiefkühlkost ist eine Temperatur von −18 °C oder darunter einzuhalten. Durch tiefere Temperaturen kann die **Lagerdauer** (auf Kosten des Energieverbrauchs) noch erhöht werden, da die Abbauprozesse weiter verzögert werden. Trotz der niedrigen Lagertemperaturen ist Tiefkühlgut nur bedingt haltbar (siehe **Tab. 8.4-6**).

Obwohl Fettspaltungsprozesse bis –30 °C noch eindeutig nachweisbar sind, wird eine Lagertemperatur von –18 °C als ausreichend angesehen. Für die langfristige Lagerung werden jedoch –20 °C bis –24 °C empfohlen. Temperaturschwankungen und ein Unterbrechen der Gefrierlagerung sind zu vermeiden, um sensorische Qualitätseinbußen und Austrocknungseffekte in den Randzonen des Lagergutes sowie Konsistenzveränderungen zu verhindern.

Die Lagerqualität wird durch die **Ausgangsqualität** der Produkte, die grundsätzliche Gefriereignung der Lebensmittel, die Vorbereitungsprozesse und die Verpackung bestimmt.

## Gefriereignung von Lebensmitteln

Wenn die wichtigsten qualitätsbestimmenden Eigenschaften und die Zusammensetzung beim Gefrieren erhalten bleiben oder sich nur wenig ändern, ist das Lebensmittel gefriergeeignet. Im Allgemeinen sind Lebensmittel, die gekocht, gebraten oder gebacken werden, tauglicher für die Gefrierlagerung als solche, die roh verzehrt werden. Alle Lebensmittel müssen für das Einfrieren eine hohe Ausgangsqualität aufweisen und produktspezifische Vorbereitungsprozesse durchlaufen, um langfristig lagerfähig zu sein. **Tab. 8.3-1** gibt einen Überblick zur Gefriereignung von Lebensmitteln.

**Tab. 8.3-1:** Gefriereignung von Lebensmitteln (aid 2012)

| Lebensmittelgruppe | gefriergeeignete Produkte | nicht gefriergeeignete Produkte |
|---|---|---|
| Gemüse | Hülsenfrüchte, Kohl, Spinat, Karotten | Gemüsesorten, die üblicherweise roh verzehrt werden: Blattsalat, Radieschen |
| Milchprodukte | Quark, Butter, Käse, Sahne, Sauerrahm | Buttermilch, Dickmilch, Joghurt |
| Eier | Eigelb, Eiklar | Eier in der Schale, gekochte oder blanchierte Eier |
| Obst | Beeren, Obstpüree, Kern- und Steinobst | Weintrauben, ganze Äpfel oder Birnen |
| Fleisch, Geflügel, Fisch | alle Arten | |
| Backwaren | Brot, Brötchen, Trockenkuchen, Torten, Kleingebäck, roher Teig | Gebäck mit frischem Obst |

Gemüse sind sehr gut gefriergeeignet, die meisten Arten müssen aber vor dem Einfrieren blanchiert werden (s. u.), um die Enzymaktivität vor der langfristigen Lagerung zu stoppen. Küchenkräuter wie Dill, Petersilie oder Schnittlauch können roh eingefroren werden. Nicht geeignet zur Gefrierlagerung sind Blattsalate, Rettich und Radieschen. Bei Obst weisen vor allem Beerenfrüchte eine hohe Gefriereignung auf. Äpfel, Birnen und Pfirsiche sollten vor dem Tiefkühlen kurz blanchiert werden. Zur Verbesserung der Lagerfähigkeit empfiehlt sich bei Stein- und Kernobst ein Einfrieren in Zucker- oder Ascorbinsäurelösung.

Milch- und Milchprodukte sind – mit Ausnahme von Milch, Dickmilch, Crème fraîche und einigen Käsesorten – zum Einfrieren ebenso geeignet wie rohe Eimasse oder Dotter und Eiklar getrennt. Ferner sind Brot- und Backwaren sowie rohes Fleisch und roher Fisch bei Gefrierlagerung lange haltbar. Wurstwaren sind dagegen nur bedingt gefriergeeignet.

## Blanchieren

Die meisten Gemüsearten sind vor dem Gefrieren zu blanchieren, um **lebensmitteleigene Enzyme** zu inaktivieren, die bei der späteren Tiefkühllagerung Vitamine abbauen und andere unerwünschte Veränderungen im Tiefkühlgut fördern würden. Darüber hinaus erhält das Blanchieren die frische Farbe der Produkte und tötet eventuell vorhandene Mikroorganismen ab. Blanchieren bedeutet kurzzeitiges Erhitzen auf Temperaturen zwischen 80 °C und 100 °C. Bei der industriellen Herstellung von Tiefkühlgemüse werden die Rohwaren nur 1 bis 2 Minuten mit Heißdampf behandelt. Im Haushalt ist es empfehlenswert, Gemüse für 1 bis 2 Minuten zu dämpfen oder in siedendes Wasser zu tauchen und anschließend schnell abzukühlen, zum Beispiel in einem Eiswasserbad.

**Tab. 8.3-2:** Verluste an Inhaltsstoffen beim Blanchieren von Gemüse (Bognár et al. 2002)

| Inhaltsstoff | Verluste in % | | Anzahl Gemüsearten |
|---|---|---|---|
| | Mittelwert | Schwankungsbreite | |
| Trockensubstanz | 15 | 9 bis 27 | 4 [1)] |
| Gesamtzucker | 35 [2)] | 30 bis 40 | 1 [2)] |
| Mineralstoffe | 20 [2)] | 15 bis 27 | 4 [1)] |
| Kalium | 36 | 11 bis 50 | 4 [1)] |
| Magnesium | 17 | 1 bis 35 | 4 [1)] |
| Eisen | 25 | 5 bis 90 | 4 [1)] |
| Zink | 30 | 20 bis 50 | 4 [1)] |
| Vitamin C | 20 [2)] | 10 bis 30 | 7 [3)] |
| Vitamin $B_1$ | 25 | 0 bis 35 | 4 [1)] |
| Vitamin $B_2$ | 10 | 0 bis 22 | 4 [1)] |
| Vitamin $B_6$ | 23 | 20 bis 40 | 4 [1)] |

[1)] Blumenkohl, Grüne Bohnen, Spinat, Möhren
[2)] Möhren
[3)] Blumenkohl, Brokkoli, Grüne Bohnen, Grüne Erbsen, Rosenkohl, Spinat, Spargel

## Auftauen

Der Auftauprozess bezeichnet die Erwärmung des Lebensmittels bis zu dem Punkt, bei dem es auch im Kernbereich nicht mehr gefroren ist. Dieser Prozess dauert stets länger als das Einfrieren, und zwar deshalb, weil Wasser eine höhere Wärmekapazität und eine niedrigere Wärmeleitfähigkeit hat als Eis. Energetisch bestimmend ist in jedem Fall der **Phasenübergang** „flüssig – fest“ bzw. umgekehrt, weil die Umwandlungswärme wesentlich größer ist als diejenige Wärmemenge, die beim Abkühlen bzw. Erwärmen umgesetzt wird. Der Gefrierprozess erfolgt beim Abkühlen bekanntlich von außen nach innen, d. h. die **Erstarrungswärme** aus dem

Lebensmittelkern kann durch eine relativ gut wärmeleitende, bereits gefrorene Hülle abgeführt werden. Beim Auftauen dagegen muss die gleiche Wärmeenergie (als **Schmelzwärme**) durch die schlechter leitende, schon getaute Hülle zugeführt werden. Das Auftauen schreitet daher bis zum Erreichen des Schmelzpunkts relativ rasch voran, verläuft dann aber zögerlich weiter, sobald die Oberfläche des Lebensmittels zu tauen beginnt.

Die Auftaubedingungen haben wesentlichen Einfluss auf die Produktqualität. Die Lebensmittelqualität nach dem Auftauen ist vor allem durch Tropfsaft- und Vitaminverluste sowie sensorische Verluste infolge der Oxidation von Fettkomponenten und der Veränderung von Proteinen bestimmt.

Die Wahl der Auftaumethode und die Art ihrer Anwendung sind aber auch entscheidend für die mikrobiologische Sicherheit. Für das Abtöten von Mikroorganismen hat das Auftauen eine höhere Relevanz als das Einfrieren.

**Tab. 8.3-3:** Empfehlungen zum Auftauverfahren (Hurst et al. 1990)

| Lebensmittel | empfohlene Auftauverfahren | Anmerkungen |
|---|---|---|
| Obst | Kühlschrank<br>optional: Mikrowelle | Die Auftaumethode beeinflusst bei Obst nur die Tropfsaftverluste, die bei Temperaturen von 2 bis 4 °C am geringsten sind. Vitamingehalt und Aroma werden durch die Methode des Auftauens nicht beeinträchtigt. |
| Gemüse | sofortiges Kochen (guter Vitaminerhalt)<br>optional: Mikrowelle | Der Nährstoffgehalt von Gemüse bleibt am besten erhalten, wenn die Produkte sofort weiterverarbeitet werden. Tropfsaftverluste bei langwierigem Auftauen fördern Vitaminverluste. |
| Fleisch | Kühlschrank, Temperatur unter 5 °C; optional: sofortiges Verarbeiten bei Kleinportionen, Mikrowelle, Kaltwasser | Auftauen im Kühlschrank ist einem schnellen Auftauen vorzuziehen, da dann die Tropfsaftverluste höher sind. Temperaturen unter 5 °C verhindern die rasche Vermehrung pathogener Keime. |
| Fisch | Kühlschrank, Temperatur unter 5 °C; optional: sofortiges Verarbeiten, Mikrowelle, Kaltwasser | Auftauen im Kühlschrank wie bei Fleisch. Das Auftauen in der Mikrowelle kann zu lokalen Überhitzungen und damit sensorischen Beeinträchtigungen führen. |

*(Fortsetzung S. 276)*

**Tab. 8.3-3:** *(Fortsetzung v. S. 275)* Empfehlungen zum Auftauverfahren

| Lebensmittel | empfohlene Auftauverfahren | Anmerkungen |
|---|---|---|
| Milch-produkte | Kühlschrank, Temperatur unter 5 °C | Durchgängige Kühllagerung ist sicherzustellen, um mikrobiellen Verderb zu verhindern |
| Eier | Kühlschrank, Temperatur unter 5 °C | Sofortige Verarbeitung nach dem Auftauen, um mikrobiellen Verderb zu verhindern |
| Brot | Raumtemperatur, Backofen | Zur Vermeidung von Austrocknen geeignete Verpackung erforderlich |
| Fertig-gerichte | Mikrowelle<br>optional: Backofen, Topf | Sofortige Weiterverarbeitung |

Mikroorganismen überleben im Allgemeinen besser bei schnellem Auftauen, als wenn langsam bei Kühlschranktemperatur aufgetaut wird, doch zeigen sich im Detail Unterschiede. Das mikrobielle Risiko ist aber schwer quantifizierbar, da die nachfolgenden Prozesse eine wesentliche Rolle spielen. In Verbindung mit mangelnder Hygiene, Tropfsaftverlusten, unzureichendem Erhitzen oder Kreuzkontamination kann es zu einer erheblichen Gesundheitsgefährdung kommen. Vor allem bei hochverderblichen Waren wie Fleisch und Fisch kann falsches Auftauen die unerwünschte Keimvermehrung sehr begünstigen.

Für das Auftauen von Tiefkühlprodukten im Haushalt gibt es keine Standardempfehlung, sondern abhängig von Produktart, Portionsgröße, Verpackung, verfügbarer Zeit und beabsichtigter Verwendung ist jeweils eine andere Methode am besten geeignet, um eine optimale Produktqualität zu erzielen. **Tabelle 8.3-3** gibt einen Überblick. Das Auftauen kann im Kühlgerät bei etwa 5 °C, im Wasserbad, im Mikrowellengerät, im Backofen oder einfach bei Raumtemperatur erfolgen.

Die Auftauzeit variiert je nach Art des Lebensmittels, Auftautechnik und -temperatur sowie Packungsgröße. In **Tabelle 8.3-4** sind durchschnittliche Auftauzeiten angegeben.

**Tab. 8.3-4:** Auftauzeiten für Lebensmittel (dgh 1992)

| Lebensmittel | Gewicht in kg | Auftauzeit in Stunden[1] | | |
|---|---|---|---|---|
| | | Backofen (ca. 50 °C) | Küche (ca. 20 °C) | Kühlschrank (ca. 5 °C) |
| Bratenstücke | 0,8–1,0 | 3–5 | 6–10 | 20–30 |
| Hähnchen | 0,6–0,8 | 1,5–2 | 5–7 | 12–16 |
| Huhn, Ente | 1,5 | 2–3 | 12–15 | 22–25 |
| Gans, Pute | 4,0–6,0 | 3,5–4 | 16–20 | 35–38 |
| Größere Fische | 0,8–1,0 | ca. 2 | ca. 5 | ca. 16 |
| Krabben | – | – | 2–3 | 6–9 |
| Gurkenscheiben | – | – | 3–4 | 6–8 |
| Beerenobst: | | | | |
| • gezuckert | 0,4–0,5 | – | 4–6 | 10–12 |
| • mit Zuckerlösung | 0,4–0,5 | – | 5–7 | 12–15 |
| Steinobst: | | | | |
| • gezuckert | 0,4–0,5 | – | 5–7 | 10–12 |
| • mit Zuckerlösung | 0,4–0,5 | – | 8–10 | 13–15 |
| Ganze Kuchen[2] | – | 0,3–1 | 3–6 | – |

[1] Die Auftauzeit im Mikrowellengerät ist vom Gerät abhängig (vgl. Herstelleranleitungen).

[2] Speziell bei Rührkuchen und Hefe-Kastenkuchen ist zu empfehlen, nach einstündigem Vortauen bei 20 °C die in hitzebeständige Folie verpackten Backwaren 10 Minuten lang bei 200 °C im Backofen zu erwärmen.

## Lagerung in Vorratskeller und Speisekammer

Längerfristig haltbare Produkte, für die eine stärkere Temperatursenkung nicht zwingend notwendig ist, können in Vorratskammern oder in Kellern gelagert werden. Auch dabei sind einige Grundforderungen an die Lagerbedingungen einzuhalten, um einen vorzeitigen Verderb zu vermeiden. Der Lagerort sollte möglichst kühl, dunkel und trocken sein. Bei **Kellerlagerung** sollte das ganze Jahr hindurch eine Temperatur von 8 °C bis 12 °C vorliegen. Die Lagertemperatur in der **Vorratskammer** sollte 8 °C bis 20 °C betragen. Zu feuchtes Klima oder zu hohe Temperaturen beschleunigen den mikrobiellen Verderb und können außerdem das Verpackungsmaterial angreifen. Die Einwirkung von Licht ist in jedem Fall ungünstig, weil es beim überwiegenden Teil der Lebensmittel den Verderb fördert. Außerdem wird der Abbau von Lebensmittelbestandteilen begünstigt, mit der Folge von

Verfärbungen, Vitaminabbau, Fettoxidation sowie Konsistenz- und Geschmacksveränderungen.

Um die Kontrolle über den Warenbestand zu behalten, sollte die Einlagerung auch hier dem „first-in-first-out"-Prinzip folgen. Neue Waren sind stets hinter den bereits eingelagerten Produkten einzuordnen. Auf diese Weise (und durch sorgfältige Dokumentation) lässt sich dem Überschreiten von Verfallsdaten vorbeugen.

## Empfehlungen für einen Lebensmittel-Notvorrat

Zur Überbrückung von Engpässen wird jedem Haushalt empfohlen, einen stromunabhängigen Notvorrat an langfristig lagerfähigen Lebensmitteln anzulegen. Die Lebensmittel sollen kühl, trocken und lichtgeschützt aufbewahrt werden. Besonders wichtig ist es, Mineralwasser, Säfte oder andere lagerfähige Getränke im Haushalt zu haben. Damit nichts verdirbt, empfiehlt es sich nur Waren zu bevorraten, die den Essgewohnheiten der Haushaltsmitglieder entsprechen. Die Lebensmittel sollen ohne elektrische Kühlung haltbar sein. Auch Kerzen, Batterien, ein Campingkocher und ein netzunabhängiges Radio gehören zur Ausstattung. Der individuelle **Notvorrat für 14 Tage** kann individuell mit Hilfe des „Vorratskalkulators" im Internet ermittelt werden: www.ernaehrungsvorsorge.de/de/private-vorsorge/empfehlungen-tipps/soviel-nahrung-brauchen-sie-taeglich/kalkulator.

Richtwerte für einen 14-tägigen Grundvorrat für eine Person mit einem Gesamtenergiebedarf von 2200 Kilokalorien (ca. 9000 kJ) pro Tag enthält das nachfolgende Notvorratsbeispiel (**Tab. 8.3-5**).

**Tab. 8.3-5:** Beispiel für einen Vorrat an Grundnahrungsmitteln für eine Person und 14 Tage[1)] bei durchschnittlicher täglicher Energiezufuhr von 2 200 Kilokalorien (nach Bundesministerium für Ernährung und Landwirtschaft 2015 – Auszug)

| Lebensmittelgruppe | Menge | Beispiele | |
|---|---|---|---|
| Getreideprodukte, Brot, Kartoffeln | 4,9 kg | Vollkornbrot | 1000 g |
| | | Zwieback | 400 g |
| | | Knäckebrot | 1000 g |
| | | Nudeln | 500 g |
| | | Reis | 250 g |
| | | Hafer-/Getreideflocken | 750 g |
| | | Kartoffeln, roh und geschält | 1000 g |
| Gemüse, Hülsenfrüchte | 5,6 kg | Bohnen in Dosen | 800 g A. |
| | | Erbsen/Möhren in Dosen | 900 g A. |
| | | Rotkohl in Dosen/Gläsern | 700 g A. |
| | | Sauerkraut in Dosen | 700 g A. |
| | | Spargel in Gläsern | 400 g A. |
| | | Mais in Dosen | 400 g A. |
| | | Pilze in Dosen | 400 g A. |
| | | Saure Gurken im Glas | 400 g A. |
| | | Rote Beete | 400 g A. |
| | | Zwiebeln, frisch | 500 g |
| Obst | 3,6 kg | Kirschen im Glas | 700 g A. |
| | | Birnen in Dosen | 250 g A. |
| | | Aprikosen in Dosen | 250 g A. |
| | | Mandarinen in Dosen | 350 g A. |
| | | Ananas in Dosen | 350 g A. |
| | | Rosinen | 200 g |
| | | Haselnusskerne | 200 g |
| | | Trockenpflaumen | 250 g |
| | | Frischobst, roh (Apfel, Birne, Banane, Orange) | 1000 g |
| Getränke | 28 l | Mineralwasser[2)] | 28 l |
| | | Zitronensaft | 0,2 l |
| | | Kaffee (Pulver)[1)] | 250 g |
| | | Tee schwarz, trocken | 125 g |
| Milch, Milchprodukte | 3,7 kg | H-Milch 3,5 % Fett | 3 l |
| | | Hartkäse | 700 g |

*(Fortsetzung S. 280)*

**Tab. 8.3-5:** *(Fortsetzung v. S. 279)*
Beispiel für einen 14 Tage reichenden Notvorrat

| Lebensmittelgruppe | Menge | Beispiele | |
|---|---|---|---|
| Fisch, Fleisch, Eier | 2,1 kg | Thunfisch in Dosen | 150 g A. |
| | | Ölsardinen in Dosen | 100 g A. |
| | | Hering in Soße | 100 g |
| | | Corned Beef in Dosen | 250 g |
| | | Bockwürstchen in Glas/Dose | 300 g A. |
| | | Kalbsleberwurst in Glas/Dose | 300 g |
| | | Dauerwurst (z. B. Salami) | 360 g |
| | | 10 Eier, Gewichtsklasse M (à 60 g Einkaufsgewicht) | 600 g |
| Fette, Öle | 0,5 kg | Streichfett (z. B. Butter, Margarine) | 250 g |
| | | Öl (z. B. Maiskeim, Sonnenblumen) | 0,3 l |

A. = Abtropfgewicht

1) Es handelt sich um allgemeine Empfehlungen, die gegebenenfalls an die individuellen Ernährungsbedürfnisse angepasst werden müssen.

2) Bei dem vorgeschlagenen Mineralwasservorrat sind neben dem durchschnittlichen Getränkebedarf eines Erwachsenen in Höhe von 1,5 Litern pro Person und Tag auch die zum Kochen der angegebenen Mengen an Nudeln, Kartoffeln und Reis erforderlichen Wassermengen in Höhe von 0,5 Litern pro Person und Tag berücksichtigt. Für Personen im Alter von 65 Jahren und älter wird eine erhöhte Getränkezufuhr in Höhe von 2 Litern pro Person und Tag empfohlen, Kinder (nicht Säuglinge) im Alter von bis zu 12 Jahren haben einen durchschnittlichen Getränkebedarf in Höhe von 1 Liter pro Person und Tag.

Angaben in Anlehnung an: Deutsche Gesellschaft für Ernährung; Österreichische Gesellschaft für Ernährung; Schweizerische Gesellschaft für Ernährungsforschung (Hrsg.): Referenzwerte für die Nährstoffzufuhr, Umschau Braus, Frankfurt/M. (2000)

## 8.4 Lagerempfehlungen und Aufbewahrungsdauer

(ASTRID KLINGSHIRN)

Die Vorratshaltung im Haushalt kann je nach den vorliegenden Gegebenheiten und Raumverhältnissen in Kühl- und Gefriergeräten oder in Vorratskeller, Speisekammer oder Küche erfolgen. Je nach Zusammensetzung und Vorbehandlung der Lebensmittel bestehen spezifische Anforderungen an die Lagerbedingungen, und die maximale Aufbewahrungsdauer ist unterschiedlich. Bei verpackten Produkten muss das Mindesthaltbarkeitsdatum oder das Verbrauchsdatum genannt sein.

- Das **Mindesthaltbarkeitsdatum (MHD)** gibt an, bis zu welchem Zeitpunkt ein Lebensmittel unter Einhaltung der aufgedruckten Lagerungsbedingungen mindestens seine Qualitätseigenschaften wie Nährwert, Farbe, Konsistenz, Geruch und Geschmack behält. Die Angaben beziehen sich stets auf ungeöffnete Packungen. Auch nach dem MHD können die Lebensmittel noch verzehrt werden, jedoch sind sensorische Qualitätseinbußen möglich.
- Bei sehr leicht verderblichen Lebensmitteln wie Hackfleisch, Geflügelfleisch oder Vorzugsmilch ist anstelle des Mindesthaltbarkeitsdatums das **Verbrauchsdatum** („zu verbrauchen bis …") angegeben. Nach Überschreitung des Verbrauchsdatums sollte das Lebensmittel nicht mehr verzehrt werden, da eine unmittelbare Gesundheitsgefährdung nicht auszuschließen ist.

## Kühllagerung

Um bei der Kühllagerung von Frischprodukten die Qualitätseinbuße möglichst gering zu halten, sind einige Grundregeln zu beachten:

- Einwandfreie Ausgangsqualität der Waren
- Sachgemäße Verpackung, um Austrocknung, Geschmacksveränderungen, Geruchsübertragung und Kreuzkontamination zu vermeiden; rohe und gekochte Speisen stets getrennt voneinander einlagern
- Unterlassen häufigen Umpackens, um das Kontaminationsrisiko zu reduzieren
- Größere Mengen warmer Speisen vor Einlagerung auf Raumtemperatur abkühlen, um Erwärmung des Lagergutes im Kühlgerät zu verhindern
- Rohe Speisen und Auftaugut nie in Fächern über zubereiteten Speisen einlagern, um eine Kontamination über Tropfsaftverluste auszuschließen
- Sinnvolle Lagerhaltung nach dem Rotationsprinzip durch gezielte Platzierung von frisch gekauften hinter bereits gelagerten Waren unterstützen
- Überfüllung des Kühlgeräts vermeiden, um Luftzirkulation zwischen dem Lagergut und dadurch auch rascheres Abkühlen zu ermöglichen

Bei den genannten Anhaltswerten für die maximale Lagerdauer in den **Tab. 8.4-1** und **Tab. 8.4-2** handelt es sich um Richtwerte, die unter optimalen Kühllagerbedingungen gelten. Vorausgesetzt sind eine hohe Ausgangsqualität und ein produktgerechter Umgang mit dem Lagergut. Bei der Lagerdauer ist zu beachten, dass bei Bezug der Ware aus dem Lebensmitteleinzelhandel bereits ein Teil der zulässigen Lagerdauer durch die Transport- und Zwischenlagerzeiten „verbraucht" wurde. Deshalb kann im Haushalt oft nicht mehr mit der maximalen Lagerdauer gerechnet werden. Für die meisten kälteunempfindlichen Obst- und Gemüsearten sowie für alle angeschnittenen oder zerkleinerten Produkte ist eine Lagertemperatur von nahe 0 °C ideal. Kälteempfindliche Obstarten wie Südfrüchte sollten bei Temperaturen von 8 °C bis 10 °C gelagert werden, um Aromaverluste und Texturschäden zu vermeiden, kälteempfindliche Gemüsearten bei 8 °C. Obst und Gemüse müssen bei hoher Luftfeuchte gelagert werden, um Austrocknung zu verhindern. Für Obst gilt ein Wert der relativen Feuchte von 90 ±5 Prozent als ideal, für Gemüse von 95 ±5 Prozent.

**Tab. 8.4-1:** Maximale Lagerdauer (in Tagen) von Obst unter optimalen Lagerbedingungen (auf Basis von: Hurst 1990, Liebster 1988, Minch 1999, Osterloh 1996)

| Kälteunempfindliches Obst, Lagerung nahe 0 °C, feuchte Lagerung (85–95 % rel. Feuchte) | | Kälteempfindliches Obst, feuchte Lagerung (85–95 % rel. Feuchte) | | |
|---|---|---|---|---|
| Obstart | maximale Lagerdauer[1)] | Obstart | optimale Lagertemperatur in °C | maximale Lagerdauer[1)] |
| Äpfel | 180 | Ananas | 8–10 | 28 |
| Aprikosen | 20 | Avocado | 8–10 | 28 |
| Birnen | 90 | Banane | 13 | 10 |
| Datteln | 50 | Cantaloup-Melone | 5–7 | 21 |
| Erdbeeren | 7 | Grapefruit | 10–15 | 40 |
| Feigen | 14 | Guaven | 8–10 | 20 |
| Heidelbeeren | 14 | Mandarine | 4–5 | 40 |
| Johannisbeere (rot) | 7 | Mango | 8–10 | 40 |
| Johannisbeere (schwarz) | 12 | Kumquat | 8–10 | 30 |
| Kirschen, sauer | 14 | Orange | 5–10 | 60 |
| Kirschen, süß | 28 | Papaya | 8–10 | 20 |
| Kiwi | 80 | Passionsfrucht | 8–10 | 30 |
| Nektarinen | 28 | Wassermelone | 12–15 | 30 |
| Pfirsiche | 40 | Zitrone | 13 | 150 |
| Pflaumen | 21 | | | |
| Preiselbeeren | 80 | | | |
| Quitten | 80 | | | |
| Weintrauben | 40 | | | |

1) Anhaltswerte

**Tab. 8.4-2:** Maximale Lagerdauer (in Tagen) von Gemüsen unter optimalen Lagerbedingungen (auf Basis von: Hurst 1990, Liebster 1988, Minch 1999, Osterloh 1996)

| Kälteunempfindliches Gemüse, Lagerung nahe 0 °C, feuchte Lagerung (90–95 % rel. Feuchte) | |
|---|---|
| Gemüseart | maximale Lagerdauer[1] |
| Artischocke | 40 |
| Blumenkohl | 28 |
| Brokkoli | 14 |
| Chicorée | 28 |
| Chinakohl | 60 |
| Dill | 7 |
| Eisbergsalat | 28 |
| Erbsen | 21 |
| Feldsalat | 21 |
| Fenchel | 21 |
| Karotten | 120 |
| Knoblauch (65–70 % r. F.) | 180 |
| Kohl | 140 |
| Kohlrabi (ohne Grün) | 80 |
| Lauch | 60 |
| Petersilie | 28 |
| Pilze | 7 |
| Radieschen | 14 |
| Rettich | 10 |
| Rhabarber | 28 |
| Rosenkohl | 35 |
| Salat | 21 |
| Sellerie | 28 |
| Spargel | 28 |
| Spinat | 7 |
| Zwiebeln (65–70 % r. F.) | 150 |

| Kälteempfindliches Gemüse, feuchte Lagerung (90–95 % rel. Feuchte) | | |
|---|---|---|
| Gemüseart | optimale Lagertemperatur in °C | maximale Lagerdauer[1] |
| Aubergine | 8–12 | 14 |
| Grüne Bohnen | 7–8 | 14 |
| Gurke | 7–10 | 14 |
| Kartoffeln | 4–7 | 150 |
| Kürbis | 7–10 | 80 |
| Paprika | 7–10 | 21 |
| Süßkartoffeln | 13–15 | 140 |
| Tomate | 8–10 | 14 |
| Zucchini | 8–10 | 14 |

[1] Anhaltswerte

Fisch, Fleisch, Milchprodukte und Lebensmittelreste sind verpackt zu lagern, um auch hier Austrocknungserscheinungen, Geschmacksübertragung und Kreuzkontamination zu vermeiden. Für Fleisch und Fleischprodukte ist eine Lagertemperatur von –0,5 °C bis 1 °C bei einer relativen Feuchte von 50 Prozent optimal, bei Fisch und Fischprodukten eine Temperatur von –1 °C bis 0 °C bei gleicher Feuchte. Bei MAP- und vakuumverpackter Ware (siehe **Kap. 8.2**) spielt die Feuchte im Lagerraum natürlich keine Rolle. Anhaltswerte für die maximale Lagerdauer sind **Tab. 8.4-3** zu entnehmen.

**Tab. 8.4-3:** Maximale Lagerdauer (in Tagen) von Fleisch, Fisch und Fleisch- und Fischprodukten unter optimalen Bedingungen (auf Basis von: Mason 2001, Minch 1999, aid 1999)

| Art des Lebensmittels | maximale Lagerdauer[1)] |
|---|---|
| Fleisch und Fleischprodukte, –0,5 bis 0 °C (verpackte Lagerung, ca. 50 % rel. Feuchte) | |
| Wurstaufschnitt | 7 |
| Lammfleisch, Schweinefleisch, Geflügel | 5 |
| Lammfleisch, Schweinefleisch, Geflügel (MAP-verpackt) | 12 |
| Lammfleisch, Schweinefleisch, Geflügel (vakuumverpackt) | 14 |
| Rindfleisch | 7 |
| Rindfleisch (MAP-verpackt) | 12 |
| Rindfleisch (vakuumverpackt) | 14 |
| Wild | 7 |
| Hackfleisch | 1 |
| Innereien | 7 |
| gekochtes Fleisch | 5 |
| Fisch und Fischprodukte, –1 bis 0 °C (verpackte Lagerung, ca. 50 % rel. Feuchte) | |
| Dosenfisch (geöffnet) | 2 |
| gekochter Fisch/Meeresfrüchte | 3 |
| Fisch | 2 |
| Meeresfrüchte | 3 |
| geräucherter Fisch | 14 |

1) Anhaltswerte
MAP: modifizierte Atmosphäre

Für Milch und Milchprodukte ist generell eine Lagertemperatur von 0 °C empfehlenswert. Anhaltswerte für die maximale Lagerdauer sind in **Tab. 8.4-4** angegeben.

**Tab. 8.4-4:** Maximale Lagerdauer (in Tagen) für Milchprodukte, Eier und Eiprodukte unter optimalen Bedingungen (auf Basis von: Mason 2001, Minch 1999, aid 1999)

| Art des Lebensmittels | maximale Lagerdauer[1]) |
|---|---|
| Milch und Milchprodukte, nahe 0 °C (verpackte Lagerung, 50–80 % rel. Feuchte) | |
| Milch | 7 |
| Butter | 90 |
| Buttermilch | 12 |
| Joghurt | 30 |
| Quark | 25 |
| Sahne | 7 |
| Käse, nahe 0 °C (zur Nachreifung 8–12 °C, verpackte Lagerung, 50–80 % rel. Feuchte) | |
| Frischkäse | 20 |
| Weichkäse | 30 |
| Hartkäse (am Stück/Aufschnitt) | 120/30 |
| Schmelzkäse | 120 |
| Ei und Eiprodukte, nahe 0 °C (verpackte/unverpackte Lagerung, 50–80 % rel. Feuchte) | |
| eihaltige Füllungen (verpackt) | 3 |
| Eigelb, Eiweiß (verpackt) | 3 |
| Eier, gekocht | 14 |
| Eier, roh | 70 |

[1]) Anhaltswerte

In **Tab. 8.4-5** ist eine Auswahl von maximalen Lagerdauern bei konventioneller Kühllagerung (5 °C) der Lagerdauer in sogenannten Kaltlagerfächern (Temperatur um 0 °C; Abteilungen mit niedriger und sehr hoher Luftfeuchte) gegenübergestellt. Diese „Nullgradzonen", die einige Haushaltskühlgeräte bieten, ermöglichen eine längere Lagerung, wenn die Lebensmittel in den Kaltlagerfächern eingeordnet werden.

**Tab. 8.4-5:** Lagerdauer von Lebensmitteln bei ~4–7 °C im herkömmlichen Kühlschrank und im Kaltlagerfach nahe 0 °C (Hurst 1990, aid 1999)

| Lebensmittel, lose Ware | Lagerdauer[1] | |
|---|---|---|
| | im herkömmlichen Kühlschrank bei ~4–7 °C | im Kaltlagerfach nahe 0 °C |
| **Fleisch und Fleischprodukte** | | |
| Hackfleisch | < 1 Tag | 1–2 Tage |
| Hühnerfleisch | 1–2 Tage | 3–5 Tage |
| Innereien | 1–2 Tage | 3–5 Tage |
| Rindfleisch | 1–4 Tage | 5–7 Tage |
| Schweinefleisch | 1–3 Tage | 5 Tage |
| Wurstwaren (Aufschnitt) | 3–5 Tage | 5–7 Tage |
| **Fisch** | | |
| Dosenfisch (geöffnet) | 1–2 Tage | 3 Tage |
| frischer Fisch, Meeresfrüchte | 1 Tag | 2–3 Tage |
| geräucherter Fisch | 3 Tage | 5–7 Tage |
| **Eier** | | |
| Eier (frisch, in der Schale) | 3–5 Wochen | 10 Wochen |
| Eier (hartgekocht, in der Schale) | 8 Tage | 10–14 Tage |
| **Milch und Milchprodukte** | | |
| Butter | bis zu 5 Wochen | 10 Wochen |
| Milch | 2–4 Tage | 5–7 Tage |
| Sahne | 2–3 Tage | 5–7 Tage |
| Käse | | |
| • Weichkäse | 3–5 Tage | 7–10 Tage |
| • Frischkäse | 3–5 Tage | 7–10 Tage |
| • Hartkäse | bis 4 Wochen | 17 Wochen |

*(Fortsetzung S. 287)*

**Tab. 8.4-5:** *(Fortsetzung v. S. 286)* Lagerdauer von Lebensmitteln bei ~4–7 °C im herkömmlichen Kühlschrank und im Kaltlagerfach nahe 0 °C

| Lebensmittel, lose Ware | Lagerdauer[1] | |
|---|---|---|
| | im herkömmlichen Kühlschrank bei ~4–7 °C | im Kaltlagerfach nahe 0 °C |
| Lebensmittelreste | | |
| gekochte Nudeln | 1–2 Tage | 3 Tage |
| gekochter Fisch | 1–2 Tage | 3–4 Tage |
| gekochter Reis | 1–2 Tage | 3 Tage |
| gekochtes Fleisch | 2–3 Tage | 3–5 Tage |
| Gemüse | | |
| Brokkoli | 5–7 Tage | 14 Tage |
| Karotten | 10–20 Tage | 80–120 Tage |
| Kohl | 14–20 Tage | 90 Tage |
| Kräuter | 7–10 Tage | 28 Tage |
| Pilze | 1–3 Tage | 5–7 Tage |
| Salat | 2–5 Tage | 7–20 Tage |
| Spinat | 3–5 Tage | 10–14 Tage |
| Obst | | |
| Äpfel | 21–35 Tage | 100–180 Tage |
| Birnen | 14–21 Tage | 50–90 Tage |
| Erdbeeren | 1–3 Tage | 5 Tage |
| Kirschen | 5–10 Tage | 21 Tage |
| Nektarinen | 5–10 Tage | 5–7 Tage |
| Pfirsiche | 5–10 Tage | 14–40 Tage |
| Trauben | 14–21 Tage | 40 Tage |

[1] Anhaltswerte

**Tab. 8.4-6** gibt einen Überblick über die maximale Lagerfähigkeit von tiefgefrorenen Lebensmitteln bei –18 °C. Bei Haushaltskältegeräten kann – je nach Modell – auch eine Lagertemperatur von –6 °C (Fachkennzeichnung ein Stern, Lagerdauer bis zu einer Woche) oder –12 °C (Kennzeichnung zwei Sterne, Lagerdauer bis zu drei Wochen) für die kurzzeitige Lagerung bereits gefrorener Lebensmittel zur Verfügung stehen.

**Tab. 8.4-6:** Maximale Lagerdauer von Gefriergut bei –18 °C (aid 2012, IIR 2000, Hui et al. 2004)

| Lebensmittel | Lagerzeit (Monate) |
|---|---|
| **Obst** | |
| Ananas, Birnen | 12 |
| Aprikosen, Kirschen, Pfirsiche | 18 |
| Erdbeeren, Fruchsaftkonzentrat | 24 |
| Heidelbeeren, Johannisbeeren | 12 |
| Himbeeren | 24 |
| Kompott, Pflaumen, Stachelbeeren | 12 |
| **Gemüse** | |
| Blumenkohl, Spargel | 12 |
| Bohnen, Brokkoli, Rosenkohl | 15 |
| Erbsen | 24 |
| Karotten, Spinat | 18 |
| Paprika | 6 |
| Zwiebeln | 10 |
| **Fisch** | |
| Fettfisch | 5 |
| Magerfisch | 9 |
| Muscheln | 6 |
| Shrimps | 5 |
| **Fleisch** | |
| Gans | 12 |
| Geflügel, Lamm, Rind | 18 |
| Hackfleisch, Schweinefleisch | 10 |
| Kalbfleisch, Leber, Wild | 12 |
| Truthahn | 15 |

*(Fortsetzung S. 289)*

**Tab. 8.4-6:** *(Fortsetzung v. S. 288)* Maximale Lagerdauer von Gefriergut bei –18 °C

| Lebensmittel | Lagerzeit (Monate) |
|---|---|
| **Milch und Milchprodukte** | |
| Butter | 9 |
| Eiscreme | 24 |
| Hartkäse | 2–4 |
| Margarine, Quark, Sahne | 12 |
| Weichkäse | 3 |
| **Fertiggerichte / Lebensmittelreste** | |
| Eintopfgerichte | 4–6 |
| Fischgerichte | 2–3 |
| Fleischgerichte | 4–6 |
| Gemüsebeilagen | 3 |
| Suppen | 4–6 |
| Teigwaren, Reis | 6 |
| **Backwaren** | |
| Biskuitboden | 6 |
| Biskuitteig, Hefeteig, Rührteig | 1 |
| Blätterteig, Torten | 2 |
| Brot, Brötchen, Hefegebäck | 6 |
| Obstkuchen, Rührkuchen | 6 |
| Pasteten | 4 |
| Stollen | 3 |
| **Eier** | |
| Eigelb, Eimasse, Eiweiß | 12 |

## Lagerung in Vorratskeller oder Speisekammer

In der **Tab. 8.4-7** sind Anhaltswerte für die Höchstlagerdauer von lagerstabilen Lebensmitteln beim Aufbewahren in Vorratskeller und Speisekammer bei etwa 20 °C angegeben.

**Tab. 8.4-7:** Lagerdauer von lagerstabilen Lebensmitteln bei 20 °C (Mason 2001, Minch 1999, aid 2013)

| Lebensmittel | maximale Lagerdauer | Lagerhinweise |
|---|---|---|
| Backpulver | 2 Jahre | trocken und luftdicht verschlossen |
| Dosen (Gemüse, Obst, Fleisch, Fisch) | 2 Jahre | nach Öffnen: Kühllagerung, rasch verbrauchen |
| Essig | 2 Jahre | trocken und luftdicht verschlossen |
| Gelatine | 18 Monate | trocken und luftdicht verschlossen |
| Gemüsebrühe (Pulver) | 2 Jahre | trocken und luftdicht verschlossen |
| Gewürze (gemahlen) | 6 Jahre | trocken und luftdicht verschlossen |
| Gewürze (ungemahlen) | 1–2 Jahre | trocken und luftdicht verschlossen |
| H-Milch | 6 Monate | nach Öffnen: Kühllagerung, rasch verbrauchen |
| Honig | 2 Jahre | trocken und luftdicht verschlossen |
| Kaffee (Extraktpulver) | 3 Jahre | trocken und luftdicht verschlossen |
| Kaffee (gemahlen) | 1 Jahr | nach Öffnen: Kühllagerung (besserer Aromaerhalt) |
| Kakao | 6 Monate | trocken und luftdicht verschlossen |
| Kartoffeltrockenprodukte | 12 Monate | trocken und luftdicht verschlossen |
| Kekse | 6 Monate | trocken und luftdicht verschlossen |
| Knäckebrot | 12 Monate | trocken und luftdicht verschlossen |
| Kondensmilch | 12 Monate | nach Öffnen: Kühllagerung bis 7 Tage |
| Konfitüre | 12 Monate | trocken und luftdicht verschlossen |
| Kuchen (Fertigware) | 9 Monate | trocken und luftdicht verschlossen |
| Marmelade | 12 Monate | nach Öffnen: Kühllagerung, bald verbrauchen |
| Mayonnaise | 2–3 Monate | nach Öffnen: Kühllagerung, bald verbrauchen |
| Mehl | 10 Monate | trocken und luftdicht verschlossen |
| Kaffeeweißer | 9 Monate | trocken und luftdicht verschlossen |
| Nudeln | 2 Jahre | trocken und luftdicht verschlossen |

*(Fortsetzung S. 291)*

**Tab. 8.4-7:** *(Fortsetzung v. S. 290)* Lagerdauer von lagerstabilen Lebensmitteln bei 20 °C

| Lebensmittel | maximale Lagerdauer | Lagerhinweise |
|---|---|---|
| Nüsse (gemahlen) | 3 Monate | trocken und luftdicht verschlossen |
| Nüsse (in der Schale) | 4 Monate | trocken und luftdicht verschlossen |
| Nüsse (vakuumverpackt) | 1 Jahr | trocken und luftdicht verschlossen |
| Öl | bis 6 Monate | Kühllagerung verzögert Fettverderb |
| Puddingpulver | 12 Monate | trocken und luftdicht verschlossen |
| Reis | 2 Jahre | trocken und luftdicht verschlossen |
| Salzgebäck | 8 Monate | trocken und luftdicht verschlossen |
| Schokolade | 6 Monate | trocken und luftdicht verschlossen |
| Semmelbrösel | 6 Monate | trocken und luftdicht verschlossen |
| Senf | 2 Jahre | nach Öffnen: Kühllagerung, rasch verbrauchen |
| Speisestärke | 18 Monate | trocken und luftdicht verschlossen |
| Suppen (Trockensuppen) | 12 Monate | trocken und luftdicht verschlossen |
| Süßstoff | 2 Jahre | trocken und luftdicht verschlossen |
| Tee (Beutel) | 18 Monate | trocken und luftdicht verschlossen |
| Tee (Instanttee) | 3 Jahre | trocken und luftdicht verschlossen |
| Tee (lose) | 2 Jahre | trocken und luftdicht verschlossen |
| Trockenfrüchte | 6 Monate | trocken und luftdicht verschlossen |
| Trockengemüse | 1 Jahr | trocken und luftdicht verschlossen |
| Trockenhefe | 1–2 Jahre | trocken und luftdicht verschlossen |
| Zucker (braun) | 4 Monate | trocken und luftdicht verschlossen |
| Zucker (weiss) | 2 Jahre | trocken und luftdicht verschlossen |
| Zwieback | 12 Monate | trocken und luftdicht verschlossen |

## 8.5 Einfluss der Lagerung auf die Lebensmittelqualität

(ASTRID KLINGSHIRN)

### Qualität kühl gelagerter Lebensmittel

Bei der Kühllagerung bleibt im Vergleich zu anderen Verfahren der Vorratshaltung die ernährungsphysiologische und sensorische Qualität von Lebensmitteln sehr gut bewahrt. Die Verzögerung von chemischem, enzymatischem und mikrobiologischem Verderb durch die Temperaturabsenkung verlängert die Haltbarkeit bei minimalem Einfluss auf die Produktqualität. Voraussetzungen sind eine optimale Lagertemperatur und die Vermeidung von Austrocknung während der Lagerung. Je niedriger die Temperatur gewählt wird, desto geringer ist in der Regel die Qualitätseinbuße.

### Lebensmittelqualität bei kühl gelagertem Obst und Gemüse

Bei Obst- und Gemüse ist der Stoffwechsel auch nach der Ernte noch aktiv. Frischmasseverluste treten bei der Kühllagerung insbesondere durch Transpirationsverluste auf. Die relative Luftfeuchte sollte möglichst über 95 Prozent gehalten werden, um Austrocknung und den damit verbundenen Verlust an Vitaminen und sensorischer Qualität (Welken, Verfärbung und Verhärtung) zu unterbinden. Zu vermeiden ist dabei die Bildung von Kondenswasser auf dem Produkt, denn dies zieht negative Effekte nach sich (Förderung des mikrobiellen Wachstums, Quellerscheinungen und Reduktion der Gasdiffusion an der Produktoberfläche). Zudem ist die Lagertemperatur konstant niedrig zu halten. Besonders empfindlich ist Blattgemüse, das über seine große Oberfläche rasch Frischmasse verliert. Hier führt bereits ein Frischmasseverlust von 3 Prozent zu irreversiblen Produktschädigungen.

Bei Obst und Gemüse sind bei den Makronährstoffen Proteinverluste und Veränderungen in der Kohlenhydratzusammensetzung zu berücksichtigen. Durch die **Produktatmung** werden während der Lagerung Kohlenhydrate verbraucht. Die Zusammensetzung der Kohlenhydrate ändert sich während der Lagerung auch durch Umformungsprozesse wie Stärkebildung kontinuierlich. Die Mineralstoffe unterliegen keinem Abbau, jedoch kann es zur Umlagerung von Mineralstoffen in den Pflanzenorganen kommen.

Vitaminverluste sind vor allem für Vitamin C und für die B-Gruppe gut dokumentiert. Voraussetzung für einen optimierten Vitaminerhalt in Frischware ist neben der Einhaltung der optimalen Lagertemperatur (geringe Schwankungen!) und der optimalen Luftfeuchte eine rasche Abkühlung. **Tab. 8.5-1** zeigt den Vitamin C-Verlust in Obst und Gemüse in Abhängigkeit von Temperatur und Feuchte.

**Tab. 8.5-1:** Einfluss von Lagertemperatur und relativer Luftfeuchte auf den Vitamin C-Gehalt von Gemüse (Bognár et al. 1989, Trierweiler et al. 2003)

| Lebensmittel | Temperatur im Kühlschrank in °C | mittlerer Vitamin C-Verlust pro Tag in % | |
|---|---|---|---|
| | | unverpackt[1)] | verpackt[3)] |
| Kopfsalat | 1<br>5<br>10 | 9,7<br>12,2/3,5[2)]<br>9,4 | 4,8/1,9[4)]<br>5,6<br>6,6 |
| Petersilie | 1<br>5<br>10 | 4,5<br>5,2<br>9,5 | 2,2<br>2,2<br>3,1 |
| Grüne Bohnen | 1<br>5<br>10 | 4,6<br>1,7<br>0,4 | 1,9<br>3<br>5,1 |
| Karotten | 1<br>5<br>10 | 0,6<br>2,5<br>1,6 | 0<br>0<br>0 |
| rote Johannisbeere | 1<br>5<br>10 | 0,9<br>0,6<br>0,6 | 0,6<br>0,7<br>1 |

1) rel. Luftfeuchte bei 1 °C: 40–60 %, bei 5 °C: 55–75 %, bei 10 °C: 60–85 %

2) Gemüsefach im konventionellen Kühlschrank: rel. Luftfeuchte 75–80 %

3) rel. Luftfeuchte in der Verpackung: 96–100 %

4) Lagerung in der Null-Grad-Zone eines Kühlschranks

Bei Obst und Gemüse spielt für den Erhalt der Produktqualität auch der Einfluss von Reifungsgasen eine Rolle, insbesondere von **Ethen** (= Ethylen). Ethen ist ein gasförmiges Phytohormon, das von einer Vielzahl pflanzlicher Erzeugnisse während der Reifung in die Lageratmosphäre abgegeben wird. In ethensensitiven Produkten induziert es Reifung und Alterung, und damit auch eine Beschleunigung des Nährstoffabbaus. Die gemeinsame Einlagerung von Ethen produzierenden und ethensensitiven Produkten ist zu vermeiden, außer wenn Reifungsprozesse gezielt begünstigt werden sollen. **Tab. 8.5-2** zeigt die Ethenproduktion von Obst und Gemüse.

**Tab. 8.5-2:** Ethenproduktionsrate verschiedener Gemüsearten (Schouten 1985, Alders 1987)

| Ethen-produktion | Produktionsrate in µl/(kg · h) | Beispiele |
|---|---|---|
| sehr hoch | > 100 | Apfel, Cherimoya, Passionsfrucht |
| hoch | > 10–100 | Aprikose, Avocado, Baumtomate, Birne, Nektarine, Papaya, Pfirsich |
| mittel | > 1–10 | Banane, Feige, Fidjoa, Honigmelone, Jackfrucht, Litschi, Mango, Mangostane, Pflaume, Tomate, Bohne, Mandarine, Olive, Lauch, Zitrone |
| niedrig | > 0,1–1 | Aubergine, Beeren, Bohne, Clementine, Eisbergsalat, Gurke, Kiwi, Kokosnuss, Kopfsalat, Kürbis, Olive, Paprika, Quitte, Rettich, Wassermelone, Zucchini |
| sehr niedrig | > 0,01–0,1 | Ananas, Blumenkohl, Brokkoli, Champignon, Chicorée, Chinakohl, Endivie, Erbse, Grapefruit, Grünkohl, Möhre, Kartoffel, Kirsche, Mandarine, Meerrettich, Orange, Radieschen, Rhabarber, Rosenkohl, Rote Beete, Rotkohl, Spargel, Spinat, Süßkartoffel, Traube, Weißkohl, Zitrone, Zwiebel |
| keine | ≤ 0,01 | Bitterorange, Japanischer Rettich, Knollenfenchel, Pfifferling, Preiselbeere, Schwarzwurzel |

## Qualität kühl gelagerter zubereiteter Speisen

Bei zubereiteten Lebensmitteln haben neben der Lagertemperatur und -dauer die vorgelagerten Rüstprozesse sowie die Garverfahren den größten Einfluss auf die Erhaltung der ernährungsphysiologischen Qualität. Durch die Kühllagerung treten keine signifikanten Veränderungen beim Protein-, Fett- und Mineralstoffgehalt auf, eine Abnahme allerdings (und ausschließlich) ist bei den schwefelhaltigen Aminosäuren Methionin und Cystein in Fleisch- und Fischwaren zu verzeichnen. Für den Vitaminerhalt ist die Abkühlgeschwindigkeit der Speisen entscheidend. Je länger die Abkühlzeit, desto größer ist der Vitaminverlust, vor allem an Vitamin C und an B-Vitaminen. Entscheidend für den Vitaminverlust während der Lagerung ist auch hier die Lagertemperatur.

## Qualitätsveränderungen bei der Gefrierlagerung

Bei der Gefrierlagerung von Lebensmitteln bleibt die ernährungsphysiologische und sensorische Qualität im Allgemeinen sehr gut erhalten. Das Verfahren ist anderen Methoden der langfristigen Bevorratung überlegen, wenn einige Grundregeln bei der Vorbereitung des Gefriergutes und bei der Einlagerung beachtet werden. Das Einfrieren selbst ändert den Wert des Lebensmittels nicht, jedoch haben Vorbereitungs- und Rüstprozesse wie die Zerkleinerung oder Reinigung und auch die Lagerung einen Einfluss auf die Inhaltsstoffe.

Proteine und Fette erfahren während der Gefrierlagerung chemische Veränderungen wie Löslichkeitsverluste, eine Minderung der Wasserbindungskapazität sowie Proteinverhärtungen und Modifikation von Fettsäuren. Dies alles führt jedoch nur zu einer sehr geringen Einbuße an ernährungsphysiologischer Qualität und spielt bei Lagertemperaturen ≤ –18 °C eine untergeordnete Rolle. Die Veränderung des Vitamingehaltes während der Gefrierlagerung ist stark produktabhängig.

Das Gefriergut ist nach entsprechender **Vorbereitung (Blanchieren, Portionieren)** in einem Material zu verpacken, das Austrocknen sowie Sauerstoffaustausch und damit Oxidation verhindert. Das Verpackungsmaterial muss bei Temperaturen von –40 °C bis +80 °C seine mechanischen Eigenschaften behalten und außerdem fett- und säurebeständig sowie geruchs- und geschmacksneutral sein.

Die **Verpackung** sollte möglichst dicht anliegen, um Lufteinschlüsse und damit die Gefrierbrandneigung (siehe S. 296) zu reduzieren. Für die Gefrierlagerung besonders geeignet sind Folien und Beutel aus Polyethen, ferner Aluminiumfolie sowie Gefrierdosen aus Polystyrol oder Polyethen. Ein weitgehend luftdichter Verschluss lässt sich mit Folienschweißgeräten, Gummiringen, Metall- und Kunststoffclips oder gefriergeeigneten Klebebändern erreichen. Harte Verpackungsmaterialien wie Quark- oder Eisbecher sind zwar gesundheitlich unbedenklich, sie werden bei tiefen Temperaturen aber meist brüchig. Nicht geeignet sind im Allgemeinen die Verkaufsverpackungen (aus Papier oder Folien) und auch Glas. Um die Übersicht zu behalten, sind auf der Verpackung Art und Menge des Lebensmittels sowie das Einlagerdatum zu verzeichnen. Neben konsequenter Ordnung im Gefriergerät (wo wird was gelagert?) erleichtert vor allem eine aktuelle Dokumentation außerhalb des Gerätes den Überblick.

Bei **Obst und Gemüse** werden hauptsächlich Vitamin C und die B-Vitamine abgebaut. Die Vitaminstabilität nimmt mit Senken der Lagertemperatur auf –20 °C bis –25 °C weiter zu. Bei –25 °C liegt der jährliche Vitamin C-Verlust um 10 Prozent, während er bei Lagerung unter „Zwei-Sterne-Bedingungen" (–12 °C und kälter) bis zu 90 Prozent beträgt. Eine kontinuierliche Tiefkühllagerung bei –18 °C ist also für den Erhalt der ernährungsphysiologischen Qualität unabdingbar. Die B-Vitamine weisen eine höhere Lagerstabilität als Vitamin C auf, ausgenommen Folsäure, die ein ähnliches Abbauverhalten zeigt.

In **Fleischwaren** sind vor allem die wasserlöslichen B-Vitamine, Vitamin C sowie Vitamin E zeit- und temperaturbestimmten chemischen Veränderungen während der Lagerung ausgesetzt. Der ernährungsphysiologische Wert von tierischen Lebensmitteln wird während der Gefrierlagerung durch in der Fettfraktion ablaufende Oxidationsprozesse beeinflusst. Veränderungen in der Proteinfraktion wirken sich auf die physikalisch-chemischen und auf spezifische biologische Eigenschaften aus, haben jedoch keinen Einfluss auf die ernährungsphysiologische Qualität.

## Mögliche Qualitätsbeeinträchtigungen bei der Gefrierlagerung

Beim Auftauen gehen durch Tropfsaftverluste wasserlösliche Vitamine und freie Aminosäuren verloren. Dies kann aber durch ein geeignetes Vorgehen minimiert werden (siehe **Tab. 8.3-3**). Lagerzeitbegrenzend bei der Gefrierlagerung ist die sensorische Beeinträchtigung, vor allem durch Fettoxidation. Die Qualitätseinbuße wird auch durch Lagertemperaturen um –30 °C nicht völlig gestoppt.

Eine Qualitätsbeeinträchtigung bei der Gefrierlagerung wird häufig durch den sogenannten **Gefrierbrand** verursacht. Darunter ist eine besondere Form der Austrocknung zu verstehen, die als weißliche bis grau-braune Verfärbung sichtbar wird. Das im Gewebe mikrokristallin verteilte Wasser sublimiert und tritt in Dampfform aus. Besonders gefährdet sind Lebensmittel mit hohem Wasseranteil, vor allem Fleisch, Fisch sowie Obst und Gemüse. Ursächlich für Gefrierbrand sind ungeeignetes, fehlerhaftes, beschädigtes oder nicht eng genug anliegendes Verpackungsmaterial sowie Temperaturschwankungen (z. B. infolge von Türöffnen). Die Wasserabgabe ist irreversibel. Durch Gefrierbrand werden Konsistenz, Farbe und Geschmack (Beschleunigung von Oxidationsprozessen) beeinträchtigt, zudem wird der Vitaminabbau gefördert.

## 8.6 Kühl- und Gefriergeräte (ASTRID KLINGSHIRN)

Die Kühl- und Gefriergeräte im privaten Haushalt arbeiten überwiegend nach dem Kompressionsprinzip. Durch den Temperaturunterschied zwischen dem eingelagerten Gut und dem – kälteren – Verdampfer geht Wärme auf das flüssige Kältemittel über und verdampft es. Das dampfförmige Kältemittel wird vom Kompressor (Verdichter) angesaugt und verdichtet (siehe **Abb. 8.6-1**). Dabei erwärmt es sich und gelangt in den Verflüssiger an der Rückseite oder der Seitenwand des Geräts. Dort wird nicht nur die Kompressionswärme, sondern vor allem die bei der anschließenden Verflüssigung frei werdende Kondensationswärme an die Umgebungsluft abgegeben. Das flüssige Kältemittel wird zum Druckabbau durch ein Kapillarrohr wieder in den Verdampfer geleitet, womit sich der Kältemittelkreislauf schließt. In Europa wird seit einigen Jahren als Kältemittel bei Haushaltsgeräten ausschließlich Isobutan eingesetzt (Kurzbezeichnung R 600 a).

Bauform und Nutzinhalt sind nach Haushaltsgröße, Einkaufs- und Kochgewohnheiten sowie baulichen Gegebenheiten zu wählen. Für die Kühllagerung ist in Ein- und Zweipersonenhaushalten ein Lagervolumen von 120 bis 140 Liter ausreichend. Jede weitere Person erfordert ein zusätzliches Lagervolumen von etwa 60 Litern. Für die Gefrierlagerung in Haushalten mit ausgeprägter Vorratshaltung ist mit 100

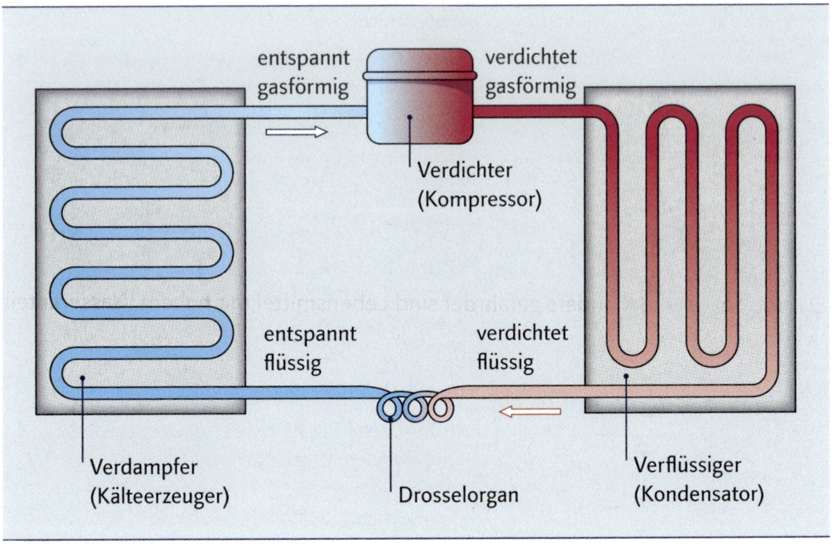


**Abb. 8.6-1:** Kältemittelkreislauf beim Kompressionssystem (HEA 2008 b)

bis 130 Liter Nutzinhalt pro Person zu rechnen, für Haushalte mit geringer Vorratshaltung reichen 50 bis 80 Liter pro Person. **Tab. 8.6-1** zeigt die verfügbaren Kühl- und Gefriergerätetypen und ihre Temperaturbereiche, in **Tab. 8.6-2** sind Aufstellhinweise für die unterschiedlichen Bauformen enthalten. Zudem sind herstellerspezifische Angaben zu berücksichtigen.

**Tab. 8.6-1:** Temperaturbereiche von Kühl- und Gefriergeräten (auf der Basis von DIN EN 62552:2013-10)

| Gerätetyp und Fach (Lagerbereich) | Temperaturbereich in °C | Verwendung |
|---|---|---|
| Kühlschrank | 0 bis 14 | Lagerung kühlbedürftiger Lebensmittel |
| Kühlfach | 0 bis 8 | Fach für die Lagerung frischer Lebensmittel |
| Kaltlagerfach | –2 bis +3 | Fach, das speziell für die Lagerung von leicht verderblichen Lebensmitteln vorgesehen ist (frischer Fisch, Fleisch- und Wurstwaren) |
| Kellerfach | 8 bis 14 | Fach für die Lagerung von Lebensmitteln oder Getränken, die auch bei leicht erhöhter Kühltemperatur haltbar sind |
| Gefrierschrank, Gefriertruhe | –26 bis –6 | Lagerung von Tiefkühlkost und Einfrieren frischer Lebensmittel |
| Ein-Stern-Tiefkühlfach | nicht wärmer als –6 | Tiefkühlfach für die Lagerung von Gefriergut und die kurzzeitige Lagerung von TK-Ware (1 bis 2 Tage) |
| Zwei-Sterne-Tiefkühlfach | nicht wärmer als –12 | Tiefkühlfach für die kurzzeitige Lagerung von TK-Ware (ca. 1 Woche) |
| Drei-Sterne-Tiefkühlfach | nicht wärmer als –18 | Tiefkühlfach für die Langzeitlagerung von Gefriergut |
| Gefrierfach (Vier-Sterne-Fach) | nicht wärmer als –18 | Fach, das zum Einfrieren von Lebensmitteln geeignet ist, aber auch für die Lagerung unter Drei-Sterne-Bedingungen |
| Eisbereitungsfach | | Lagerfach für das Gefrieren und Lagern von Eis |
| Kühl-Gefrier-Kombinationen | –18 bis 14 | • Kühl-Gefriergeräte (zwei Temperaturzonen: Kühlbereich, Gefrierbereich)<br>• Mehrzonengeräte (i. A. mindestens Kühl-, Gefrier- und Kellerfach, häufig auch 0 °C-Zone) |

**Tab. 8.6-2:** Bauformen und Aufstellhinweise für Kühl- und Gefriergeräte (nach HEA 2015)

| Gerätebauform | Standardmaße | Aufstellhinweise |
|---|---|---|
| Tischgerät | Höhe: 85 cm<br>Breite: 40–60 cm<br>Tiefe: 60 cm | Lüftungsgitter im Sockelbereich und an der Hinterkante der Tischplatte freihalten (Wärmeabfuhr vom Verflüssiger) |
| Unterbaugerät | Höhe: 78,5–87 cm<br>Breite: 50–90 cm<br>Tiefe: ≤ 57,5 cm | Mindestabstand 3 cm von daneben stehendem Kühl- oder Gefriergerät (Gefahr von Schwitzwasserbildung) |
| Einbaugerät | Höhe: nicht festgelegt<br>Breite: 60 cm<br>Tiefe: ≤ 57,5 cm | Ein- und Auslassquerschnitt für die Luftzirkulation mindestens 200 $cm^2$ |
| Standgerät | Höhe: 85–204 cm<br>Breite: 40–121 cm<br>Tiefe: 60 cm | Abluftführung im Gehäuse integriert, Gerät kann dicht an die Wand gestellt werden |
| Gefriertruhe | Höhe: 83–91,5 cm<br>Breite: 54,5–165 cm<br>Tiefe: 65–81,5 cm | Für die Belüftung erforderlicher Wandabstand wird meist schon durch die außen angebrachten Scharnierblöcke erzwungen |

Unter einem Standgerät ist ein freistehender Kühl- oder Gefrierschrank, eine freistehende Kühl-Gefrier-Kombination oder eine Gefriertruhe zu verstehen. Tischgeräte sind ebenfalls als Kühl- oder Gefriergeräte oder aber als Kühlgeräte mit Gefrierfach erhältlich. Es handelt sich dabei um Standgeräte mit einer Tischplatte, die auch als Arbeitsplatte nutzbar ist. Sogenannte Unterbaugeräte können (ohne Umbauschrank) unter eine Arbeitsplatte eingeschoben werden. Generell sind Tischgeräte durch Abnehmen der Deckplatte in Unterbaugeräte umzuwandeln. Bei Einbaugeräten ermöglichen die Maße das Einschieben in einen Umbauschrank. Die Geräte besitzen einen Dekorrahmen oder sind für den Einbau hinter einer sogenannten Schlepptür konstruiert, so dass sie dem Küchendesign angeglichen werden können.

## Aufbau und Nutzung von Kühlgeräten

Bei Kühl- und Gefriergeräten ist zu unterscheiden zwischen statischer Kühlung (Luftzirkulation aufgrund natürlicher Konvektion) und dynamischer Kühlung (gezielte Luftführung über Lüfter und Luftführungskanäle; vorwiegend bei sogenannten NoFrost-Geräten). Der sogenannte **Bruttoinhalt** eines Lagerbereichs ist von geringer praktischer Relevanz, denn dieser bezeichnet das Volumen ohne

Berücksichtigung der Ausstattungsteile. Dagegen ist die sogenannte **Nutzinhalt**-Angabe wichtig. Sie beschreibt das Volumen, das für die Lagerung von Lebensmitteln verfügbar ist.

In Kühlgeräten mit **statischer** Kühlung befindet sich der Verdampfer an der Rückwand oder im oberen Bereich des Kühlfachs. Wegen der größeren Dichte der kalten Luft sinkt diese im Lagerraum nach unten, so dass sich im Gerät eine Temperaturschichtung ausbildet (siehe **Abb. 8.6-2**). Bei statischer Kühlung ist es meistens wegen der Temperaturschichtung auf der untersten Glasablagefläche oberhalb des Gemüsefachs am kältesten. Hier sollten hochverderbliche Waren wie Fisch oder Fleisch gelagert werden. Im mittleren Lagerbereich sind Milchprodukte und zubereitete Speisen einzuordnen, oben geräucherte Fleisch- und Fischwaren sowie Hartkäse. Obst und Gemüse sind im separaten Gemüsefach zu lagern. Für wenig temperaturempfindliche Ware wie Butter oder Getränke sind die Türfächer geeignet.

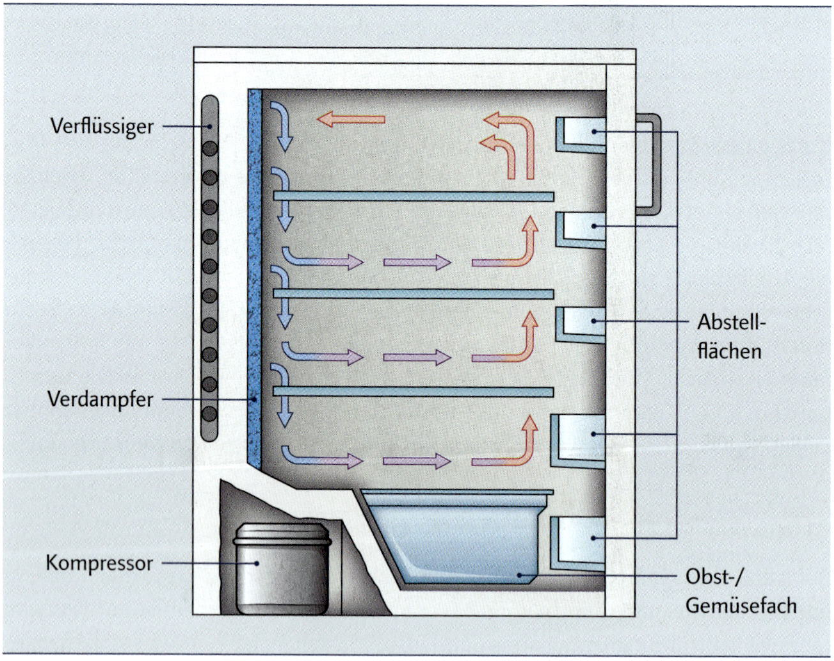


**Abb. 8.6-2:** Temperaturverteilung in Kühlgeräten mit statischer Kühlung (nach HEA 2015)

Bei **dynamischer** Kühlung wird die Kühlluft über einen außerhalb des Lagerraums liegenden Verdampfer und dann durch ein Kanalsystem gleichmäßig auf alle Lagerebenen geleitet. **Abb. 8.6-4** zeigt den Aufbau, wenn auch für ein Gefriergerät – für ein Kühlgerät ist dies in gleicher Weise gültig. Es ergibt sich eine homogene Temperaturverteilung (siehe **Abb. 8.6-3**). Dadurch sind nahezu alle Lagerplätze im Gerät gleichwertig. Für Fisch, Wurst und Fleisch sowie Obst und Gemüse können zusätzlich separate Kaltlagerfächer vorgesehen sein.

Auch in dynamisch gekühlten Geräten sollten gewisse Lagerprinzipien eingehalten werden. Um Kreuzkontaminationen zum Beispiel durch Tropfsaft zu vermei-

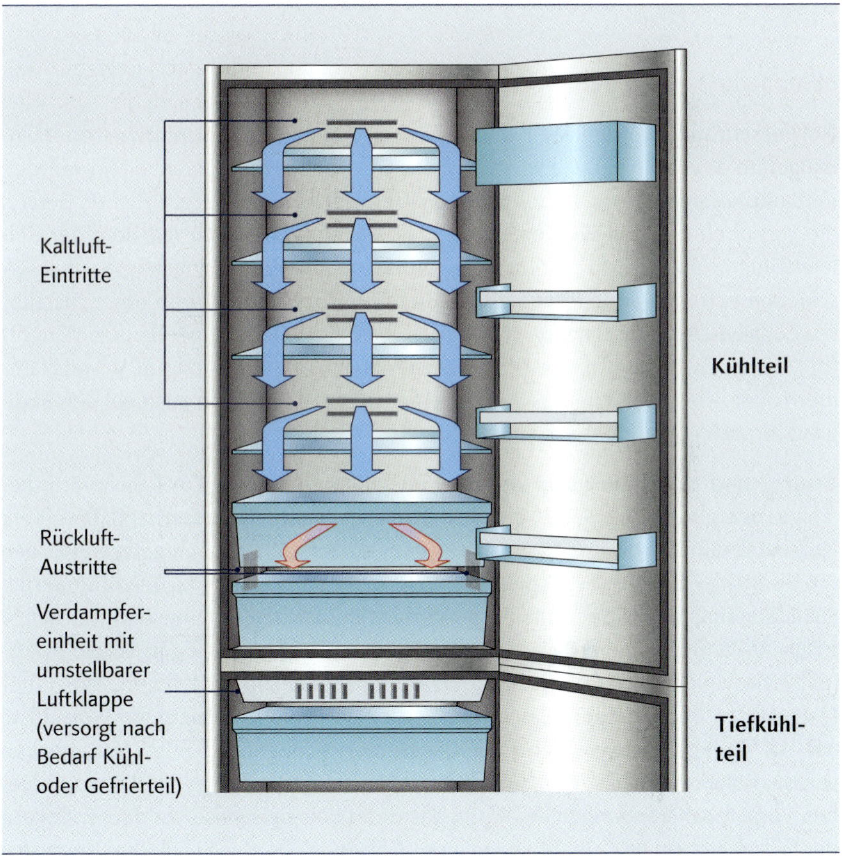


**Abb. 8.6-3:** Luftzirkulation im Kühlteil einer Kühl-Gefrier-Kombination bei dynamischer Kühlung (Lichtenberg 2015)

den, sollten rohe und gegarte Speisen getrennt voneinander aufbewahrt werden, verzehrfertige Speisen sollten über Rohwaren lagern. Damit der Lagerbestand auf einen Blick erfasst werden kann, empfiehlt es sich, gleichartige Lebensmittel in unmittelbarer Nähe zueinander zu platzieren (siehe **Kap. 4.3**).

In **Mehrzonenkältegeräten** werden die unterschiedlichen Temperaturbereiche innerhalb eines Geräts durch separate Verdampfer oder durch spezielle Luftführung erzielt. Das Kühlfach (2 °C bis 8 °C) ist meist getrennt vom **Kaltlagerfach** (–2 °C bis +3 °C), vom **Kellerfach** (8 °C bis 14 °C) und vom **Gefrierfach** (–18 °C bis –26 °C) regelbar. Neuentwicklungen bieten eine noch größere Variationsbreite hinsichtlich der Lagerbereiche und der Temperaturzonen.

## Besonderheiten von Gefriergeräten

**Gefrierschränke** werden wie Kühlschränke als Tisch-, Stand-, Unterbau- oder Einbaugeräte angeboten. Die Lagerung erfolgt in Lagerschalen oder direkt auf den Verdampferlamellen hinter Frontklappen. **Gefriertruhen** sind freistehende Geräte, die von oben beladen werden. Zumeist ist ein Vorgefrierfach mit erhöhter Kälteleistung räumlich vom restlichen Lagerbereich getrennt. Hängekörbe oder verschiebbare Trennwände erlauben eine bessere Übersicht. Wegen der schlechteren Zugänglichkeit des Lagergutes werden Truhen oft für weniger häufigen Zugriff (Beladung, Entnahme) eingesetzt, weshalb auch die Aufstellung in Vorratskammern oder im – meist kühlen – Keller gebräuchlich ist, was sich auch auf den Energieverbrauch günstig auswirkt.

**Brutto- und Nutzinhalt** sind wie bei Kühlgeräten definiert. Zusätzlich wird diejenige Lagergutmasse angegeben, die maximal eingelagert werden kann. Bei einem Nutzinhalt von 100 l können 50 bis 70 kg gemischtes Gefriergut eingelagert werden (50 bis 80 kg Fleisch oder 40 bis 60 kg Obst bzw. Gemüse). Um einen optimierten Qualitätserhalt des Gefrierguts zu gewährleisten, darf nur eine bestimmte Menge frischer Waren zugelagert werden. Als tägliches **Gefriervermögen** ist die (maximale) Masse von thermisch wasseräquivalentem Lebensmittel definiert, die – unter festgelegten Bedingungen – innerhalb von 24 h in einem Gefriergerät von +25 °C auf –18 °C eingefroren werden kann. Das Gefriervermögen hängt im Wesentlichen von der Kälteleistung des Kompressoraggregats und den vom Hersteller empfohlenen Vorgefrierbedingungen ab. Wenn das Gerät beispielsweise vor dem Einlagern der Gefrierlast einige Zeit auf Einstellung „Gefrieren“ (Super-Schaltung: Kompressor im Dauerbetrieb) laufen soll, sinkt die Temperatur der bereits eingelagerten Last und schafft damit eine bessere Voraussetzung für das Gefrieren. Gefriergeräte müssen nach DIN je 100 l Nutzinhalt mindestens 4,5 kg an (thermisch wasseräquivalenten) Lebensmitteln einfrieren können.

Ein Ausbleiben der Kühlung infolge von Stromausfall oder von Störungen im Kältekreislauf ist über eine gewisse Zeit ohne große Relevanz für die sensorische oder hygienische Qualität der eingelagerten Lebensmittel. Ein Maß für die tolerierbare Zeitspanne ist die von Seiten des Herstellers angegebene **Zeit für Temperaturanstieg bei Störung**, definiert als die Zeit, in der sich (bei unterbrochenem Betrieb) eingefrorenes Lagergut von –18 °C auf –9 °C erwärmt. Die Spezifikation bezieht sich auf eine Beschickung mit 80 kg Lagergut (thermisch wasseräquivalent) je 100 l Nutzinhalt – ein praxisferner Zustand. Bei normal gefülltem Gerät beträgt die praktische „Lagerzeit bei Störung" nur etwa ein Drittel der genannten Zeitspanne. Außer den konventionellen Geräten mit statischer Kühlung sind sogenannte **NoFrost-Geräte** erhältlich, bei denen die gewünschte Temperatur im Lagerraum durch das Einblasen von Kaltluft erreicht wird. Aufbau und Funktionsweise gehen aus **Abb. 8.6-4** hervor. Bei NoFrost-Geräten entfällt für den Benutzer das Abtauen (siehe S. 304 f.).

## Wartung und Pflege

### Abtauen

Im Laufe der Betriebszeit bildet sich durch kondensierende Luft- und Speisenfeuchte auf der Verdampferoberfläche eine Reif- und später Eisschicht. Sie stellt einen zusätzlichen Wärmewiderstand dar. Außerdem wird die Luftzirkulation behindert, so dass die Kälteleistung sinkt und die Lagertemperatur steigt. Deshalb sind die Lagerfächer nach Bedarf abzutauen – die Eisschicht sollte eine Stärke von knapp 1 cm nicht übersteigen.

Für **Kühlgeräte** gibt es die folgenden Abtauverfahren:

- Bei Geräten **ohne** jegliche **Abtauautomatik** wird das Abtauen durch einen Benutzereingriff eingeleitet. Das Gerät wird ausgeschaltet und nach Ende des Abtauprozesses wieder eingeschaltet, wobei das Tauwasser von Hand entfernt oder über ein Ablaufrohr fortgeleitet wird.
- Beim **teilautomatischen Abtauen** wird das Kälteaggregat vom Verbraucher zwar manuell außer Betrieb gesetzt, das Wiedereinschalten erfolgt aber selbsttätig, wenn der Eisansatz am Verdampfer restlos geschmolzen ist und die Temperatur steigt. Das Tauwasser fließt in einen Auffangbehälter.

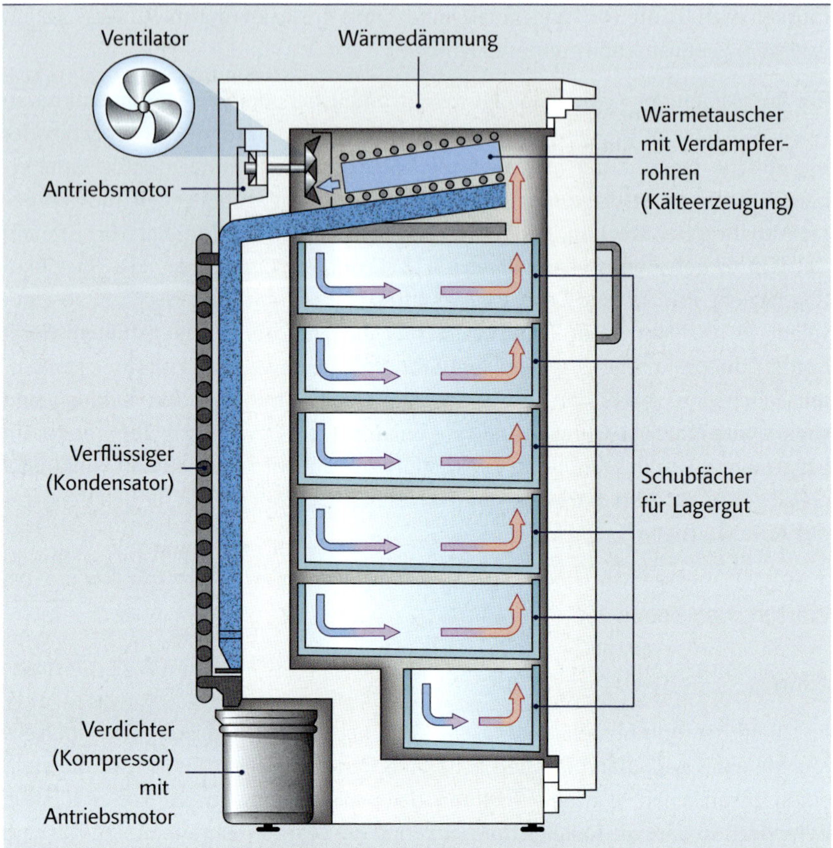


**Abb. 8.6-4:** NoFrost-Gefriergerät (nach HEA 2015)

- Bei einer **Abtauautomatik** taut der (großflächige!) Rückwand-Verdampfer in den Taktpausen der Regelung während der Standzeiten des Kompressoraggregats selbsttätig ab, weil er sich in diesen Zeiten ausreichend erwärmt. Im Gefrierfach wird während des Abtauens die Mindestlagertemperatur sicher eingehalten. Das Tauwasser gelangt über eine Ablaufrinne im Gerät und eine Durchführung in der Geräterückwand in eine Verdunstungsschale auf dem Kompressoraggregat.
- Bei **NoFrost-Geräten** schlägt sich die Feuchtigkeit nicht mehr im Lagerraum und auf dem Lebensmittel nieder, sondern sammelt sich außerhalb am Lamellenver-

dampfer – die Kühlung des Lagerguts erfolgt wie schon beschrieben durch Kaltluft, die vom Verdampfer aus in das Gerät geblasen wird. Der Verdampfer kann nach Unterbinden des Luftzutritts zum Lagerraum durch eine Beheizung abgetaut werden, ohne dass sich der Lagerraum erwärmt. Anfallendes Tauwasser wird wie bei der Abtauautomatik abgeleitet.

**Konventionelle Gefriergeräte** (also keine NoFrost-Geräte) sowie die Fächer mit Lagertemperaturen im Tiefkühl- oder Gefrierbereich bei Kombigeräten sind von Hand abzutauen. Weil dazu die eingelagerten Lebensmittel herausgenommen werden müssen, ist es – soweit möglich – sinnvoll, vor dem Abtauen durch Schalten auf Dauerbetrieb eine Kältereserve zu schaffen. Je nach Ausstattung kann das Abtauen u. a. durch einen Tauwasserablauf im Sockel oder eine Auffangschale für das Tauwasser erleichtert sein.

### Reinigung

Das Hygieneproblem wird bei Kühl- und Gefriergeräten meist unterschätzt. Zwar lässt die Temperatur des Lagerraums allenfalls psychrophile Keime zu (siehe **Kap. 4.4**), aber die hohe relative Luftfeuchtigkeit bewirkt doch eine nennenswerte Vermehrung. Deshalb sollten die Lagerfächer sowohl bei Kühl- als auch bei Gefriergeräten in regelmäßigen Zeitabständen gründlich gereinigt werden, am besten anlässlich des Abtauens. Zur Säuberung eignen sich lauwarmes Wasser und ein mildes Reinigungsmittel oder auch Essigwasser. Vor Einlagerung der Lebensmittel und Wiederinbetriebnahme ist der Lagerbereich gut abzutrocknen, um eine neuerliche rasche Reif- und Eisbildung zu vermeiden.

## 8.7 Speziallagergeräte (ASTRID KLINGSHIRN)

Für den Haushaltsbereich steht eine Reihe von Spezial-Lagergeräten zur Verfügung, die eine Komplettierung der Standardpalette darstellen, als mobile Ergänzung dienen und Nischen im marktgängigen Geräteprogramm füllen. Inwieweit die Anschaffung für einen Privathaushalt sinnvoll ist, hängt von den jeweiligen Vorlieben, den individuellen Komfortansprüchen und nicht zuletzt der finanziellen Situation ab.

**Tab. 8.7-1:** Speziallagergeräte – Überblick (HEA 2015, Pichert 2001)

| Gerät | Technische Eigenschaften und Lagerparameter |
|---|---|
| Weinlagerschrank sowie Weintemperierschrank | Weinlagerschränke decken eine Temperaturzone ab und dienen der langfristigen und fachgerechten Vorratshaltung von Wein. Weintemperierschränke erlauben die Lagerung in der jeweils gewünschten Trinktemperatur. Die Temperatur ist bei diesen Geräten in bis zu fünf Zonen zwischen ca. 5 bis 20 °C für die Lagerung von Weiß- und Rotweinen sowie Sekt einstellbar. Die Geräte sind auf die speziellen Anforderungen optimiert:<br>• elektronische Temperaturregelung für exakte Konstanz<br>• homogene Temperaturverteilung durch dynamische Kühlung (Umluftsystem)<br>• schwingungsfreie Aufhängung und besondere Laufruhe des Aggregats, um eine vibrationsarme Weinlagerung zu gewährleisten<br>• freie Wahl der Luftfeuchtigkeit zwischen 50 und 80 %<br>• Aktivkohlefilterung zur Erhaltung der Luftqualität<br>• Glastür (soweit vorhanden) mit UV-Filter ausgestattet, um eine Schädigung der gelagerten Weine zu vermeiden<br>Weinlagerschränke sind als Standgeräte, Einbaugeräte oder Side-by-Side-Kombinationen erhältlich. |
| Kühlbox | Kühlboxen sind portable Lagerboxen zur kurzfristigen Aufbewahrung von Lebensmitteln und Getränken mit einem Lagervolumen von 8 bis 30 Litern. Passiv gekühlte Kühlboxen ermöglichen eine Kurzzeitlagerung, meist unter Beipacken von tiefgefrorenen Kühlakkus, deren Inhalt bei Minustemperaturen flüssig wird und dabei eine große Wärmemenge bindet. Aktive Kühlboxen arbeiten meist mit Peltierkühlung. Peltierelemente (Halbleiterdioden) sind nicht nur billig, sondern auch sehr platzsparend, haben allerdings einen schlechten Wirkungsgrad, vor allem bei hoher Umgebungstemperatur. |
| Minikühlschrank (Kapazität 5 bis 20 l) | Minikühlschränke sind wie aktiv gekühlte Boxen aufgebaut. Die niedrigste einstellbare Lagertemperatur liegt (abhängig von der Außentemperatur) bei 3 °C bis 8 °C. Einige Modelle können auch auf Warmhalten (bis 65 °C) umgeschaltet werden. |
| Schnellkühlgerät/Schockgefriergerät | Schnellkühl- oder Schockgefriergeräte sind Standgeräte für den privaten Haushalt oder die Kleingastronomie zur schnellen Abkühlung von zubereiteten oder rohen Lebensmitteln, nicht jedoch zur anschließenden Lagerung. Warme Speisen sollen in 90 Minuten auf 2 °C bis 3 °C gekühlt werden. Die Geräte (die Temperatur beträgt im Allgemeinen –35 °C) gewährleisten ein rasches Einfrieren. |

*(Fortsetzung S. 307)*

**Tab. 8.7-1:** *(Fortsetzung v. S. 306)* Speziallagergeräte – Überblick

| Gerät | Technische Eigenschaften und Lagerparameter |
|---|---|
| Kühltrolley | Kühltrolleys arbeiten nach dem Kompressorprinzip und werden von oben beschickt. Die Lagertemperatur beträgt 2 °C bis 8 °C. Die Geräte sind auf Rollen leicht fahrbar und vor allem für die Getränkekühlung konzipiert. |

## 8.8 Ökologische Aspekte (ASTRID KLINGSHIRN)

Wegen des Dauerbetriebs hat der Energiebedarf von Kühl- und Gefriergeräten einen besonders hohen Stellenwert. Im Laufe der beiden letzten Jahrzehnte konnte der Stromverbrauch durch Verbesserung der Wärmedämmung, durch effizientere Verdichter sowie durch Optimierungsmaßnahmen bei der Regelung und den Komponenten des Kältekreislaufs etwa auf die Hälfte gesenkt werden.

Die Lebensdauer von Kühl- und Gefriergeräten liegt bei etwa 14 Jahren. Nur 55 Prozent der Geräte sind nicht älter als 5 Jahre. Der Austausch alter gegen energieeffizientere neue Geräte amortisiert sich durch die Reduktion der Verbrauchskosten schon nach kurzer Zeit.

Seit 1995 müssen Kühl- und Gefriergeräte in Verkaufs- und Ausstellungsräumen nach dem Energieverbrauchskennzeichnungsgesetz (EnVKG) etikettiert werden, um den unmittelbaren Vergleich zu ermöglichen. Wie schon in **Kap. 3.2** dargelegt, wird dabei nach dem Stromverbrauch in die Energieeffizienzklassen A+++ bis D eingeteilt (**Tab. 8.8-1**).

In Europa dürfen seit Juli 2012 nur noch Kühl- und Gefriergeräte der Energieeffizienzklasse (EEK) A+ oder besser verkauft werden. A+++ Geräte benötigen nur halb so viel Energie wie Geräte der Klasse A+. Die EEK beschreibt das Verhältnis zwischen dem unter Normbedingungen gemessenen Stromverbrauch zu einem gerätespezifischen Bezugswert, in den der Nutzinhalt, die Art des Gerätes, die Kühltechnik, die Klimaklasse (siehe S. 310) sowie die Art der Lagerfächer eingehen – diese Parameter sind mitbestimmend für den Energieeffizienzindex.

**Tab. 8.8-1:** Energieeffizienzklassen A+++ bis D für Kühl- und Gefriergeräte (EU-Kommission 2010)

| Index der Energieeffizienz I | Energieeffizienzklasse |
|---|---|
| I < 22 | A+++ |
| 22 ≤ I < 33 | A++ |
| 33 ≤ I < 44 | A+ |
| 44 ≤ I < 55 | A |
| 55 ≤ I < 75 | B |
| 75 ≤ I < 95 | C |
| 95 ≤ I | D |

Das EU-Energielabel erlaubt den direkten Vergleich von Kühlgeräten hinsichtlich des Energieverbrauchs sowie entscheidender Leistungsparameter. Neben der Energieeffizienzklasse wird der jährliche Energieverbrauch in kWh/Jahr unmittelbar angegeben. Zudem sind die Nutzinhalte von Kühl- und Gefrierteil ausgewiesen, ebenso wie der Geräuschpegel in dB(A).

In **Abb. 8.8-1** ist das europäische Energieverbrauchskennzeichnungsetikett (EU-Energielabel) für Kühl- und Gefriergeräte dargestellt und erläutert.

Der Energiebedarf von Kühl- und Gefriergeräten konnte seit Mitte der 90er Jahre deutlich gesenkt werden. **Abb. 8.8-2** gibt eine Vorstellung vom Ausmaß der Reduktion.

Indem Art und Größe der Kältegeräte optimal an die jeweiligen Haushaltserfordernisse angepasst werden, lässt sich der Stromverbrauch minimieren. Beispielsweise ermöglichen Kombinationsgeräte mit Magnetventil im Kältemittelkreislauf oder zwei Kompressoren eine unabhängige Nutzung von Kühl- und Gefrierteil, und es kann eine „Urlaubsschaltung" oder ein Energiesparmodus zur Anpassung an individuelle Nutzungsbedingungen gewählt werden.

Der Energieverbrauch ist außerdem maßgeblich durch das Benutzerverhalten und die Aufstellsituation bestimmt. Haupteinflussfaktoren sind:

- die gewählte Kühl- und Gefrierfachtemperatur,
- die Aufstellsituation und die Umgebungstemperatur,
- der Beladungszustand und die Beladungsgewohnheiten,
- Häufigkeit und Dauer der Türöffnungen,
- der Wärmeeintrag durch defekte Türdichtungen (Reinigen!) sowie
- der Verdampfer-Oberflächenzustand (Abtauen!).

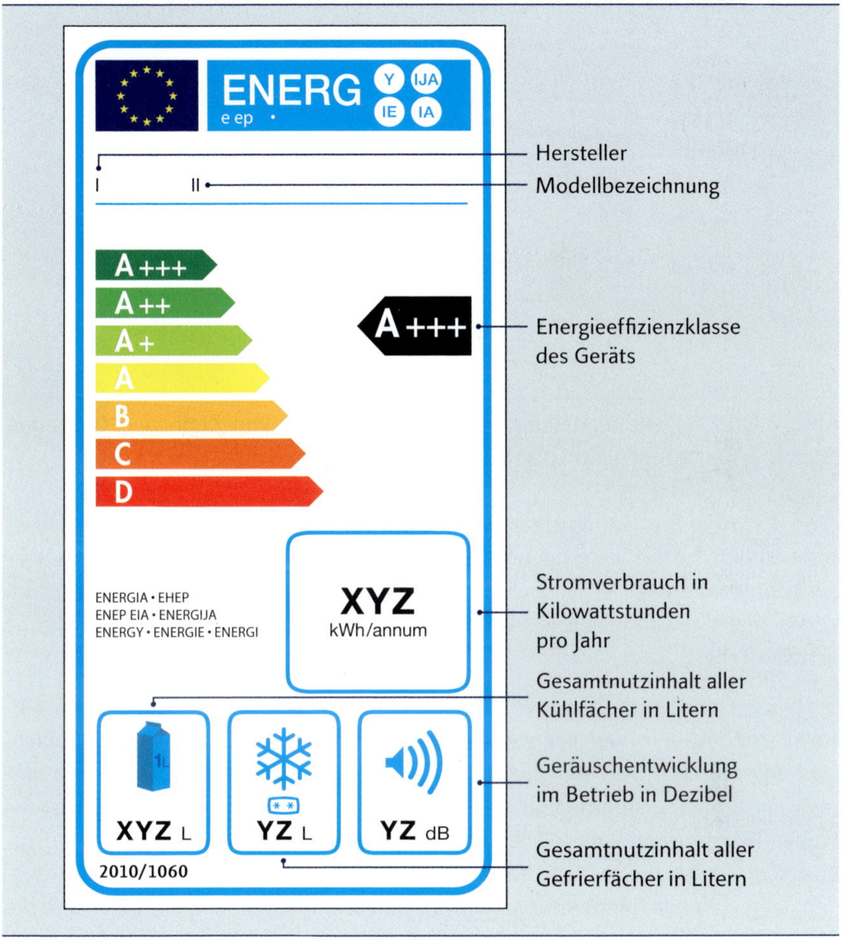


**Abb. 8.8-1:** Energielabel für Kühl- und Gefriergeräte (EU-Kommission 2010)

Die Erhöhung der Lagertemperatur im Kühlfach von 5 °C auf 7 °C reduziert zwar den Energieverbrauch um 13 Prozent, jedoch muss die Kühlfachtemperatur dem Lagergut angepasst sein. Für hochverderbliche Fleischwaren oder Rohmilchprodukte sollten höchstens 4 °C gewählt werden, um Lagerqualität und Lebensmittelsicherheit zu gewährleisten. Kühl- und Gefriergeräte finden in kühlen und gut belüfteten Räumen optimale Betriebsbedingungen vor – die Absenkung der Umgebungstemperatur um 1 Grad bewirkt bei Kühlgeräten eine Energieeinsparung von

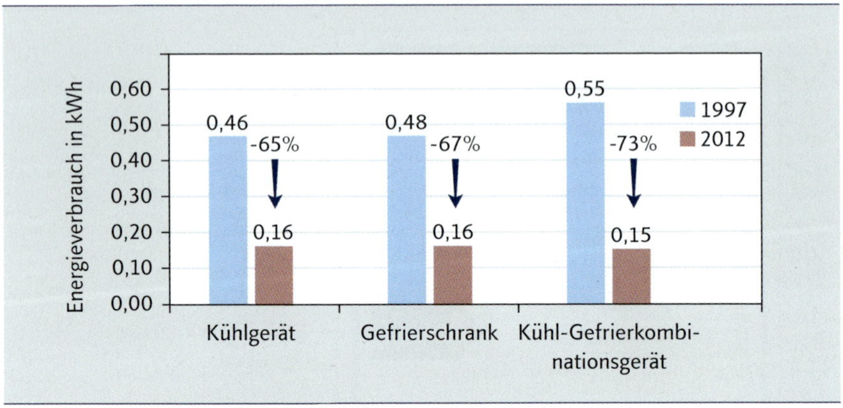


**Abb. 8.8-2:** Gegenüberstellung des Stromverbrauchs von Kühl- und Gefriergeräten pro Tag bezogen auf 100 l Nutzvolumen 1997 und 2012 (nach Korten 2012)

etwa 8 Prozent (bei Gefriergeräten weniger). Der Aufstellort ist so zu wählen, dass keine direkte Sonneneinstrahlung und keine Wärmezufuhr durch einen Heizkörper oder Herd erfolgt. Wichtig ist außerdem, dass eine ausreichende Belüftung des Verflüssigers gewährleistet ist, um den Abtransport der dort anfallenden Wärme sicherzustellen.

Bei extrem niedriger oder hoher Temperatur (unter 10 °C oder über 32 °C) im Aufstellungsraum kann es ausnahmsweise erforderlich werden, anstatt der in Deutschland üblicherweise vertriebenen Kältegeräte der **Klimaklasse SN** (erweitert normal) eine Sonderausführung für die Subtropen (Kurzzeichen ST: bis 38 °C) oder die Tropen (Kurzzeichen T: bis 43 °C) anzuschaffen. Kritisch kann es bei einer Umgebungstemperatur unter 10 °C bei Kühlgeräten mit integriertem Tiefkühlfach werden, wenn nur ein Temperaturwähler (im Kühlraum) vorhanden ist. Dann sind die Stehzeiten des Kompressors u. U. so lang, dass im Gefrierbereich eine Temperatur von –18 °C überschritten wird. Dies kann bei einigen Geräten durch Betätigung eines zusätzlichen „Winter“-Schalters im Kühlraum oder durch zusätzliche elektronische Ausstattung verhindert werden.

Der Stromverbrauch von Kühlgeräten lässt sich in gewissen Grenzen durch das **Beladungsverhalten** beeinflussen. Das Einlagern von Speisen mit einer Temperatur um 50 °C kann den Stromverbrauch im Vergleich zu einer Einlagerung mit 20 °C vorübergehend verdreifachen und führt außerdem zur Erwärmung des übrigen Lagerguts. Das Auftauen von Gefriergut im Kühlfach kann den Stromverbrauch dagegen zeitweilig um bis zu einem Viertel senken. Ein Wärmeeintrag in Kältegeräte erfolgt außer durch das Einlagern warmer Speisen wesentlich durch das Türöffnen. Durch zweckmäßige Planung und Lagersystematik lassen sich Öffnungsdauer und Häufigkeit reduzieren und damit der Stromverbrauch mindern.

Die atmosphärische Schädlichkeit (Treibhauseffekt und Ozonzerstörung) der früher verwendeten Kältemittel und der Treibgase für die Wärmedämmung ist nach dem vor mehr als zehn Jahren erfolgten FCKW-Verbot nur noch insoweit ein Problem, als Altgeräte sachgerecht (d. h. umweltfreundlich) entsorgt werden müssen.

## Literatur zu Kapitel 8

aid – aid infodienst für Ernährung, Landwirtschaft, Verbraucherschutz e.V. (Hrsg.) 1996: Haltbarmachen von Lebensmitteln. Bestell-Nr. 1270, Bonn

aid – aid infodienst für Ernährung, Landwirtschaft, Verbraucherschutz e.V. (Hrsg.) 1996: Lebensmittelvorrat. Bestell-Nr. 1269, Bonn

aid – aid infodienst für Ernährung, Landwirtschaft, Verbraucherschutz e.V. (Hrsg.) 1999: Richtig Lagern im Kühlschrank. Bestell-Nr. 1329 (vergriffen), Bonn

aid – aid infodienst für Ernährung, Landwirtschaft, Verbraucherschutz e. V. (Hrsg.) 2012: Tiefkühlkost – Einfrieren von A–Z. Bestell-Nr. 1057, Bonn

aid – aid infodienst für Ernährung, Landwirtschaft, Verbraucherschutz e.V. (Hrsg.) 2013: Lebensmittelhygiene. Bestell-Nr. 3922, Bonn

Alders A. W. C. 1987: Marine refrigeration manual. Rotterdam Marine Chartering Agents, Rotterdam

Barbosa-Cánovas G., Tapia M., Cano M. (Ed.) 2005: Novel Food Processing Technologies. CRC Press, Boca Raton/FL, USA

Bognár A., Bohling H., Fort H. 1990: Nutrient retention in chilled foods. In: Gormley T. (Hrsg.): Chilled Foods: The State of the Art. Elsevier Applied Science, London, New York, S. 305–336

Bognár A., Zacharias R. 1998: Qualitätsveränderungen bei der Vorratshaltung von Lebensmitteln im privaten Haushalt. Verbraucherdienst 43, Nr. 8, S. 549–552

Böttcher H. 1996: Frischhaltung und Lagerung von Gemüse. Verlag Eugen Ulmer, Stuttgart

Brown M. (Hrsg.): Chilled foods: A comprehensive guide. Cambridge: Woodhead Publishing, 2008. 3. Auflage. ISBN 978-1-84569-243-8.

Brody A. (Ed.) 1989: Controlled, Modified Atmosphere, Vacuum Packaging of Foods. Trumbull: Food & Nutrition Press, 1-11

Bundesministerium für Ernährung und Landwirtschaft 2015: www.ernaehrungs-vorsorge.de/private-vorsorge/notvorrat/vorratstabelle/(ver. 15.07.2015)

Burg S. 1990: Theory and practice of hypobaric storage. In: Calderon, M., Barkai-Golam, R. (Hrsg.): Food preservation by modified atmospheres. Boca Raton: CRC Press, S. 353–372

Calderon, M. (Ed.) 1998: Food preservation by modified atmospheres. Boca Raton: CRC Press

Deutsche Forschungsgemeinschaft (DFG), Senatskommission zur gesundheitlichen Bewertung von Lebensmitteln (Hrsg.) 2012: Stellungnahme zum Einsatz von Plasmaverfahren zur Behandlung von Lebensmitteln. Bonn

Deutsche Forschungsgemeinschaft (DFG), Senatskommission zur gesundheitlichen Bewertung von Lebensmitteln (Hrsg.) 2015: Stellungnahme zum Einsatz Ohmschen Erhitzens zur Behandlung von Lebensmitteln. Bonn: Deutsche Forschungsgemeinschaft

DGE (Hrsg.) 2000, Ernährungsbericht 2000, Deutsche Gesellschaft für Ernährung, Frankfurt

DIN EN 62552:2013-10: Haushalt-Kühl-/Gefriergeräte – Eigenschaften und Prüfverfahren. (IEC 62552:2007, modifiziert + corrigendum Mar. 2008); Deutsche Fassung EN 62552:2013

dgh – Deutsche Gesellschaft für Hauswirtschaft e.V. (Hrsg.), Zacharias R., Dürr H. (Red.) 1992: Lebensmittelverarbeitung im Haushalt. 5. Aufl., Verlag Eugen Ulmer, Stuttgart

Doona C., Feeherry F. (Hrsg.) 2007: High Pressure Processing of Foods. Blackwell Publishing, Ames

EU-Kommission (Hrsg.) 2010: Delegierte Verordnung (EU) Nr. 1060/2010 der Kommission vom 28. September 2010 zur Ergänzung der Richtlinie 2010/30/EU des Europäischen Parlaments und des Rates im Hinblick auf die Kennzeichnung von Haushaltskühlgeräten in Bezug auf den Energieverbrauch (ABl L314/1 vom 30.11.2010, S. 17 und ABl. 78 vom 24.3.2011, S. 70) (ver. 15.11.2015)

Fellows, P. (Hrsg.) 2009: Food Processing Technology. Woodhead Publishing, Sawston/UK

Gormley T. (Hrsg.) 1990: Chilled Foods: The State of the Art. Elsevier Applied Science, London, New York

HEA – Fachgemeinschaft für effiziente Energieanwendung e. V. (Hrsg.) 2015: Fachwissen Kühlen und Gefrieren. www.hea.de/service/fachwissen/kuehlen-und-gefrieren/index.php (ver. 15.07.2015)

Hausgeräte+ 2014: www.hausgeraete-plus.de/online-geraeteberatung (ver. 15. 07. 2015)

Heap R. 2001: The refrigeration of chilled foods. In: Sennis C, Stringer M. (Hrsg.): Chilled Foods: A Comprehensive Guide, Part II. CRC Press, Boca Raton

Heiss R., Eicher K. 2002: Haltbarmachen von Lebensmitteln: Chemische, physikalische und mikrobiologische Grundlagen und Verfahren. 4. Auflage, Springer Verlag, Berlin, S. 22 – 52

Heiss R., Eicher K. 2002: Lebensmittelverderb durch Mikroorganismen. In: Heiss R., Eicher K.: Haltbarmachen von Lebensmitteln: Chemische, physikalische und mikrobiologische Grundlagen und Verfahren. 4. Auflage, Springer Verlag, Berlin, S. 106

Hui Y., Cornillon P., Legaretta I., Lim M., Murrell K., Nip W. 2004: Handbook of Frozen Foods. (Food science and technology 133), Dekker, New York

Hurst W., Reynolds A., Schuler G., Christian J. 1990: Maintaining food quality. In: IFST – Institute of Food Science and Technology (Hrsg.): Guidelines for the Handling of Chilled Foods. London

IIR – International Institute for Refrigeration (Ed.) 2000: Recommendations for chilled storage of perishable produce. IIR, Paris

Korten V. (2012): Klimaschutz in Industrieunternehmen – Unsere Verantwortung für Produkte und Produktion. http://www.kea-bw.de/fileadmin/user_upload/pdf/veranstaltungen/Klimaschutzkongress/2012/H.Korten_Vortrag_bsh_klimaschutz_in_industrieunternehmen_-_unsere_verantwortung_fuer_produkte_und_produktion.pdf (ver. 15.07.2015)

Krämer J. 2007: Lebensmittelmikrobiologie. 5. Auflage, Verlag Eugen Ulmer, Stuttgart

Kraxner U. 1981: Qualität und Verhalten einiger Gemüsearten nach Lagerung in unterschiedlicher relativer Luftfeuchte. Dissertation TU München

Kunz B. 1994: Allgemeine Mikrobiologie. In: Kunz B.: Grundriss der Lebensmittelmikrobiologie. Behr's Verlag, Hamburg, S. 27–121

Liebster G. 2002: Warenkunde Obst- und Gemüse. Bd. 1: Warenkunde Obst. 2. Auflage, Hädecke Verlag, Weil der Stadt

Liebster G. 2002: Warenkunde Obst- und Gemüse. Bd. 2: Warenkunde Gemüse. 2. Auflage, Hädecke Verlag, Weil der Stadt

Mason T. J., Paniwynk L., Chemat F. 2003: Ultrasound as a preservation technique. In: Zeuthen P., Bogh-Sorensen L. (Hrsg.): Food preservation techniques. CRC Press, Boca Raton, S. 303–333

Minch D. 1999: Home Storage Of Foods Part I: Refrigerator and Freezer; Part II: Pantry. Rutgers Cooperative Extension, University of New Jersey

Öko-Institut Freiburg (Hrsg.) 2005: Environmental and economic evaluation of the accelerated replacement of domestic appliances. Case study refrigerators and freezers. Final report. Freiburg

Ooraikul B., Stiles M. (Eds.) 1991: Modified Atmosphere Packaging of Food. New York: Ellis Horwood

Osterloh A. 1996: Lagerfaktoren. In: Osterloh A., Ebert G., Wolf-Heinrich H., Schulz H., Urban E.: Lagerung von Obst und Südfrüchten. Verlag Eugen Ulmer, Stuttgart, S. 92–112

Pichert H. 2001: Haushalttechnik: Verfahren und Geräte. Verlag Eugen Ulmer, Stuttgart

Purdue University Cooperative Extension Service (Ed.), Mason A., Evers W. (adapt.) 2001: Spotlight on cupboard storage CFS-423-W. Consumer and Family Sciences, Department of Foods and Nutrition, West Lafayette (USA)

Roberts J. A., Tucker G.A. 1985: Ethene and Plant Development. Butterworth-Heinemann Ltd., London

Sahu J. 2014: Introduction to Advances Food Process Engineering. CRC Press, Boca Raton Fl/USA

Schouten S.P. 1985: Significance of ethene in postharvest handling of vegetables. In: Roberts J.A., Tucker G.A. (Eds.): Ethene and plant development. Butterworth-Heinemann Ltd., London, UK, pp. 353–362

Schuchmann H.P., Schuchmann H.: Lebensmittelverfahrenstechnik 2005: Rohstoffe, Prozesse, Produkte. Wiley-VCH, Weinheim

Singh R., Anderson B. 2004: The major types of food spoilage: an overview. In: Steele R (Hrsg.): Understanding and measuring the shelf-life of food. CRC Press, Boca Raton, pp. 3–23

Spieß W. 1984: Veränderungen von Inhaltsstoffen während der Herstellung und der Lagerung von tiefgefrorenen Lebensmitteln. Zeitschrift für Lebensmitteltechnologie und Verfahrenstechnik, Nr. 10, S. 625–635

Trierweiler B., Bognár A., Tauscher B., Ertel T. 2003: Qualitätserhaltung von Frischgemüse und -obst bei der Lagerung im Kühlschrank. Ernährung im Fokus 3, Nr. 11, S. 326–329

# 9 Reinigen

Im Zusammenhang mit der Lebensmittelverarbeitung im Haushalt spielt die Reinigung von Oberflächen allgemein und speziell von Geschirr sowie von Arbeitsmitteln eine wichtige Rolle. Dieses Kapitel behandelt die dafür verfügbaren Verfahren, Geräte und Betriebsstoffe.

## 9.1 Manuelles Geschirrspülen (RAINER STAMMINGER)

Nach jeder Mahlzeit (und häufig auch noch zwischendurch) müssen das Essgeschirr und die für die Zubereitung verwendeten Teile so gereinigt werden, dass sie unbedenklich für eine folgende Mahlzeit oder weitere Arbeiten in der Küche einsetzbar sind. Dazu ist zumindest eine optisch einwandfreie Reinigung notwendig. An den Geschirrteilen, die mit krankmachenden Mikroorganismen in Kontakt gekommen sein könnten, ist zudem eine ausreichende Keimentfernung zu fordern. Letztlich sollen auch möglichst wenige Spülmittelrückstände auf dem Geschirr verbleiben, da sie bei der nächsten Mahlzeit mit den Speisen aufgenommen werden können. Der dazu erforderliche gründliche Reinigungsprozess muss zusätzlich zur notwendigen Sauberkeit auch den übergeordneten ökologischen und ökonomischen Zielsetzungen entgegen kommen, d. h. er soll einen möglichst geringen Einsatz von Ressourcen (Wasser, Energie, chemischen Hilfsmitteln) erfordern und ergonomische Aspekte berücksichtigen.

Die folgenden Ausführungen gelten ebenso wie für das manuelle Geschirrspülen auch für die maschinelle Geschirrreinigung. Die täglich im Haushalt anfallende Geschirrmenge ist durch die Anzahl der beköstigten Personen, die Haushaltsstruktur, Art und Umfang der zu Hause eingenommenen Mahlzeiten sowie die Haushaltsführung bestimmt. Nach Angaben aus dem Jahr 1998 fallen je Person und Tag (ohne das Geschirr für die Mahlzeitenzubereitung) rechnerisch im Mittel 25 Geschirrteile an, wie **Tab. 9.1-1** im Detail zu entnehmen ist.

**Tab. 9.1-1:** Anzahl der Geschirrteile pro Person und Tag (KTBL 1998)

| Mahlzeit | Geschirr- und Besteckteile |
|---|---|
| Frühstück | 6 |
| Warme Mahlzeit mit Vor- oder Nachspeise | 8 |
| Kalte Mahlzeit und Getränk | 5 |
| Zwischenmahlzeit (Obst, kaltes Getränk o. ä.) | 1 |
| Zwischenmahlzeit (warmes Getränk plus z. B. Kuchen) | 5 |
| Summe | 25 |

## Einflussfaktoren

Außer zur Entfernung grober Lebensmittelreste (Vorabräumen), die in den Abfall entsorgt werden sollten, wird die Reinigung des Geschirrs im Haushalt als Waschprozess durchgeführt. Dies erfordert den Einsatz von Wasser, das vielerlei Funktionen übernimmt – als Lösungsmedium für die eingesetzten chemischen Stoffe, als Transportmedium für den Schmutz und als Trägermedium für die Energie (mechanische Energie und Wärme). Die chemischen Hilfsmittel dienen dazu, die Essensreste vom Geschirr zu lösen (alkalischer Reiniger mit Tensiden) und sie im Wasser in Schwebe zu halten. Um hartnäckige Anschmutzungen zu zersetzen, werden teilweise auch Bleichmittel benötigt. Wegen der besseren Fettlösung und der schnelleren Reaktionsabläufe wird das Geschirrspülen meist bei erhöhter Temperatur durchgeführt. Dennoch brauchen die Reaktionen eine gewisse Zeit, die deshalb bei der Reinigung eine wichtige Rolle spielt. Wesentlich ist nicht zuletzt, mit wie viel mechanischer Energie hartnäckig anhaftende Essensreste vom Geschirr entfernt werden.

Die vier Faktoren **Chemie, Temperatur, Mechanik** und **Zeit** tragen gemeinsam zum Reinigungsergebnis bei. Die drei ersten repräsentieren die entsprechenden Energieformen, also chemische Energie, Wärmeenergie und mechanische Energie. Die Zeit steht für deren Einwirkungsdauer. Zur Verdeutlichung werden sie oft im „Sinnerschen Kreis" dargestellt (**siehe Abb. 9.1-1**). Der Einfluss der einzelnen Faktoren kann sehr unterschiedlich sein. Ein Faktor kann zumindest teilweise durch andere substituiert werden, z. B. kann eine Erhöhung der Temperatur den mechanischen Einfluss oder den Zeitbedarf reduzieren und umgekehrt ein Mehr an Chemie die erforderliche Temperatur. Diese Möglichkeiten werden vielfach genutzt, um Reinigungsprozesse hinsichtlich bestimmter Parameter zu optimieren (z. B. zur Energieeinsparung).

In **Abb. 9.1-1** ist die typische Aufteilung der Reinigungsfaktoren bei der Geschirrreinigung dargestellt. Das manuelle Spülen (links) unterscheidet sich wesentlich von dem Bild, das den Reinigungsprozess in einer Geschirrspülmaschine charakterisiert (rechts). Während beim **manuellen Reinigen** die mechanische Bearbeitung bei entsprechendem Zeitaufwand den Hauptanteil einnimmt, ist hierbei der Anteil der Temperatur (mit Rücksicht auf die Verbrühungsgefahr der Hände) und der Chemie (wegen der Hautverträglichkeit) gering. Die eingesetzte Wassermenge (Innenkreis) spielt eine wichtige Rolle zur Abschwemmung der Essensreste, wobei die Aufnahmefähigkeit für Schmutz begrenzt ist. Im Gegensatz zum Handspülen wird das Wasser aber in der Maschine laufend gefiltert und kann so – von der größten Schmutzlast befreit – erneut Essensreste abtragen und aufnehmen. Darüber hinaus unterscheidet sich das **maschinelle Geschirrspülen** vor allem durch den Einsatz höherer Temperaturen (bis zu 70 °C), eine intensivere Chemie und insbesondere eine längere Spülzeit. Die mechanische Einwirkung auf den Schmutz spielt dagegen eine weitaus kleinere Rolle als beim Handspülen, da über den Wasserstrahl nur relativ geringe Kräfte ausgeübt werden können. Welche Art des Ablösens letztlich zum Erfolg führt, hängt in hohem Maße von der Zusammensetzung und Vorgeschichte des Schmutzes selbst ab.

Beim Geschirrspülen wird zwischen wasserlöslichen, in Wasser emulgierbaren, chemisch zu zersetzenden und chemisch emulgierbaren Substanzen unterschieden (siehe **Tab. 9.1-2**).

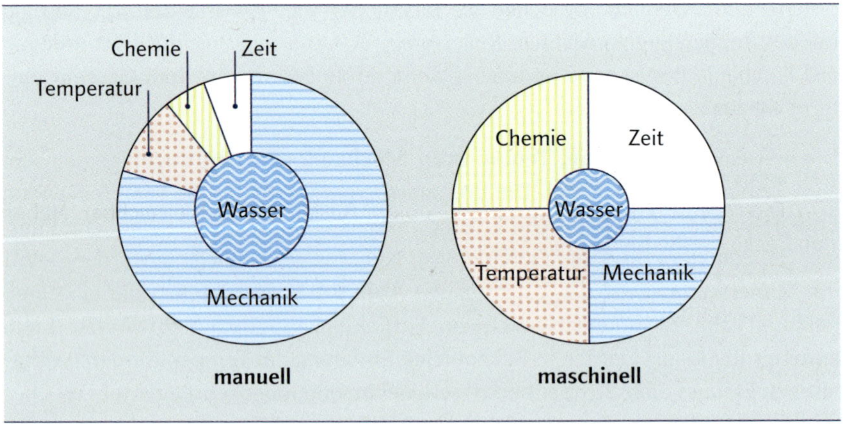


**Abb. 9.1-1:** Sinnerscher Kreis zum qualitativen Vergleich des manuellen und maschinellen Spülens (Stamminger 2009)

**Tab. 9.1-2:** Schmutzarten beim Geschirrspülen

| Schmutzart | Entfernbarkeit | Beispiele |
|---|---|---|
| Wasserlösliche Substanzen | Durch Abspülen mit Wasser allein gut zu lösen und zu entfernen | Zucker, Salz, Fruchtsäuren, viele Farbstoffe, frisches Hühnereiweiß |
| Wasseremulgierbare Substanzen | Durch Einwirkung des Reinigers emulgierbar, d. h. im Wasser in einem stabilen Schwebezustand zu halten | Fette, Öle, Lipoide (fettähnliche Substanzen), Wachse, Paraffine, Butter, Schmalz, Eigelb |
| Chemisch zersetzbare Substanzen | Durch Einwirkung des Reinigers aufzuspalten in wasserlösliche oder wasseremulgierbare Substanzen | Gerbstoffe aus Kaffee, Tee etc.; Proteine aus Eiern, Milchprodukten, Fleisch, Fisch; Getreide- oder Kartoffelstärke; Lippenstiftreste |
| Chemisch nicht zersetzbare, aber emulgierbare Substanzen | Unter den Bedingungen des Spülens nicht chemisch zu verändern, aber durch den Reiniger in einen stabilen Schwebezustand zu bringen | Zellulose aus Gemüse wie Spinat, Grünkohl usw., aus natürlichen Säften (Orangen, Karotten); ferner Asche, Erdpartikel, Staub und Sand |

## Arbeits- und Betriebsmittel

Beim manuellen Geschirrspülen ist vor allem menschliche Arbeitskraft gefordert, und daher sind ergonomische Aspekte z. B. bei der Gestaltung der Spüle zu berücksichtigen, die in Einbaulage und Höhe auf die vornehmlich arbeitende Person abgestimmt sein und mindestens eineinhalb Becken umfassen sollte. Wird ausschließlich manuell gespült, sind zwei normalgroße Becken zu empfehlen. Der Wassereinlass muss einerseits die volle Ausnutzung der Spülbeckenflächen, gleichzeitig aber ein gezieltes Richten des Wassers auf einzelne Bereiche der Becken erlauben. Dies ist vorzugsweise durch Armaturen mit flexiblem Auslaufschlauch erreichbar. Neben den Becken sollte beiderseits ein Arbeitsbereich von wenigstens 50 cm Breite und zumindest auf einer Seite eine Abtropffläche verfügbar sein. Empfehlenswert ist ein Abtropfgitter, in dem die gespülten Teile zum Trocknen aufgestellt werden können. Die Spüle selbst ist meist aus Edelstahl gefertigt.

Vor dem eigentlichen Spülen sind zunächst die gröberen Speisereste zu entfernen, ggf. mit Küchenpapier ohne Wassereinsatz. Beim Spülen selbst wird als Hilfsmittel vorzugsweise eine Spülbürste eingesetzt, mit deren Hilfe die Essensreste vom Geschirr entfernt oder abgewaschen werden (Stiellänge etwa 30 cm, Bürste mit

Kunststoff- oder Naturborsten). Alternativ bewährt sich auch als Schwammtuch ein dicker, saugfähiger Lappen aus Viskose, der eine große Wassermenge aufnehmen kann (häufig waschen!).

**Spülmittel** werden prinzipiell nach ihrer Konzentration unterschieden. Während konventionelle, nicht konzentrierte Produkte mit 5 ml pro Becken (ca. 5 Liter Fassungsvermögen) dosiert werden, reichen bei konzentrierten Produkten 2 ml aus. Wesentlicher Bestandteil des Spülmittels sind Tenside, die sowohl zur Benetzung des Spülgutes als auch zum Ablösen und Emulgieren des abgelösten Schmutzes dienen. Zur Ermittlung der Ergiebigkeit von Spülmitteln wird nach IKW-Methode (IKW 1998) geprüft, wie viele Teller mit einer definierten Menge fetthaltiger Rückstände in einer Spülflotte mit der vom Hersteller vorgegebenen Konzentration gespült werden können, bis der Schaumteppich aufbricht. Dabei zeigen sich große Unterschiede zwischen den einzelnen Produkten.

## Spülprozess

**Tab. 9.1-3** gibt einen Überblick über Phasen, Zweck und Ausführung beim manuellen Geschirrspülen.

**Tab. 9.1-3:** Stufen des manuellen Geschirrspülprozesses

| Phase | Zweck | Ausführung |
|---|---|---|
| Sortieren | Definiert die Reihenfolge des Spülens, hilft die Prozessschritte in einer ergonomischen und effizienten Art abzuarbeiten | Geschirr nach Art und Anschmutzung sortieren (Besteck separat), Abstellbereiche für Schmutzgeschirr und sauberes Geschirr vorbereiten (Orientierung nach Bedarf von links nach rechts oder umgekehrt), Bereitstellen der Spülutensilien wie Bürste oder Spültuch und Spülmittel |
| Abräumen | Entfernen grober Speisereste, um Schmutzbelastung der Flotte zu reduzieren | Entsorgung (ggf. mit Küchenpapier) in einem Wertstoffbehälter |
| Einweichen | Aufweichen angetrockneter oder fest haftender Essensreste; Reduktion der Haftkräfte | Einweichen in warmem oder kaltem Wasser mit oder ohne Spülmittel in Spülbecken oder separater Schüssel (Einweichzeit kann stark variieren) |

*(Fortsetzung S. 321)*

**Tab. 9.1-3:** *(Fortsetzung v. S. 320)* Stufen des manuellen Geschirrspülprozesses

| Phase | Zweck | Ausführung |
|---|---|---|
| Vorreinigen | Entfernen schwach gebundener bzw. schwach haftender Speisereste | Im mit Wasser gefüllten Spülbecken oder unter laufendem Wasser Speisereste kalt oder warm grob abtragen bzw. abschwemmen |
| Reinigen | Entfernen auch der restlichen (feineren) Schmutzrückstände | Reinigen der Geschirrteile mit Bürste oder Spültuch und Spülmittel; das Spülmittel wird entweder in ein mit warmem Wasser gefülltes Becken oder direkt auf die Geschirrteile oder das Spülutensil gegeben. Das Wasser weicht die Speisereste auf, verringert ihre Haftung und transportiert den gelösten Schmutz ab. |
| Nachspülen | Entfernung von Spülmittelrückständen (auch Schaum) und von losen Schmutzpartikeln auf dem Spülgut | Im Spülbecken oder unter fließendem Wasser |
| Abtropfen | Reduktion von Wasserresten auf dem Spülgut | Nahezu vertikale Anordnung in einem Gestell ermöglicht das Ablaufen und Abtropfen des Restwassers |
| Trocknen | Trocknen des Spülguts | Verdunsten lassen oder mit Geschirrtuch abtrocknen |

## 9.2 Maschinelles Geschirrspülen (RAINER STAMMINGER)

Wie erwähnt gelten die allgemeinen Ausführungen aus **Kap. 9.1** auch für das maschinelle Spülen.

### Aufbau einer Geschirrspülmaschine

Augenfälligstes Bauteil von Geschirrspülmaschinen ist der Innenbehälter, meist aus Edelstahl, der zur Geräuschdämmung außen mit einer Bitumenfolie beklebt und ggf. mit weiterem Dämmmaterial umgeben ist. Unterbaugeräte besitzen eine vollständige Tür, die ggf. noch mit einer dünnen Dekorplatte an das Küchendesign angepasst werden kann. Im Gegensatz dazu müssen die Türen integrierbarer Geräte mit einer eigenen Küchenfrontplatte ausgestattet werden. Bei vollintegrierbaren Geschirrspülern sind auch noch die Bedien- und die Anzeigeelemente verdeckt (meist an der Oberkante der Tür), damit die Front im Interesse des Küchendesigns völlig verkleidet ist. Mehr als 80 Prozent der Geschirrspüler sind heute unterbaubar oder in die Küchenzeile integrierbar.

Geschirrspülmaschinen werden in den Normmaßen mit einer Breite von 60 cm oder 45 cm angeboten, ferner als Kompaktmodelle, die sich auf die Küchenarbeitsplatte stellen oder unter einem Oberschrank anbringen lassen. Ergonomischer ist die Unterbringung eines normalen Geschirrspülers in einem Schrank auf einem Sockel von 40 cm bis 80 cm Höhe.

Die Maschine ist meist mit mehreren **Drahtkörben** für das Einordnen des Geschirrs ausgestattet, die mit Kunststoff beschichtet sind, außerdem in der Regel mit klappbaren Auflagen aus Kunststoff, die weitere Ablage- und Einstellmöglichkeiten bieten. Unter jedem Geschirrkorb (und meist auch noch an der Decke des Behälters) ist ein rotierender Sprüharm angebracht, aus dem die Spülflüssigkeit auf das Geschirr gesprüht wird. Die Sprüharme werden nach dem Rückstoßprinzip in Dre-

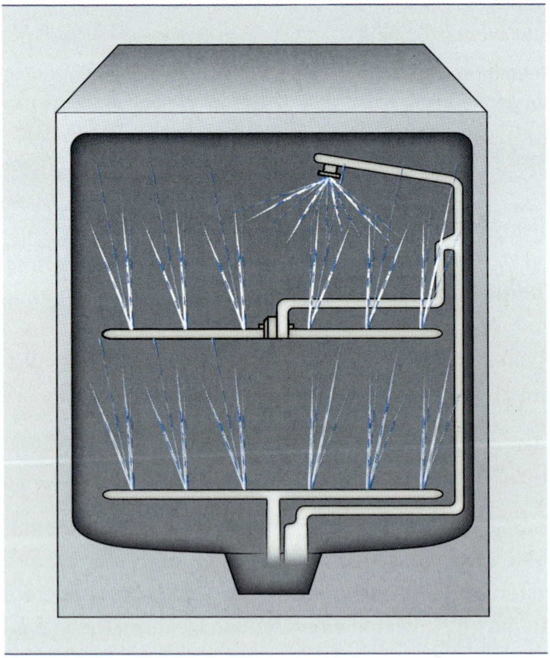

**Abb. 9.2-1:** Wasserführung bei einer Geschirrspülmaschine (Hauthal et al. 2007)

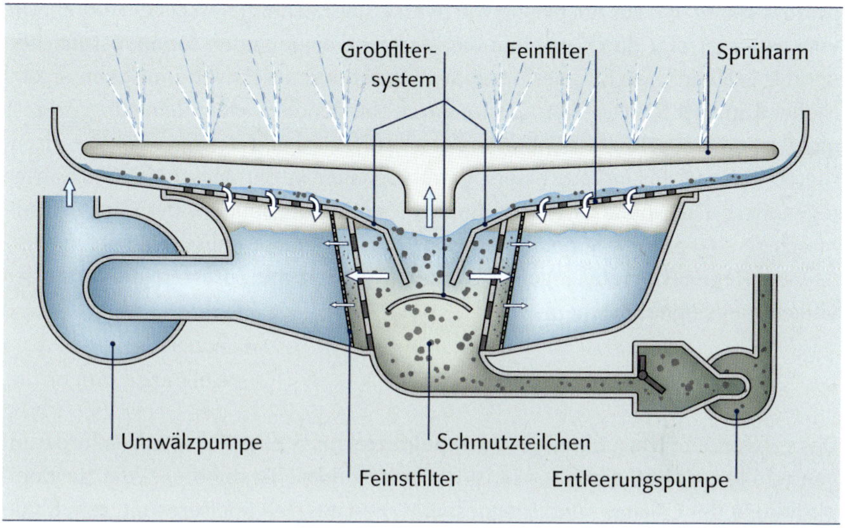


**Abb. 9.2-2:** Beispiel eines Geschirrspülmaschinen-Filtersystems im Umwälzbetrieb (Stamminger 2009)

hung versetzt. Die Spülflüssigkeit (Spülflotte) wird von einer Pumpe unter Druck über Rohre und Schläuche zu den Sprüharmen gefördert (siehe **Abb. 9.2-1**). Nachdem die Spülflüssigkeit das Geschirr und den anhaftenden Schmutz benetzt und die Essensreste soweit möglich entfernt hat, tropft sie ab und strömt zurück in den Ansaugbereich der Pumpe. Dabei fließt sie über ein ausgeklügeltes **mehrstufiges Filtersystem,** in dem der abgelöste Schmutz möglichst weitgehend von der Spülflüssigkeit getrennt wird (siehe **Abb. 9.2-2**), so dass sie gefiltert wieder auf das Geschirr gelangen kann, um erneut Schmutz abzulösen.

Die gesamte Spülflüssigkeit wird auf diese Art etwa zehnmal pro Minute gereinigt und wieder auf das Geschirr gesprüht. Für ihre Erwärmung auf die Reinigungstemperatur sorgt eine elektrische Heizung, die entweder im Bodenbereich des Behälters oder aber als Durchlaufheizung im Rohrsystem hinter der Pumpe angeordnet ist. Zur automatischen Reinigerzugabe dient eine Vorrichtung in der Tür des Geschirrspülers. Der Reiniger ist vor jedem Programmstart einzufüllen. Die Tür enthält außerdem eine Dosiervorrichtung für die selbsttätige Zugabe des Klarspülers in der Klarspülphase (aus einem Vorratsbehälter für viele Spülgänge).

Das im Geschirrspüler verwendete Wasser muss frei von sogenannten Härtebildnern sein, d. h. vor allem von Calcium- und Magnesium-Ionen, die den Reinigungsprozess stören und zur Ausfällung von (wasserunlöslichem) Kesselstein führen. Die Enthärtung erfolgt durch einen in die Maschine eingebauten **Ionenaustauscher**, der die Calcium- und Magnesium-Ionen bindet und durch Natrium-Ionen ersetzt (siehe **Kap. 10.5**). Die Natrium-Ionen beeinträchtigen den Reinigungsprozess nicht. Ist die Kapazität des Enthärters erschöpft, wird er durch Spülen mit konzentrierter Kochsalzlösung aus einem Vorratsbehälter in der Maschine automatisch regeneriert. Die Spüllösung wird durch die Entleerungspumpe der Geschirrspülmaschine abgepumpt. In den Salzlösungs-Vorratsbehälter muss regelmäßig sogenanntes **Regeneriersalz** eingefüllt werden (Kochsalz mit Zusätzen, die es für den Verzehr ungeeignet machen).

## Betriebsmittel

Das verwendete **Maschinengeschirrspülmittel** muss eine Reihe von Anforderungen erfüllen. Es enthält außer Tensiden insbesondere Bestandteile, die zur Komplexierung der Calcium- und Magnesium-Ionen aus den Speiseresten, zum Emulgieren oder Dispergieren der Speisereste, zur Vermeidung von Wiederanlagerung am Geschirr sowie zu ihrem enzymatischen oder oxidativen Abbau dienen. Darüber hinaus enthalten Geschirrreiniger auch Pflegekomponenten, die eine Schonung von Gläsern oder Silberbestecken bewirken. Seit einigen Jahren werden sogenannte **multifunktionale Produkte** immer beliebter (mit Bezeichnungen wie „2 in 1“ oder „3 in 1“ usw.), die neben dem Reinigen auch die Funktionen des Klarspülens oder des Enthärtens übernehmen. Ein Ersatz der separaten Zugabe von Klarspülmittel wird bei diesen Produkten z. B. dadurch erreicht, dass die „Verschleppung“ von Tensiden aus dem Reinigungsgang gefördert wird, so dass sie ihre Wirkung auch noch im Klarspülgang entfalten können, oder die Klarspülkomponenten sind so verkapselt, dass sie zwar im Reinigungsgang mit zugegeben werden können, aber erst im Klarspülgang – aufgrund dessen höherer Temperatur – freigesetzt werden (z. B. durch Einbindung in Wachs). Ein Ersatz des Regeneriersalzes kann durch eine erhöhte Menge an Komplexierungsstoffen im Reiniger selbst erreicht werden, weil damit die Calcium- und Magnesium-Ionen aus dem zulaufenden Wasser gebunden werden. Dies funktioniert allerdings nur bis zu mittleren Wasserhärten – bei hartem Wasser ist weiterhin Regeneriersalz in der Enthärtungseinrichtung der Spülmaschine erforderlich.

**Tab. 9.2-1:** Maschinelle Geschirr-Reiniger [1] – Inhaltsstoffe eines phosphathaltigen Reinigers (Beispiel) (Stamminger 2009, Hauthal et al. 2007)

| Inhaltsstoffe | Anteil in % | Aufgabe |
|---|---|---|
| Polyphosphate | > 30 | Enthärten des Wassers |
| Phosphonate | < 5 | Dispergieren und Emulgieren des Schmutzes |
| Polycarboxylate | < 5 | Verhindern von Ablagerungen |
| Soda | 30 | Gewährleistung der Alkalität |
| Silikat | 5 | Aufquellen hartnäckiger Anschmutzungen, Abtrennung des Schmutzes durch Abstoßreaktion |
| Perborat und TAED [2] | 5 bis 15 | Bleichmittel zur oxidativen Zersetzung des Schmutzes |
| Protease und Amylase | 3 bis 6 | Enzyme zur enzymatischen Zersetzung von proteinhaltigem (Protease) und stärkehaltigem (Amylase) Schmutz |
| Schaumarme Tenside | 2 | Reduktion der Oberflächenspannung, Ablösen und Emulgieren fetthaltiger Verschmutzungen |
| Paraffine | 0 bis 2 | „Schaumbremse" |
| Silberschutz | < 0,5 | Korrosionsinhibitor |
| Duftstoffe | < 0,5 | Erzielen einer angenehmen Duftnote |

1) pH-Wert in einprozentiger Lösung 9 bis 11: Gefährlichkeitsstufe: Reizend
2) Tetraacetylethylendiamin = Bleichmittelaktivator

**Tab. 9.2-2:** Inhaltsstoffe von flüssigen Klarspülern (HEA 2004)

| Inhaltsstoffe | Wirkungsweise |
|---|---|
| Nichtionische Tenside | • setzen die Oberflächenspannung herab<br>• sorgen für gleichmäßigen Ablauf der Klarspülerlösung vom Spülgut<br>• reduzieren die Trocknungszeit |
| Organische Säuren | • binden die Resthärte des Wassers<br>• verhindern mineralische Ablagerungen<br>• neutralisieren Alkalireste aus der Reinigungsphase (Laugenverschleppung) |
| Lösungsvermittler | • verhindern Entmischung der Inhaltsstoffe und halten sie in Lösung<br>• sorgen für Stabilität |

*(Fortsetzung S. 326)*

**Tab. 9.2-2:** *(Fortsetzung v. S. 325)* Inhaltsstoffe von flüssigen Klarspülern

| Inhaltsstoffe | Wirkungsweise |
|---|---|
| Konservierungsstoffe | • schützen vor Verkeimung |
| Duft-Hilfsstoffe | • vermitteln einen angenehmen Duft |

Wie bereits erwähnt wird zur Unterstützung des Trocknungseffekts ein Klarspüler eingesetzt, wodurch der auf dem Geschirr verbliebene Wasserfilm minimiert und die rückstandsfreie Verdunstung gefördert wird. Der Klarspüler besteht im Wesentlichen aus nichtionischen Tensiden und einer schwachen Säure (siehe **Tab. 9.2-2**).

Weitere Produkte zur Unterstützung der Funktion der Geschirrspülmaschine sind Maschinenreiniger, Duftspender und Reinigungsverstärker (sogenannte „Booster"). Da Geschirrspüler in immer mehr Haushalten eingesetzt werden (siehe **Abb. 9.2-6**), ist auch der Markt für die zugehörigen chemischen Erzeugnisse stetig im Wachsen begriffen.

**Ungeeignet** für die Reinigung in der Spülmaschine sind wegen der auftretenden Korrosion Gusseisen sowie Chromstahl mit einem Chromgehalt von weniger als 12 Prozent (z. B. für Messerklingen verwendet), außerdem nicht eloxiertes Aluminium. Bei Gläsern können u. U. Trübungen auftreten (sogenannte Glaskorrosion). Keramik mit Aufglasurdekor ist ebenfalls ungeeignet für die Spülmaschine. Generell können neben der Werkstoffwahl auch Aufdrucke und Verzierungen die Eignung für die maschinelle Reinigung einschränken. Artikel aus Polystyrol sollten nicht in die Spülmaschine, und auch Plexiglas kann bei ungeeignetem Reiniger Schaden nehmen. Gegenstände aus Holz (auch Messer mit Holzgriff) gehören ebenfalls nicht in die Spülmaschine. Die Spülmaschineneignung von Geschirr und Arbeitsmitteln für die Küche sollte ein wichtiges Kriterium beim Einkauf sein.

## Spülprozess

Der Spülprozess setzt sich aus den folgenden Phasen zusammen:

- **Vorspülen** (kann bei geringer Verschmutzung entfallen): Über die Enthärtungsanlage fließen 3 bis 5 l Wasser in den Geschirrbehälter und werden von der Umwälzpumpe kontinuierlich auf das Geschirr gesprüht. Dabei wird insbesondere grober und nur leicht haftender Schmutz abgetragen und im Filtersystem abgetrennt. Nach einigen Minuten wird das mit Schmutz beladene Wasser abgepumpt.

- **Hauptreinigung:** Die Spülmaschine nimmt frisches Wasser auf, das kontinuierlich zu den Sprüharmen gepumpt und dabei durch das Heizelement (Heizleistung ca. 2 000 W) je nach gewähltem Programm auf 40 °C bis 70 °C erwärmt wird. Zu Beginn dieser Phase wird automatisch der beim Beladen der Maschine eingefüllte Reiniger zugegeben. Nach Erreichen der Solltemperatur wird der Spülprozess noch einige Zeit fortgesetzt, wobei sich die Spülflotte allmählich abkühlt, wenn sie nicht (abhängig vom Programm) durch einen Heizschritt nochmals auf die Solltemperatur gebracht wird. Über die heiße Flotte werden auch Geschirr und anhaftender Schmutz auf die Solltemperatur erwärmt.
- **Zwischenspülen:** Nach Abschluss der Hauptreinigung wird die Spülflotte mit dem abgelösten Schmutz abgepumpt und durch frisches Wasser ersetzt. Dadurch werden verbliebene Schmutzreste und vor allem die Rückstände des Spülmittels vom Geschirr abgespült. Diese Programmphase endet wieder mit Abpumpen.
- **Klarspülen:** Erneut wird Wasser zugeführt und aufgeheizt. Bei Erreichen einer Temperatur von ca. 40 °C wird automatisch der Klarspüler zudosiert, bevor weiter auf die Klarspültemperatur von ca. 60 °C bis 70 °C erwärmt wird. Auch das Geschirr erreicht diese Temperatur und speichert Wärme, die nach Beenden des Klarspülgangs und Abpumpen des Wassers genutzt wird, um noch am Geschirr haftende Flüssigkeitsreste zu verdunsten. Die im Klarspüler enthaltenen Tenside setzen die Oberflächenspannung des Wassers so weit herab, dass nur ein dünner Wasserfilm auf dem Geschirr verbleibt.
- **Trocknen:** Die Spülraumwände kühlen durch Wärmeabgabe an die Umgebung schneller ab als das Geschirr. Infolge der Temperaturdifferenz zwischen den heißen Geschirrteilen und dem kälteren Gehäuse verdunstet die Feuchtigkeit von den Geschirrteilen und kondensiert an den Spülraumwänden. Ein Ventilator kann die Trocknung unterstützen.

Seit einiger Zeit sind auch Geschirrspülmaschinen auf dem Markt, die einen Siebbehälter mit Adsorberkügelchen (z. B. Zeolith®) enthalten. Bei diesen Geräten wird die wasserdampfhaltige Luft im Spülraum während der Trocknungsphase mittels eines kleinen Ventilators durch den Adsorber geblasen, wobei der Wasserdampf adsorbiert wird und den Adsorber sowie die umgewälzte Luft erwärmt. Deshalb ist für das Trocknen kaum noch Energie von außen zuzuführen. Der Adsorber muss allerdings beim folgenden Spülgang durch Energiezufuhr zunächst ausgeheizt (regeneriert) werden, wobei die Feuchtigkeit wieder entweicht. Insgesamt lassen sich aber bis zu 20 Prozent der Prozessenergie einsparen, und die Geschirrtrocknung erfolgt wirkungsvoller.

Bei dem beschriebenen Prozess wird das Wasser viermal ausgetauscht und in zwei Fällen aufgeheizt. Durch Veränderung dieses Ablaufs (insbesondere der Anzahl der Wasserwechsel und der erreichten Temperaturen) ergeben sich spezielle Programmprofile mit unterschiedlichen Reinigungs- und Trocknungsleistungen. Bei „Kurzprogrammen" wird auf das Vorspülen verzichtet und der Reinigungsgang verkürzt, „Schon- und Sparprogramme" laufen meist bei niedrigerer Temperatur ab, „Intensivprogramme" dagegen bei höherer Temperatur und mit zusätzlichen Wasserwechseln. Wasser- und Energiebedarf wie auch die Laufzeit hängen stark vom gewählten Programm ab.

## Spülprobleme und ihre Ursachen

Im komplexen Zusammenwirken der Reinigerkomponenten mit den aktuellen Bedingungen der Spülmaschine, des Wassers, des Geschirrs und des Schmutzes kann trotz spülmaschinengeeignetem Material ein unbefriedigendes Reinigungs- oder Trocknungsergebnis resultieren. Ursachen für mangelhafte Reinigung können eine Blockierung des Sprüharmes, die Wahl eines Spülprogramms mit zu niedriger Temperatur, der Einsatz eines ungeeigneten Reinigers oder falsche Dosierung sein. Die Verschleppung von Schmutz auf andere Geschirrteile ist oft auf verstopfte oder nicht korrekt eingesetzte Siebe zurückzuführen. Andere Spülfehler lassen sich weniger leicht diagnostizieren (siehe **Abb. 9.2-3** bis **9.2-5**), etwa Trocknungsdefizite, die durch Klarspülmittelmangel / Fehldosierung / zu niedrige Klarspül-Temperatur / falsches Einstellen der Teile (Wasser läuft nicht ab) verursacht sein können.

## Entwicklungstendenzen

Geschirrspülmaschinen erfreuen sich großer Beliebtheit; die Marktsättigung hat kontinuierlich zugenommen (siehe **Abb. 9.2-6**). Für ihren Betrieb werden Wasser und (elektrische) Energie benötigt – zur Reduktion der Umweltbelastung wurden aber im Lauf der Entwicklung nachhaltige Verbesserungen realisiert. Der Wasserverbrauch pro Spülgang sank (bei einer mit 12 Maßgedecken beladenen durchschnittlichen Spülmaschine) von 1970 bis 2015 um 87 Prozent (siehe **Abb. 9.2-7**) und der Energiebedarf um 67 Prozent (siehe **Abb. 9.2-8**). Leistungsfähige Geschirrspüler verbrauchen nur noch 6 l Wasser und unter 0,7 kWh an elektrischer Energie im genau definierten „Eco"-Programm.

Treibende Kraft dieser Effizienzsteigerung ist seit dem Jahr 2000 das EU-**Energieverbrauchskennzeichnungsetikett** (EEK), mit dem alle zum Verkauf angebotenen Geschirrspülmaschinen gekennzeichnet sein müssen. Hierzu werden Geschirrspül-

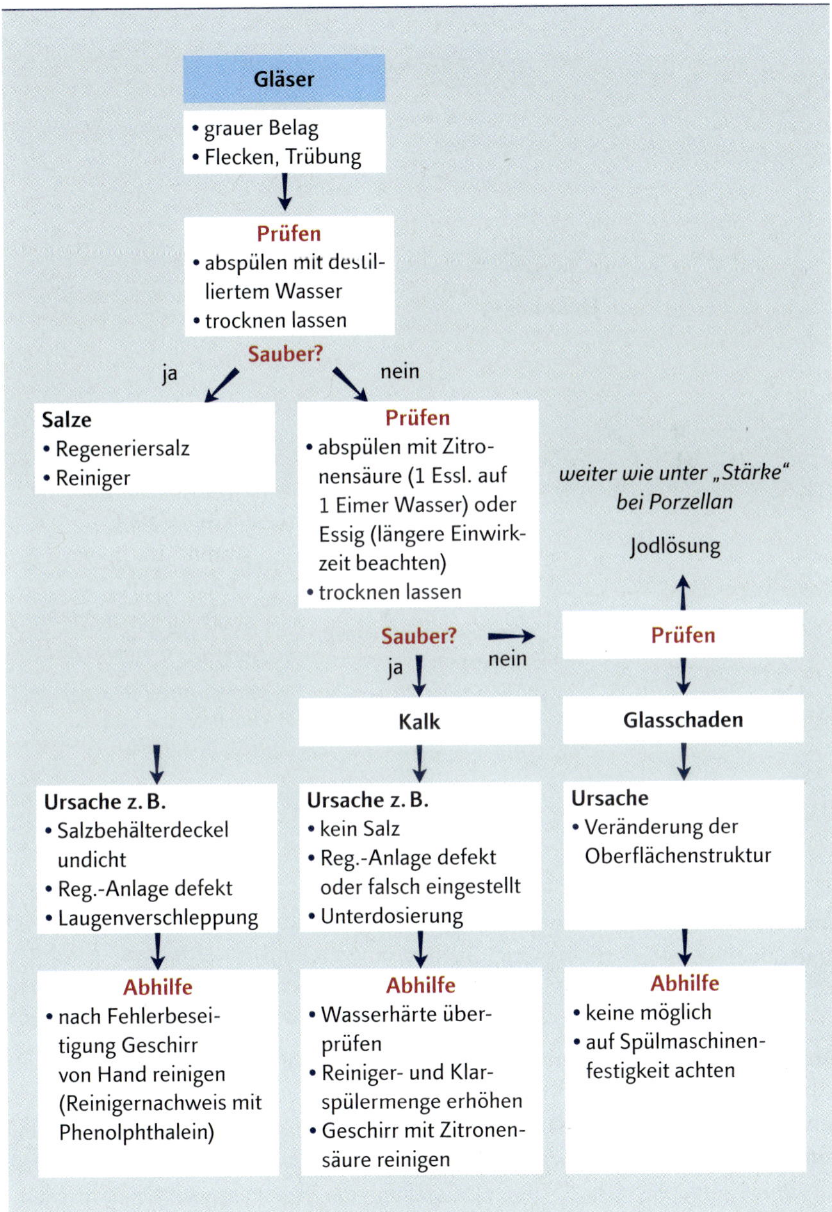


**Abb. 9.2-3:** Spülfehlerdiagnose bei Gläsern (Hauthal et al. 2007)

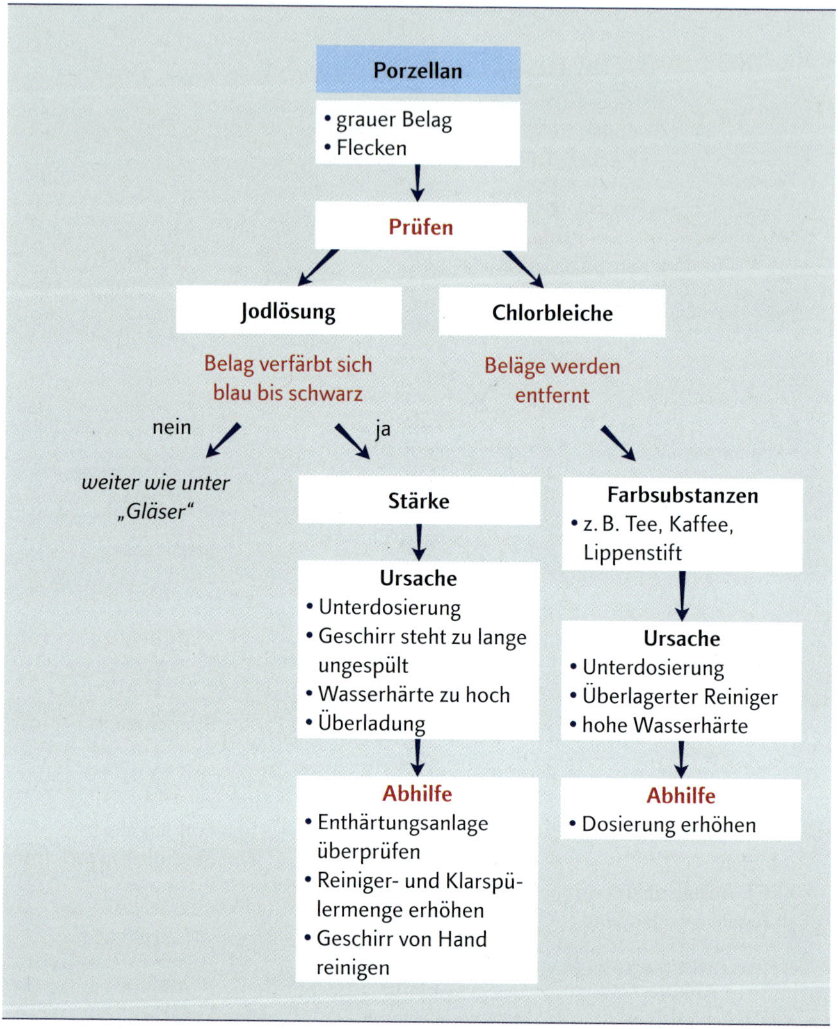


**Abb. 9.2-4:** Spülfehlerdiagnose bei Porzellan (Hauthal et al. 2007)

automaten nach der Norm DIN EN 50242 nicht nur bezüglich ihrer Verbrauchsdaten untersucht, sondern es wird auch geprüft, wie gut die erzielten Reinigungs- und Trocknungsergebnisse sind. Durch Darstellung der Ergebnisse auf einer anschaulichen Skala erhält der Verbraucher eine umfassende Information in komprimierter Form.

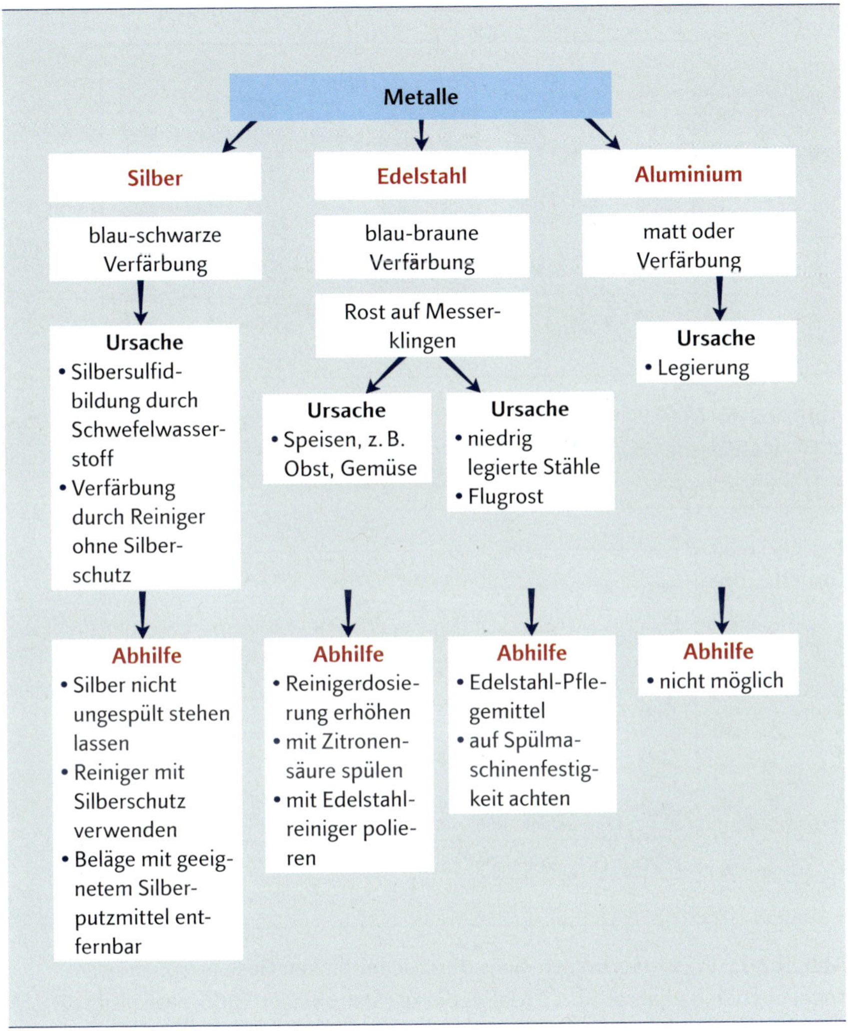


**Abb. 9.2-5:** Spülfehlerursachen bei Metallen (Hauthal et al. 2007)

Während in der ersten Version des EEK die Skala von A (sehr effizient, sehr gut) bis G (wenig effizient, schlecht) reichte, enthält das seit 20.12.2011 gültige überarbeitete EEK (siehe **Abb. 9.2-9**) die Klassen A+++ (beste Klasse) bis D (schlechteste Klasse). Dabei wurde die einseitig offene Klasse A des alten Etiketts in vier Klassen unterteilt, um der gestiegenen Marktbedeutung der energiesparenden Geräte

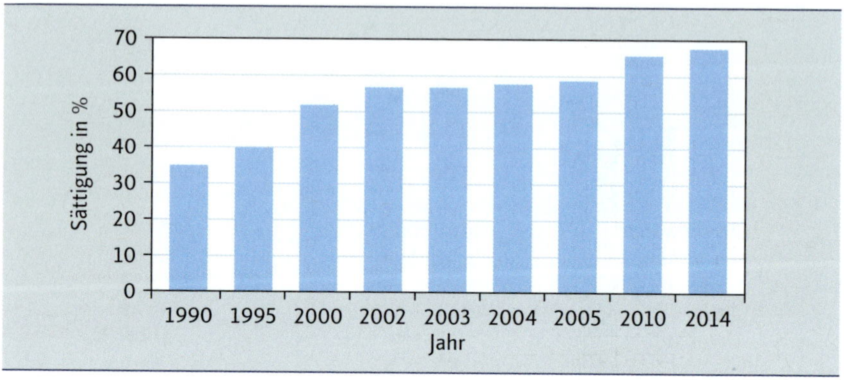


**Abb. 9.2-6:** Marktsättigung bei Geschirrspülern in Deutschland (ZVEI 2006–2007, Statistisches Bundesamt 2015)

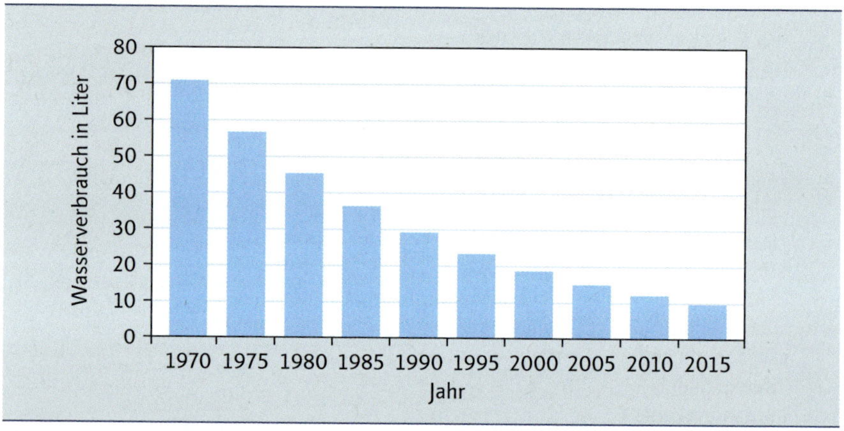


**Abb. 9.2-7:** Wasserverbrauch eines durchschnittlichen Geschirrspülers des angegebenen Baujahres für 12 Maßgedecke (Stamminger 2006, aktualisiert 2015)

gerecht zu werden und weiterhin einen sichtbaren Anreiz zu bieten, die effizientesten Geräte zu kaufen. Allerdings sind die Klassen des alten und neuen EEK nicht 1:1 vergleichbar, weil auf dem neuen EEK statt des Verbrauchs pro Spülzyklus der Jahresverbrauch angegeben und darin auch der Bereitschaftsstromverbrauch berücksichtigt wird. Entfallen ist im neuen EEK die Angabe des Reinigungsergebnisses,

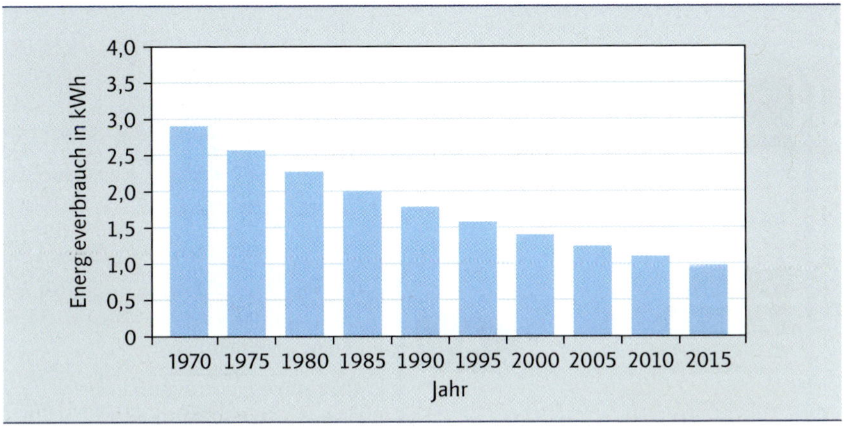


**Abb. 9.2-8:** Stromverbrauch eines durchschnittlichen Geschirrspülers des angegebenen Baujahrs für 12 Maßgedecke (Stamminger 2006, aktualisiert 2015)

weil die gleichzeitig erlassene europäische Ökodesign-Richtlinie (umgesetzt im deutschen Energieverbrauchsrelevante-Produkte-Gesetz = EVPG) die Festlegung enthält, dass in Europa nur noch der Verkauf von Geschirrspülern erlaubt ist, die ein mindestens gutes Reinigungsergebnis erzielen (Note besser als 1,12 nach DIN EN 50242).

Seit Dezember 2013 dürfen in Europa nach der Ökodesign-Richtlinie außerdem nur noch normal (d. h. 60 cm) breite Geschirrspüler der Energieeffizienzklassen A+++, A++ und A+ in den Handel gebracht werden: Obwohl auf dem Energielabel weiterhin die 7 Klassen von A+++ bis D stehen, ist A+ mittlerweile die schlechteste Klasse, die noch zugelassen wird. Nur bei Schmalautomaten ist außerdem noch die Klasse A erlaubt.

Zu beachten ist jedoch, dass sich alle Verbrauchsangaben des EEK auf ein Eco-Programm beziehen, das der Hersteller als das effizienteste Programm zur Reinigung normal verschmutzten Geschirrs angibt. Die Angaben werden unter Laborbedingungen ermittelt – der tatsächliche Verbrauch hängt aber auch von den jeweiligen Nutzungsbedingungen ab (z. B. Beladung, Kaltwassertemperatur). Die Eco-Programme sind „Stromspar"-Programme, die meist bei niedriger Temperatur arbeiten und deshalb eine lange Laufzeit benötigen, damit trotzdem eine gute Reinigungsleistung erreicht wird (siehe **Kap. 9.1** – Sinnerscher Kreis).

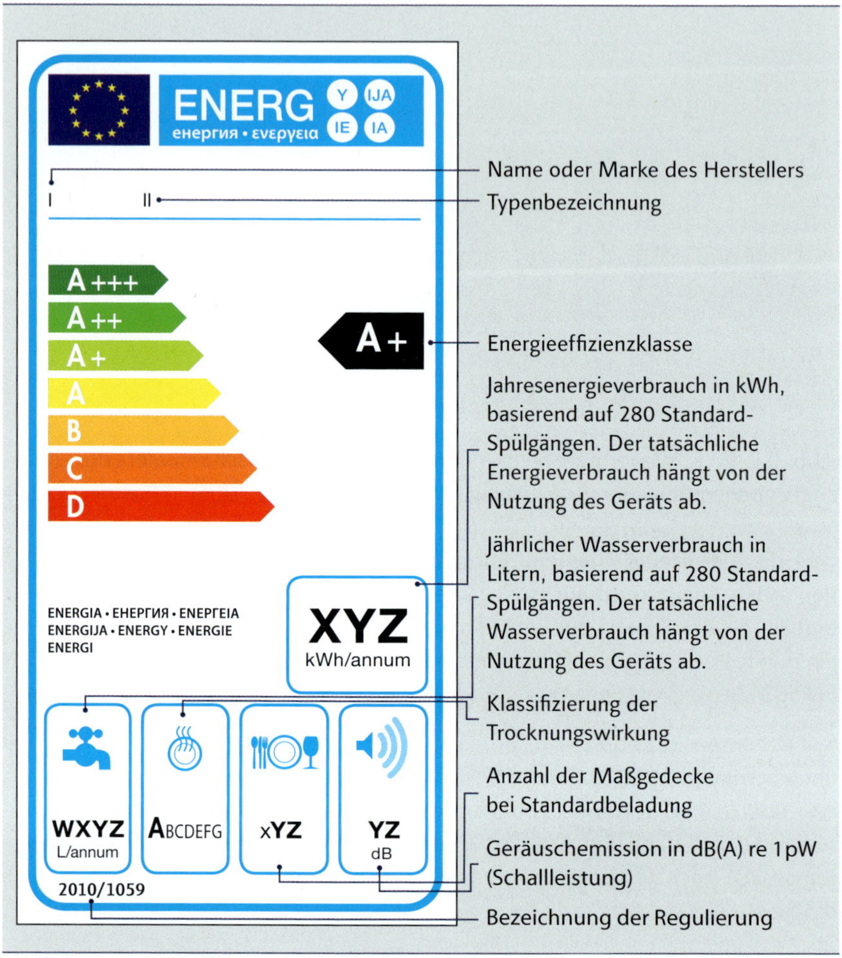


**Abb. 9.2-9:** Energieetikett für Geschirrspülmaschinen (EU-Kommission 2010)

## 9.3 Verfahrensvergleich und Empfehlungen (RAINER STAMMINGER)

### Umweltauswirkungen

Die Methode des Geschirrspülens hat großen Einfluss auf die damit verbundenen Umweltauswirkungen. In **Tab. 9.3-1** sind durchschnittliche Verbrauchswerte, der Zeitbedarf und die erzielten Reinigungsergebnisse beim manuellen und maschinellen Spülen von 12 Maßgedecken (für Deutschland) dargestellt. Der Reinigungsindex (beste Punktzahl 5) wurde beim maschinellen Spülen wie beim Handspülen visuell nach DIN EN 50242 ermittelt.

Ein **Life Cycle Assessment** (entsprechend einer Ökobilanz) im Auftrag der EU bestätigt, dass ca. 90 Prozent und mehr der ökologischen Belastung durch einen Geschirrspüler (vor allem infolge des Wasser- und Energiebedarfs) während der Benutzung entstehen, außerdem gelangen Reiniger, Klarspüler und Regeneriersalz letztlich ins Abwasser und müssen abgebaut werden. Im Vergleich zum Handspülen werden beim maschinellen Spülen von 12 Maßgedecken etwa eineinviertel Stunde Arbeitszeit eingespart – bei fünf Maschinenspülgängen pro Woche sind das im Jahr rund 40 Arbeitstage à 8 Stunden, die als Freizeit oder für andere Aktivitäten besser genutzt werden können.

**Tab. 9.3-1:** Durchschnittswerte beim Spülen von 12 Maßgedecken (Stamminger et al. 2007 a)

| Verfahren | Wasser | Energie | Spülmittel (Reiniger) | Reinigungsindex | Zeitbedarf | | |
|---|---|---|---|---|---|---|---|
| | | | | | Arbeitszeit | | Programmdauer |
| | l | kWh | g | Punktzahl[1] | min | Anmerkung | min |
| Von Hand | 46 | 1,3 | 21 | 3,2 | 76 | spülen | |
| Maschinell, Programm: | | | | | | | |
| • Normal | 15 | 1,0 | (30) | 3,3 | 15 | be- und entladen | 100 |
| • Intensiv | 22 | 2,0 | (30) | 4,3 | 15 | be- und entladen | 150 |

[1] Bereich 1–5 (Bestwert 5)

## Kostenaspekt

Ein Vergleich des manuellen mit dem maschinellen Spülen muss neben den Kosten für den Wasserverbrauch, die (elektrische) Erwärmung des Wassers und die benötigte sonstige elektrische Energie auch die Kosten für die verwendeten Betriebsstoffe berücksichtigen (Handspülmittel und Spülutensilien bzw. Reiniger, Klarspüler und Regeneriersalz). Basierend u. a. auf Zahlen der Stiftung Warentest zeigt der historische Vergleich, dass Geschirrspülen per Hand in der Vergangenheit einmal ökonomischer war als maschinelles Spülen (siehe **Abb. 9.3-1**). Infolge der stark gestiegenen Kosten für Wasser und Strom einerseits und der Verbrauchsdaten-Reduktion bei Geschirrspülmaschinen andererseits ist die Relation aber seit Mitte der 80er Jahre umgekehrt: Heute ist das maschinelle Spülen in der Regel billiger als das Handspülen.

Dies bleibt gültig, wenn die Anschaffungskosten der Geschirrspülmaschine (Kapitalzins und Abschreibung) einbezogen werden, denn auch das manuelle Spülen benötigt Hilfsmittel wie Spültuch, Bürste, Schwammtuch, Handschuhe und Trockentücher. Außerdem ist der Aufwand für das regelmäßige Waschen dieser Utensilien zu beachten. Ein Vergleich der investitionsbedingten Kosten ergibt in etwa denselben Betrag für beide Arten des Geschirrspülens. Durch die Einführung der kostenlosen Altgeräterücknahmepflicht fallen bei der Entsorgung der Geschirrspülmaschine keine zusätzlichen Kosten für den Verbraucher an (und aufgrund der Wiederverwertungs-Verpflichtung weniger Umweltbelastungen).

Diesen Vergleichen (siehe **Tab. 9.3-1** und **Abb. 9.3.1**) liegen das „übliche“ Verbraucherverhalten beim Handspülen und der normgerechte Einsatz einer Durchschnitts-Geschirrspülmaschine zugrunde. Beides ist durchaus nicht immer gegeben, und daher kann der Vergleich im Einzelfall sehr viel anders ausfallen. Meist wird auch der Besitzer einer Spülmaschine nicht gänzlich auf das Spülen einzelner Geschirrteile von Hand verzichten. Deshalb gilt es, Hand- und Maschinenspülen optimal zu gestalten, um die Umweltbelastungen zu reduzieren.

## Empfehlung Handspülen

Das „Forum Waschen“ hat **sechs goldene Regeln zum Geschirrspülen per Hand** herausgegeben (siehe **Tab. 9.3-2**), die als Basis für effizientes und ökologisch verträgliches Geschirrspülen gelten können. Zu empfehlen ist, vorab zu sortieren und mit dem relativ saubersten Geschirr zu beginnen. Für den Spülprozess ist das Zwei-Becken-Spülen anzuraten, bei dem in einem Becken gespült und im zweiten Becken mit klarem kaltem Wasser durch kurzes Eintauchen des gereinigten

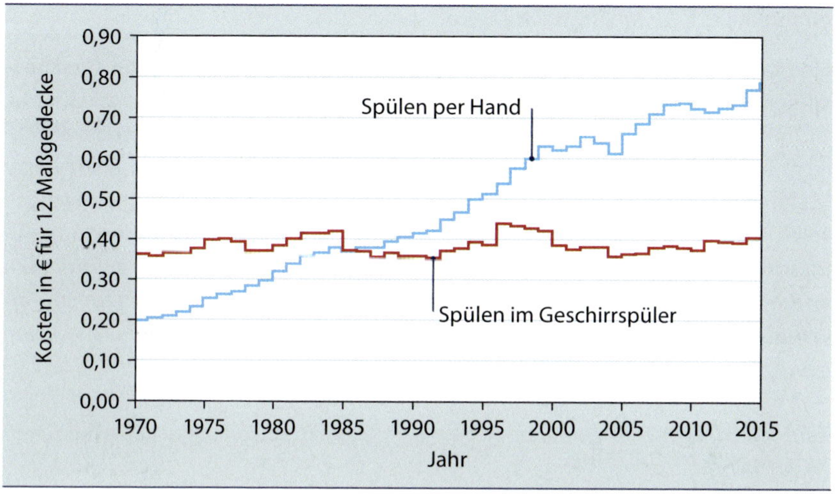


**Abb. 9.3-1:** Vergleich der Betriebskosten für Geschirrspülen per Hand und in der Maschine (Stamminger 2006, aktualisiert 2015)

Geschirrs zur Entfernung der verbliebenen Essens- und Chemiereste nachgespült wird. Dabei bleibt die Wärme im Geschirrteil gespeichert, so dass es in einem Abtropfgitter dann praktisch vollständig von selbst trocknet. Die (hygienisch kritische) Benutzung eines Geschirrtuches zum Trocknen entfällt.

**Tab. 9.3-2:** Die sechs goldenen Regeln zum Geschirrspülen per Hand (Forum Waschen 2014)

| | |
|---|---|
| 1. | Grobe Speisereste in den Abfall entsorgen. |
| 2. | Angetrocknetes und Eingebranntes in möglichst heißem Wasser mit wenig Spülmittel einweichen. |
| 3. | Geschirrteile zum Spülen ansammeln. In einem halbvoll gefüllten Becken mit heißem Wasser spülen. Nicht unter fließendem Wasser reinigen. |
| 4. | Zur Vermeidung zu starker Schaumbildung erst Wasser einlassen. Dann die vom Hersteller empfohlene Menge an Spülmittel dazugeben. Durch zu viel Schaum können Schmutzteilchen auf bereits gespültes Geschirr gelangen. |
| 5. | Nach dem Reinigen: Nachspülen in einem mit kaltem Wasser gefüllten Becken oder in einer Schüssel. Geschirr möglichst an der Luft trocknen lassen. |
| 6. | Spültuch/Schwamm spätestens nach einer Woche bei 60 °C waschen. |

## Empfehlung Maschinenspülen

Ebenfalls vom „Forum Waschen" wurden **sechs goldene Regeln zum Geschirrspülen in der Maschine** herausgegeben (siehe **Tab. 9.3-3**). Aus ökologischen Gründen sollte die Spültemperatur möglichst reduziert werden, weil moderne Reiniger auch schon bei niedrigen Temperaturen (40 °C bis 55 °C) gute Reinigungsleistungen erbringen. Zur Gewährleistung einer einwandfreien Innenraumhygiene sollte von Zeit zu Zeit ein 60 °C-Programm gewählt werden. Neuere Geschirrspülmaschinen bieten Automatikprogramme, bei denen sich der Ablauf automatisch an die Schmutz- und Geschirrmenge anpasst und so bei jeder Beladung für ein einwandfreies Reinigungs- und Trocknungsergebnis mit optimalen Verbrauchswerten gesorgt ist.

**Tab. 9.3-3:** Die sechs goldenen Regeln zum Geschirrspülen in der Maschine (IKW 2006)

| | |
|---|---|
| 1. | Grobe Speisereste in den Abfall entsorgen. |
| 2. | Geschirr nicht von Hand vorspülen. |
| 3. | Geschirr so einräumen, dass alle Flächen von den Wasserstrahlen getroffen werden können. |
| 4. | Geschirrspüler möglichst voll beladen, dabei Berührung der Geschirrteile untereinander vermeiden. |
| 5. | Reiniger, Klarspüler und Regeneriersalz einzeln oder als Systemprodukt entsprechend der Herstellerempfehlung einsetzen. |
| 6. | Spülprogramm und -temperatur nach Geschirrart und Verschmutzungsgrad mit Hilfe der Herstellerangaben wählen. |

## 9.4 Oberflächenreinigung in der Küche (RAINER STAMMINGER)

Das Reinigen diverser Oberflächen in der Küche folgt den gleichen Prinzipien wie die Geschirrreinigung. Allerdings ergibt sich vor allem beim Einsatz von Spezialreinigern (z. B. Backofenreinigern) eine andere Aufteilung der Sinnerschen Reinigungsfaktoren (siehe **Abb. 9.1-1**) als beim Geschirrspülen.

## Materialien

Im Küchenbereich wird (abgesehen von Geschirrmaterial) für die unterschiedlichen Zwecke (Wände, Boden, Arbeitsflächen, Fußboden, Mobiliar) eine Vielzahl von Werkstoffen für Oberflächen verwendet, die genau genommen jeweils eine spezifische Reinigungstechnik erfordern. Zu differenzieren ist grob zwischen

- Kunststoffen: Gerätefronten, Arbeitsflächen usw.,
- mineralischen Werkstoffen: Fliesen, Glas usw.,
- Holz: Möbelfronten, Schneidbretter usw.,
- Metallen: Geräte, ggf. Frontplatten usw. sowie
- Farben, Anstrichen, Lacken.

Innerhalb dieser Kategorien wäre wiederum nach der Art des Materials zu unterscheiden, bei Kunststoffen etwa nach Thermoplasten, Kunstharzbeschichtungen (Melamin, Polyester), Elastomeren, Duroplasten usw., wobei im Detail exakt nach den chemischen Grundstoffen zu fragen ist – bei Thermoplasten beispielsweise kann es sich um Polyamide, Polyacrylnitril, Polyethen, Polystyrol, Polyvinylchlorid (PVC) oder ein Mischpolymerisat wie ABS (Acryl-Butadien-Styrol) handeln. Es übersteigt hier den Rahmen (und im Allgemeinen auch die Grenzen des Küchennutzers), die Materialien und ihre speziellen Ansprüche im Einzelnen zu erörtern.

## Reinigungsmittel

Bei der Vielzahl von Reinigungsmitteln, die zur Reinigung von anderen als Geschirroberflächen in der Küche eingesetzt werden, ist zwischen Allzweckreinigern, Scheuermittel und Spezialreinigern zu unterscheiden.

### Allzweckreiniger

Allzweckreiniger werden meist als **universelle Haushaltsreiniger** überwiegend flüssig, selten in Pulverform, dem Putzwasser beigegeben oder als Spray oder Schaum (einwirken lassen!) angewendet. Bei hartnäckigen, insbesondere bei fetthaltigen Anschmutzungen werden sie aber auch unverdünnt angewendet. Die wesentlichen Bestandteile sind Tenside und Komplexbildner wie Citrat, Gluconat und Polycarboxylate. Zur Enthärtung des Wassers dienen die Komplexbildner, zur Verstärkung der Reinigungswirkung anionische Tenside (Alkansulfonate, Fettalkoholethersulfate, seltener auch Seifen) und Niotenside (z. B. ethoxylierte Fettalkohole oder Alkylpolyglucoside). Bei antimikrobiellen Allzweckreinigern hemmen geeignete Wirkstoffe das Keimwachstum.

## Scheuermittel

Scheuermittel sind hauptsächlich für die mechanische Entfernung hartnäckiger Verschmutzungen (z. B. in Küche und Bad) gedacht. Sie haben einen hohen Gehalt an wasserunlöslichen Abrasivstoffen und dienen der Entfernung hartnäckiger (eingebrannter, gealterter) Verschmutzungen auf mechanisch widerstandsfähigen Oberflächen. Nach der Anwendung von Scheuermitteln sind deren Rückstände sorgfältig zu beseitigen. Angeboten werden Scheuerpulver und flüssige Scheuermittel.

**Scheuerpulver** enthalten als Abrasivstoff vorwiegend Quarzmehl. Bei schlechten Emaille-Qualitäten, weichen Metallen, Kunststoffen und lackierten Oberflächen hinterlassen diese Reinigungsmittel leicht Kratzspuren. **Flüssige Scheuermittel** enthalten Marmormehl, das weicher als Quarzmehl ist. Daher behandeln sie die Oberflächen schonender. Auch sind sie bequemer in der Handhabung.

## Spezialreiniger

Spezialreiniger (siehe **Tab. 9.4-1**) haben jeweils einen spezifischen Anwendungsbereich. Ihre Zusammensetzung richtet sich nach der Aufgabenstellung. Interessant für die Küche sind insbesondere die Spezialreiniger für Backofen und Grill sowie für das Glaskeramik-Kochfeld. Letztere enthalten auch Poliermittel, die aber feiner sind und deswegen sanfter wirken als in Scheuermitteln. Die Rezepturen der Backofenreiniger sind in den letzten Jahren entschärft worden; ätzende Stoffe wie Natronlauge sind nicht mehr darin enthalten. Trotzdem sind bei vielen Schaumreinigern noch diverse Gefahrensymbole angebracht. Bei allen Backofenreinigern sind ganz besonders die jeweiligen Anwendungshinweise zu beachten.

**Tab. 9.4-1:** Spezialreiniger: Eigenschaften und Einsatzbereiche

| Reinigungsmitteltyp | Eigenschaften | Einsatzbereich | Besondere Hinweise |
|---|---|---|---|
| Backofenreiniger | Aggressiv gegenüber Lack, Kunststoff und Aluminium, z.T. auch Katalyt-Emaille | Hartnäckig haftende, eingebrannte oder klebende Verkrustungen | Benutzungshinweise beachten – die Reiniger enthalten meist Gefahrstoffe |
| Essigreiniger/ Zitronensäure | Kalk wird in wasserlösliche Verbindungen überführt | Entkalken, Entfernen von Kalkrückständen z. B. auf Armaturen und Spülen | Mit klarem Wasser nachspülen und trocken reiben |

*(Fortsetzung S. 341)*

**Tab. 9.4-1:** *(Fortsetzung v. S. 340)* Spezialreiniger: Eigenschaften und Einsatzbereiche

| Reinigungsmitteltyp | Eigenschaften | Einsatzbereich | Besondere Hinweise |
|---|---|---|---|
| Glaskeramik-Reiniger | Enthält sehr feines Poliermittel, damit die Oberfläche nicht zerkratzt wird | Entfernen von feinen haftenden und fetthaltigen Rückständen | Auf abgekühlte Oberfläche auftragen |
| Edelstahlpflege | Enthält Säure und feine Poliermittel; bewirkt Oberflächenschutz | Entfernen von Kalkablagerungen und Wasserflecken | Nie Scheuermittel, harte Bürsten, Stahlwolle oder Topfschwämme benutzen |

## Arbeitshilfsmittel

Als **Wischtücher** werden statt des traditionellen Fensterleders heute meist Vliestücher eingesetzt, die sich befeuchtet ähnlich wie Leder verhalten. Sie sind aber widerstandsfähiger gegen Chemikalien und gut auszuwaschen. Diese Tücher sind (wie Mikrofasertücher) auch in unterschiedlichen Farben für die diversen Anwendungsbereiche in der Küche erhältlich.

**Mikrofasertücher** bestehen aus sehr feinen Polyamid- oder Polyester-Fasern (Durchmesser unter 5 µm). Diese Tücher weisen eine sehr gute Reinigungswirkung auf. Am besten werden sie schleuderfeucht und ohne Gebrauch von tensidhaltigen Reinigungsmitteln angewendet. Sie ermöglichen dann sogar die einfache Beseitigung leichter Öl- und Fettverschmutzungen (Auswaschen in der Waschmaschine, aber ohne Weichspülen!). Um eine höhere Verschleißfestigkeit zu erzielen, werden auch mit Polyurethan beschichtete Mikrofasertücher angeboten.

**Schwammtücher** (flache Schwämme) weisen eine waffelartige Struktur auf und werden häufig für das Abwaschen von Oberflächen benutzt – sie sind wenig abriebfest. **Padschwämme** (Kissen-Schwämme) mit weißer Auflage arbeiten kratzfrei, während blau, grün oder schwarz eingefärbte Pads abrasiv wirken. **Radierschwämme** eignen sich für hartnäckige Verschmutzungen (grundsätzlich nass). Sie dürfen auf kratzempfindlichen Oberflächen außer Keramik und Edelstahl nicht angewendet werden. **Topfschwämme** aus Metallstrick oder Stahlwolle wirken stark abrasiv.

Feuchte Abwasch- und Wischlappen, Spülschwämme, Abwaschbürsten sowie diverse Geschirr- und Handtücher bieten ein günstiges Milieu für Mikroorganismen. Diese verbreiten sich über typische Kontaktflächen, d. h. über Arbeitsflächen, Arbeitsgeräte, Schneidbretter, Lebensmittel, Geschirr und alle Griffe. Die Tücher und Bürsten zum Reinigen von Oberflächen und Geschirr sollten hygienisch rein und nicht nur optisch sauber sein – die Tücher sind häufig (ein- bis zweimal pro Woche) bei 60 °C zu waschen und unmittelbar anschließend zu trocknen. Die Küche ist ein hygienischer Problembereich.

## Literatur zu Kapitel 9

Böhme H., Ladner E. 2014: Fachwissen Gebäudereinigung. 4. Auflage, Verlag Europa-Lehrmittel, Haan-Gruiten

BMWi (Hrsg): Das Energieverbrauchsrelevante-Produkte-Gesetz, www.bmwi.de/Dateien/Energieportal/PDF/energieverbrauchsrelevante-produkte-gesetz-evpg,property=pdf,bereich=bmwi2012,sprache=de,rwb=true.pdf (ver. 15. 07. 2015)

Brokjans C. 1995: Die Bewertung der Gebrauchseigenschaften von Küchenspülen für den privaten Haushalt als Beitrag zu einer verbraucherrelevanten Information. Dissertation Universität Gießen, Fischer-Löw Verlag, Gießen

DIN – Deutsches Institut für Normung e. V. (Hrsg.) 2013: EN 50242/EN 60436:2008 + EN 50242:2008/A11:2012, Elektrische Geschirrspüler für den Hausgebrauch – Messverfahren für Gebrauchseigenschaften. Beuth Verlag, Berlin

Energieverbrauchskennzeichnungsgesetz (EnVKG) vom 1. Juli 1997 (zuletzt geändert am 10.5.2012) (BGBl I 2012, 1070) Energieverbrauchskennzeichnungsverordnung (EnVKV) vom 6. 11. 1997 (zuletzt geändert am 14.8.2013) (BGBl I 2013, 3221)

EU-Kommission (Hrsg.) 2005: Preparatory studies for eco-design requirements of EuPs (Tender TREN/D1/40-2005), Lot 14: Domestic washing machines and dishwashers. Brussels

EU-Kommission (Hrsg.) 2010: Delegierte Verordnung (EU) Nr. 1059/2010 der Kommission vom 28. September 2010 zur Ergänzung der Richtlinie 2010/30/EU des Europäischen Parlaments und des Rates im Hinblick auf die Kennzeichnung von Haushaltsgeschirrspülern in Bezug auf den Energieverbrauch (ABl. L 314 vom 30. 11. 2010, S. 1, L 78 vom 24.3.2011, S. 70) (ver. 15. 07. 2015)

Forum Waschen 2014: http://forum-waschen.de/tl_files/content/pdf-waschen-abwaschen-reinigen/Bildkarte_Abwaschen-per-Hand-14.pdf (ver. 20. 12. 14)

GDCh – Fachgruppe „Lebensmittelchemie und gerichtliche Chemie“ in der Gesellschaft Deutscher Chemiker e.V. (Hrsg.) 1985: Bedarfsgegenstände – Zusammensetzung und Analytik von Reinigungs- und Pflegemitteln für den Haushalt und von textilen Bedarfsgegenständen. Behr's-Verlag, Hamburg

Hausgeräte+ 2015: Checkliste Geschirrspülmaschinen, www.hausgeraete-plus.de

Hauthal H.G., Wagner G. (Hrsg.) 2007: Reinigungs- und Pflegemittel im Haushalt – Chemie, Anwendung, Ökologie und Verbrauchersicherheit. 2. Auflage, Verlag für chemische Industrie H. Ziolkowsky, Augsburg

Henkel KGaA (Hrsg.) 2006: „Richtig Spülen“. Broschüren-Reihe „Informationen rund ums Waschen, Spülen, Reinigen“, Nr. 12, Düsseldorf, www.somat.de/downloads/richtig-spuelen.pdf (ver. 14. 07. 2015)

Ihne S. 2006: Investigation of chemical and microbiological residues on dishes cleaned by hand and machine on the basis of specific examples. Dissertation Universität Bonn, Haushaltstechnik, Shaker-Verlag, Aachen

IKW – Industrieverband Körperpflege- und Waschmittel e.V. 1998: Methoden zur Bestimmung der Reinigungsleistung von maschinellen Geschirrspülmitteln (Teil A). SÖFW-Journal 124, Nr. 11, S. 702–713

IKW – Industrieverband Körperpflege- und Waschmittel e.V. 2002: Empfehlung zur Qualitätsbewertung der Reinigungsleistung von Handgeschirrspülmitteln. SÖFW-Journal 128, Nr. 5, S. 23–29

IKW – Industrieverband Körperpflege- und Waschmittel e.V. 2006: Methoden zur Bestimmung der Reinigungsleistung von maschinellen Geschirrspülmitteln (Teil B, aktualisiert 2005). SÖFW-Journal 132, Nr. 3, S. 55–70

KTBL – Kuratorium für Technik und Bauwesen in der Landwirtschaft e.V. (Hrsg.) 1998: Datensammlung Verpflegung und Service. Landwirtschaftsverlag, Münster-Hiltrup

Lutz B., Simon M. 2008: Hausreinigung und Textilpflege. 2. Auflage, Verlag Handwerk und Technik, Hamburg

Lutz M. 2003: Reinigungs- und Hygienetechnik. Ecomed, Stuttgart

Richter C. P. 2008: Geschirrspülen in Deutschland – Beobachtungen in 50 Haushalten. In: Schmidberger W. (Hrsg.): Erlebniswelt Küche – Technik und Lifestyle. dgh-Fachausschuss Haushaltstechnik, Dokumentation der Jahrestagung 2007, 1.–2. März 2007 in Bonn. (Haushaltstechnik – Berichte aus Forschung und Praxis; 15), Shaker-Verlag, Aachen, S. 34–38

Stamminger R. 2006: Daten und Fakten zum Geschirrspülen per Hand und in der Maschine. SÖFW-Journal 132, Nr. 3 (Sonderdruck)

Stamminger R., Elschenbroich A., Rummler B., Broil G. 2007 a: Washing-up behaviour and techniques in Europe. Hauswirtschaft und Wissenschaft 55, Nr. 1, S. 31–40

Stamminger R., Rummler B., Elschenbroich A., Broil G. 2007 b: Dishwashing under various consumer-relevant conditions. Hauswirtschaft und Wissenschaft 55, Nr. 2, S. 81–88

Statistisches Bundesamt 2015: Ergebnisse der laufenden Wirtschaftsrechnungen (LWR) 2014: Ausstattung mit ausgewählten Gebrauchsgütern. Fachserie 15 Reihe 2 www.destatis.de/DE/Publikationen/Thematisch/EinkommenKonsum Lebensbedingungen/LfdWirtschaftsrechnungen/AusstattungprivaterHaushalte 2150200147004.pdf?__blob=publicationFile

Verordnung zur Kennzeichnung von energieverbrauchsrelevanten Produkten mit Angaben über den Verbrauch an Energie und an anderen wichtigen Ressourcen (Energieverbrauchskennzeichnungsverordnung – EnVKV) 2012: BGBl. I 1079 – 1080 (ver. 16. 07. 2015)

Vollmer G., Franz M. 2001: Chemie in Haus und Garten. Band 3: Pflege- und Reinigungsmittel, Dünge- und Schädlingsbekämpfungsmittel. Deutscher Taschenbuchverlag, München

Wildbrett G. (Hrsg.) 1981: Technologie der Reinigung im Haushalt. Verlag Eugen Ulmer, Stuttgart

ZVEI – Zentralverband Elektrotechnik und Elektronikindustrie e.V. (Hrsg.) 2007: ZVEI Zahlenspiegel des deutschen Elektro-Hausgerätemarktes 2007. Frankfurt am Main

# 10 Spezielle physikalische und chemische Größen

Für die optimale Gestaltung der Lebensmittelverarbeitung im Haushalt ist auch die Kenntnis einer Reihe von physikalischen und chemischen Zusammenhängen unerlässlich. In diesem Kapitel werden im Voraufgegangenen bereits mehrfach verwendete Begriffe erläutert und soweit erforderlich durch zusätzliche Informationen ergänzt. Vielfach ist auf umweltrelevante Fakten hingewiesen, vor allem in Verbindung mit Fragen des Energieeinsatzes.

Die folgende knappe Zusammenstellung erhebt selbstverständlich nicht den Anspruch umfassend zu sein, und stellenweise muss zugunsten von Kürze und Praxisnähe etwas auf fachwissenschaftliche Präzision verzichtet werden. Im **Kap. 10.6** steht eine Vielzahl von einschlägigen Materialdaten zur Verfügung.

## 10.1 Energie, Leistung (WOLFHART LICHTENBERG)

### Energieformen und Umwandlungsprozesse

Physikalische Systeme oder chemische Stoffe beinhalten Energie, wenn sie im Stande sind, Arbeit zu verrichten – mechanisch (Beispiele: Tellerspender, Talsperre), durch Wärmezufuhr (Nachtspeicherofen, Brennstoff) oder durch das Bereitstellen elektrischer Energie (Batterie). Stoffe, die Energie freisetzen können, werden als Energieträger bezeichnet. Energie in der ursprünglichen Form, wie sie die Natur bereitstellt, heißt **Primärenergie**. Primärenergieträger sind z. B. die fossilen Brennstoffe Kohle, Erdöl und Erdgas. Auch Solarenergie, Wind- und Wasserkraft stellen Primärenergie dar. **Sekundärenergie** wird erst durch Umwandlungsprozesse (etwa die Stromerzeugung) aus Primärenergie gewonnen. Sekundärenergieträger sind neben elektrischem Strom auch Raffinerieprodukte wie Benzin oder Dieselkraftstoff. Als **Endenergie** wird diejenige Energie bezeichnet, die letztlich beim Verbraucher zum Einsatz kommt; es kann sich dabei um Primärenergie oder um Sekundärenergie handeln. Unter sogenanntem nichtenergetischem Verbrauch ist in **Abb. 10.1-1** die Verwendung von Energieträgern als chemischer Rohstoff zu verstehen, z. B. für die Kunststoffproduktion.

Einheiten für die Energie sind (ebenso wie für die physikalische Arbeit, die ein System abgeben kann) das Joule (Zeichen J) bzw. das Kilojoule (Zeichen kJ), ferner die Kilowattstunde (1 kWh = 3 600 kJ). Die früheren Einheiten Kalorie (1 cal = 4,2 J) und Kilokalorie (1 kcal = 4,2 kJ) sind nicht mehr zulässig. Der **Brennwert** eines Brenn-

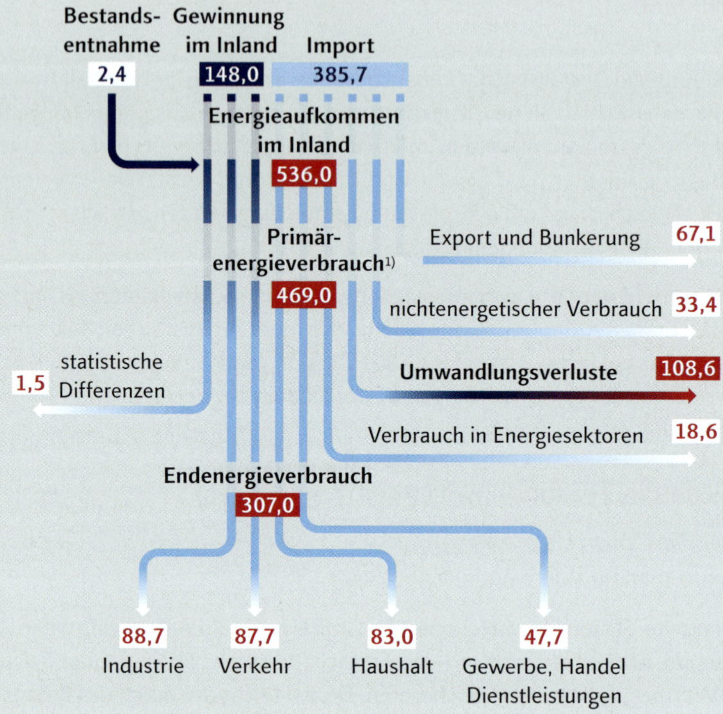


1) Der Anteil der erneuerbaren Energieträger am Primärenergieverbrauch liegt bei 11,6 %. Abweichungen in den Summen sind rundungsbedingt.

**Abb. 10.1-1:** Energieflussdiagramm für Deutschland (2013), Angaben in Mio t Steinkohleeinheiten (SKE) (Arbeitsgemeinschaft Energiebilanzen 2014)

stoffs gibt an, welche Wärmeenergie (nicht elektrische Energie!) bei vollständiger Verbrennung einer bestimmten Menge dieses Stoffes frei wird. Bei der physiologischen Verbrennung eines Lebensmittels wird nicht die gesamte Wärmemenge frei, die der physikalische Brennwert angibt, da die ausgeschiedenen Endprodukte noch Energie enthalten.

Energie kann in einem abgeschlossenen System nicht erzeugt werden oder verloren gehen, sondern nur von einer Form in eine andere umgewandelt werden, wobei allerdings ein Teil der eingesetzten Energie in unerwünschter Form auftreten kann – vor allem als Abwärme, die dann als „Verlust“ angesehen wird. Bei einem elektrischen Handrührgerät z. B. wird nur etwa die Hälfte der zugeführten elektrischen Energie am Rührwerkzeug als mechanische Energie abgegeben, während die andere Hälfte als Verlustwärme durch das Kühlgebläse abgeführt wird. Diese Wärme entsteht teils in den Spulenwicklungen des Motors, teils durch Reibung im Getriebe und in den Lagern. Das Verhältnis „Nutzleistung durch Leistungsaufnahme" wird als **Wirkungsgrad** bezeichnet. Ein Wirkungsgrad von 100 Prozent ergibt sich nur bei der Umwandlung von mechanischer oder elektrischer Energie in Wärmeenergie. Die Umwandlung von Wärme in mechanische und elektrische Energie (durch Kraftwerke) ist dagegen grundsätzlich nicht möglich, ohne dass Verluste in Form von Wärme auftreten.

Beim Energieeinsatz im Haushalt ist ein hoher Wirkungsgrad nicht nur aus wirtschaftlichen, sondern mehr noch aus ökologischen Gründen zu fordern. Jede Verbrennung setzt Kohlenstoffdioxid frei, das hauptverantwortlich für den **Treibhauseffekt** ist (siehe **Abb. 10.1-2**), d. h. für den zunehmenden Temperaturanstieg in der Atmosphäre infolge Absorption der Wärmestrahlung, die von der Erde ausgeht. Dieser Effekt wird außerdem wesentlich durch Stickstoffoxide (Entstehung vor allem bei hohen Verbrennungstemperaturen) sowie durch die Freisetzung von Methan und Fluor-Chlor-Kohlenwasserstoffen gefördert.

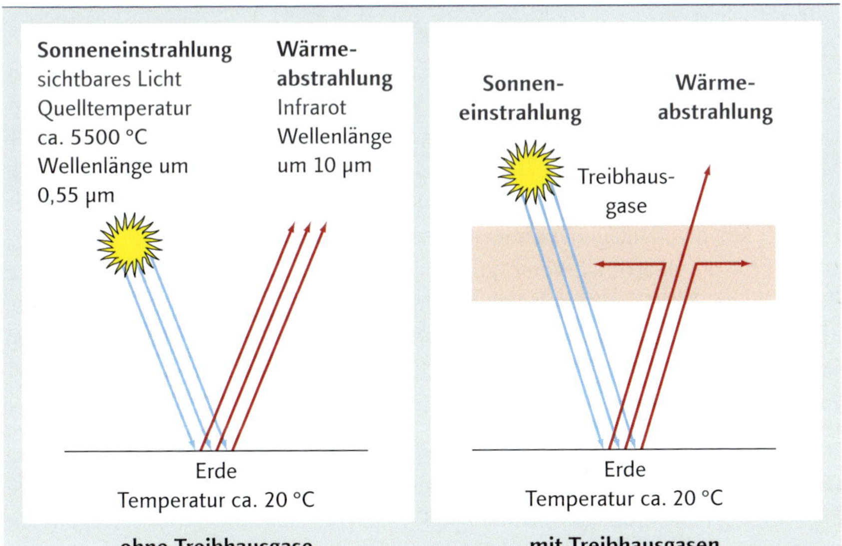


**Abb. 10.1-2:** Atmosphärischer Treibhauseffekt (aid 2005, Lichtenberg 2009)

Einen sparsamen Umgang mit Energie erzwingt nicht zuletzt die absehbare Erschöpfung der Brennstoffvorräte der Erde. Die Reichweite ist bei Mineralöl auf wenige Jahrzehnte begrenzt, ebenso bei den meisten anderen fossilen Brennstoffen mit Ausnahme von Steinkohle. Die Förderung von energiesparenden Technologien und von Verfahren zur nachhaltigen Nutzung **regenerativer** (nicht erschöpfbarer) Energieformen wie Solarenergie, Wind- und Wasserkraft sowie Erdwärme ist daher vordringlich.

Unter dem Eindruck der japanischen Reaktorkatastrophe wurde in Deutschland im Jahr 2011 die Energiewende beschlossen. Sie beinhaltet die folgenden konkreten Ziele, die im **Erneuerbare-Energien-Gesetz** (EEG) und seinen Novellierungen festgeschrieben sind:

- Schrittweiser Ausstieg aus der Kernenergie bis 2022
- Steigerung des Anteils der erneuerbaren Energien am Energieverbrauch auf 60 Prozent bis zum Jahr 2050
- Anteil am Bruttostromverbrauch dann mindestens 80 Prozent
- Einsparung vermeidbaren Energieverbrauchs
- Erhöhung der Energieeffizienz
- Verringerung des Primärenergieverbrauchs um 50 Prozent (gegenüber 2008)
- Minderung der jährlichen Treibhausgasemissionen um 80 Prozent (gegenüber 1990)

Die wichtigsten Quellen regenerativer Energie sind in Deutschland (neben der bereits weitestgehend ausgeschöpften Wasserkraft) die Wind- und die Solarenergie. Bei den **Windkraftanlagen** zur Stromerzeugung bietet das küstennahe Meer als Standort (Off-Shore-Technik) eine aussichtsreiche Perspektive, und für die Nutzung der Sonnenstrahlung zur Stromerzeugung haben sich **Silizium-Solarzellen** (Fotovoltaikanlagen) bereits etabliert. Blockheizkraftwerke hoher Effizienz können für die dezentrale Versorgung mit Strom und Heizwärme eine relevante Rolle spielen. Biogasanlagen für die Stromerzeugung ersparen fossile Brennstoffe, und die Treibhausgasemissionen lassen sich z. B. durch die **Wärmedämmung** von Gebäuden, die Warmwasserbereitung mittels Solarkollektoren und den Einsatz von Wärmepumpen reduzieren.

Das Hineinwachsen der erneuerbaren Energien in die bisherige Stromversorgung stellt erhebliche Forderungen insbesondere an die **Stromnetze**. Außerdem ist die Entwicklung neuer Speichertechnologien wegen der schwankenden Verfügbarkeit der regenerativen Energie erforderlich.

Für einen erheblichen Teil des Energiekonsums sind die privaten Haushalte verantwortlich. Die Haushalte beanspruchen (mit Heizung und Privatfahrzeugen) mehr als ein Drittel der Energie, die insgesamt eingesetzt wird. Nach der Raumheizung und dem Kfz-Betrieb entfallen die höchsten Anteile dabei auf die Warmwasserbereitung sowie auf Kühlen und Gefrieren: Fast immer ist hoher Energiebedarf im hauswirtschaftlichen Bereich durch thermische Prozesse bedingt, während der Anteil mechanischer Arbeit vernachlässigbar ist.

## Bedarfsstruktur der Privathaushalte

Im Haushalt sind neben elektrischer Energie vor allem Gas und (für Heizzwecke) Öl und Kohle von Bedeutung. Etwa drei Viertel des Endenergiebedarfs der privaten Haushalte (ohne Einbezug des Verbrauchs für Kraftfahrzeuge) gehen zu Lasten der Raumheizung. Das verbleibende Viertel beanspruchen etwa gleichanteilig die Warmwasserbereitung sowie die Summe für Hausgeräte, Beleuchtung und Unterhaltungselektronik. Der entscheidende Vorteil des unmittelbaren Einsatzes von Primärenergie statt elektrischer Energie für Wärmezwecke besteht darin, dass die Umwandlungsverluste vermieden werden – bei der Stromerzeugung in Dampfkraftwerken gehen von der eingesetzten Primärenergie bis zum Verbraucher rund zwei Drittel verloren (Umwandlungs- und Leitungsverluste).

Wird lediglich Wärme benötigt – sei es nun für Heizung, Garprozesse oder Warmwasserbereitung – ist der Einsatz von Primärenergie generell kostengünstiger und bei richtiger Handhabung weniger umweltbelastend als die Verwendung elektrischer Energie (siehe **Abb. 10.1-3**). Bisher wird von regenerativen Energieformen wie Umgebungswärme und Solarenergie nur vereinzelt für Heizung und Warmwasserbereitung Gebrauch gemacht.

Etwa ein Viertel der im Haushalt eingesetzten Endenergie ist Gas. Am häufigsten wird heute **Erdgas** verwendet. Hauptbestandteil ist Methan, das mit Luftsauerstoff zu Kohlenstoffdioxid und Wasserdampf verbrennt. Bei der Kondensation des Wasserdampfs entsteht je Kubikmeter verbranntes Erdgas etwa 1,5 l Wasser. Die Kondensationswärme von rund 1 kWh ist vom Brennwert abzuziehen, um den „Heizwert" zu erhalten. Zum Vergleich mit konventionellen Heizkesseln wird beim sogenannten „Brennwertgerät", das die Kondensationswärme nutzt, die erzeugte Wärmeenergie auf den (kleineren) Heizwert bezogen. Dadurch ergeben sich rechnerisch Wirkungsgrade von mehr als 100 Prozent.

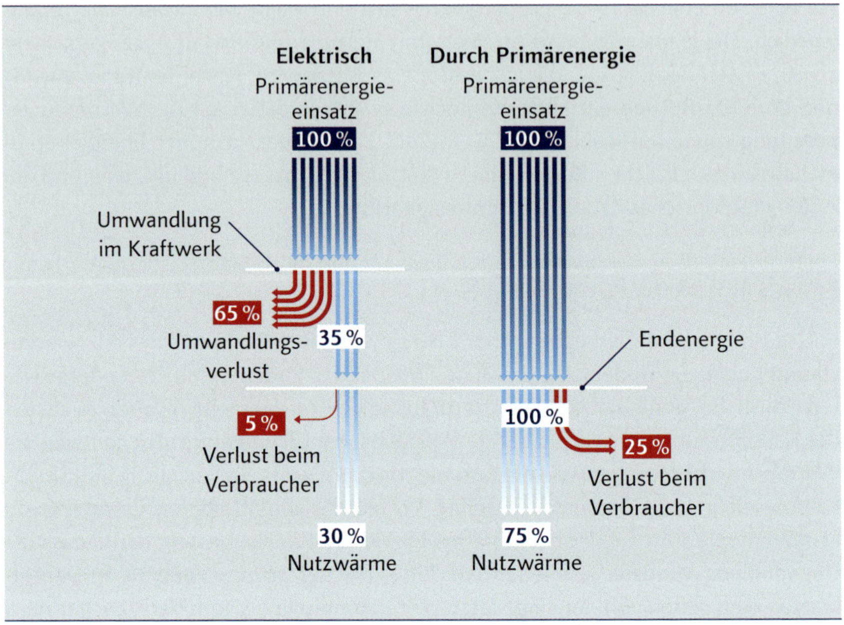


**Abb. 10.1-3:** Wärmeerzeugung durch Primär- und Sekundärenergie (aid 2005)

## Elektrische Energie

Bei konventionellen **Verbrennungskraftwerken**, die 2012 für etwa die Hälfte der Stromerzeugung in Deutschland eingesetzt wurden, erfolgt die Beheizung des Kessels für die Dampferzeugung durch Verfeuern von fossilen Brennstoffen (vorwiegend Stein- oder Braunkohle, ferner Erdgas und Erdöl) oder auch von Müll. Die freigesetzte Wärmeenergie wird in der Dampfturbine nur zum Teil in mechanische und anschließend im Generator in elektrische Energie umgewandelt: Bei der unvermeidlichen Kondensation des Dampfes, der die Turbine mit niedriger Temperatur verlässt, wird die Kondensationswärme an das Kühlwasser (meist Flusswasser) abgegeben.

Insgesamt gehen praktisch etwa zwei Drittel der Brennstoffenergie als Abwärme verloren – sofern das Kraftwerk nicht als Heizkraftwerk ausgelegt ist. Die Abwärme kann als **Fernwärme** zu Heizungs- und anderen Zwecken genutzt werden (sogenannte Kraft-Wärme-Kopplung), wobei allerdings ein geringerer Wirkungsgrad der Stromerzeugung in Kauf zu nehmen ist. Bei der in Deutschland auslaufenden **Kernkraftwerktechnik** erfolgt die Dampferzeugung durch die Wärmeenergie, die in einem Kernreaktor bei der Uranspaltung frei wird. Der Dampf wird wie bei einem Verbrennungskraftwerk zum Antrieb von Turbinen und Generatoren eingesetzt. Die Betriebsrisiken von Kernkraftwerken sind seit den Katastrophen von Tschernobyl und Fukushima ins allgemeine Bewusstsein gerückt.

Die **Tarife** für die Versorgung mit elektrischer Energie setzen sich im Durchschnitt zu etwa drei Vierteln aus Fixkosten für Erstellung, Betrieb und Erhalt von Kraftwerken und Stromverteilungsnetz, aber nur zu etwa einem Viertel aus Brennstoffkosten zusammen. Die festen Kosten wachsen mit der Spitzenleistung an, die ein Versorgungsunternehmen zur Verfügung stellen muss. Die höchste Netzbeanspruchung tritt am späten Vormittag auf, die niedrigste Belastung in den Nachtstunden. Um eine Verlagerung des Verbrauchs in die Schwachlastzeiten zu fördern, wird neben dem Normaltarif mit konstantem Kilowattstundenpreis (Arbeitspreis) ein Nachtstromtarif (meist von 22 h bis 6 h) mit etwa halbiertem Arbeitspreis bei leicht erhöhtem Tagstrompreis angeboten.

## 10.2 Wärmemenge, Wärmetransport (WOLFHART LICHTENBERG)

Der Begriff **Wärme** wird umgangssprachlich sowohl für die Temperatur eines Körpers wie auch für die in ihm gespeicherte Wärmeenergie verwendet. Dazwischen ist aber zu unterscheiden: Die Temperatur bezeichnet den Zustand des Körpers (vergleichbar einer Farbangabe), während die Wärmemenge den **Energiebetrag** angibt, den der Körper beinhaltet (die Wärmemenge ist – bei gleicher Temperatur – u. a. von der Masse der Körper abhängig). Wärmeenergie ist statistisch verteilte Schwingungsenergie der Materiebausteine: Je höher die Temperatur, desto intensiver ist die Wärmebewegung.

### Temperaturskalen

Als Temperaturskalen gebräuchlich sind neben der vertrauten Celsius-Skala in angloamerikanischen Ländern die Fahrenheit-Skala und in der Physik die Kelvin-Skala (thermodynamische oder „absolute" Temperatur).

Bei der **Celsius-Skala** (Formelzeichen $\vartheta$) sind als Fixpunkte für 0 °C der Schmelzpunkt des Eises bei einem Druck von 1,013 bar, für 100 °C der Siedepunkt des Wassers unter gleichem Druck definiert. Auf der **Fahrenheit-Skala** (Formelzeichen $\vartheta_F$) entsprechen 0 °F der üblichen Tiefkühltemperatur von –18 °C, während 100 °F etwa 37,5 °C bedeuten – Fahrenheit war Physiologe. Umrechnung:

Celsius-Temperatur $\vartheta = 0{,}556 \cdot ((\vartheta_F/°F) - 32)°C$

Fahrenheit-Temperatur $\vartheta_F = ((1{,}8 \cdot \vartheta/°C) + 32)°F$

Bei der **Kelvin-Skala** (Formelzeichen *T*) ist als unterer Fixpunkt (0 K) der absolute Nullpunkt (–273,16 °C) gewählt.

## Spezifische Wärmekapazität

Eine Wärmemenge stellt einen Energiebetrag dar. Als Formelzeichen für die Wärmemenge wird jedoch der Buchstabe *Q* anstelle von *W* benutzt. Die **spezifische Wärmekapazität** *c* eines Materials gibt die Wärmemenge an, durch deren Zu- oder Abfuhr die Temperatur von 1 kg des Stoffes um 1 Grad (Zeichen K) geändert wird. Die spezifische Wärmekapazität wird daher in kJ / (kg · K) angegeben. Werte für gebräuchliche Materialien sind in **Kap. 10.6** tabelliert. Die Erwärmung oder Abkühlung eines Körpers der Masse *m* aus einem Material mit der spezifischen Wärmekapazität *c* um die Temperaturdifferenz $\Delta T$ erfordert die Übertragung der Wärmemenge

$$Q = c \cdot m \cdot \Delta T$$

Diese Formel gilt nur, wenn bei der Temperaturänderung keine Änderung des Aggregatzustands (siehe **Kap. 10.3**) eintritt. Durch die spezifische Wärmekapazität des Wassers war die alte Einheit Kalorie definiert. Eine Energiezufuhr von 1 kWh = 3 600 kJ erwärmt 10 kg Wasser (eine Eimerfüllung) um 86 K, d. h. etwa von Kaltwasser- auf Siedetemperatur.

## Wärmetransport

Der Transport von Wärmeenergie spielt eine wichtige Rolle bei Garprozessen. Der Quotient Wärmemenge $\Delta Q$ durch Zeitintervall $\Delta t$ heißt **Wärmestrom** (in Watt angegeben). Der Transport kann durch Leitung, Konvektion oder Strahlung erfolgen; meist sind in einem komplexen System alle drei Mechanismen gleichzeitig beteiligt. In Flüssigkeiten und Gasen ist jedoch vorwiegend Konvektion wirksam, in festen Körpern ausschließlich Wärmeleitung.

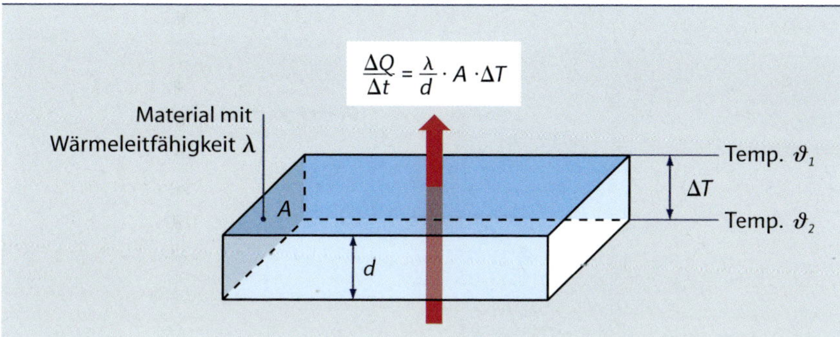


**Abb. 10.2-1:** Wärmeleitung (aid 2005)

**Wärmeleitung** liegt vor, wenn Wärmeenergie in einem Körper durch Ausbreitung der atomaren bzw. molekularen Wärmebewegung **ohne** Materietransport weitergegeben wird. Haben zwei parallele Körperflächen (z. B. Ober- und Unterseite eines Geschirrbodens) der Größe $A$ den Abstand $d$ voneinander und besteht zwischen ihnen eine Temperaturdifferenz $\Delta T$, so fließt durch den Körper der Wärmestrom (siehe **Abb. 10.2-1**).

$$\frac{\Delta Q}{\Delta t} = \frac{\lambda \cdot A \cdot \Delta T}{d}$$

Hier ist λ die **Wärmeleitfähigkeit** des Materials; sie wird in W/(m · K) angegeben. Die Wärmeleitfähigkeiten gängiger Materialien sind in **Kap. 10.6** zusammengestellt. Hiernach ergibt sich z. B. für einen 6 mm starken Aluminium-Geschirrboden von 180 mm Durchmesser bei einem Temperaturunterschied von 2 Grad zwischen Ober- und Unterseite: $\Delta Q/\Delta t = 1{,}73$ kW.

**Konvektion** ist an die Bewegung erwärmter Materie gebunden. Wird einer Flüssigkeit oder einem Gas an einer Festkörperoberfläche Wärmeenergie zugeführt (kalter Raumluft z. B. an einem Warmwasser-Heizkörper), heißt das Wärmeübergang durch Konvektion (siehe **Abb. 10.2-2**). Die Strömung kann durch temperaturbedingte Dichteunterschiede bewirkt werden (natürliche oder freie Konvektion), aber auch durch ein Gebläse oder eine Pumpe (Zwangskonvektion). Der Wärmestrom hängt von der Fläche $A$, der Temperaturdifferenz $\Delta T$ zwischen strömendem Medium und Fläche sowie vom **Wärmeübergangskoeffizient** $\alpha$ ab.

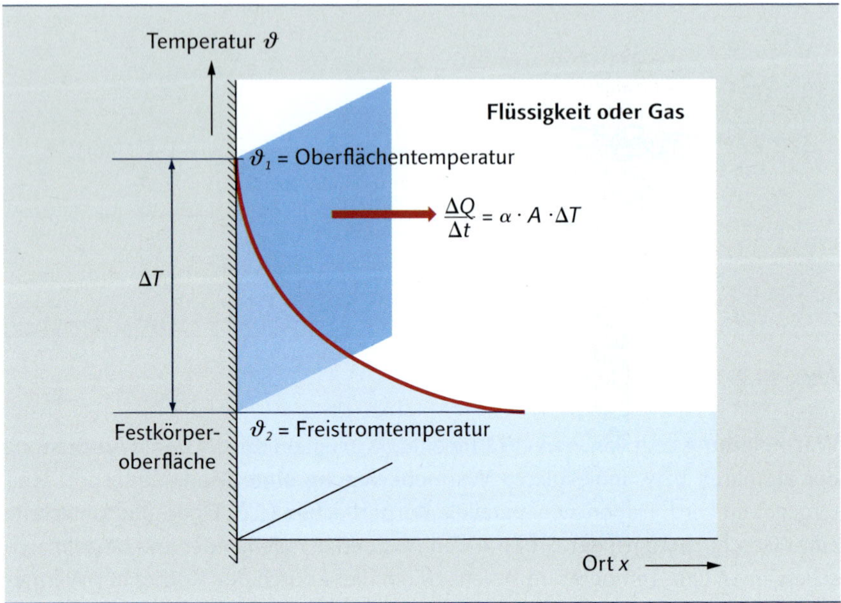


**Abb. 10.2-2:** Wärmeübergang durch Konvektion (aid 2005)

$$\frac{\Delta Q}{\Delta t} = \alpha \cdot A \cdot \Delta T$$

$\alpha$ ist durch Art und Strömungsgeschwindigkeit des bewegten Mediums sowie durch die Beschaffenheit der Oberfläche bestimmt. Als Anhaltswerte gelten bei freier Konvektion für Luft 10 W/(m$^2$ · K), für nicht siedendes Wasser 3 000 W/(m$^2$ · K).

Erfolgt die Wärmeübertragung durch Wasserdampf, der sich auf einer kalten Oberfläche (etwa auf einem Lebensmittel) niederschlägt, wird durch die **Kondensation** zusätzlich eine große Wärmemenge übertragen, nämlich 2 256 kJ je kg Dampf. Hierauf beruht das Dampfgaren (siehe **Kap. 3.3**).

**Wärmedurchgang** liegt vor, wenn ein Wärmetransport zwischen Flüssigkeiten oder Gasen erfolgt, die durch eine feste Wand getrennt sind (siehe **Abb. 10.2-3**). Dann sind Wärmeübergang durch Konvektion und Wärmeleitung zugleich beteiligt. Der Wärmestrom ist das Produkt aus der Temperaturdifferenz $\Delta T$ zwischen den Medien, der Wandflächengröße $A$ und dem Wärmedurchgangskoeffizienten ($u$-Wert, angegeben in W/(m$^2$ · K)):

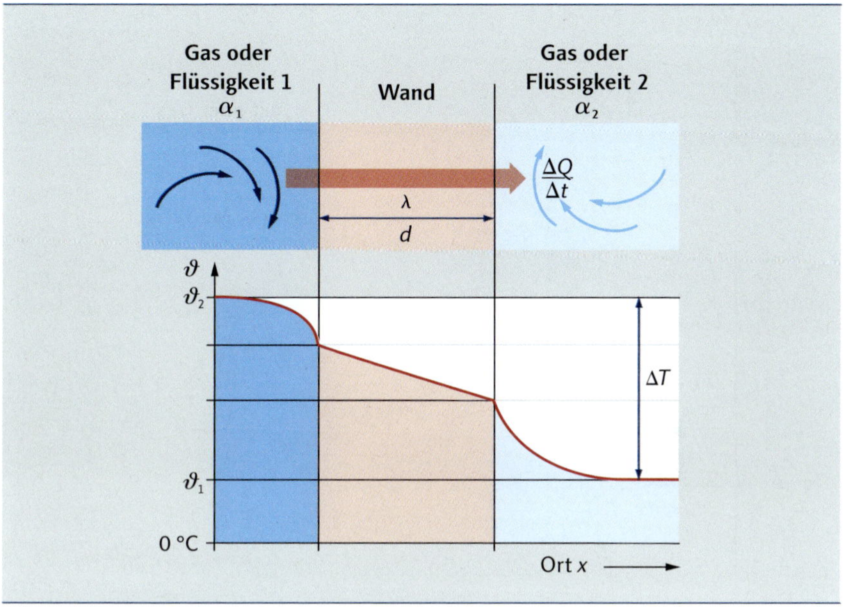


**Abb. 10.2-3:** Wärmedurchgang (aid 2005)

$$\frac{\Delta Q}{\Delta t} = u \cdot A \cdot \Delta T$$

Der *u*-Wert ist durch die Stärken und die Wärmeleitfähigkeiten der einzelnen Wandschichten sowie durch die Wärmeübergangskoeffizienten beiderseits der Wand bestimmt.

**Wärmestrahlung** (Infrarotstrahlung) ist elektromagnetische Strahlung, die sich auch im materiefreien Raum ausbreitet. Wärmestrahlung ist langwelliger als sichtbares Licht, jedoch von gleicher physikalischer Natur. Sie wird von jeder warmen Oberfläche abgegeben, z. B. von einem Grillheizkörper. Für die Wärmestrahlung ist neben der Temperatur die Oberflächenbeschaffenheit wesentlich. Emission und Absorption sind am höchsten bei einem schwarzen Körper; ähnlich verhalten sich im Infrarotbereich alle nichtmetallischen Materialien. Von blanken Metalloberflächen dagegen wird elektromagnetische Strahlung nicht absorbiert, sondern reflektiert. Den Wärmestrom, den ein (schwarzer) Körper mit der **absoluten Temperatur** *T* über seine Oberfläche *A* abstrahlt, beschreibt das Stefan-Boltzmannsche Gesetz:

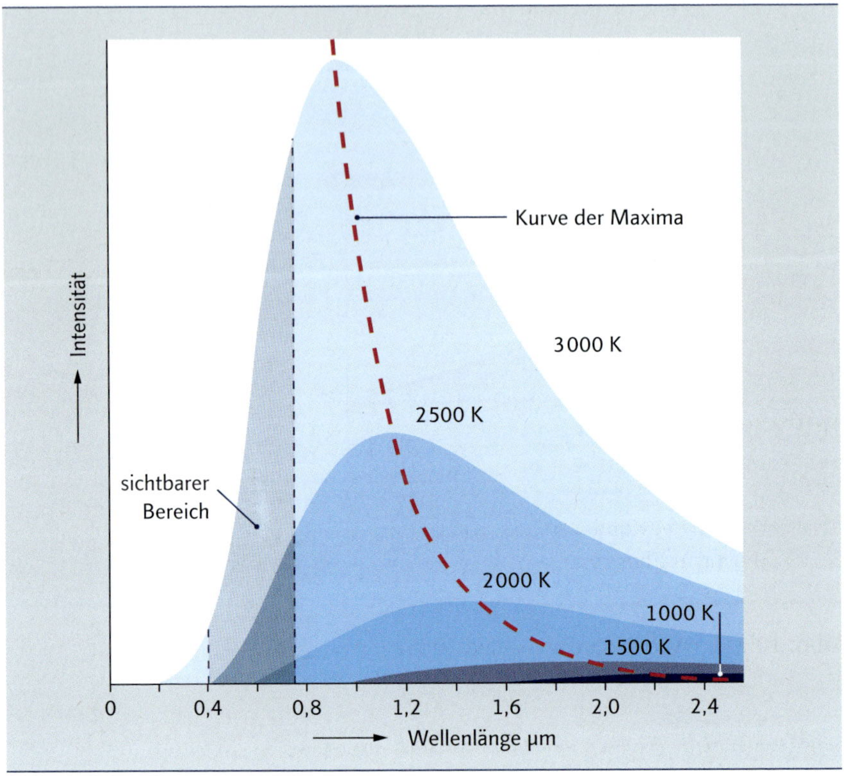


**Abb. 10.2-4:** Strahlungsspektren für verschiedene Oberflächentemperaturen (aid 2005)

$$\frac{\Delta Q}{\Delta t} = \sigma \cdot A \cdot T^4 \text{ mit } \sigma = \text{„Stefan-Boltzmann-Konstante"} = 5{,}7 \cdot 10^{-8}\,\mathrm{W/(m^2 \cdot K^4)}$$

Weil in diese Formel die vierte Potenz der absoluten Temperatur eingeht, gewinnen die Strahlungseffekte bei hohen Temperaturen zunehmend an Gewicht. **Abb. 10.2-4** zeigt das emittierte Spektrum, d. h. die Intensität in Abhängigkeit von der Wellenlänge. Mit der Oberflächentemperatur $T$ des Strahlers ändert sich auch die spektrale Verteilung: Je heißer die Fläche, desto größer ist der Anteil kurzwelliger und damit auch der Anteil sichtbarer Strahlung (Wiensches Verschiebungsgesetz).

Die Erwärmung von Stoffen durch Mikrowellen wird im Allgemeinen nicht als Wärmetransport betrachtet: Die Energieübertragung erfolgt dabei durch Hochfrequenzstrahlung, und erst deren Wechselwirkung mit dem Lebensmittel führt zur Freisetzung von Wärme.

## 10.3 Phasenübergänge, Luftfeuchtigkeit (JÖRG ANDREÄ)

Stoffe können einen der drei Aggregatzustände **fest**, **flüssig** oder **gasförmig** annehmen, die durch unterschiedliche Beweglichkeit der Atome oder Moleküle gekennzeichnet sind. Welcher Zustand jeweils vorliegt, hängt von Temperatur und Druck ab.

Durch Zu- oder Abführen von Wärmeenergie kann der Aggregatzustand wechseln. Es kommt zum **Phasenübergang**. Der Wechsel zwischen fester und flüssiger Phase heißt Schmelzen bzw. Erstarren, zwischen flüssiger und gasförmiger Phase Verdampfen bzw. Kondensieren, und der unmittelbare Wechsel zwischen fester und gasförmiger Phase wird als Sublimation bzw. Resublimation bezeichnet (siehe **Abb. 10.3-1**).

Die bei den Phasenübergängen umgesetzte Wärmemenge wird als **latente** (verborgene) **Wärme** bezeichnet, da sie sich nicht in einer Temperaturerhöhung äußert. Am Beispiel Wasser ergibt sich bei konstanter Wärmeleistung der folgende Verlauf (siehe **Abb. 10.3-2**): Wird eine bestimmte Masse Eis erwärmt, nimmt seine Temperatur zunächst so lange zu, bis die **Schmelztemperatur** erreicht ist (0 °C bei Wasser unter Normalbedingungen 0 °C und 1,013 bar). Eine weitere Wärmezufuhr erhöht die Temperatur zunächst nicht mehr, sondern wird für den Phasenübergang „fest – flüssig" als Arbeit gegen die Bindungskräfte der Materie benötigt. Erst wenn das Eis vollständig geschmolzen ist, steigt die Temperatur wieder, bis die **Verdampfungstemperatur** von 100 °C erreicht ist. Bei weiterer Wärmezufuhr bleibt das Wasser auf dieser Temperatur, bis es völlig in Dampf umgewandelt ist. Die Unterschiede in der Steigung der Temperaturkurve zwischen den Phasenübergängen sind durch die unterschiedliche spezifische Wärmekapazität von Eis, Wasser und Wasserdampf bedingt.

Allgemein wird zum Schmelzen der Masse $m$ eines festen Stoffes bei der Schmelztemperatur $\vartheta_S$ die **Schmelzwärme $Q_S$** benötigt:

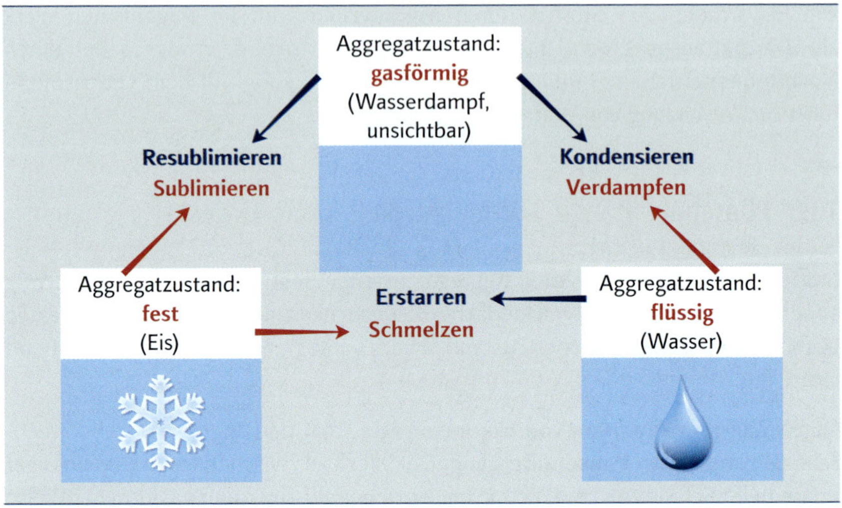


**Abb. 10.3-1:** Aggregatzustände und Phasenübergänge bei Wasser (Lichtenberg 2015)

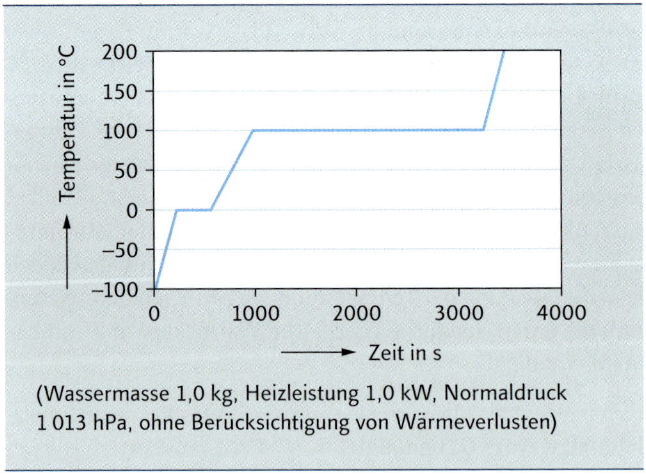


**Abb. 10.3-2:** Temperaturverlauf für Wasser bei Zufuhr konstanter Wärmeleistung (Andreä 2009)

$Q_S = c_s \cdot m$ (mit $c_s$ = spezifische Schmelzwärme)

Die gleiche Wärmemenge muss dem flüssigen Stoff beim Erstarren entzogen werden, etwa beim Einfrieren eines Lebensmittels. Erstarren und Schmelzen erfolgen bei der gleichen Temperatur $\vartheta_S$.

Zum Verdampfen der Masse $m$ einer Flüssigkeit ist bei der Verdampfungstemperatur $\vartheta_V$ die **Verdampfungswärme** $Q_V$ erforderlich:

$Q_V = c_V \cdot m$ (mit $c_V$ = spezifische Verdampfungswärme)

Beim Kondensieren eines dampfförmigen Stoffs wird die gleiche Wärmeenergie als Kondensationswärme freigesetzt. Dieser Vorgang wird z. B. beim Erwärmen von Lebensmitteln im Dampfgarer genutzt. Kondensieren und Verdampfen erfolgen bei der gleichen Temperatur $\vartheta_V$ (Zahlenwerte zu den Phasenübergängen für eine Auswahl von Materialien siehe **Tab. 10.3-1**).

**Tab. 10.3-1** Schmelzen/Erstarren und Verdampfen/Kondensieren bei Atmosphärendruck (Lichtenberg 2009)

| Kenngröße | Schmelztemperatur $\vartheta_s$ in °C | Spezifische Schmelzwärme $c_s$ in kJ/kg | Verdampfungstemperatur $\vartheta_v$ in °C | Spezifische Verdampfungswärme $c_v$ in kJ/kg |
|---|---|---|---|---|
| Aluminium | 660 | 356 | 2270 | 10900 |
| Ethanol | –114 | 108 | 78 | 904 |
| Kochsalz | 802 | 496 | 1440 | 2900 |
| Kohlenstoffdioxid | –78 | 197 | –57 | 368 |
| Quecksilber | –39 | 11 | 357 | 285 |
| Stahl | 1460 | 205 | 2600 | 6340 |
| Stickstoff | –210 | 255 | –196 | 201 |
| Wasser | 0 | 333 | 100 | 2256 |

Die **Umwandlungstemperaturen** $\vartheta_S$ und $\vartheta_V$ sind druckabhängig; sie steigen mit zunehmendem Druck. Die Erhöhung des Siedepunktes von Wasser bei steigendem Druck wird beim Druckgaren ausgenutzt. Im Haushalt eingesetzte Schnellkoch-

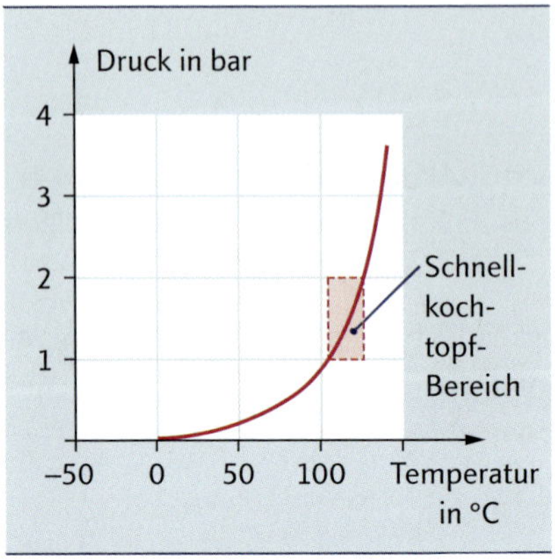


**Abb. 10.3-3:** Druckabhängigkeit der Siedetemperatur (Andreä 2009)

töpfe arbeiten bei einem Überdruck von etwa 1 bar, d. h. der absolute Druck im Topf beträgt ca. 2 bar. Die dadurch erhöhte Siedetemperatur des Wassers, ca. 120 °C, beschleunigt das Garen (siehe **Abb. 10.3-3** und **Tab. 10.6-10**).

Während Wasser bei Normaldruck stets nacheinander die Zustände fest – flüssig – gasförmig durchläuft, geht festes Kohlenstoffdioxid (Trockeneis) unter Atmosphärendruck durch Sublimation unmittelbar in den gasförmigen Zustand über. Am **Tripelpunkt** können Stoffe unter bestimmten Temperatur- und Druckwerten alle drei Aggregatzustände annehmen.

Eis besitzt gegenüber anderen Stoffen mit 333 kJ/kg eine sehr hohe spezifische Schmelzwärme, Wasser mit 2 256 kJ/kg eine extrem große spezifische Verdampfungswärme. Dies spielt in der Natur eine wichtige Rolle. Die Ursache liegt in der ausgeprägten Polarität der Wassermoleküle.

Außerdem zeigt Wasser eine Volumenzunahme beim Erstarren (**Erstarrungsanomalie**), während beim Erstarren der meisten Materialien deren Volumen abnimmt (Schwinden). Ferner nimmt die Dichte von Wasser im Temperaturintervall von 0 °C bis 4 °C mit steigender Temperatur nicht ab, sondern zu (Dichteanomalie) – das kältere Wasser „schwimmt“ sozusagen auf dem wärmeren, weshalb Gewässer von oben her zufrieren. Beim Gefrieren vergrößert sich das Volumen um etwa 10 Prozent. Dies ist auch bei der Wahl von Behältern zum Einfrieren von Lebensmitteln zu beachten.

Unterhalb der Verdampfungstemperatur entweichen einzelne Moleküle aus der Oberfläche einer Flüssigkeit durch Verdunstung. Über einem Wasserspiegel stellt sich in einem abgeschlossenen Volumen ein bestimmter **Sättigungsdampfdruck $p_S$** ein (als sogenannter Partialdruck des Wasserdampfes, falls weitere Gase vorhanden sind). Der Wasserdampf bleibt in Luft bis zu einer bestimmten Konzentration unsichtbar, oberhalb der es zur Kondensation und damit zur Nebelbildung kommt. Die **Sättigungsdampfdichte** $\rho_S$ gibt die maximale Wasserdampfdichte an. Sie steigt mit der Temperatur sehr steil (exponentiell) an: dies ermöglicht das Trocknen mit warmer Luft. Die Werte von Dampfdruck und Dampfdichte bei Sättigung

(Wasserdampf in Luft) in Abhängigkeit von der Temperatur sind in **Tab. 10.6-10** zusammengestellt.

Das Verhältnis der jeweiligen Wasserdampfdichte $\rho_w$ zum Sättigungswert $\rho_S$ wird als **relative Luftfeuchtigkeit $f_{rel}$** bezeichnet und in Prozent angegeben:

$$f_{rel} = \rho_w/\rho_s \cdot 100\,\%$$

Die relative Luftfeuchtigkeit hat starken Einfluss auf Verdunstungs- und Kondensationsprozesse. Je nach anfänglicher relativer Luftfeuchte wird bei absinkender Temperatur früher oder später die Sättigungsdampfdichte überschritten, und an der kältesten Stelle setzt dann Kondensation ein. Die zugehörige Temperatur wird als **Taupunkt** bezeichnet – je trockener die Luft ist, desto tiefer liegt ihr Taupunkt.

Eine wichtige Größe speziell für die Haltbarkeit von Lebensmitteln ist die **Wasseraktivität ($a_w$ -Wert)** – ein Maß für den Gehalt an ungebundenem und locker gebundenem Wasser. Je größer der $a_w$-Wert ist, desto leichter kann das Lebensmittel verderben, denn frei verfügbares Wasser ist vor allem für das Wachstum und den Stoffwechsel von Mikroorganismen unerlässlich, zudem für die Wirksamkeit qualitätsmindernder Enzyme (Hydrolasen). Der $a_w$-Wert berechnet sich als Quotient des Wasserdampfpartialdrucks $p_w$ in dem Lebensmittel und dem Sättigungsdampfdruck $p_s$ reinen Wassers bei einer bestimmten Temperatur – es ergibt sich eine dimensionslose Zahl zwischen 0 (wasserfreie Stoffe) und 1 (reines Wasser). Dieser Quotient wird meist mit 100 multipliziert und die Wasseraktivität dann als Prozentwert angegeben:

$$a_w = p_w / p_S \cdot 100\,\%$$

## 10.4 Druck, Viskosität (JÖRG ANDREÄ)

Der **Druck** $p$ ist als Verhältnis der senkrecht auf eine Fläche wirkenden Kraft $F$ zur Größe $A$ dieser Fläche (siehe **Abb. 10.4-1** links) definiert bzw. als Differenzenquotient, wenn im Fall einer gekrümmten Fläche ein kleines Flächenelement $\Delta A$ und der jeweils dazu senkrechte Kraftbeitrag $\Delta F$ betrachtet werden (siehe **Abb. 10.4-1** rechts):

$$p = \frac{F}{A} \text{ bzw. } p = \frac{\Delta F}{\Delta A}$$

Der Druck pflanzt sich in Flüssigkeiten und Gasen allseitig fort. Aus der Definitionsgleichung folgt als Einheit für den Druck: 1 N/m² = 1 Pascal = 1 Pa. Häufig benutzt werden auch die Einheiten Hektopascal (1 hPa = 100 Pa), Megapascal (1 MPa = $10^6$ Pa) sowie Bar (bar) und Millibar (mbar). Für die Umrechnung gilt:

$$1 \text{ mbar} = 10^2 \text{ Pa} = 1 \text{ hPa und } 1 \text{ bar} = 0{,}1 \text{ MPa} = 10^5 \text{ Pa}$$

Der mittlere Luftdruck $p_0$ auf Meereshöhe beträgt 1 013 hPa. Mit zunehmender Höhe $h$ nimmt der Luftdruck $p$ nach der **barometrischen Höhenformel** exponentiell ab:

$$p = p_0 \, e^{-h/7\,990 \text{ m}}$$

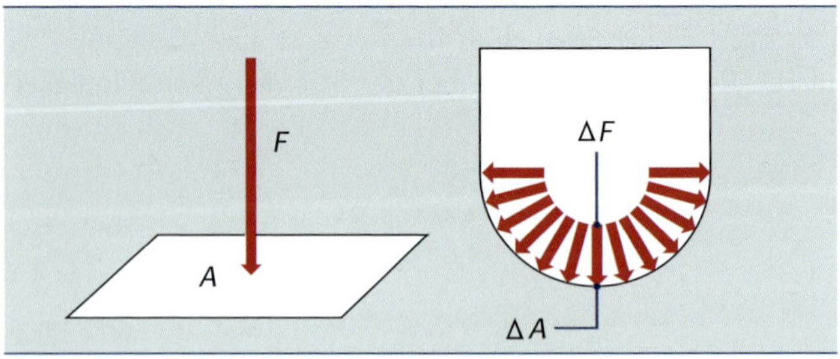


**Abb. 10.4-1:** Definition des Druckes im Fall einer ebenen und einer gekrümmten Fläche (Andreä 2009)

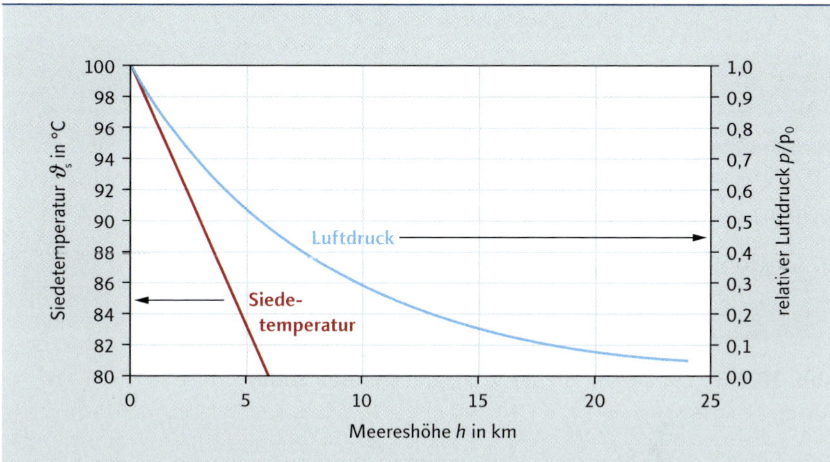


**Abb. 10.4-2:** Relativer Luftdruck und Siedetemperatur als Funktion der Meereshöhe (Andreä 2009)

Wenn Wasser siedet, ist der Dampfdruck ebenso hoch wie der lokale Luftdruck. Mit zunehmender Höhe sinkt daher der Siedepunkt (siehe **Abb. 10.4-2**). Als Richtwert ist je 300 m Höhenzunahme mit einer Abnahme der Siedetemperatur um 1 K zu rechnen – die Siedetemperatur des Wassers beträgt demnach auf dem Mont Blanc (4811 m hoch) nur noch etwa 84 °C.

Der **absolute Druck** ist auf das Vakuum bezogen. Es ist vielfach zweckmäßiger, stattdessen den Überdruck oder Unterdruck gegenüber dem mittleren Luftdruck $p_0$ zu nennen. So wird z. B. der Druck in einem Schnellkochtopf in MPa-Überdruck angegeben, im Saugrohr eines Staubsaugers dagegen in hPa-Unterdruck.

Die **dynamische Viskosität** (Zähigkeit) $\eta$ eines Mediums ist eine Kenngröße für die zwischenmolekularen Reibungskräfte, die bei der Strömung von Flüssigkeiten und Gasen auftreten. Die Viskosität tritt in einsichtiger Weise im Newtonschen Reibungsgesetz als Faktor auf: Um in einem Medium eine Fläche 1 mit der Geschwindigkeit $\upsilon$ im Abstand $d$ an einer ruhenden Fläche 2 vorbei zu bewegen (siehe **Abb. 10.4-3**), muss die Reibungskraft $F_R$ überwunden werden:

$$F_R = \eta \cdot A \frac{\upsilon}{d}$$

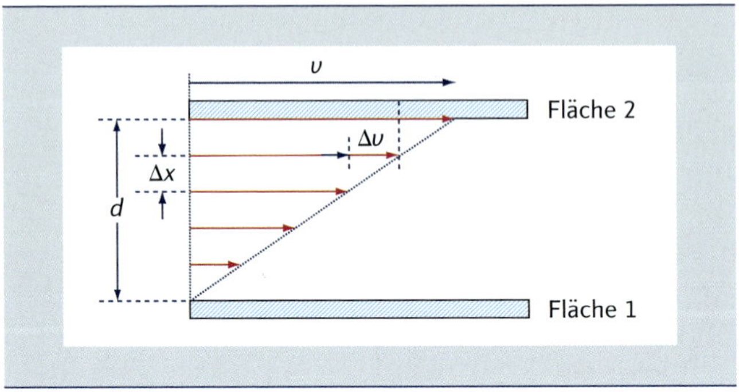


**Abb. 10.4-3:** Zur Definition der Viskosität (Andreä 2009)

Dabei stellt sich ein lineares Geschwindigkeitsprofil zwischen den beiden Flächen ein, bei dem die einzelnen Flüssigkeitsschichten mit einem Geschwindigkeitsgefälle $\Delta v/\Delta x$ aufeinander abgleiten (siehe **Abb. 10.4-3**). Durch Messung von $F_R$ kann die dynamische Viskosität $\eta$ bestimmt werden; das Newtonsche Gesetz ergibt dafür als Einheit kg / (m · s) = Pa · s. Zur Bestimmung der Viskosität einer Flüssigkeit wird im laborüblichen Rotations-Viskosimeter das Mitnahmemoment eines Drehkörpers ausgewertet.

Die Viskosität spielt in der Physiologie und in der Lebensmitteltechnologie eine wichtige Rolle. Von großer Bedeutung ist das Gesetz von Hagen-Poiseuille, das den Durchfluss durch Röhren beschreibt. Die Viskosität für alle Stoffe ist stark temperaturabhängig. Beispielwerte für Zimmertemperatur (20 °C) sind in **Tab. 10.4-1** wiedergegeben.

**Tab. 10.4-1:** Viskosität von verschiedenen Lebensmitteln und Luft bei 20 °C (Andreä 2009)

| Lebensmittel | | Ketchup | Sirup | Honig | Glycerin |
|---|---|---|---|---|---|
| Viskosität | $\eta$ in Pa · s | ≈ 50 | ≈ 10 | ≈ 3 | 1,48 |
| Lebensmittel | | Olivenöl | Kaffeesahne | Wasser | Luft |
| Viskosität | $\eta$ in Pa · s | ≈ 0,1 | ≈ 0,01 | 0,001 | 0,000 018 |

Die Verhältnisse werden schwieriger, wenn der Charakter der Strömung mit zunehmender Geschwindigkeit vom wirbelfreien (laminaren) Zustand in Turbulenz (mit Wirbelentstehung) umschlägt. Bei komplexen Substanzen (z. B. Teigen) ist der

Zusammenhang zwischen Reibungskraft und Geschwindigkeit nicht mehr linear (sie zeigen ein nicht-Newtonsches Verhalten), und die Viskositätskurve liefert wichtige Informationen über stoffliche Details.

## 10.5 Stoffmenge, Konzentration, Wasserhärte (JÖRG ANDREÄ)

### Stoffmenge und Teilchenzahl

Die Basiseinheit für die Angabe von Stoffmengen ist das Mol (Kurzzeichen mol). Ein Mol einer Substanz enthält definitionsgemäß ebenso viele Teilchen wie 12 g des Kohlenstoff-Isotops $^{12}C$. Die universelle Avogadro-Konstante $N_A = 6{,}022 \cdot 10^{23}$/mol nennt die Anzahl der Teilchen pro Mol. Die **molare Masse** *M* einer Substanz gibt an, wie viel Gramm Masse ein Mol der betreffenden Substanz entspricht. Der Zahlenwert ist identisch mit dem der Atom- bzw. Molekülmasse (im Periodensystem), die Einheit lautet g/mol. Die **Stoffmenge** *n* in mol (Anzahl der Mole), die in der Masse *m* einer Substanz mit der molaren Masse M enthalten ist, errechnet sich als $n = m/M$.

Das **molare Volumen** eines idealen Gases beträgt 22,4 l/mol unter Normbedingungen (0 °C, 1 013 hPa) und gilt annähernd auch für reale Gase („molares Normvolumen").

Besondere Bedeutung hat die Stoffmenge bei **chemischen Lösungen**, z. B. bei einer wässrigen Kochsalzlösung. Da der gelöste Stoff gleichmäßig im Lösungsmittel verteilt ist, muss eine Lösung nicht unbedingt als solche erkennbar sein. Grundsätzlich kann jeder der drei Aggregatzustände vorliegen – Lösungen können auch fest oder gasförmig sein.

### Konzentration

Unter der **Konzentration** ***c*** einer Lösung ist der Quotient aus der Anzahl der gelösten Mole *n* und dem Volumen *V* der Lösung zu verstehen: $c = n/V$. Die Konzentration c wird in mol/l oder mmol/l angegeben. Sind z. B. 58,5 g Kochsalz (1 Mol) in 1 l Wasser gelöst, liegt im Sprachgebrauch der Chemie eine 1-molare Lösung vor, und in 3 l einer 0,5-molaren Lösung müssen

$n = c \cdot V = 0{,}5$ mol/l $\cdot$ 3 l = 1,5 Mol, das heißt 87,8 g Kochsalz enthalten sein.

Diese Stoffmenge entspricht $1{,}5\ N_A = 9{,}033 \cdot 10^{23}$ Salzmolekülen.

Die Eigenschaften einer Lösung sind sowohl durch das Lösungsmittel als auch durch den gelösten Stoff bestimmt. Viele Messgrößen zeigen eine eindeutige Abhängigkeit von der Konzentration der Lösung, z. B. die Farbintensität, die elektrische Leitfähigkeit von Ionenlösungen oder der Brechungsindex, und können daher zur analytischen Bestimmung der Konzentration benutzt werden.

## Wasserhärte

Als **Wasserhärte** wird die Konzentration aller im Trinkwasser gelösten Erdalkali-Ionen bezeichnet (Gesamthärte). Die wesentlichen Härtebildner sind dabei Calcium- und Magnesium-Ionen, die in unlöslichen Verbindungen als Kalk und Kalkseifen ausfallen. Hartes Wasser im Haushalt bedingt einen höheren Verbrauch an Reinigungsmitteln und kann Geräte verkalken lassen.

Die Härte wird als Stoffmengen-Konzentration (üblicherweise in mmol/l) angegeben. Andere Einheiten haben vorwiegend lokale Bedeutung. Der **deutsche Härtegrad** (Einheit °D oder °DH) z. B. ist auf die Massenkonzentration von Calciumoxid bezogen:

$$1\,°\text{D} = 10\text{ mg CaO je 1 l wässrige Lösung} = \frac{10\text{ mg}}{1\text{ l} \cdot 56\text{ g/mol}} = 0{,}18\text{ mmol/l}$$

Die Wasserhärte liegt in Deutschland zwischen 2 °D und 70 °D, typisch sind Werte von 10 bis 25 °D. Die örtliche Härte kann beim zuständigen Wasserversorger erfragt werden. Europaweit einheitlich wird die Wasserhärte in drei **Härtebereiche** eingeteilt (siehe **Tab. 10.5-1**):

**Tab. 10.5-1:** Definition der Härtebereiche

| Wasch-und Reinigungsmittelgesetz 2007 | Wasserhärte in mmol/l | Vergleichsangabe in °D |
|---|---|---|
| weich | unter 1,5 | unter 8,4 |
| mittel | 1,5 bis 2,5 | 8,4 bis 14 |
| hart | über 2,5 | über 14 |

Beim maschinellen Spülen ist nur dann keine Enthärtung erforderlich, wenn die Wasserhärte 5 °D nicht übersteigt. In Haushaltsgeschirrspülern ist dazu meist ein **Ionentauscher** integriert (siehe auch **Kap. 9.2**), dessen Funktionsprinzip in

**Abb. 10.5-1** dargestellt ist. Kügelchen aus Kunstharz werden zunächst durch eine Kochsalzlösung oberflächlich mit Natrium-Ionen beladen. Beim Vorbeifließen des Leitungswassers lagern sich stattdessen die darin enthaltenen Calcium-Ionen an (Ionenaustausch, **Abb. 10.5-1a**). Ist der Vorrat an Natrium-Ionen erschöpft, wird der Ionentauscher durch erneutes Spülen des Behälters mit konzentrierter Kochsalzlösung (Regeneriersalz, nicht Speisesalz) wieder regeneriert (siehe **Abb. 10.5-1b**).

Ein derartiger Ionenaustauscher entfernt keinesfalls sämtliche Salzbildner aus dem Wasser. Dazu ist eine Entionisierung **(Vollentsalzung)** durch die Kombination von Kationen- und Anionen-Austauschern oder durch Umkehrosmose erforderlich. Von dieser Technik wird u. a. in Wäschereien, Großküchen und Labors Gebrauch gemacht.

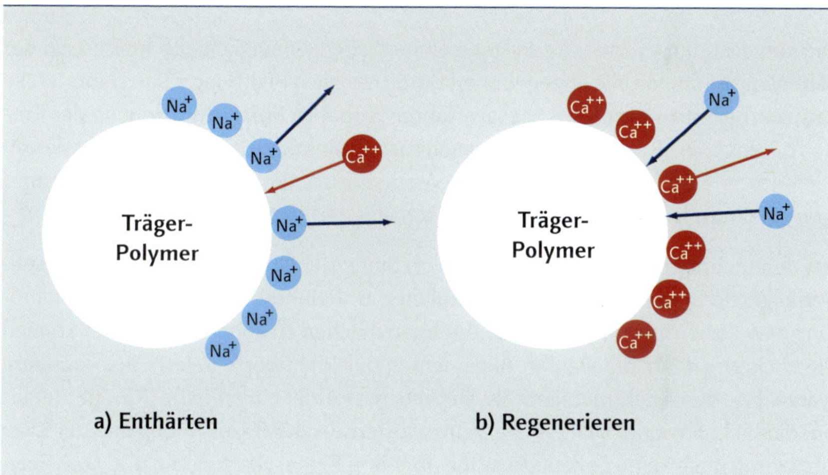


**Abb. 10.5-1:** Funktionsprinzip eines Ionenaustauschers (aid 2005)

## 10.6 Stoffkennwerte (WOLFHART LICHTENBERG)

Zur fachlichen Fundierung der in diesem Buch erläuterten Prozesse wird eine Vielzahl von lebensmittel- und haushaltstechnischen Materialdaten benötigt. Das Aufsuchen dieser Werte ist mühsam und erfordert meist viel Zeit. Im Folgenden sind daher die wichtigsten Daten für Lebensmittel und für relevante technische Materialien zusammengestellt. Hinsichtlich weitergehender Fragestellungen ist die angegebene Literatur heranzuziehen – diese Datensammlung kann keinen Anspruch auf Vollständigkeit erheben.

### Erläuterung der Tabellengrößen

#### Genauigkeiten, Toleranzen

Die aufgelisteten Werte weisen keine einheitliche Genauigkeit auf. Im Bereich der Lebensmittel stellen alle angegebenen Daten lediglich Richtwerte dar. Dabei ist die Unsicherheit nicht durch das Messverfahren, sondern durch die Streuung der Proben bedingt: Die Beschaffenheit von Lebensmitteln schwankt erheblich, da sie von zahlreichen Einflüssen wie Düngung, Wachstumsbedingungen, Ernte und Lagerung abhängt, bei der Tierproduktion auch von der Fütterung.

Bei den technischen Materialien wären im Sinne der Werkstoffkunde jeweils sehr umfängliche Spezifikationen (bei Metallen z. B. Reinheit, thermische Vorbehandlung usw.) erforderlich, um präzise Angaben machen zu können. Auch hier können die nachfolgenden Tabellen im Allgemeinen nur Richtwerte liefern. Insbesondere wären bei den Nichtmetallen als Gebrauchsstoffen eingehende Produktdetails unerlässlich. So ergibt sich z. B. bei Kunststoffen aus der Bezeichnung und der Klassifizierung noch keine genaue Aussage über ihre Eigenschaften, die u. a. vom Polymerisationsgrad und von den ggf. verwendeten Weichmachern abhängen. Ebenso können bei Glas und Keramik ohne genaue Kenntnis von Zusammensetzung und Herstellungsprozess nur Anhaltswerte gegeben werden, ohne den Rahmen dieses Werkes zu sprengen.

#### Mechanische Eigenschaften

- **Dichte** $\rho$: Quotient „Masse durch Volumen“, übliche Einheit kg/l. Die Dichte ist im Allgemeinen für Raumtemperatur (20 °C) angegeben. Bei körnigen Lebensmitteln ist zu unterscheiden zwischen der Kompaktdichte (Materialdichte der einzelnen Körner) und der Schüttdichte (unter Einschluss der Lufträume zwischen den Körnern, wichtig für die Verpackung).

- **Elastizitätsmodul** $E$: Der Elastizitätsmodul beschreibt die Materialspannung (Quotient $F/A$ aus wirkender Kraft $F$ und Materialquerschnitt $A$), die ein Material (theoretisch) auf das Doppelte der Ausgangslänge dehnen würde (Einheit $N/mm^2$). Für die Umrechnung gilt: $10^6\ N/m^2 = 1\ N/mm^2 = 1$ Megapascal (MPa); $10^9\ N/m^2 = 1\ kN/mm^2 = 1$ Gigapascal (GPa).
- **Zugfestigkeit oder Bruchspannung** $\sigma_B$: Die Zugfestigkeit ist die Spannung (auf den Anfangsquerschnitt bezogen), bei der das Materialgefüge zerreißt; sie wird in MPa angegeben.
- **Streckgrenze** $\sigma_S$: Diejenige Spannung, oberhalb der es zu einer dauernden Verformung kommt. Da dieser Übergang messtechnisch schwierig zu definieren ist, wird meist die Spannung angegeben, die zu einer Materialdehnung von 0,2 Prozent führt (Angabe in MPa).

## Thermische Eigenschaften

- **Spezifische Wärmekapazität** $c$: Die spezifische Wärmekapazität (kJ/(kg · K)) gibt die Wärmemenge an, deren Zuführung 1 kg des Stoffes um 1 K erwärmt. Sie ist für den flüssigen und den festen Zustand unterschiedlich. $c_{FEST}$ bezeichnet die Wärmekapazität eines festen Stoffes, $c_{GEFR}$ in gefrorenem Zustand.
- **Spezifische Erstarrungswärme** $c_s$: Der Energiebetrag $c_s$ wird beim Übergang eines Stoffes vom flüssigen in den festen Zustand frei (oder umgekehrt als **Schmelzwärme** benötigt). Die Erstarrungswärme wird in J/g oder kJ/kg angegeben.
- **Wärmeleitfähigkeit** $\lambda$: Sie ist ein Maß für den Wärmestrom durch ein Material infolge des vorhandenen Temperaturgefälles; übliche Einheit: W/(m. K). Die Wärmeleitfähigkeit ist temperaturabhängig und wird deshalb für eine bestimmte Temperatur – hier 20 °C – angegeben.
- **Längenausdehnungskoeffizient** $\alpha$: Der Temperaturausdehnungskoeffizient gibt die relative Längenänderung (bei festen Stoffen) oder Volumenänderung (bei Flüssigkeiten und Gasen) für eine Temperaturänderung um 1 Grad an (Einheit $K^{-1}$).
- **Schmelzpunkt:** Die Schmelz- oder Erstarrungstemperatur ist bei Fetten nicht scharf definiert.
- **Rauchpunkt:** Der Rauchpunkt eines Fettes oder Öles ist definiert als die niedrigste Temperatur, bei der über einer erwärmten Probe eine Rauchentwicklung sichtbar wird.
- **Flammpunkt:** Bei Fett diejenige Temperatur, bei der es unter vorgegebenen Bedingungen durch Fremdzündung entflammt.

### Elektrische Eigenschaften

- **Spezifischer (elektrischer) Widerstand** $\rho_{el}$: Der spezifische Widerstand wird in $\Omega \cdot m$ angegeben.
- **Temperaturkoeffizient $\alpha_R$ des elektrischen Widerstands:** Bei vielen Materialien ist die Temperaturabhängigkeit des elektrischen Widerstandes über einen weiten Bereich linear. In diesen Fällen ist die Angabe seines Temperaturkoeffizienten sinnvoll. Er ist definiert als Quotient „relative Widerstandsänderung durch Temperaturänderung" (Einheit $K^{-1}$; Bezugswert ist der Widerstand bei 20 °C, oft auch 0 °C, z. B. bei Temperaturfühlern).

### Mikrowelleneigenschaften

- **Relative Permittivität** (auch Permittivitätszahl, früher relative Dielektritätszahl) $\varepsilon_r$: Ein (dimensionsloses) Maß für die Dipolstärke des Materials – entscheidend für die Eindringtiefe von Mikrowellen und die Materialerwärmung.
- **Phasenverschiebungsfaktor** $d = \tan \delta$: Bestimmt gemeinsam mit $\varepsilon_r$ den Erwärmungsfaktor eines Stoffes, als Winkelfunktion ebenfalls dimensionslos.
- **Erwärmungsfaktor** $\varepsilon_r \cdot \tan \delta$: Ein Maß für die im Mikrowellenfeld erfolgende Energieabsorption und damit für die Erwärmung eines Stoffs.

## Stoffgrößen von Lebensmitteln

Die Lebensmittel sind gruppenweise tabelliert, unter Verwendung der Systematik von Souci-Fachmann-Kraut. Die Auflistung innerhalb der jeweiligen Gruppe erfolgt in alphabetischer Reihenfolge. Der physiologische Brennwert von Lebensmitteln wird hier nicht aufgeführt; Werte sind bei Bedarf z. B. in den Souci-Fachmann-Kraut-Tabellen nachzuschlagen. Die Angaben für Lebensmittel sind lückenhaft, da in der Literatur wenige Stoffdaten zu finden sind. Die Lebensmittel sind trotzdem weitgehend vollständig aufgeführt – z. B. können Hersteller firmeninterne Daten liefern, die aber häufig nicht allgemein zugänglich gemacht werden.

(Zusammenstellung anhand folgender Quellen: Fiehler 1998, Hüthig 1991, Lewis 1987, Mallet 1993, Pichert 1995, Renner 1988, Scheffler et al. 1981, Senser et al. 1987, Szczesniak et al. 1983, Töpel 1976, Tülsner 1994, Woodams et al. 1968)

**Tab. 10.6-1:** Milch und Milchprodukte sowie Ei (Hühnerei)

| Lebensmittel | Wassergehalt<br>%<br> | Dichte bei 20 °C<br>$\rho$<br>kg/l | spez. Wärmekapazität<br>$c$<br>kJ/(kg K) | spez. Wärmekapazität, gefr.<br>$c_{gefr}$<br>kJ/(kg K) | spez. Erstarrungswärme[1)]<br>$c_s$<br>kJ/kg | Wärmeleitfähigkeit<br>$\lambda$<br>W/(m K) |
|---|---|---|---|---|---|---|
| **Milch** | | | | | | |
| Trinkmilch, 3,5 % Fett | 87,5 | 1,03 | 3,89 | 2,05 | | 0,59 |
| Trinkmilch, 1,5 % Fett | 89,6 | | 3,79 | | | 0,58 |
| **Milchprodukte** | | | | | | |
| Joghurt aus Trinkmilch 3,5 % | 87 | | | | | |
| Joghurt aus Trinkmilch 1,5 % | 88,9 | | | | | |
| Schlagsahne, 30 % Fett | 62 | 1,01 | 2,82 | 1,51 | 197 | 0,31 |
| Saure Sahne | 75,5 | | | | | |
| Milchpulver aus Vollmilch | 3,5 | 0,61[2)] | | | | |
| **Käse** | | | | | | |
| Camembert, 50 % F. i. Tr. | 52,0 | | | 1,50 | 174 | |
| Emmentaler, 45 % F. i. Tr. | 35,7 | | | | | |
| Edamer, 40 % F. i. Tr. | 44,8 | | | | | |
| Gouda, 45 % F. i. Tr. | 36,4 | | | | | |

*(Fortsetzung S. 372)*

**Tab. 10.6-1:** *(Fortsetzung v. S. 371)* Milch und Milchprodukte sowie Ei (Hühnerei)

| Lebensmittel | Wasser-gehalt<br><br>% | Dichte bei 20 °C<br>$\rho$<br>kg/l | spez. Wärme-kapazität<br>$c$<br>kJ/(kg K) | spez. Wärme-kapazität, gefr.<br>$c_{gefr}$<br>kJ/(kg K) | spez. Erstarrungs-wärme[1)]<br>$c_s$<br>kJ/kg | Wärme-leitfähig-keit<br>$\lambda$<br>W/(m K) |
|---|---|---|---|---|---|---|
| Doppelrahmkäse, 60 % F. i. Tr. | 52,8 | | | | | |
| Speisequark, 20 % F. i. Tr. | 78 | | | | | |
| Schweizer Käse | 39 | | | 1,33 | 131 | |
| Schmelzkäse, 45 % F. i. Tr. | 51,3 | | | | | |
| Ei (Hühnerei) | | | | | | |
| Vollei | 74,1 | | 3,19 | 1,68 | | |
| Eigelb | 50 | | 3,11 | | 0,339 | |
| Eiklar | 87,3 | 1,05 | 3,91 | | 0,557 | |
| Vollei, getrocknet | | 0,34[2)] | | | | |

1) und Schmelzwärme
2) Schüttdichte

**Tab. 10.6-2:** Fette und Öle

| Lebensmittel | Wassergehalt<br>% | Dichte bei 15 °C<br>$\rho$<br>kg/l | spez. Wärmekapazität<br>$c$<br>kJ/(kg K) | Wärmeleitfähigkeit<br>$\lambda$<br>W/(m K) | Schmelzpunkt<br>°C | Rauchpunkt<br>°C | Flammpunkt<br>°C |
|---|---|---|---|---|---|---|---|
| | | | Pflanzliche Fette | | | | |
| Baumwollsamenöl | | 0,92 | | | 19 | 223 | 322 |
| Erdnussöl | | 0,91 | | 0,17 | 23 | 207 | 315 |
| Kokosfett | | 0,92 | | | | 194 | 288 |
| Leinöl | | 0,93 | | | | | |
| Maiskeimöl | | 0,92 | 1,73 | | | | |
| Margarine | 19,2 | | 2,77 | | | | |
| Diätmargarine | 19,1 | | | | | | |
| Halbfettmargarine | 57,9 | | | | | | |
| Olivenöl | | 0,91 | | 0,17 | | | |
| Palmöl | | 0,92 | | | 18 | 223 | 314 |
| Sesamöl | | 0,92 | | 0,18 | | | |
| Sojaöl | | 0,92 | | | 24 | 213 | 317 |
| Sonnenblumenöl | | 0,92 | 1,93 | 0,13 | | 209 | 316 |
| Walnussöl | | 0,92 | | | | | |
| | | | Tierische Fette | | | | |
| Butter | 15,3 | 0,94 | | | 28–38 | | |
| Talg | | 0,94 | | | 33 | | |

**Tab. 10.6-3:** Fisch (mittl. Dichte bei 20 °C = 0,967kg/l) und Meeresfrüchte

| Lebens-mittel | Wasser-gehalt<br>% | spez. Wärme-kapazität<br>$c$<br>kJ/(kg K) | Gefrier-punkt<br>°C | spez. Wärme-kapazität, gefr.<br>$c_{gefr}$<br>kJ/(kg K) | spez. Erstar-rungs-wärme<br>$c_s$<br>kJ/kg | Wärmeleit-fähigkeit<br>$\lambda$<br>W/(m K) |
|---|---|---|---|---|---|---|
| Frischfisch | | | | | | 0,59 (Mittel) |
| Dorsch | 78 | 3,44 | –2,0 | 1,81 | 260 | |
| Heilbutt | 75 | 3,36 | –2,2 | 1,81 | 252 | |
| Hering | 70 | 3,19 | –2,2 | 1,72 | 231 | 0,80 (gefr.) |
| Thunfisch | 70 | 3,19 | –2,2 | 1,72 | 231 | |
| Lachs | 64 | 2,98 | –2,2 | 1,64 | 214 | 0,5 |
| Dorschfilet | 80 | 3,53 | –2,2 | 1,85 | 269 | |
| Makrelen-filet | 57 | 2,77 | –2,2 | 1,55 | 193 | |
| Austern | 87 | 3,78 | –2,2 | 1,93 | 294 | |
| Garnelen | 83 | 3,61 | –2,2 | 1,89 | 277 | |
| Muscheln | 80 | 3,53 | –2,2 | 1,85 | 269 | |
| Hummer | 79 | 3,49 | –2,2 | 1,85 | 269 | |

**Tab. 10.6-4:** Fleisch (mittl. Dichte bei 20 °C = 1,07 g/cm³) und Geflügel

| Lebensmittel | Wassergehalt<br>% | spez. Wärmekapazität<br>$c$<br>kJ/(kg K) | spez. Wärmekapazität, gefr.<br>$c_{gefr}$<br>kJ/(kg K) | spez. Erstarrungswärme<br>$c_s$<br>kJ/kg | Wärmeleitfähigkeit<br>$\lambda$<br>W/(m K) |
|---|---|---|---|---|---|
| Huhn, Brathuhn | 72,7 | 3,57 | 1,76 | 248 | 0,41 |
| Hühnerbrust | 75,0 | | | | |
| Hühnerkeule | 74,7 | | | | |
| Suppenhuhn | 60,0 | | | | 0,44 |
| Puter, Brust | 73,7 | | | | 0,50 |
| Puter, Keule | 74,7 | 3,53 | 1,76 | 248 | 0,50 |
| Hammelfleisch, Brust | 48,0 | 2,80 | 1,25 | 194 | |
| Kalbfleisch, Kotelett | 74,5 | 3,11 | 1,68 | 223 | |
| Rind, Muskelfleisch | 74,8 | 3,23 | 1,72 | 231 | 0,48 |
| Rind, Filet | 75,1 | | | | 0,50 |
| Schwein, Muskelfleisch | 74,7 | 3,49 | 1,72 | 239 | 0,48 |
| Schwein, Filet | 67,6 | | | | 0,48 |
| Schwein, Kotelett | 66,9 | | | | |

**Tab. 10.6-5:** Getreide und Getreideprodukte

| Lebensmittel | Wassergehalt<br>% | Dichte bei 20 °C<br>$\rho$<br>kg/l | Schüttdichte bei 20 °C<br>$\rho_s$<br>kg/l | spez. Wärmekapazität<br>c<br>kJ/(kg K) | Wärmeleitfähigkeit<br>$\lambda$<br>W/(m K) |
|---|---|---|---|---|---|
| Hafer, Korn | 13,0 | 1,36 | 0,44 | | 0,13 |
| Hafer, Flocken | 10,0 | | | | |
| Hirse, Korn | 12,1 | | | | |
| Mais, Korn | 12,5 | | | 3,32 | 0,09 |
| Naturreis, Korn | 13,1 | 1,37 | 0,58 | | |
| Reis poliert, roh | 12,9 | | | | |
| Roggen, Korn | 13,7 | | | | |
| Roggenmehl 815 | 14,3 | | | | |
| Roggenmehl (Vollkorn) | 14,3 | | | | |
| Weizen, Korn | 13,2 | 1,42 | 0,81 | 1,63 | 0,17 |
| Weizengrieß | 13,1 | | | | |
| Weizenmehl 405 | 13,9 | | 0,45 | | |
| Weizenmehl (Vollkorn) | 13,1 | | 0,79 | | |

**Tab. 10.6-6:** Gemüse

| Lebensmittel | Wassergehalt<br>% | Dichte bei 20 °C<br>$\rho$<br>kg/l | spez. Wärmekapazität<br>$c$<br>kJ/(kg K) | spez. Wärmekapazität, gefr.<br>$c_{gefr}$<br>kJ/(kg K) | spez. Erstarrungswärme<br>$c_s$<br>kJ/kg | Wärmeleitfähigkeit<br>$\lambda$<br>W/(m K) |
|---|---|---|---|---|---|---|
| Blumenkohl | 91,6 | | 3,91 | 1,97 | 307 | |
| Bohnen, grün | 90,3 | 0,95 | 3,82 | 1,97 | 297 | 0,796 (gefr.) |
| Brokkoli | 89,7 | | 3,86 | 1,97 | 302 | 0,381 (gefr.) |
| Erbsen, grün | 77,3 | 1,02 | 3,57 | | | 0,311 |
| Fenchelkraut | 86,0 | | | | | |
| Grünkohl | 86,3 | | | | | |
| Gurken | 96,8 | | 4,07 | 2,06 | 319 | |
| Kartoffeln | 77,8 | | 3,43 | 1,80 | 258 | 0,415 (gefr.) |
| Knollensellerie | 88,6 | | | | | |
| Kohlrabi | 91,6 | | | | | |
| Kopfsalat | 95,0 | | | | 316 | |
| Kürbis | 91,3 | | | | | 0,502 |
| Karotten | 88,2 | | 3,78 | 1,93 | 294 | 0,675 (gefr.) |
| Paprika | 91,0 | | 3,95 | 1,97 | 307 | |
| Porree | 89,0 | | | | | |
| Rosenkohl | 85,0 | | 3,70 | 1,93 | 286 | |
| Rote Beete | 88,8 | | | | | |
| Spargel | 93,6 | | 3,95 | 2,02 | 311 | |
| Spinat | 91,6 | | 3,95 | 2,02 | 307 | |
| Tomaten | 94,2 | 1,00 | 3,99 | 2,02 | 311 | |
| Weißkohl | 92,4 | | 3,95 | 1,97 | 307 | |
| Zucchini | 92,2 | | | | | |
| Zuckermais | 74,7 | | 3,32 | 1,76 | 248 | |
| Zwiebel | 87,6 | | | | | |

**Tab. 10.6-7:** Obst

| Lebensmittel | Wassergehalt<br>% | Dichte bei 20 °C<br>$\rho$<br>kg/l | spez. Wärmekapazität<br>$c$<br>kJ/(kg K) | spez. Wärmekapazität, gefr.<br>$c_{gefr}$<br>kJ/(kg K) | spez. Erstarrungswärme<br>$c_s$<br>kJ/kg | Wärmeleitfähigkeit<br>$\lambda$<br>W/(m K) |
|---|---|---|---|---|---|---|
| Ananas | 85,3 | | 3,70 | 1,89 | 286 | |
| Apfel | 85,3 | | 3,59 | 1,88 | | 0,42 |
| Apfelsine | 85,7 | | 3,78 | 1,93 | 286 | 0,42 |
| Aprikose | 85,3 | 1,00 | 3,70 | 1,93 | 284 | |
| Avocado | 68,0 | | | | | |
| Banane | 73,9 | | 3,36 | 1,76 | 252 | |
| Birne | 84,3 | | 3,61 | 1,89 | 273 | |
| Brombeere | 84,7 | | 3,70 | 1,93 | 286 | |
| Erdbeere | 89,5 | 0,90 | 3,86 | 1,76 | 289 | 0,68 |
| Feige, roh | 80,2 | | 3,44 | 1,81 | 260 | |
| Grapefruit | 89,0 | | | | | 0,40 |
| Heidelbeere | 76,6 | | 3,78 | | 286 | |
| Himbeere | 84,5 | | 3,65 | 1,89 | 281 | |
| Schwarze Johannisbeere | 81,3 | 1,00 | 3,70 | 1,89 | 281 | 0,31 (gefr.) |
| Süßkirsche | 82,8 | 1,04 | 3,65 | 1,89 | 365 | |
| Kiwi | 83,8 | | | | | |
| Mango | 82,0 | | | | | |
| Pfirsich | 87,5 | 1,01 | 3,78 | | 286 | 1,13 |
| Pflaume | 83,7 | 1,03 | 3,65 | | 169 | 0,29 (gefr.) |
| Preiselbeere | 87,4 | | | | | |
| Stachelbeere | 87,3 | | | | | 0,28 (gefr.) |
| Weintraube | 81,1 | | 3,61 | 1,85 | 273 | |
| Zitrone | 90,2 | | 3,86 | 1,93 | 294 | |

**Tab. 10.6-8:** Getränke

| Lebensmittel | Wassergehalt<br>% | Dichte bei 20 °C<br>$\rho$<br>kg/l | spez. Wärmekapazität<br>$c$<br>kJ/(kg K) | spez. Wärmekapazität, gefr.<br>$c_{gefr}$<br>kJ/(kg K) | spez. Erstarrungswärme<br>$c_s$<br>kJ/kg | Wärmeleitfähigkeit<br>$\lambda$<br>W/(m K) |
|---|---|---|---|---|---|---|
| Getränke, alkoholfrei | | | | | | |
| Wasser | 100 | 0,998 | 4,18 | 2,04 | 234 | 0,59 |
| Apfelsaft | 88,1 | 1,06 | 3,86 | | 294 | 0,51 |
| Birnensaft | | | | | | 0,40 |
| Orangensaft | 87,7 | 1,04 | 3,91 | | 298 | |
| Schw. Johannisbeersaft | | 1,06 | | | | |
| Traubensaft | | | | | | 0,40 |
| Zitronensaft | | 1,04 | | | | |
| Getränke, alkoholisch | | | | | | |
| Pilsener Bier | 90,6 | | | | | |
| Hefebier (5 % Alkohol) | 87,8 | 1,09 | | | | |
| Rotwein (11,5 % Alkohol) | 89,8 | 0,995 | | | | |
| Weißwein (9,5 % Alkohol) | 89,0 | 1,005 | | | | |

**Tab. 10.6-9:** Mikrowelleneigenschaften verschiedener Lebensmittel (Beitz et al. 1989, Domininghaus 1988)

| Lebensmittel | Temperatur °C | Wassergehalt % | Relative Permittivität $\varepsilon_r$ | Phasenverschiebungsfaktor $d = \tan\delta$ | Erwärmungsfaktor $d_\varepsilon$ |
|---|---|---|---|---|---|
| Fleisch | | | | | |
| Rindfleisch | –15 | | 5,0 | 0,15 | 0,75 |
| Rindfleisch | 25 | | 61 | | |
| Rindfleisch | 50 | | 55 | | |
| Schweinefleisch | –15 | | 6,8 | 0,20 | 1,36 |
| Schweinefleisch | 25 | | 58 | | |
| Gemüse | | | | | |
| Erbsen, gekocht | –15 | | 2,5 | 0,20 | 0,50 |
| Karotten | 25 | | 72 | | |
| Kartoffeln, roh | getaut | 80 | 52–54 | 0,32–0,37 | 16,64–19,98 |
| Kartoffeln, gekocht | –15 | | 4,5 | 0,20 | 0,90 |
| Spinat, gekocht | –15 | | 13 | 0,50 | 6,50 |
| Obst | | | | | |
| Apfel | getaut | 86 | 43 | 0,21 | 9,03 |
| Honigmelone | getaut | 90–92 | 49–55 | 0,25–0,37 | 12,25–20,35 |
| Pfirsich | getaut | 89–91 | 51–62 | 0,31 | 15,81–19,22 |
| Wassermelone | getaut | 91 | 59 | 0,26 | 15,34 |

**Tab. 10.6-10:** Eigenschaften von Wasser und Wasserdampf

| Temperatur °C | Wasserdichte kg/l | Dampfdichte g/m³ | Dampfdruck bar |
|---|---|---|---|
| –20 | Dichte von | 0,9 | 0,001 |
| –10 | Eis ≈ 0,91 | 2,1 | 0,003 |
| 0 | 1,000 | 4,8 | 0,006 |
| 10 | 1,000 | 9,4 | 0,012 |
| 15 | 0,999 | 12,8 | 0,017 |
| 20 | 0,998 | 17,3 | 0,023 |
| 25 | 0,997 | 23,0 | 0,032 |
| 30 | 0,996 | 30,3 | 0,042 |
| 35 | 0,994 | 39,6 | 0,056 |
| 40 | 0,992 | 51,1 | 0,074 |
| 50 | 0,988 | 83,0 | 0,123 |
| 60 | 0,983 | 130 | 0,199 |
| 70 | 0,978 | 198 | 0,316 |
| 80 | 0,972 | 293 | 0,474 |
| 100 | 0,958 | 598 | 1,013 |
| 120 | | 1128 | 1,985 |
| 150 | | 2550 | 4,761 |

## Materialien für Geschirr und Bedarfsgegenstände

**Tab. 10.6-11:** Eigenschaften von Metallen (Merkel et al. 1988, Krupp-Thyssen 1998)

| Material | Dichte<br>$\rho$<br>g/cm³ | Elastizitäts-modul<br>$E$<br>GPa | Zugfestigkeit<br>$\sigma_B$<br>MPa | Wärmeleit-fähigkeit<br>$\lambda$<br>W/(m K) |
|---|---|---|---|---|
| Eisen | 7,87 | 206 | 323 | 81 |
| Unlegierter Stahl[1)] | 7,90 | 78 | 330 | 53 |
| Aluminium | 2,70 | 69 | 39–49 | 230 |
| Kupfer | 8,93 | 123 | 147–196 | 372 |
| Zinn | 7,29 | 54 | 27 | 67 |
| Edelstahl CrNi 18/10 | 7,90 | 200 | 500 | 15 |

[1)] 0,15 % Kohlenstoff

**Tab. 10.6-12:** Eigenschaften von Kunststoffen (Beitz et al. 1989, Domininghaus 1988)

| Material | Kurz-bezeichnung | Dichte<br>$\rho$<br>g/cm³ | Elastizitätsmodul<br>$E$<br>GPa |
|---|---|---|---|
| Thermoplaste | | | |
| Acrylnitril-Butadien-Styrol | ABS | 1,04–1,12 | 1,9–2,7 |
| Polyamid | PA-6 | 1,12–1,14 | 1,5–3,2 |
| Polyester, lin. | PET | 1,31–1,37 | 2,5–3,2 |
| Polycarbonat | PC | 1,20–1,23 | 2,0–2,5 |
| Polymethyl-methacrylat[1)] | PMMA | 1,19 | 2,4–4,5 |
| Polystyrol | PS | 1,05 | 3,0–3,6 |
| Cellulose-Acetat | CA | 1,22–1,35 | 2,0–3,6 |

| Längen-ausdehnungs-koeffizient $\alpha$ $10^{-6}\,K^{-1}$ | spez. Wärme-kapazität, fest $c_{FEST}$ kJ/(kg · K) | Schmelzpunkt $\vartheta_S$ °C | spez. elektr. Widerstand $\rho_{EL}$ $10^{-6}$ W · m | Temperaturko-effizient des el. Widerstandes Ωm $10^{-3}\,K^{-1}$ |
|---|---|---|---|---|
| 12,1 | 0,47 | 1530 | ≈ 0,13 | 4,5 |
| 11,5 | 0,49 | 1460 | ≈ 0,15 | ≈ 5,6 |
| 23,9 | 0,89 | 660 | 0,027 | 4,3 |
| 16,4 | 0,39 | 1080 | 0,017 | ≈ 4,1 |
| 21,4 | 0,24 | 230 | 0,115 | 4,6 |
| 16,0 | 0,51 | 1450 | ≈ 1,1 | ≈ 14 |

| Festigkeit als | | Wärmeleitfähigkeit | Längenausdeh-nungskoeffizient | maximale Dauer-temperatur |
|---|---|---|---|---|
| $\sigma_S$ MPa | $\sigma_B$ MPa | $\lambda$ W/(m K) | $\alpha$ $10^{-6}\,K^{-1}$ | $\vartheta_D$ °C |
| Thermoplaste | | | | |
| 32–56 | | 0,18 | 6–11 | 85–100 |
| 60–90 | | 0,27–0,30 | 7–11 | 80–100 |
| | 50–75 | 0,24–0,29 | 7 | 100 |
| | 55–70 | 0,21–0,23 | 6–7 | 130 |
| 60–90 | | 0,18–0,19 | 7–9 | 68–94 |
| 45–65 | | 0,15–0,17 | 7–8 | 65–75 |
| | 30–65 | 0,20–0,22 | 9–12 | 180–200 |

*(Fortsetzung S. 384)*

**Tab. 10.6-12:** *(Fortsetzung v. S. 384)* Eigenschaften von Kunststoffen

| Material | Kurzbezeichnung | Dichte<br>$\rho$<br>g/cm³ | Elastizitätsmodul<br>$E$<br>GPa |
|---|---|---|---|
| HD-Polyethen | PE-HD | 0,94–0,96 | 0,4–1,5 |
| LD-Polyethen | PE-LD | 0,92–0,94 | 0,015–0,6 |
| Polypropylen (rein) | PP | 0,90–1,32 | 0,65–1,4 |
| Polyvinylchlorid hart | PVC-U | 1,32–1,45 | 2,9–3,6 |
| Teflon | PTFE | 2,1–2,2 | 0,45–0,75 |
| Duromere | | | |
| Phenoplaste | PF | 1,4–1,9 | 6,0–10,0 |
| Melaminharz | UF/MF | 1,5–2,0 | 5,0–9,0 |
| Epoxidharze | EP | 1,5–1,9 | 5,0–20,0 |

[1] Plexiglas

**Tab. 10.6-13:** Eigenschaften von Glas und Keramik (Bergmann 1987, Blanke et al. 1989, Merkel et al. 1988, Petzold 1992)

| Material | Dichte<br>$\rho$<br>g/cm³ | Elastizitätsmodul<br>$E$<br>GPa | Druckfestigkeit<br>$\sigma_B$<br>MPa |
|---|---|---|---|
| Kalknatronglas | 2,5 | 64 | 30–90 |
| Quarzglas | 2,2 | 60 | 800 |
| Borosilikatglas | 2,4–2,5 | 65 | 140–250 |
| L-A-S-Glaskeramik | 2,6 | 92 | > 110 |
| Porzellan (glasiert) | 2,2–2,5 | 55–80 | 30–100 |

| Festigkeit als $\sigma_S$ MPa | Festigkeit als $\sigma_B$ MPa | Wärmeleitfähigkeit $\lambda$ W/(m K) | Längenausdehnungskoeffizient $\alpha$ $10^{-6}$ $K^{-1}$ | maximale Dauertemperatur $\vartheta_D$ °C |
|---|---|---|---|---|
| | 21–35 | ~ 0,41 | 13–20 | 85–100 |
| | 8–20 | 0,29–0,40 | 18–24 | 60–75 |
| | 19–38 | 0,20–0,22 | 10–18 | 100 |
| | 51–80 | 0,14–0,17 | 7–8 | 65 |
| | 9–12 | 0,25 | 12–16 | 250 |
| Duromere | | | | |
| 15–40 | | 0,30–0,70 | 1–5 | 110 |
| 15–30 | | 0,35–0,70 | 2–6 | 80 |
| 60–200 | | 0,40–0,80 | 2–6 | 130 |

| spez. Wärmekapazität, fest $c_{FEST}$ kJ/(kg K) | Wärmeleitfähigkeit $\lambda$ W/(m K) | Längenausdehnungskoeffizient $\alpha$ $10^{-6}$ $K^{-1}$ | spez. elektr. Widerstand $\rho_{EL}$ $\Omega$m |
|---|---|---|---|
| 0,80 | 0,96–1,09 | 9 | $10^8$–$10^{14}$ |
| 0,79 | 1,34 | 0,5 | ≈ $10^{14}$ |
| 0,78 | 0,88–0,94 | 3,2 | $10^8$–$10^{14}$ |
| 0,83 | 2,2–2,7 | 0,2 | ≈ $10^7$ |
| 0,84 | ≈ 1,6 | 4–5 | $10^8$–$10^{13}$ |

## Literatur zu Kapitel 10

aid – aid infodienst für Ernährung, Landwirtschaft, Verbraucherschutz e.V. (Hrsg.) 2005: Küche und Technik. Bestell-Nr. 3825, Bonn

Arbeitsgemeinschaft Energiebilanzen e.V. (Hrsg.) 2007: Energieflussbild der Bundesrepublik Deutschland. Berlin. www.ag-energiebilanzen.de (ver. 14.07.2015)

Beitz W., Grote K.-H. 2011: Taschenbuch für den Maschinenbau – Dubbel. 23. Aufl., Springer Verlag, Berlin

Bergmann W. 2009: Werkstofftechnik Teil 2 (Anwendungen). Hanser Verlag, München

Blanke W., Biermann M. 1989: Thermophysikalische Stoffgrößen. Springer, Berlin

Bockisch M. 1993: Nahrungsfette und -öle. Serie Handbuch der Lebensmitteltechnologie. Ulmer, Stuttgart

Dt. Forschungsanstalt für Lebensmittelchemie (Hrsg.) Kirchhoff E. (Bearb.) 2008: Souci – Fachmann – Kraut. Die Zusammensetzung der Lebensmittel – Nährwert-Tabellen. 7. Auflage, Wissenschaftliche Verlagsgesellschaft, Stuttgart

DIN – Deutsches Institut für Normung e.V. 2008: DIN EN ISO 13732-1:2008-12, Ergonomie der thermischen Umgebung – Bewertungsverfahren für menschliche Reaktionen bei Kontakt mit Oberflächen – Teil 1: Heiße Oberflächen. Beuth, Berlin.

Domininghaus H. 1988: Die Kunststoffe und ihre Eigenschaften. VDI-Verlag, Düsseldorf

Fiehler K. 1998: Daten zur Haushaltstechnik. Diplomarbeit FH Hamburg, Hamburg

Hönman W. (Hrsg.) 1990: Reckmann – Spenger – Hönmann – Taschenbuch für Heizung und Klimatechnik 90/91. Oldenburg Verlag, München, Wien

Hüthig H. (Hrsg.), Schubert H., Grüneberg M., Walz E. 1991: Erwärmung von Lebensmitteln durch Mikrowellen. Zeitschrift für die Lebensmittelwirtschaft. ZFL 42, Nr. 4, S. 14–21

Irudayaraj J. (Edit.) 2001: Food processing operation modelling – Design and analysis. Marcel Dekker, New York

Leute U. 2004: Physik und ihre Anwendungen in Technik und Umwelt. 2. Auflage, Hanser, München, Wien

Lewis M.J. 1990: Physical properties of foods and food processing systems. Verlag Chemie, Weinheim

Lichtenberg W. 1994: Technik im Haushalt. Verlag Büchner, Handwerk und Technik, Hamburg

Lindner H. 2014: Physik für Ingenieure. 19. Auflage, Fachbuchverlag Leipzig im Carl-Hanser-Verlag, München, Wien

Mallet C.P. 1993: Frozen food technology. Chapman & Hall, Cambridge

Petzold A. 2013: Anorganisch-nichtmetallische Werkstoffe – Charakteristik, Eigenschaften, Anwendungsverhalten. Deutscher Verlag für Grundstoffindustrie, Leipzig, Stuttgart

Pichert H. 1995: Grundlagen der Haushalttechnik. 2. Aufl., Verlag Eugen Ulmer, Stuttgart

Renner E. 1988: Lexikon der Milch. Volkswirtschaftlicher Verlag, München

Scheffler K., Straub J., Grigull U. 1981: Wasserdampftafeln. Thermodynamische Eigenschaften von Wasser und Wasserdampf bis 800 °C und 800 bar. Springer, Berlin, Heidelberg

Szczesniak A.S., Kalab M., Francis F.J. 1983: Physical properties of foods. Library of Congress Cataloguing in Publication Data, Westport, Connecticut

Töpel A. 2007: Chemie und Physik der Milch. 2. Auflage. Fachbuchverlag, Leipzig

Tülsner M. 1994: Fischverarbeitung, Band 1. Behr's Verlag, Hamburg

Woodams E.E., Nowrey J.E. 1968: Literature values of thermal conductivities of foods. Food Technology. J. of the Inst. of Food Technologists, volume 22, pp. 494–502

Zeitler J., Simon G. 1998: Physik für Techniker und technische Berufe. Fachbuchverlag Leipzig im Carl-Hanser-Verlag, München, Wien

# A Fremdsprachliche küchentechnische Begriffe

## A 1 Englisch – Deutsch (ZUSAMMENSTELLUNG: JÖRG ANDREÄ)

### A

add – hinzugeben, zusetzen
add liquid – aufgießen
aromatize – aromatisieren, parfümieren
arrange – dressieren

### B

bake – backen
barbecue – grillen über Holzkohle, grillieren
bard – bardieren, einpacken, umhüllen
baste – mit Fett begießen
beat – aufschlagen, schlagen, zerstoßen
beat up – abschlagen, montieren
bind – andicken, ansämen
blanch – blanchieren
blend – mischen, quirlen, rühren
boil – kochen, sieden
bone – ausbeuten, auslösen, entbeinen, entgräten
braise – braisieren, schmoren
braise white – weißschmoren
bray – zerstampfen
breadcrumb – panieren
brew – aufgießen
broil – grillen auf dem Rost, grillieren
brown – bräunen, kolorieren, rösten
bum away – abbrennen

### C

caramelize – karamellisieren
carve – tranchieren, vorschneiden, zerlegen
centrifuge – abschleudern, zentrifugieren
charbroil – grillen auf dem Rost, grillieren
charcoal grill – grillen über Holzkohle, grillieren
chill – kühlen
chop – hacken, kuttern
clarify – klären
clean – ausnehmen, putzen
coat – nappieren, überziehen
coddle – garziehen, stocken
colour – färben, kolorieren
cook – garen
cook by microwaves – mikrowellengaren
cool – kühlen
cool store – kühllagern
corn – pökeln
cure – pökeln, räuchern
cut – schaben, schneiden, schnitzeln, stifteln, zerlegen

### D

debone – ausbeinen
decant – dekantieren
deep fry – ausbacken, frittieren
defrost – antauen, auftauen
deglaze – ablöschen, deglacieren
degrease – degraissieren, entfetten
dice – in Würfel schneiden, schnitzeln
dip – eintauchen, eintunken
drain – abtropfen
draw – ausnehmen, ausweiden
dry – dörren, trocknen

### E

emulsify – emulgieren
enhance the flavour – aromatisieren, parfümieren
evacuate – evakuieren, luftleer machen
evaporate – eindampfen, reduzieren

F

fill – auffüllen, füllen
fill hot – heiß einfüllen
fill up – auffüllen
fillet – filetieren, filieren
filter – filtern, filtrieren, seihen
flamber – flambieren
freeze – einfrieren, gefrieren
freeze preserve – gefrierkonservieren
freeze store – gefrierlagern
fry – braten

G

gash – ciselieren
get ready – aufbereiten
glaze – glacieren, überglänzen
grate – hobeln, raffeln, raspeln, reiben
gratinate – gratinieren, überbacken
griddle – auf dem Blech backen, kontaktgrillen
grill – grillen, grillieren
grind – durchdrehen, faschieren, mahlen, verreiben
gut – ausnehmen

H

heat – aufwärmen, erwärmen, rechauffieren

J

jug – dünsten von Wild (z. B. Hase)

K

keep – aufbewahren, lagern
keep warm – warm halten
knead – kneten

L

lard – spicken
liase – binden, legieren
line a mould with jelly – chemisieren
liquefy – deglacieren, schmelzen, sich verflüssigen

M

macerate – aufquellen, einweichen, mazerieren
make – zubereiten
marinate – beizen, marinieren, säuern
mash – pürieren, zerstampfen, zerdrücken
melt – schmelzen
mince – durchdrehen, emincieren, faschieren, zerhacken, zerkleinern
mix – mischen, mixen (Cocktail), verrühren
moisten – ablöschen

P

parboil – ankochen, vorkochen
pare – abziehen, schälen (besonders Obst), schrappen
pass – durchstreichen, passieren
pasteurize – pasteurisieren
paunch – ausweiden
peel – abziehen, pellen, schälen, schrappen
pickle – beizen, einlegen, säuern
plump – quellen
poach – garziehen, pochieren
pot roast – schmoren
pound – Fleisch klopfen
pour – gießen, schütten
pour off – dekantieren
pour on – aufgießen
prepare – vorbereiten, zubereiten
preserve – einlegen, einmachen, haltbar machen
press – ausdrücken, auspressen
pressure cook – druckgaren
process – verarbeiten
produce – herstellen
pulverize – fein zermahlen, pulverisieren
puree – durchpressen, durchschlagen, durchstreichen, passieren, pürieren, zerdrücken

## R

reconstitute – rehydratisieren, rekonstituieren, rückverdünnen, wiederauflösen
reduce – eindampfen, eindicken, reduzieren
refresh – abschrecken, refraichieren
refrigerate – kühlen
reheat – wieder erwärmen
render – ausbraten, auslassen, ausschmelzen
rice – durchpressen
rise under browning – soufflieren
roast – braten, rösten

## S

salt – einsalzen, pökeln, salzen
sauté – sautieren
scald – abbrühen, abwällen, brühen, überbrühen
scorch – schnell anbraten bzw. andünsten, auch verbrennen
score – ciselieren, einschneiden
scrape – schaben, schrappen
sear – schnell anbraten bzw. andünsten
shape – ausformen, tournieren
shell – döppen, entschoten, palen
sieve – sieben
sift – sieben und bestäuben
simmer – köcheln, simmern
singe – abflammen, absengen, flambieren (von Geflügel), sengen, auch abschöpfen, entrahmen
skim – abschäumen
skin – abziehen, pellen, schälen
slice – aufschneiden, escaloppieren, in Scheiben schneiden
slice thinly – emincieren
slit – in Streifen schneiden, stifteln
smoke – räuchern
soak – einweichen (Hülsenfrüchte), quellen, wässern
sour – säuern
souse – garziehen (von Fisch)
spit broil – auf dem Rost unter Drehen grillen, grillieren
spit roast – am Spieß grillen, grillieren
steam – dämpfen
steep – durchtränken, mazerieren, wässern
sterilize – sterilisieren
stew – dünsten
stir – quirlen, rühren
strain – entsaften, filtern, passieren, seihen
strain by steam – dampfentsaften
stuff – farcieren, füllen
sweeten – süßen, zuckern
swill – ablöschen

## T

thaw – antauen, auftauen
thicken – andicken, ansämen, binden, legieren
toast – rösten (Brot), toasten
toss – schwenken
trim – putzen (von Gemüse), parieren, zuschneiden
truss – bridieren, zuschnüren, dressieren
try out – austasten, ausschmelzen

## W

warm – aufwärmen, erwärmen, rechauffieren
whip – aufschlagen, montieren, schlagen
whisk – aufschlagen, schlagen (mit dem Schneebesen), auch verquirlen
wrap (with bacon) – bardieren, einpacken, umhüllen

# A2 Französisch – Deutsch

(ZUSAMMENSTELLUNG: PIERRE-OLIVIER GILLMANN, AKTUAL. CECILE GODINEAU)

## A

abricoter – aprikotisieren
achever – beenden, fertig stellen
agiter – mischen, rühren, schwenken
aplatir – plattieren
aromatiser – aromatisieren, parfümieren
arroser – begießen, arrosieren

## B

barder – bardieren
blanchir – blanchieren
bouillir – brühen, kochen, sieden, überbrühen
braiser – braisieren, schmoren
braiser à blanc – weißschmoren
brider – bridieren, zuschnüren
brûler – abbrennen

## C

caraméliser – karamellisieren
centrifuger – zentrifugieren
chemiser – chemisieren
ciseler – ciselieren, einschneiden
clarifier – klären
colorer – färben, kolorieren
congeler – einfrieren, gefrieren
conserver au froid – kühlkonservieren
conserver congelé – gefrierkonservieren
couper – abschlagen, einschneiden
cuire – garen, kochen
cuire à la vapeur – andünsten
cuire à l'étuvée – schmoren, dämpfen
cuire au bleu – blaukochen
cuire au four – backen im Backofen
cuire par micro-ondes – mikrowellengaren
cuire sous pression – druckgaren

## D

décanter – dekantieren
déclencher - auslösen
décongeler – antauen, auftauen
découper – zerlegen
déglacer – ablöschen, deglacieren
dégorger – wässern
dégraisser – degraissieren, entfetten
désosser – ausbeinen, auslösen
dresser – anrichten, dressieren, fertigmachen

## E

ébouillanter – abbrühen, abwällen, brühen
échauder – abbrühen, abwällen, brühen, überbrühen
écosser – döppen, entschoten, palen
écraser – zerdrücken, pürieren
éliminer – entgräten
émincer – emincieren, in feine Scheiben schneiden
émulsionner – emulgieren
enlever – abziehen, entgräten
épaissir – andicken
éplucher – schälen, abziehen
escaloper – aufschneiden, escaloppieren, in Scheiben schneiden
étuver – dünsten
évacuer – evakuieren
extraire le jus – entsaften
extraire le jus à la vapeur – dampfentsaften

## F

faire boullir – abwällen, brühen, überbrühen
faire fondre – auslassen, schmelzen
faire infuser – aufgießen

faire macérer – einlegen
faire pivoter – schwenken
farcir – farcieren
fariner – mehlieren
ficeler – ficelieren
fileter – filettieren, filieren
filtrer – filtern, filtrieren, seihen
flamber – abflammen, absengen, flambieren, sengen
fouetter – aufschlagen, schlagen
frapper – frappieren
frire – ausbraten, frittieren, in Fett schwimmend ausbacken, braten
fumer – räuchern

## G

garnir – garnieren
glacer – glacieren, überglänzen
gonfler – soufflieren, auffüllen
gratiner – gratinieren, überbacken, überkrusten
griller – auf dem Rost garen, grillen, grillieren

## H

hacher – durchdrehen, faschieren, hacken, zerschneiden

## I

inciser – einschneiden
incorporer – unterheben

## L

laisser infuser – ziehen lassen
laisser reposer – stocken
larder – lardieren
lier – andicken, ansämen, binden, legieren

## M

macérer – beizen, mazerieren
mariner – beizen, marinieren, säuern
mélanger – mischen, rühren
mijoter – köcheln, mijotieren, simmern
mixer – mischen, mixen (Cocktail)
monter – abschlagen, aufarbeiten, montieren
moudre – mahlen
mouiller – aufgießen, durchtränken, übergießen

## N

napper – nappieren, überdecken, überziehen
nettoyer – putzen

## P

paner – einbröseln, panieren
parer – Fleisch zurechtschneiden, parieren
parfumer – aromatisieren, parfümieren
passer – durchpressen, durchschlagen, durchstreichen, passieren, pürieren
passer au tamis – sieben
pasteuriser – pasteurisieren
peler – pellen, schälen, schrappen
pétrir – kneten
piler – zerstampfen, zerstoßen, zermahlen
piquer – spicken
pocher – pochieren
poêler – poelieren
prendre à feu vif – bräunen
préparer – vorbereiten, zubereiten
préserver – haltbar machen
presser – ausdrücken, auspressen
produire – herstellen
pulvériser – fein zermahlen, pulverisieren

## R

raboter – hobeln
racler – raspeln, schaben
rafraîchir – abschrecken, refraichieren
râper – raffeln, reiben
rayer – durchstreichen
réchauffer – aufwärmen, rechauffieren
réconstituer – rehydratisieren, rekonstituieren
réduire – eindampfen, eindicken, reduzieren
réfrigérer – kühlen
réhydrater – rehydratisieren, rekonstituieren
remplir – auffüllen
remuer – mischen, quirlen, rühren
retirer – abziehen
rissoler – braten, bräunen
rôtir – braten, grillen

## S

saisir – bräunen
saler – salzen
saumurer – pökeln
sauter – sautieren
sécher – trocknen
sécher au four – dörren
souffler – soufflieren
stériliser – sterilisieren
stocker au congelateur – gefrierlagern
stocker dans la réfrigérateur – kühllagern
sucrer – zuckern
surgeler – einfrieren, gefrieren

## T

tailler – schneiden, schnitzeln, stifteln
tamiser – passieren
tenir chaud – warm halten
toaster – toasten
torréfier – rösten
tourner – abdrehen, tournieren, umdrehen, wenden
traiter – aufbereiten
trancher – schneiden, schnitzeln, tranchieren, vorschneiden
tremper – quellen, wässern, einweichen
trousser – bridieren

## V

verser chaud – heiß einfüllen
verser sur – aufgießen
vider – ausnehmen, ausweiden

# A 3 Deutsch – Englisch – Französisch

(ZUSAMMENSTELLUNG: WOLFHART LICHTENBERG)

| Deutsch | Englisch | Französisch |
|---|---|---|
| abbrennen | burn away | bruler |
| abbrühen | scald | bouillir, faire bouillir |
| abdrehen | turn | tourner |
| abflammen | singe | flamber |
| ablöschen | deglaze, swill | déglacer |
| abschäumen | skirn | écumer |
| abschlagen | beat up | couper |
| abschleudern | centrifuge | centrifuger |
| abschrecken | refresh | rafraîchir |
| absengen *siehe abflammen* | | |
| abtropfen | drain | s'égoutter |
| abwällen *siehe abbrühen* | | |
| abziehen | peel away | enlever, retirer |
| abziehen | skin | éplucher |
| abziehen (von Obst) | pare | éplucher |
| andicken | bind | épaissir |
| ankochen | parboil | précuire |
| ansämen *siehe andicken* | | |
| antauen | defrost, thaw | décongeler |
| aromatisieren | aromatize, enhance the flavour | aromatiser |
| auf dem Blech backen | griddle | griller |
| aufbereiten | get ready | préparer |
| aufbewahren | keep | stocker |
| auffüllen | fill (up) | remplir |
| aufgießen | add liquid, brew | faire infuser |
| aufquellen | macerate | gonfler |
| aufschlagen | whip | battre, monter |
| aufschneiden | slice | escaloper |

| Deutsch | Englisch | Französisch |
|---|---|---|
| auftauen *siehe antauen* | | |
| aufwärmen | heat, warm | réchauffer |
| ausbacken | deep fry | frire |
| ausbeinen | bone, debone | désosser |
| ausbraten | render | faire fondre |
| ausdrücken | press | presser |
| ausformen | shape | tourner |
| auslassen *siehe ausbraten* | | |
| ausnehmen | gut | étriper |
| auspressen *siehe ausdrücken* | | |
| ausschmelzen | render, try out | faire fondre |
| austasten *siehe ausschmelzen* | | |
| ausweiden | clean, draw, paunch | vider |
| backen (im Backofen) | bake | cuire au four |
| bardieren | bard, wrap | barder |
| beenden | finish | achever |
| beizen | marinate, pickle | mariner |
| binden | liase, thicken | lier |
| blanchieren | blanch | blanchir |
| braisieren | braise | braiser |
| braten | fry, roast | rôtir |
| bräunen | brown | colorer, saisir |
| bridieren | truss | brider, trousser |
| brühen *siehe abbrühen* | | |
| chemisieren | line a mould with jelly | chemiser |
| ciselieren | gash, score | ciseler, inciser |
| dämpfen | steam | cuire à la vapeur, étuver |
| dampfentsaften | strain by steam | extraire le jus à la vapeur |
| deglacieren *siehe ablöschen* | | |
| degraissieren | degrease | dégraisser |
| dekantieren | decant, pour off | décanter |
| döppen | shell | écosser |

| Deutsch | Englisch | Französisch |
|---|---|---|
| dörren | dry | sécher, sécher au feu |
| dressieren | arrange | dresser |
| druckgaren | pressure cook | cuire sous pression |
| dünsten | stew (fruit only) | cuire à l'étuvée |
| dünsten (von Wild) | jug | cuire |
| durchdrehen | grind | moudre |
| durchpressen | puree, rice | presser |
| durchschlagen *siehe durchpressen* | | |
| durchstreichen | pass | passer |
| durchtränken | pour on | mouiller, verser sur |
| eindampfen | evaporate, reduce | réduire |
| eindicken *siehe eindampfen* | | |
| einfrieren | freeze | congeler, surgeler |
| einlegen | preserve | préserver |
| einmachen *siehe einlegen* | | |
| einpacken *siehe bardieren* | | |
| einsalzen | salt | saler |
| einschneiden *siehe ciselieren* | | |
| eintauchen | dip | tremper |
| eintunken *siehe eintauchen* | | |
| einweichen (Hülsen-früchte) | soak | tremper |
| emincieren | slice thinly | émincer |
| emulgieren | emulsify | émulsionner |
| entbeinen *siehe ausbeinen* | | |
| entfetten *siehe degraissieren* | | |
| entgräten | bone | éliminer |
| entrahmen | cream | écrémer |
| entsaften | strain | extraire le jus |
| entschoten *siehe döppen* | | |
| erwärmen *siehe aufwärmen* | | |
| escaloppieren *siehe aufschneiden* | | |

| Deutsch | Englisch | Französisch |
|---|---|---|
| evakuieren | evacuate | évacuer |
| färben | colour | colorer |
| farcieren, füllen | stuff | farcir |
| faschieren | grind | hacher |
| fein zermahlen | mash | écraser |
| fertig stellen *siehe beenden* | | |
| filetieren | fillet | fileter |
| filieren *siehe filetieren* | | |
| filtern | filter | filtrer |
| filtrieren *siehe filtern* | | |
| flambieren | flamber | flamber |
| flambieren (von Geflügel) *siehe abflammen* | | |
| Fleisch klopfen | pound | aplatir |
| Fleisch zurechtschneiden | trim | parer |
| frittieren *siehe ausbacken* | | |
| frittieren im Ölbad | broast | frire |
| garen | cook | cuire |
| garziehen | steam | cuire à l'eau, pocher |
| gefrieren *siehe einfrieren* | | |
| gefrierkonservieren | freeze preserve | conserver congelé |
| gefrierlagern | freeze store | conserver au froid, stocker au congélateur |
| gießen | pour | verser |
| glacieren | glaze | glacer |
| gratinieren | gratinate | gratiner (au four) |
| grillen | grill | griller |
| grillen (am Spieß) | spit roast | griller à la broche |
| grillen (auf dem Rost) | barbecue, broil, charbroil | griller |
| grillen (über Holzkohle) | charcoal grill | griller au charbon de bois |
| grillieren *siehe grillen* | | |
| hacken | chop | hacher |
| haltbar machen *siehe einlegen* | | |

| Deutsch | Englisch | Französisch |
|---|---|---|
| heiß einfüllen | fill hot | verser chaud |
| herstellen | process, produce | produire |
| hinzugeben | add | ajouter |
| hobeln | grate | raboter, racler, râper |
| in dünne, feine Scheiben schneiden | slice thinly | émincer |
| in Scheiben schneiden *siehe aufschneiden* | | |
| in Streifen schneiden | slit | trancher |
| in Würfel schneiden | dice | couper en dés |
| karamellisieren | caramelize | caraméliser |
| klären | clarify | clarifier |
| kneten | knead | pétrir |
| kochen | boil | bouillir |
| köcheln | simmer | mijoter |
| kolorieren *siehe färben* | | |
| kühlen | cool, refrigerate, chill | conserver au froid, réfrigérer |
| kühl lagern | cool store | stocker dans le réfrigérateur |
| kuttern *siehe hacken* | | |
| lagern *siehe aufbewahren* | | |
| legieren *siehe binden* | | |
| luftleer machen *siehe evakuieren* | | |
| marinieren | marinate | mariner |
| mazerieren *siehe aufquellen* | | |
| mehlieren | flour | fariner |
| mijotieren *siehe köcheln* | | |
| mikrowellengaren | cook by microwaves | cuire par micro-ondes |
| mischen | mix | mélanger, mixer (Cocktail) |
| mit dem Schneebesen schlagen | whisk | fouetter, monter |
| mit Fett begießen | baste | arroser |
| mixen *siehe mischen* | | |
| montieren *siehe aufschlagen* | | |
| nappieren | coat | garnir, napper |

| Deutsch | Englisch | Französisch |
|---|---|---|
| palen *siehe döppen* | | |
| panieren | breadcrumb | paner |
| parfümieren *siehe aromatisieren* | | |
| parieren *siehe Fleisch zurechtschneiden* | | |
| passieren *siehe durchstreichen* | | |
| pasteurisieren | pasteurize | pasteuriser |
| pellen *siehe abziehen* | | |
| pochieren | steam | pocher |
| pökeln | corn, salt | saler |
| pulverisieren | pulverize | pulvériser |
| pürieren | mash | écraser |
| putzen<br>putzen (von Gemüse) | clean, draw<br>trim | nettoyer, vider<br>éplucher, nettoyer |
| quellen | soak | gonfler, tremper |
| quirlen | blend | mélanger, remuer |
| raffeln *siehe hobeln* | | |
| raspeln *siehe hobeln* | | |
| räuchern | cure, smoke | fumer, saler, saumurer |
| rechauffieren *siehe aufwärmen* | | |
| reduzieren *siehe eindampfen* | | |
| refraichieren *siehe abschrecken* | | |
| rehydratisieren | reconstitute | reconstituer, réhydrater |
| reiben *siehe hobeln* | | |
| rekonstituieren *siehe rehydratisieren* | | |
| rösten *siehe braten* | | |
| rückverdünnen *siehe rehydratisieren* | | |
| rühren | stir | agiter, mélanger |
| salzen *siehe einsalzen* | | |
| säuern | sour | acidifier, mariner |
| sautieren | sauté | sauter |
| schaben | scrape | gratter, peler, tailler |
| schälen *siehe abziehen* | | |
| schlagen *siehe aufschlagen* | | |

| Deutsch | Englisch | Französisch |
|---|---|---|
| schmelzen | liquefy, melt | déglacer, faire fondre |
| schmoren | braise | braiser, cuire à l'étuvée |
| schneiden | cut | tailler, trancher |
| schnell anbraten/ verbrennen | sear / scorch | rissoler, saisir |
| schnitzeln *siehe in Würfel schneiden* | | |
| schrappen *siehe abziehen* | | |
| schütten *siehe gießen* | | |
| schwenken | toss | agiter |
| seihen *siehe filtern* | | |
| sieben | sieve | passer au tamis, tamiser |
| sieben und bestäuben | sift | fariner |
| sieden *siehe kochen* | | |
| simmern *siehe köcheln* | | |
| soufflieren | rise under browning | souffler |
| spicken | lard | larder, piquer |
| sterilisieren | sterilize | stériliser |
| stifteln *siehe in Streifen schneiden* | | |
| stocken | coddle | laisser reposer |
| süßen | sweeten | sucrer |
| toasten | toast | torréfier, toaster |
| tournieren *siehe ausformen* | | |
| tranchieren | carve | découper |
| trocknen *siehe dörren* | | |
| überbacken *siehe gratinieren* | | |
| überbrühen *siehe abbrühen* | | |
| übergießen *siehe durchtränken* | | |
| überglänzen *siehe glacieren* | | |
| überziehen *siehe nappieren* | | |
| umdrehen *siehe abdrehen* | | |
| umhüllen (Früchte kandieren, mit Zucker überziehen) | wrap | enrober |

| Deutsch | Englisch | Französisch |
|---|---|---|
| unterheben | fold in | incorporer |
| verflüssigen *siehe schmelzen* | | |
| verquirlen *siehe mit dem Schneebesen schlagen* | | |
| verreiben *siehe durchdrehen* | | |
| verrühren *siehe mischen* | | |
| vorbereiten | prepare | préparer |
| vorkochen *siehe ankochen* | | |
| vorschneiden *siehe schneiden* | | |
| warm halten | keep warm | tenir chaud |
| wässern | steep | dégorger |
| weißschmoren | braise white | braiser à blanc |
| wenden *siehe abdrehen* | | |
| wieder erwärmen | reheat | réchauffer |
| wiederauflösen *siehe rehydratisieren* | | |
| zentrifugieren | centrifuge | centrifuger |
| zerdrücken *siehe durchpressen* | | |
| zerkleinern | chop | hacher |
| zerlegen | carve | dépecer |
| zermahlen | bray | écraser, piler |
| zerstampfen *siehe zermahlen* | | |
| zerstoßen | beat | pulvériser |
| ziselieren *siehe ciselieren* | | |
| zubereiten | make, prepare | préparer |
| zuckern *siehe süßen* | | |
| zuschnüren *siehe bridieren* | | |
| zusetzen *siehe hinzugeben* | | |

# Stichwortverzeichnis

## Einfach kochen lernen – Basiswissen Küche

Kochen lernen ist einfach! Das Heft vermittelt dazu die nötigen Grundlagen. Kurze Texte, viele Fotos und verständliche Grafiken veranschaulichen alle Arbeitsbereiche, die beim Kochen eine Rolle spielen. Alles wird Schritt für Schritt erklärt. Das Heft eignet sich für die Sek I und II und die Ausbildung in hauswirtschaftlichen und sozialpflegerischen Berufen.

Heft Print, DIN A4 (21x29,7 cm), 44 Seiten, Bestell-Nr. 1622
ISBN 978-3-8308-1131-2, Erstauflage 2014, 5,00 €

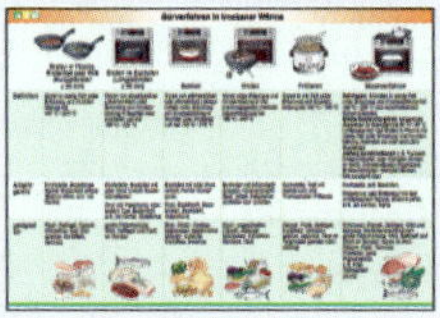

## Garverfahren

Die beiden Lehrtafeln zum Aufhängen in der Küche geben einen Überblick über die wichtigsten Garverfahren in feuchter und trockener Hitze. Ergänzend zur Definition gibt es Hinweise zum erforderlichen Gargeschirr und zu geeigneten Lebensmitteln.

Unterrichtsmaterial Print, 85x60 cm, 2 Seiten, 2 Lehrtafeln (abwaschbar mit Aufhängeleisten), Bestell-Nr. 3328,
ISBN 978-3-8308-1134-3, 6. Auflage 2014, 18,00 €

## Küchengeheimnissen auf der Spur

Rund um den Kochtopf gibt es viel zu entdecken! Den Rätseln aus der Küche können Schüler/-innen der Klassen 3 bis 6 einfach und anschaulich auf den Grund gehen: 46 Experimente vermitteln naturwissenschaftliche Kenntnisse und machen Lust aufs Forschen.

Unterrichtsmaterial DVD, DIN A4 (21x29,7 cm), 256 Seiten, Die DVD-Rom läuft unter Windows Oberflächen und dem neuesten Betriebssystem für Mac OS X Yosemite. Unter OS X Mavericks kann die DVD-ROM nicht genutzt werden. Weitere Mac-Betriebssysteme wurden nicht geprüft. 46 Hintergrundinformationen, 46 Arbeitsblätter, 46 meth.-didakt. Hinweise

Bestell-Nr. 4168, ISBN 978-3-8308-1123-7, 3. Auflage 2014, 25,00 €

# Impressum

**3953**/2016

Herausgegeben vom
aid infodienst
Ernährung, Landwirtschaft,
Verbraucherschutz e. V.
Heilsbachstraße 16
53123 Bonn
www.aid.de
aid@aid.de
+49 (0)228 8499-0
**Bestellungen unter**
+49 (0)228 8499-180

und mit fachlicher Unterstützung durch den Arbeitskreis „Lebensmittel-Verfahrenstechnik im Haushalt" im Fachausschuss Haushaltstechnik der Deutschen Gesellschaft für Hauswirtschaft e. V. (dgh)

**Autoren**
siehe Seite 2

**Redaktion**
Dipl. oec. troph. U. Gomm, aid Bonn
Prof. Dr. Wolfhart Lichtenberg, Hochschule für Angewandte Wissenschaften Hamburg

**Bilder**
Titel: © stevem – Fotolia.com

**Grafik**
tiff.any GmbH, Paul-Lincke-Ufer 7,
10999 Berlin

**Druck**
MKL Druck GmbH & Co. KG
Graf-Zeppelin-Ring 52
48346 Ostbevern

Gefördert durch:

Bundesministerium
für Ernährung
und Landwirtschaft

aufgrund eines Beschlusses
des Deutschen Bundestages

Dieses Produkt wurde in einem klimaneutralen Druckprozess mit Farben aus nachwachsenden Rohstoffen hergestellt.
Das Papier besteht zu 100 % aus Recyclingpapier.



2. Auflage
ISBN 978-3-8308-1216-6

Foto: © Emmanuel… Guill

aid

aid infodienst – Wissen in Bestform

Ihr Informationsanbieter rund um Landwirtschaft, Lebensmittel und Ernährung. Wir bereiten Fakten verständlich auf und bieten für jeden den passenden Service. Mit mehr als 60 Jahren Erfahrung.

unabhängig – praxisorientiert – wissenschaftlich fundiert

Foto: © Subbotina Anna – Fotolia.com

Foto: © Tatyana Gladskih – Fotolia.com

www.aid.de

9 783830 812166

Bestell-Nr.: 3953, Preis: 19,00 €